高等教育"十三五"规划教材

工程项目管理

——项目化教材

主　编　窦如令

副主编　郭　烽　刘士良　顾长青

编　者　宗炳辰　贾汇松　任晓辉　季善利

石　芳　徐田娟　张　伟　赵学凯

刘　欢　曹晓璐　李　欣　田　飞

东南大学出版社

SOUTHEAST UNIVERSITY PRESS

·南京·

前　言

工程项目管理是集工程技术与经济管理等多学科门类于一体，以质量、工期、投资三大目标为主轴，不断提高资源的最佳配置和最佳效益，专门研究工程项目管理理论与管理方法的一门新兴交叉学科。随着改革开放的不断深入和社会主义市场经济体制的逐步建立，我国工程建设项目管理工作也日益与国际趋同，实现科学化、规范化和信息化管理已成为当今业界理论研究者和实践探索者的共同目标和任务。三十多年来，我国诸多专家、学者通过学习借鉴和实践创新等方式逐渐创立了符合我国国情的工程项目管理理论体系，这些理论和方法的形成对我国工程建设项目的管理实践活动起着越来越重要的指导作用。

为满足工程项目管理课程的教学需要，不断提高工程项目管理人员的业务素质，我们在吸收借鉴当今新的研究成果的基础上，组织编写了这本《工程项目管理》教材。本教材立足于全面、系统，重点对工程项目的组织、决策、勘察设计、招投标、合同、进度、质量、竣工验收、监理和信息的管理与控制等主要问题进行了阐述。

本教材由临沂职业学院窦如令老师担任主编，由郭烽、刘士良、顾长青老师担任副主编，部分内容也得到了其他院校老师或同行的鼎力支持及热情参与，同时，在编写过程中，还参考和引用了书后所列参考文献中的部分内容，在此一并向原书作者表示衷心的感谢！

由于编者水平有限，书中难免存在缺点与错误之处，恳请专家、同仁和广大读者批评指正，并将意见及时反馈给我们，以便修订时完善，编者邮箱：8334dou@163.com。

编者
2017年07月

目　　录

项目一　工程项目管理概述

项目需求

工程项目管理概述是工程项目管理的重要组成部分，工程项目管理概述主要包括：①工程项目与项目管理概念，为工程项目管理开头；②工程项目管理的内容和程序；③建筑工程项目管理的新发展等。

项目工作场景

实训基地(有与项目实际相符的项目管理资源等)

方案设计

首先认识工程项目与项目管理概念，然后进行工程项目管理的内容和程序介绍，最后进行建筑工程项目管理的新发展介绍。

相关知识和技能

(1) 具有理解工程项目管理一般概念的能力。

(2) 通过本项目内容的学习，要求学生掌握项目的定义和特征，工程项目的概念、特点和各种分类，工程项目管理的内容和程序，工程项目管理的概念和特点，工程项目管理的职能以及项目的可行性研究等。

任务描述

首先进行项目及其特征学习，然后进行项目分类学习，最后进行工程项目管理概念的学习。

知识准备

一、工程项目

（一）项目及其特征

项目是由一组有起止时间、相互协调的受控活动所组成的独特过程，该过程要达到符合时间、成本和资源等约束条件在内的规定要求的目标。

项目最常见的内容包括：科学研究项目，如基础科学研究项目、应用科学研究项目、科技攻关项目等；开发项目，如资源开发项目、新产品开发项目、小区开发项目等；建设项目，如工业与民用建筑工程、交通工程、水利工程等。

项目通常都具有如下基本特征：

(1) 项目的独特性

项目的独特性也可称为单件性或一次性，是项目最主要的特性。任何项目从总体上来说是一次性的、不重复的，它必然经历前期策划、批准、设计和计划、施工、运行的全过程，最后结束。

(2) 项目具有明确的目标和一定的约束条件

任何项目都有预定的目标。《项目管理质量指南》(ISO 10006)规定，项目目标应描述达到的要求，能用时间、成本、产品特性来表示，项目"过程的实施是为了达到规定的目标，包括满足时间、费用和资源约束条件"。

项目的目标有：

①达到预定的项目对象系统的要求，包括满足预定的产品特性、使用功能、质量等方面的要求。

②时间。项目的时间限制通常由项目开始期、持续时间、结束期等构成。

③成本。即以尽可能少的费用消耗(投资、成本)完成预定的项目目标，达到预定的功能要求，提高项目的整体经济效益。

项目的约束条件包括：

①资金限制。任何项目都不可能没有财力上的限制，常常表现在：必须按投资者(企业、国家、地方等)所具有的或能够提供的财力策划相应范围和规模的项目；必须按项目实施计划安排资金计划，并保障资金供应。

②人力资源和其他物质资源的限制。

③其他限制，如技术、信息资源的限制，自然条件、地理位置和空间的制约等。

(3) 项目具有独特的生命周期

项目过程的一次性决定了每个项目都具有自己的生命周期，任何项目都有其产生时间、发展时间和结束时间，不同的阶段都有特定的任务。

如建设项目的生命周期包括项目建议书、可行性研究、设计工作、建设准备、建设实施、竣工验收与交付使用等；施工项目的生命周期包括投标与签订合同、施工准备、施工、交工验收与用后服务等。

成功的项目管理是将项目作为一个系统进行全过程的管理和控制，是对整个项目生命周期的系统管理。

（4）项目作为管理对象的整体性

一个项目，是一个整体管理对象，在按其需要配置生产要素时，必须以总体效益的提高为准则，做到数量、质量、结构的总体优化。由于项目的内外环境是变化的，所以管理和生产要素的配置是动态的。项目中的一切活动都是相关的，构成一个整体，缺少某些活动必将影响项目目标的实现，但多余的活动也是不必要的。

（5）项目的不可逆性

项目按照一定的程序进行，其过程不可逆转，必须一次成功，失败了便不可挽回，因而项目的风险很大，与批量生产过程（重复过程）有着本质的差别。

（二）工程项目及其特点

工程项目，又称土木工程项目或建筑工程项目，是最常见、最典型的项目类型，是以建筑物或构筑物为目标产品，由开工时间和竣工时间的相互关联的活动所组成的特定过程。该过程要达到的最终目标应符合预定的使用要求，并满足标准（或业主）要求的质量、工期、造价和资源等约束条件。

这里所说的相互关联的活动，包括施工活动、生产活动、经济活动、经营活动、社交活动和管理活动等，是社会化大生产所需要的广义的人类集体活动。

工程项目的特点是：

（1）工程项目是一次性的过程。这个过程除了有确定的开工时间和竣工时间外，还有过程的不可逆性、设计的单一性、生产的单件性、项目产品位置的固定性等。

（2）每一个工程项目的最终产品均有特定的用途和功能，它在概念阶段策划并且决策，在设计阶段具体确定，在实施阶段形成，在结束阶段交付。

（3）工程项目的实施阶段主要在露天进行，受自然条件的影响大，施工条件差，变更多，组织管理任务繁重，目标控制和协调活动困难重重。

（4）工程项目生命周期的长期性。工程项目从概念阶段到结束阶段，少则数月，多则数年甚至数十年；工程产品的使用周期也很长，其自然寿命主要是由设计寿命决定的。

（5）投入资源和风险的大量性。工程项目体型庞大，需要投入的资源多，生命周期很长，投资额巨大，风险也很大。工程项目的投资风险、技术风险、自然风险和资源风险与其他类型的项目相比，发生频率高，损失量大，所以工程项目管理中必须突出风险管理过程。

（三）工程项目的分类

（1）按性质分类

可分为建设项目和更新改造项目。

建设项目包括新建项目和扩建项目。新建项目指从无到有的建设项目；扩建项目指企业为扩大原有产品的生产能力或效益，为增加新品种的生产能力而增建主要生产车间或其他产出物的活动过程。

更新改造项目包括改建项目、恢复项目、迁建项目。改建项目指对现有厂房、设备和工艺流程进行技术改造或固定资产更新的过程；恢复项目指原有固定资产已经全部或部分报废，又投资重新建设的项目；迁建项目指由于改变生产布局、环境保护、安全生产及其他需要，搬迁到另外的地方进行建设的项目。

(2) 按用途分类

可分为生产性项目和非生产性项目。

生产性项目包括工业工程项目和非工业工程项目。工业工程项目包括重工业工程项目、轻工业工程项目等；非工业工程项目包括农业工程项目、交通运输工程项目、能源工程项目、IT 工程项目等。

非生产性项目包括居住工程项目、公共工程项目、文化工程项目、服务工程项目、基础设施工程项目等。

(3) 按专业分类

可分为建筑工程项目、土木工程项目、线路管道安装工程项目、装修工程项目。

建筑工程项目亦称房屋建筑工程项目，指产出物为房屋工程兴工构建及相关活动构成的过程。

土木工程项目指产出物为公路、铁路、桥梁、隧道、水工、矿山、高耸构筑物等兴工构建及相关活动构成的过程。

线路管道安装工程项目指产出物为安装完成的送变电、通信等线路，给排水、污水、化工等管道，机械、电气、交通等设备，动工安装及相关活动构成的过程。

装修工程项目指构成装修产品的抹灰、油漆、木作等及其相关活动构成的过程。

(4) 按等级分类

可分为一等项目、二等项目和三等项目。

公路工程的一等项目包括高速公路和一级公路；二等项目包括高速公路路基和一级公路路基；三等项目指二级公路以下的各级公路。

(5) 按投资主体分类

有国家政府投资工程项目、地方政府投资工程项目、企业投资工程项目、三资(国外独资、合资、合作)企业投资工程项目、私人投资工程项目、各类投资主体联合投资工程项目等。

(6) 按工作阶段分类

可分为预备工程项目、筹建工程项目、实施工程项目、建成投产工程项目和收尾工程项目。

预备工程项目，指按照中长期计划拟建而又未立项、只做初步可行性研究或提出设想方案供决策参考、不进行建设的实际准备工作。

筹建工程项目，指经批准立项，正在进行建设前期准备工作而尚未正式开始施工的项目。这些工作包括：设立筹建机构，研究和论证建设方案，进行设计和审查设计文件，办理征地拆迁手续，平整场地，选择施工机械、材料、设备的供应单位等。

实施工程项目，包括设计项目和施工项目(新开工项目、续建项目)。

建成投产工程项目，包括建成投产项目、部分投产项目和建成投产单项工程项目。

收尾工程项目，指基本全部投产只剩少量不影响正常生产或使用的辅助工程项目。

(7) 按管理者分类

工程项目按管理者分类，可分为建设项目、工程设计项目、工程监理项目、工程施工项目和开发工程项目，它们的管理者分别是建设单位、设计单位、监理单位、施工单位和开发单位。

(8) 按规模分类

工程项目按规模分类，可分为大型项目、中型项目和小型项目。

二、工程项目管理

（一）工程项目管理的概念

(1) 项目管理

项目管理是指为了达到项目目标，对项目的策划（规划、计划）、组织、控制、协调、监督等活动过程的总称。

项目管理的对象是项目。项目管理者是项目中各项活动的主体本身。项目管理的职能同所有管理的职能相同。项目管理要求按照科学的理论、方法和手段进行，特别是要用系统工程的观念、理论和方法进行管理。项目管理的目的就是保证项目目标的顺利实现。

(2) 工程项目管理

工程项目管理是项目管理的一大类，是指工程项目的管理者为了使项目取得成功（实现所要求的功能、质量、时限、费用预算），用系统的观念、理论和方法，进行有序、全面、科学、目标明确的管理，发挥计划职能、组织职能、控制职能、协调职能、监督职能的作用。其管理对象是各类工程项目，既可以是建设项目管理，又可以是设计项目管理和施工项目管理等。

（二）工程项目管理的特点

(1) 管理目标明确

工程项目管理是紧紧抓住目标（结果）进行管理。项目的整体、项目的某一个组成部分、某一个阶段、某一部分管理者、在项目的某一段时间内，均有一定的目标，并且目标吸引管理者，指导行动，凝聚管理者的力量；有了目标，也就有了方向，就有了一半的成功把握。

除了功能目标外，过程目标归结起来主要有工程进度、工程质量、工程费用（造价），这四个目标的关系既独立又对立统一，是共存的关系。

(2) 是系统的管理

工程项目管理把管理对象作为一个系统进行管理。在这个前提下，首先，进行工程项目的整体管理，把项目作为一个有机整体，全面实施管理，使管理效果影响到整个项目范围；其次，对项目进行系统分解，把大系统分解为若干个子系统，又把每个分解的系统作为一个整体进行管理，用小系统的成功保证大系统的成功；再次，对各子系统之间、各目标之间关系的处理，遵循系统法则，把它们联系在一起，保证综合效果最佳。

(3) 是以项目经理为中心的管理

工程项目管理具有较大的责任和风险,涉及人力、技术、设备、资金、信息、设计、施工、验收等多方面因素和多元化关系,为更好地进行项目策划、计划、组织、指挥、协调和控制,必须实施以项目经理为核心的项目管理体制。在项目管理过程中,应授予项目经理必要的权力,以使项目经理能及时处理项目实施过程中发生的各种问题。

(4) 按照项目的运行规律进行规范化的管理

工程项目管理是一个复杂的系统工程,其每个工序的管理与运行都是有规律的。

工程项目管理作为一门科学,其理论、原理、方法、内容、规则和规律已经被人们所公认、熟悉、应用,形成了规范和标准,被广泛应用于项目管理实践,使工程项目管理成为专业性、规律性、标准化的管理,以此产生项目管理的高效率和高成功率。

(5) 有丰富的专业内容

工程项目管理的专业内容包括:工程项目的战略管理,工程项目的组织管理,工程项目的规划管理,工程项目的目标控制,工程项目的合同管理、信息管理、生产要素管理、现场管理,工程项目的各种监督,工程项目的风险管理和组织协调等。这些内容构成了工程项目管理的知识宝库。

(6) 应使用现代化管理方法和技术手段

现代工程项目大多数是先进科学技术的产物或是一个涉及多学科、多领域的系统工程,要圆满地完成项目就必须综合运用现代管理方法和科学技术,如决策技术、预测技术、网络与信息技术、网络计划技术、系统工程、价值工程、目标管理等。

(7) 应实施动态管理

为了保证工程项目目标的实现,在项目实施过程中要采用动态控制方法,即阶段性地检查实际值与计划值的差异,采取措施,纠正偏差,制定新的计划目标值,使项目能实现最终目标。

(三) 工程项目管理的职能

(1) 策划职能

工程项目策划是把建设意图转换成定义明确、系统清晰、目标具体、活动科学、过程有效的、富有战略性和策略性思路的、高智能的系统活动,是工程项目概念阶段的主要工作。策划的结果是其他各阶段活动的总纲。

(2) 决策职能

决策是工程项目管理者在工程项目策划的基础上,通过进行调查研究、比较分析、论证评估等活动,得出结论性意见并付诸实施的过程。

(3) 计划职能

根据决策做出实施安排,设计出控制目标和实现目标的措施的活动就是计划。计划职能决定项目的实施步骤、搭接关系、起止时间、持续时间、中间目标、最终目标及措施,它是目标控制的依据和方向。

(4) 组织职能

组织职能是组织者和管理者把资源合理利用起来,把各种作业(管理)活动协调起来,使作业(管理)需要和资源应用结合起来的机能和行为,是管理者按计划进行目标控制的一种依托和手段。组织职能是通过建立以项目经理为中心的组织来保证系统实现的,只有给这个系统确定职责,授予权力,实行合同制,健全规章制度,并进行有效的运转,才能确保项目目标的实现。

(5) 控制职能

控制职能是管理活动最活跃的职能。控制职能的作用在于按计划运行,随时收集信息并与计划进行比较,找出偏差并及时纠正,从而保证计划和其确定目标的实现。

(6) 协调职能

协调职能就是在控制的过程中疏通关系,解决矛盾,排除障碍,使控制职能充分发挥作用。控制是动态的,协调可以使动态控制平衡、有力、有效,所以它是控制的动力和保证。

(7) 指挥职能

工程项目管理依靠团队,团队要有负责人(项目经理),负责人就是指挥。

指挥的职能是把分散的信息集中起来,变成指挥意图;用集中的意图统一管理者的步调,指导管理者的行动,集合管理力量,形成合力。所以,指挥职能是管理的动力和灵魂,是管理的重要职能,是其他职能无法代替的。

(8) 监督职能

监督就是督促、帮助。工程项目与管理需要监督职能,以保证法规、制度、标准和宏观调控措施的实施。监督的方式有自我监督、相互监督、领导监督、权力部门监督、业主监督、司法监督、公众监督等。

任务实施

一、工程项目管理的内容和程序

(一) 工程项目管理的内容

(1) 建立项目管理组织

①由企业采用适当的方式选聘称职的项目经理。

②根据项目组织原则,选用适当的组织形式,组建项目管理机构,明确责任、权限和义务。

③在遵守企业规章制度的前提下,根据项目管理的需要,制定项目管理制度。

(2) 编制项目管理规划

项目管理规划是对项目管理目标、组织、内容、方法、步骤、重点等进行预测和决策,做出具体安排的文件。

项目管理规划的内容主要有:

①进行工程项目分解,形成施工对象分解体系,以便确定阶段控制目标,从局部到整体地进行施工活动和项目管理。

②建立项目管理工作体系，绘制项目管理工作体系图和项目管理工作信息流程图。

③编制项目管理规划，确定管理点，形成文件，以利执行。

(3) 进行项目的目标控制

项目的目标有阶段性目标和最终目标，实现各项目标是项目管理的目的所在。因此，应当坚持以控制论原理和理论为指导，进行全过程的科学控制。项目的控制目标有进度控制目标、质量控制目标、成本控制目标和安全控制目标。

由于在项目目标的控制过程中，会不断受到各种客观因素的干扰，各种风险因素有随时发生的可能性，故应通过组织协调和风险管理，对项目目标进行动态控制。

(4) 对项目现场的生产要素进行优化配置和动态管理

项目的生产要素是项目目标得以实现的保证，主要包括人力资源、材料、设备、资金和技术(即5M)。

生产要素管理的内容包括：

①分析各项生产要素的特点。

②按照一定原则、方法对项目生产要素进行优化配置，并对配置状况进行评价。

③对项目的各项生产要素进行动态管理。

(5) 项目的合同管理

合同管理的好坏直接影响项目管理及工程施工的技术经济效果和目标实现，因此，要从招投标开始，加强对工程合同的签订、履行的管理。合同管理是一项执法、守法活动，建设市场有国内市场和国际市场，合同管理势必涉及国内和国际上有关法规和合同文本、合同条件，在合同管理中应予以高度重视。合同管理还必须注意搞好索赔，讲究方法和技巧，提供充分的证据。

(6) 项目的信息管理

现代化管理要依靠信息。项目管理是一项复杂的现代化管理活动，要依靠大量信息及对大量信息进行管理。项目目标控制、动态管理，必须依靠信息管理，并应用电子计算机进行辅助。

(7) 组织协调

组织协调指以一定的组织形式、手段和方法，对项目管理中产生的关系不畅进行疏通，对产生的干扰和障碍予以排除的活动。

协调是为了顺利"控制"服务的，协调与控制的目的都是保证目标实现。协调要依托一定的组织、形式和手段，并针对干扰的种类和关系的不同而分别对待；除努力寻求规律外，协调还要靠应变能力，靠处理突发事件的机制和能力来实现。

（二）工程项目管理的程序

项目管理的各种职能及各管理部门在项目管理过程中形成的关系，有工作过程的联系(工作流)，也有信息联系(信息流)，构成了一个项目管理的整体，这也是项目管理工作的基本逻辑关系。

工程项目管理的程序为：

(1) 编制项目管理规划大纲。

(2) 编制投标书并进行投标。

(3) 签订施工合同。

(4) 选定项目经理。

(5) 项目经理接受企业法定代表人的委托组建项目经理部。

(6) 企业法定代表人与项目经理签订“项目管理目标责任书”。

(7) 项目经理部编制“项目管理实施规划”。

(8) 进行项目开工前的准备。

(9) 施工期间按“项目管理实施规划”进行管理。

(10) 在项目竣工验收阶段,进行竣工结算,清理各种债权债务,移交资料和工程。

(11) 进行经济分析,做出项目管理总结报告并送企业管理层有关职能部门。

(12) 企业管理层组织考核委员会对项目管理工作进行考核评价并兑现“项目管理目标责任书”中的奖罚承诺。

(13) 项目经理部解体。

(14) 在保修期满前,企业管理层根据“工程质量保修书”和相关约定进行项目回访保修。

二、工程项目管理的方法

(一) 工程项目管理方法的分类

按管理目标划分,项目管理方法有进度管理方法、质量管理方法、成本管理方法和安全管理方法。

按管理方法的量性划分,项目管理方法有定性方法、定量方法和综合管理方法。

按管理方法的专业性质划分,项目管理方法有行政管理方法、经济管理方法、技术管理方法和法律管理方法等。这是最常用的具体分类方法。

(1) 行政管理方法

指上级单位及上级领导人,包括项目经理和职能部门,利用其行政上的地位和权力,通过发布指令和指导、协调、检查、考核、激励、审批、监督、组织等手段进行管理的方法。

它的优点是直接、迅速、有效,但应注意科学性,防止武断、主观、官僚主义和命令主义的瞎指挥。一般来说,用行政方法进行项目管理,指令要少些,指导要多些。项目经理应主要使用行政管理方法。

(2) 经济管理方法

指用经济类手段进行管理,如实行经济承包责任制,编制项目资金收支计划,制订经济分配与激励办法以调动积极性,制订物资管理办法等。

(3) 法律管理方法

主要是通过贯彻有关建设法规、制度、标准等加强管理。合同是依法签订的明确双方权利、义务关系的协议,广泛用于项目管理进行履约经营,亦属于法律方法。

(4) 技术管理方法

最重要的适用方法有:目标管理方法,网络计划方法,价值工程方法,数理统计方法,信息管理方法，线性规划方法，ABC 分类方法，目标管理方法，系统分析方法等。技术管理方法是管理中的硬方法，以定量方法居多，有少量定性方法，其科学性更高，管理效果更好。

（二）项目管理的主要方法

项目管理的主要方法是目标管理方法，而各项目标的实现还有其适用的主要专业方法。如进度目标控制的主要方法是网络计划方法；质量目标控制的主要方法是全面质量管理方法；成本目标控制的主要方法是可控责任成本方法；安全目标控制的主要方法是安全责任制方法等。

(1) 目标管理方法

目标管理是指集体中的成员亲自参加工作目标的制定，在实施中运用现代管理技术和行为科学，借助人们的事业感、能力、自信、自尊等，实行自我控制，努力实现目标。

目标管理方法应用于工程项目管理需经过以下几个阶段：

第一，确定项目组织内各层次、各部门的任务分工，提出完成工程任务和工作效率的要求。

第二，把项目组织的任务转换为具体的目标，既要明确成果性目标（如工程质量、进度等），又要明确效率性目标（如工程成本、劳动生产率等）。

第三，落实目标，包括落实目标的责任主体，明确责任主体的责权利，落实进行检查与监督的责任人及手段，落实目标实现的保证条件。

第四，对目标的执行过程进行协调和控制，发现偏差时及时进行分析和纠正。

第五，对目标的执行结果进行评价，把目标执行结果与计划目标进行对比，以评价目标管理的好坏。

(2) 网络计划方法

网络计划方法因控制项目的进度而产生，是进度控制的主要方法，已成功地进行了无数重大而复杂项目的进度控制，并取得了良好的效益。现在，业主方的项目招标，监理方的进度控制，承包方的投标及进度控制，都离不开网络计划，网络计划方法已被公认为进度控制的最有效方法。

(3) 全面质量管理方法

全面质量管理方法是质量控制的主要方法。

全面质量管理方法可以归结为“三全一多样”。

“三全”指参加管理者包括企业的全体人员和全部机构，管理的对象是项目实施的全过程；“一多样”指该方法中所含的具体方法是一个大体系，多种多样。

“全企业参与质量管理”主要是企业要形成一个质量体系，在统一的质量方针指引下，为实现各项目标开展各种层面的 P(计划)、D(执行)、C(检查)、A(处置)循环，而每一循环均使质量水平提高一步；“全员参与质量管理”的主要方式是开展全员范围内的“QC 小组”活动，开展质量攻关和质量服务等群众性活动；“全过程的质量管理”主要表现在对工序、分项工程、分部工程、单位工程、单项工程、建设项目等形成的全过程和所涉及的各种要素进行全面的管理。

多种多样的质量管理方法可用图 1.1 加以说明。

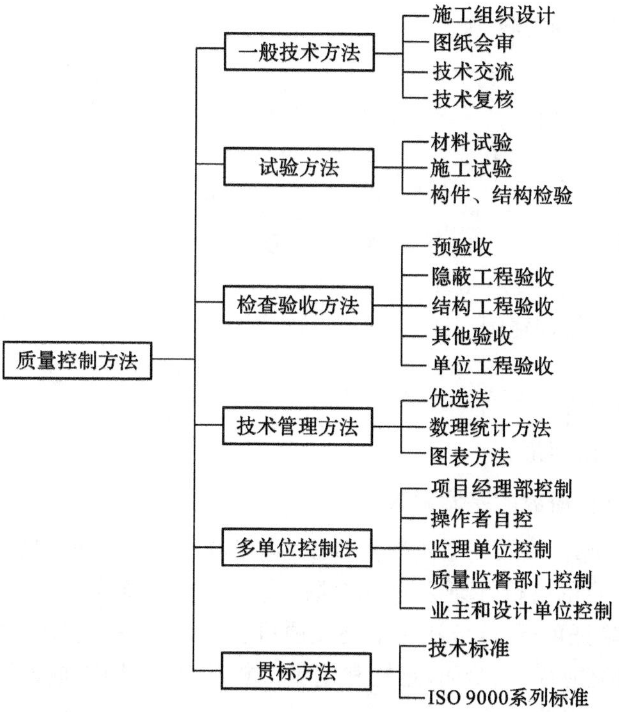

图 1.1　质量管理方法

(4) 可控责任成本方法

可控责任成本方法是成本控制的主要方法。工程成本是工程项目各种消耗的综合价值体现，是消耗指标的代表。成本的控制与各种消耗有关，只有把好消耗关才能控制成本。

一种资源在某一环节上的节约，可能与多个责任者相关，要分清各相关人员的责任，做到各负其责。所以，可控责任成本是责任者可以控制的那部分成本。

可控责任成本方法是通过明确每个职工的可控责任成本目标，实现对每项生产要素的成本控制，最终达到项目总成本得以控制的方法。可控责任成本方法本质上是成本控制的责任制，也是目标管理方法中责任目标落实的方法。

(5) 安全责任制方法

安全责任制是用制度规定每个项目管理成员的安全责任，是安全控制的主要方法。安全责任制是岗位责任制的组成内容，即应按岗位的不同确定每个人的安全责任，管理人员的责任和作业人员的责任不同，作业人员从事不同专业的工作，其安全责任也不同。要承担安全责任，就要进行安全教育，也要加强检查与考核，因此安全责任制中必须包含承担安全责任的保证制度。

三、工程项目的可行性研究

可行性研究是对前述工作的细化、具体化，是从市场、技术、生产、法律、经济、财力等方面对项目进行全面策划和论证。

（一）可行性研究的内容

(1) 实施要点。

(2) 项目背景和历史。

(3) 市场和工厂生产能力。

(4) 原材料投入。

(5) 厂址选择。

(6) 项目设计。

(7) 工厂机构和管理费用。

(8) 人力。

(9) 实施时间安排。

(10) 财务和经济评价。

（二）项目可行性研究的基本要求

(1) 大量调查研究，以第一手资料为依据，客观地反映和分析问题，不应带任何主观观点和其他意图。项目的可行性研究应从市场、法律和技术经济的角度来论证项目可行或不可行，而不只是论证可行，或已决定上马该项目了，再找一些依据证明决策的正确性。

(2) 可行性研究应详细、全面，定性和定量分析相结合，用数据说话，多用图表表示分析依据和结果。常用的方法有数学方法、运筹学方法、经济统计和技术经济分析方法，如边际分析法、成本效益分析法等。

(3) 多方案比较。无论是项目的构思，还是市场战略、产品方案、项目规模、技术措施、厂址的选择、时间的安排、筹资方案等，都要进行多方案比较；应大胆地设想各种方案，进行精心地研究论证，按照既定目标对备选方案进行评估，以选择经济合理的方案。

(4) 在可行性研究中，许多考虑是基于对将来情况的预测，而预测结果中包含着很大的不确定性，例如项目的产品市场、项目的环境条件，参加者的技术、经济、财务等各方面都可能有风险，所以要加强风险分析。

(5) 可行性研究的结果是项目的一个中间研究和决策文件，是项目立项后设计和计划的依据，也是项目后评价中项目实施成果评价的依据。可行性研究报告经上层审查、评价、批准后，项目方可立项，这是项目生命期中最关键性的一步。

任务评价

建筑工程项目管理的新发展

（一）工程项目管理的新理念

近年来，建筑工程项目管理理念最显著的变化有三个方面：

(1) 可持续发展的理念

为达到可持续发展的目标，必须寻找新的途径和管理方法，采用环保、清洁的技术，以及更高效的管理来取代或革新传统的生产方式，更多地利用可再生资源来满足社会的资源和能源需求。

①公司管理。

可持续发展观开始成为公司的发展战略。卓有远见的承包商没有将新的发展观当做威胁，而是当做差异化的机遇和创新的催化剂。国际一流的承包商从可持续发展趋势中看到了商业和道德价值，公司管理层、项目层、职员层都对可持续发展做出了承诺。

②设计管理。

绿色建筑作为一种建筑产品应运而生。设计者和开发者正在建造绿色建筑物，尽可能地降低这些建筑的成本，并为使用者提供舒适、健康、安全的场所。

③材料管理。

项目管理者在项目建设初期或建造过程中，不断强调采用清洁生产技术，少用自然资源和能源，大量使用工业或城市固态废物生产无毒害、无污染、无放射性、有利于环境保护、节约能源和有利于人体健康的绿色建筑材料，并按照严格的标准和规范化的管理方法将绿色建筑材料应用到建筑上。

④施工管理。

建造师组织施工时，在保证质量、安全等基本要求的前提下，考虑如何通过科学管理和技术进步，最大限度地节约资源和减少对环境产生负面影响的施工活动，实现节能、节地、节水、节材和环境保护。

(2) 以人为本

以人为本的理念已经深入到社会生活的方方面面，它对建筑业的影响主要反映在两个方面：

一是生产的产品，要考虑为使用者创造舒适、健康、安全的场所。

二是建筑工程项目管理要体现人是管理中最基本的要素。

以人为本的管理思想就是人是管理中最基本的要素，人是能动的，人与环境是交互作用的，创造良好的环境可以促进人的发展和企业的发展。以人为本的管理实践包括在建筑工程项目组织中建立自我管理机制，围绕着激发和调动人的主动性、积极性、创造性展开管理活动。

(3) 新的价值观

新的价值观使得安全、健康、公平和廉洁问题在世界范围内受到空前关注。从建筑工程项目管理的角度，对建设过程、施工场所的安全、健康、公平和廉洁进行管理，并将它们有机集成到工程项目管理流程中。因此，工程职业道德建设越来越受到政府、研究者和工程管理者的重视。

(二) 管理新方法

(1) 全过程项目管理

工程项目管理模式正在逐步地由单一的专业性管理，向整合各个阶段管理的全过程项目管理模式发展。全过程项目管理抛弃原有概念、设计、施工的建设程序，转而采用一种更具整合性的方法。它以平行模式而非序列模式来实施建设工程项目的活动，整合所有相关专业部门积极参与项目的概念、设计和施工的整个过程，强调系统集成与整体优化。

(2) 精益建造

精益建造开始在建筑业应用,可以最大限度地满足顾客需求;改进工程质量,减少浪费;保证项目完成预定的目标并实现所有劳动力工程的持续改进。

精益建造可以最大限度地提高生产效率。为避免大量库存造成的浪费,可以按需及时供料;强调施工中的持续改进和零缺陷,不断提高施工效率,从而实现建筑企业利润最大化的系统性的生产管理模式。

精益建造更强调面向建筑产品的全生命周期进行动态控制,更好地保证项目完成预定的目标。

(3) 承包模式创新

承包商将触角伸向建筑工程的前期,并向后期延伸,目的是体现自己的技术能力和管理水平,这样不仅能提高建筑工程承包的利润,还可以更有效地提高效率。

"设计—建造模式(D&B)"和"设计—采购—施工模式(EPC)",已在国外大型工程中使用得比较成熟。

这些承包模式有两种发展趋势:一是这些通常应用于大型建筑工程项目的承包模式,开始应用于一般的建筑工程项目中;二是承包模式不断地根据项目管理的发展,繁衍出新的模式。

(4) 虚拟施工

虚拟施工是施工领域的新方法,它将三维模型用于模拟建造一个建筑工程项目,不仅考虑时间维,还考虑其他维数,如材料、机械、人力、空间、安全等,可以扩展到"N维"。

虚拟施工本身不消耗施工资源,却又能事先看到并了解施工的过程和结果,可以大大降低管理成本和返工成本,减少风险,增强管理者对施工过程的控制能力。

虚拟施工的作用主要有:

①分析和优化设计方案。

虚拟施工技术可以在建筑工程的设计阶段,对建筑设计进行分析与优化。完善的设计方案是建筑项目顺利实施的前提和保证,项目设计的建筑、结构、设备三方面集成在一起的建筑构件,时常出现碰撞或冲突,这不仅会增加设计、施工返工成本,浪费资源,还会影响施工的进度。

②先试后建。

就是建立3D设计模型,采用虚拟施工技术模拟和分析相关施工方案。通过模拟,发现不合理的施工程序、工艺方法、施工调度的冲突、资源的不合理利用、安全隐患、作业空间不充足等问题,也可以及时更新施工方案,以解决相关问题。

③优化施工管理。

通过施工过程再现,除了在施工开始之前可以建立一个完善的施工方案外,虚拟施工技术还可以清晰地展示整个施工过程。由于减少了实际施工中的问题,管理活动也得到简化,项目对管理人员的需求自然减少,或合并相关职位,或减少相关职位,进而将大大降低管理成本。

（三）信息技术的应用

信息技术应用于建筑工程项目管理，其目的是提高工程建设活动的效率。信息化给建筑业带来的最直接的成效是便于信息交流和降低成本，特别是人工成本。建筑工程项目的成本通常会与材料价格和劳动力工资水平保持同步，人工成本在建筑成本中占的比例不断上升，已成为建筑成本中不可忽视的部分。

(1) 建筑信息模型

建筑信息模型（Building Information Modeling，简称 BIM）正在引发建筑行业一次革命性的变革。该模型以三维数字技术为基础，集成了建筑工程项目各种相关信息的工程数据，并以此对建筑项目进行设计、建造和运营管理。BIM 能有效地促进建筑项目周期各个阶段的知识共享，开展更密切的合作，将设计、施工和运营过程融为一体，建筑企业之间多年存在的隔阂正在被逐渐打破。它改善了易建性、预算的控制和整个建筑生命周期的管理，并提高了所有参与人员的生产效率。许多大型企业通过采用建模技术以整合设计、生产和运营活动，大大提高了生产效率。

(2) 虚拟施工

虚拟施工是 BIM 技术在施工阶段的运用，它是一种在虚拟环境中建模、模拟、分析建筑设计与施工过程的数字化、可视化技术。利用这种技术，施工现场输出的同步画面可向各方展示工程进度，其结果使参与工程各方的沟通、协调更加富有成效。

(3) 基于网络的项目管理

建筑项目管理中最让人赏心悦目的技术是计算机、互联网和企业内部网络的应用。互联网作为一种手段，已广泛应用于同一工程上专家之间的协作、沟通与联系，不同工程项目之间的合作、协调、资源调配，以及采购必需品和服务等各个方面。基于网络的项目管理系统通过采用网络信息技术建立中心数据库，提供建筑工程的信息服务，促进建筑工程各参与方的交流与合作，并不断更新数据库中的数据，使得业主、设计师、监理工程师和承包商及时地掌握工程近况，并做出分析与决策。

基于网络的项目管理为建筑企业提供了一套更广阔、完整的工具，使得建筑企业可以尝试更多的、涉及不同地域的工程项目，这将会对一个项目组织的技术、工作环境、人际关系、开发过程带来相当大的冲击。

项目小结

项目具有独特性、明确的目标和约束条件、独特的生命周期、整体性、不可逆性等特性。

工程项目具有与项目基本相同的特性，有多种分类方法。

工程项目管理具有七大特点和八项管理职能；工程项目管理的内容包括组织、规划、目标控制、生产要素管理、合同管理、信息管理与沟通等。

思考与练习

1. 项目通常具有哪些基本特征？
2. 工程项目的特点有哪些？
3. 阐述工程项目管理的概念。
4. 工程项目管理的方法有哪些？
5. 工程项目可行性研究的内容有哪些？
6. 近年来，建筑工程项目管理理念最显著的变化有哪几个方面？

项目二　工程项目范围管理与管理规划

项目需求

工程项目范围管理与管理规划是工程项目管理的重要组成部分。工程项目范围管理与管理规划主要包括工程项目范围管理，亦包括工程项目管理规划等。

项目工作场景

实训基地(有与项目实际相符的项目管理资源等)

方案设计

首先学习工程项目范围管理，然后进行工程项目管理规划的介绍。

相关知识和技能

(1) 具备项目管理规划大纲和项目管理实施规划的编制能力。

(2) 通过本项目的学习，使学生熟悉工程项目范围管理的概念、范围的确定，了解工程项目的结构分析及范围控制；熟悉项目管理规划的定义、作用和要求，掌握项目管理规划大纲和项目管理实施规划的内容；熟悉工程项目管理规划的编制。

任务描述

首先进行工程项目范围管理的学习，然后进行管理规划的学习。

知识准备

工程项目范围管理

（一）工程项目范围管理的概念

(1) 项目范围管理

项目范围是指为了顺利实现项目的目标，完成项目可交付成果而必须完成的工作，即项目行为系统的范围。

项目范围通常由如下工作构成：

①专业工作。

②管理工作。指为实现项目目标所必需的预测、决策、计划和控制工作。这些管理工作还可以分为各种职能管理工作，如进度管理、质量管理、成本管理、合同管理、资源管理和信息管理等。

③行政工作。指在项目实施过程中的一些行政事务性工作，如行政审批工作等。

确定项目的范围就是确定项目的系统界限，明确项目管理的对象。项目范围管理是对项目工作范围进行的定义、计划、控制和变更等活动。

(2) 范围管理的目的

范围管理的目的是通过明确项目系统范围，保证实施过程和最终交付工程的完备性，进而保证项目目标的实现。

具体体现是：

①按照项目目标、用户及其他相关者要求确定应完成的工程活动，并详细定义、计划这些活动。

②在项目建设过程中，确保在预定的项目范围内有计划地进行项目的实施和管理工作；完成规定要做的全部工作，既不多余又不遗漏。

③确保项目的各项活动满足项目范围定义所描述的要求。

(3) 项目范围管理的内容

项目范围管理应作为项目管理的基础工作贯穿于项目的全过程。

项目范围管理包括如下工作：

①项目范围的确定。

明确项目的目标和主要可交付成果，确定项目的总体系统范围并形成文件，以作为项目设计、计划、实施和评价项目成果的依据。

②项目结构分析。

范围的定义是对项目范围进行结构分解（工作结构分解）工作。范围定义的结果是工作分解结构（WBS）以及相关的说明文件。用可测量的指标定义项目的工作任务，并形成文件，以此作为分解项目目标、落实组织责任、安排工作计划和实施控制的依据。工作分解结构和工作范围说明书是范围定义的主要内容，工作分解结构的每一项活动应在工作范围说明书中表示出来。

③实施过程中的范围控制。

通过工程项目实施过程中的范围控制，保证项目范围的完整性。

(4) 范围管理的作用

①项目的范围是确定项目的费用、时间和资源计划的前提条件和基准。范围管理对组织管理、成本管理、进度管理、质量管理、采购管理等都有规定。对承包商来说，招标文件定义了承包工程项目的范围。在接到招标文件后，承包商必须研究自己的工程范围，以利于精确地计划和报价。

②有助于分清项目责任，对项目任务的承担者进行考核和评价。

③项目范围是项目实施控制的依据。

(二) 工程项目范围的确定

(1) 项目范围确定的过程

在工程项目实施的过程中，项目范围的确定及项目范围的文件是一个相对的概念。项目建议书、可行性研究报告、项目任务书，以及设计和计划文件、招标文件、合同文件等都是定义和描述项目范围的文件，并为项目的进一步实施(设计、计划、施工)提供了基础。工程项目范围的确定是一个前后相继、不断细化和完善的过程，前期文件作为后面范围确定的依据。

通常，项目的范围确定需经过如下过程：

①项目目标的分析。

②项目环境的调查与限制条件分析。

③项目可交付成果的范围和项目范围确定。

④对项目进行结构分解(WBS)工作。

⑤项目单元的定义。

⑥项目单元之间界面的分析，包括界限的划分与定义、逻辑关系的分析、实施顺序安排。

(2) 项目范围确定的依据

项目范围确定的依据包括：

①项目目标的定义文件。

②项目范围说明文件。

③环境调查资料。

④项目的其他限制条件和制约因素。

⑤其他依据。

(3) 确定项目范围的影响因素

①最终应交付成果的范围。对于单价合同，业主在招标文件中提供比较详细的图纸、工程说明(规范)、工程量表以及合同文件等。承包工程项目的可交付成果由如下几方面因素确定：

a. 工程量表。工程量表是可交付工程项目范围确定的因素和过程成果清单，是对可交付成果数量的定义和描述。

b. 技术规范。技术规范主要描述了项目的各个部分在实施过程中采用的通用技术标准和特殊标准，包括设计标准、施工规范、具体的施工做法、竣工验收方法、试运行方式等内容。

c. 对于“设计—施工—供应(EPC)”总承包合同，业主在招标文件中提出“业主要求”，它主要描述业主所要求的最终交付工程的功能，相当于工程的设计任务书。

②合同条款。合同条款对承包商的项目范围的定义有两个方面：

a. 由合同条件定义的工程施工过程责任，如承包商的工程范围包括拟建工程的施工详图设计、土建工程、项目的永久设备和设施的供应和安装、竣工保修等。

b. 由合同条款定义的承包商合同责任产生的工程活动，如为了保证实施和使用的安全性而进行的试验研究工作、购买保险等。

③因环境制约产生的活动。如由现场环境、法律等产生的项目环境保护的工作任务，为了保护周边的建筑，或为保护施工人员的安全和健康而采取的保护措施，为运输大件设备要加固通往现场的道路等。

(三) 工程项目结构分析

1. 工作分解结构的概念和目的

(1) 工作分解结构的概念

工作分解结构是一种层次化的树状结构，是将项目按一定的方法划分为可以管理的项目单元，通过控制这些单元的费用、进度和质量目标，使它们之间的关系协调一致，从而达到控制整个项目目标的目的。

工作分解结构可以满足各级别的项目参与者的需要。工作分解结构可与项目组织结构有机地结合在一起，有助于项目经理根据各个项目单元的技术要求，赋予项目各部门和各职员相应的职责。同时，项目计划人员也可以对 WBS 中的各个单元进行编码，以满足项目控制的各种要求。

例如，大型工程项目在实施阶段的工作内容相当多，其工作分解结构通常可以分解为六级。一级为工程项目；二级为单项工程；三级为单位工程；四级为任务；五级为工作包；六级为工作或活动。

一般的，前三级由业主做出规定，更低级别的分解则由承包商完成并用于对承包商的施工进度进行控制。工作分解结构中的每一级都有其重要作用：第一级用于授权，第二级用于编制项目预算，第三级用于编制里程碑事件进度计划。这三个级别是复合性的工作，与特殊的职能部门无关。再往下的三个级别用于承包商的施工控制。工作包或工作应分派给某个人或某个作业队，由其唯一负责。

工作分解结构将项目依次分解成较小的项目单元，直到满足项目控制需要的最低层次，这就形成了一种层次化的树状结构。这一树状结构将项目合同中规定的全部工作分解为便于管理的独立单元，并将完成这些单元工作的责任赋予相应的具体部门或人员，从而在项目资源与项目工作之间建立了一种明确的目标责任关系，这就形成了一种职能责任矩阵，如图 2.1 所示。

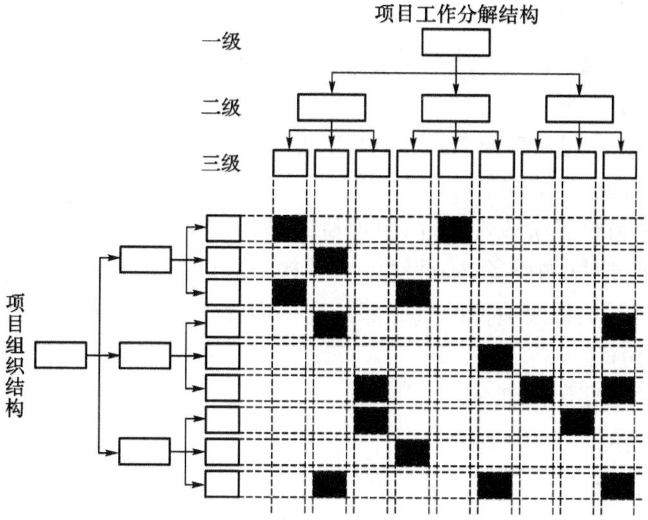

图 2.1　矩阵管理方法示意图

这种结构或框架具有层次性，简单的项目只需分成三层，即项目、子项目、工作；复杂的或大型的项目，为清晰起见，则分成五至六层。工作分解结构中，每下降一级表示项目单元的描述逐渐变得详细。

(2) 工作分解结构的目的

①将整个项目划分为相对独立、易于管理的较小的项目单元，这些较小的项目单元有时也称为工作或活动。

②将这些工作或活动与组织机构相联系，将完成每一工作或活动的责任赋予具体的组织或个人，这就是组织或个人的目标。

③对每一工作或活动做出较为详细的时间、费用估计，并进行资源分配，形成进度目标和费用目标。

④可以将项目的每一工作或活动与公司的财务账目相联系，及时进行财务分析。

⑤确定项目需要完成的工作内容、质量标准和项目各项工作或活动的顺序。

⑥估计项目全过程的费用。

⑦可与网络计划技术共同使用，以规划网络图的形态。

2. 建立工作分解结构的步骤

工作分解结构包括项目所要实施的全部工作，建立工作分解结构就是将项目实施的过程、项目的成果和项目组织有机地结合在一起。工作分解结构划分的详细程度要视具体的项目而定。

建立工作分解结构的步骤为：

(1) 确定项目总目标

根据项目技术规范和项目合同的具体要求，确定最终完成项目需要达到的项目总目标。

(2) 确定项目目标

确定项目目标就是层次确定工作分解结构的详细程度(即 WBS 的分层数)。

(3) 划分项目建设阶段

将项目建设的全过程划分成不同的、相对独立的阶段，如设计阶段、施工阶段等。

(4) 建立项目组织结构

项目组织结构中应包括参与项目的所有组织或人员，以及项目环境中的各个关键人员。

(5) 确定项目的组成结构

根据项目的总目标和阶段性目标，将项目的最终成果和阶段性成果进行分解，列出达到这些目标所需的硬件(如设备、各种设施与结构)和软件(如信息资料与服务)条件，实际上是按工程内容对子项目或项目的组成部分进一步分解形成的结构图表。

这一过程简述如下：

①识别项目的主要组成部分。

a. 可作为独立的可交付成果。

b. 便于实际管理。

②确定该级别的每一单元是否可以恰当地估算费用和工期。不同的单元可以有不同的分解级别，这就是“恰当”的含义。

③识别每一可交付成果的组成单元。这些单元在完成后可产生切实的、有形的成果，以便实施进度测量。

④证实分解的正确性。

a. 目前所分解的层次对完成所分解的单元是否有必要且足够详细。否则，必须修改组成单元(增加单元、删除单元或重新定义)。

b. 是否清晰和完整地定义了每一个事项。否则，必须修改有关工作描述并增加描述内容。

c. 能否恰当地确定每个事项的起止时间和做出费用估算，这个事项是否已分派给某一部门(小组或个人)，他们是否愿意承担完成该事项的全部责任。否则，应做出修改，以进行有效地管理控制。

如图 2.2 所示为可行性研究的工作分解结构示意图。

(6) 建立工作分解结构

以公司现有财务图表为基础，建立项目工作分解结构的编码体系。

(7) 编制工作分解结构

将上述(3)～(6)项结合在一起，即形成了工作分解结构。

(8) 编制总体网络计划

根据工作分解结构的第二或第三层，编制项目总体网络计划。总体网络计划可以再利用网络计划的一般技术(如关键线路法)进行细化。总体网络计划确定了项目的总进度目标和关键子目标。

(9) 建立职能矩阵

分析工作分解结构中各个子系统或单元与组织机构之间的关系，用以明确组织机构内各部门应负责完成的项目子系统或项目单元，并建立项目系统的责任矩阵。

(10) 建立项目财务图表

将工作分解结构中的每一个项目单元进行编码，形成项目结构的编码系统。此系统与项目的财务编码系统相结合，即可对项目实施财务管理，制作各种财务图表，建立费用目标。

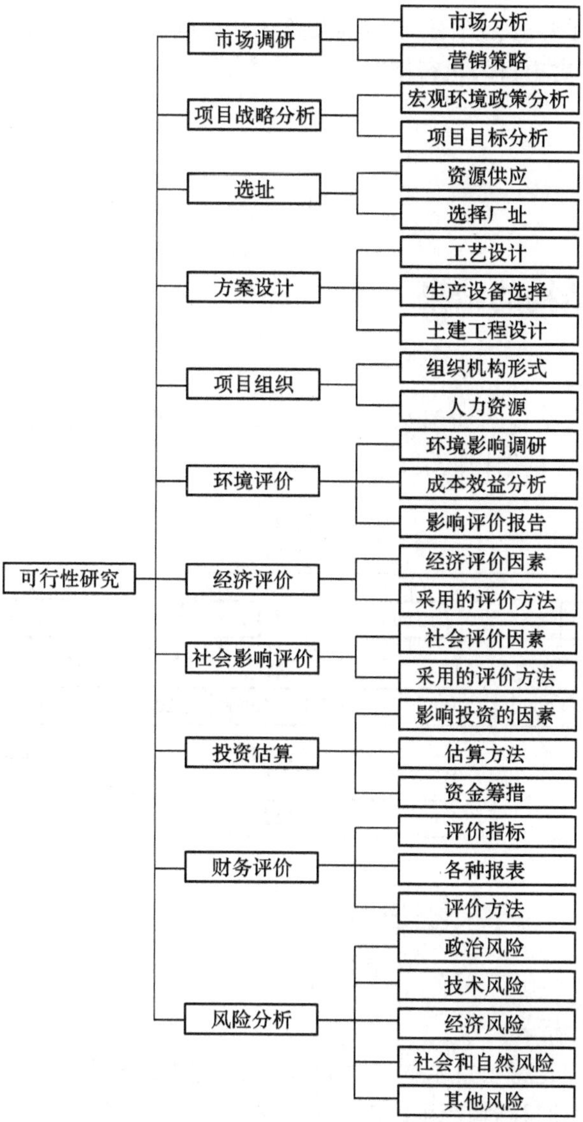

图 2.2 可行性研究的工作分解结构示意图

(11) 编制关键线路网络计划

详细网络计划一般采用关键线路法(CPM)编制,它是对工作分解结构中的项目单元做进一步细分后产生的,可用于直接控制生产或施工活动。详细网络计划确定了各项工作的进度目标。

(12) 建立工作顺序系统

根据工作分解结构和职能矩阵,建立项目的工作顺序系统,以明确各职能部门所负责的项目子系统或项目单元何时开始、何时结束,同时,也明确了项目子系统或项目单元间的前后衔接关系。

(13) 建立报告和控制系统

根据项目的整体要求、工作分解结构及总体和详细网络计划，即可建立项目的报告体系和控制系统，以核实项目的执行情况。

任务实施

一、工作分解结构的结果

(1) 树形结构图

项目结构的树形结构图如图 2.3 所示。其中每一个单元又统一被称为项目结构单元，它表达了项目总体的结构框架。

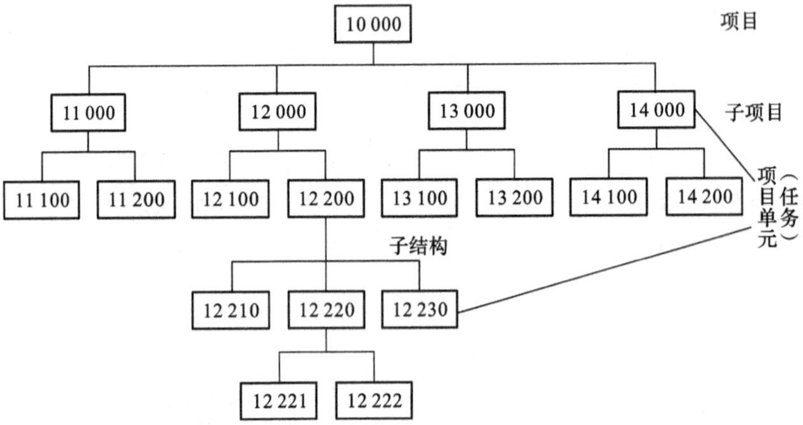

图 2.3　项目结构图

(2) 项目结构分析表

项目结构分析表是将项目结构图用表来表示，它的结构类似于计算机文件的目录路径。例如，图 2.3 的项目结构图可以表示为表 2.1。

表 2.1　××项目结构分析表

编码	名称	负责人	成本	××	××	编码	名称	负责人	成本	××	××
10 000						12 222 12 230					
11 000 11 100 11 200						13 000 13 100 13 200					
12 000 12 100 12 200 12 210 12 220 12 221						14 000 14 100 14 200					

二、工程项目工作分解结构的方法

(1) 按项目产品进行分解

根据习惯,工程项目可按项目产品进行分解,如图 2.4 所示为其树形结构图。

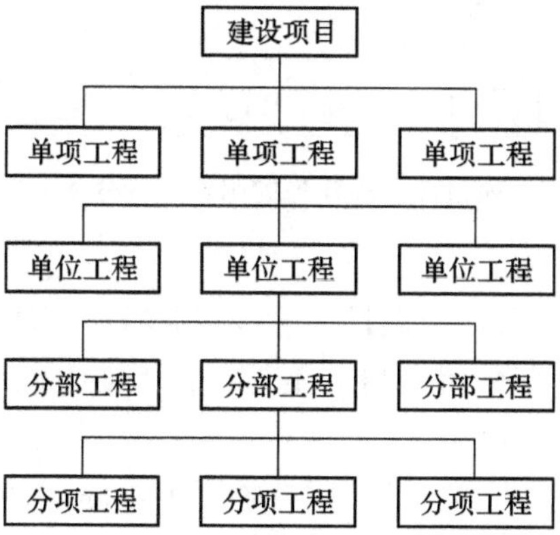

图 2.4　树形结构图

①建设项目。

指按一个总的设计意图,由一个或几个单项工程所组成,经济上实行统一核算,行政上实行统一管理的建设单位。一般以一个企业、事业单位或独立的工程作为一个建设项目。

②单项工程。

指具有独立的设计文件,可以独立施工,建成后能够独立发挥生产能力或效益的工程。单项工程是建设项目的组成部分。

③单位工程。

指具有独立的设计文件,可以独立组织施工,但完成后不能独立发挥效益的工程。它是单项工程的组成部分。

④分部工程。

分部工程是单位工程的组成部分。建筑工程按主要部位划分为基础工程、墙体工程、地面与楼面工程、门窗工程、装饰工程和屋面工程等;设备安装工程由设备组别组成,按照工程的设备种类和型号、专业等划分为建筑采暖工程、煤气工程、建筑电气安装工程、通风与空调工程、电梯安装工程等。

⑤分项工程。

分项工程是建设项目的基本组成单元,是由专业工种完成的中间产品。它可通过较为简单的施工过程生产出来,可以有适当的计量单位。它是计算工料消耗、进行计划安排、统计工作、实施质量检验的基本构造因素,如内墙砌砖、外墙砌砖、墙面抹水泥砂浆等,都称作分项工程。

(2) 按承担任务的组织进行分解

如图 2.5 所示为按承担任务的组织进行分解的树形图。

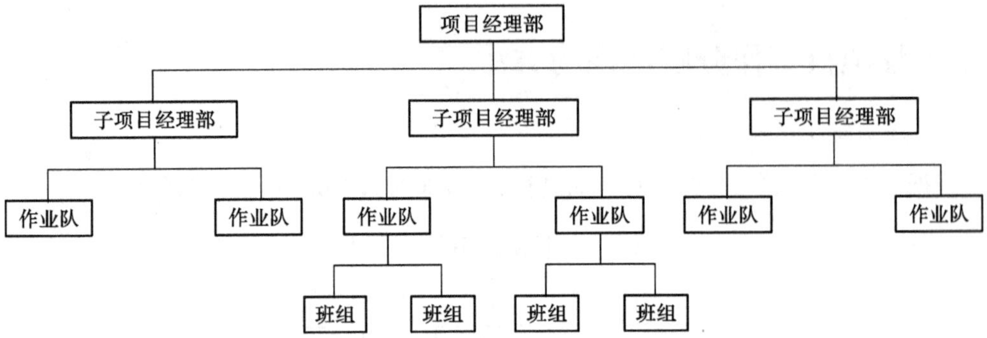

图 2.5　项目按承担任务的组织进行分解的树形图

(3) 按管理目标进行分解

建筑业企业承揽任务后，可以根据目标管理(MBO)的需要，按 WBS 的要求自上而下进行目标分解(或目标展开)。分解的目的是为了自下而上保证目标的实现(见图 2.6、图 2.7)。

由于管理目标有多种，有质量、进度、成本和安全目标，故可以对每类目标进行专业分解，也可结合项目管理组织机构的职责分工进行综合分解。

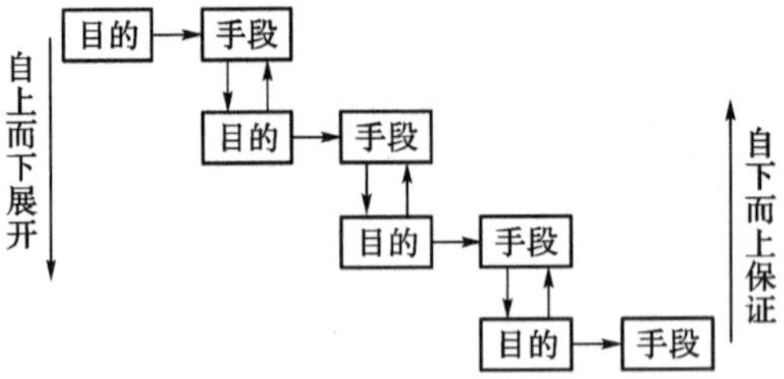

图 2.6　目标分解程序

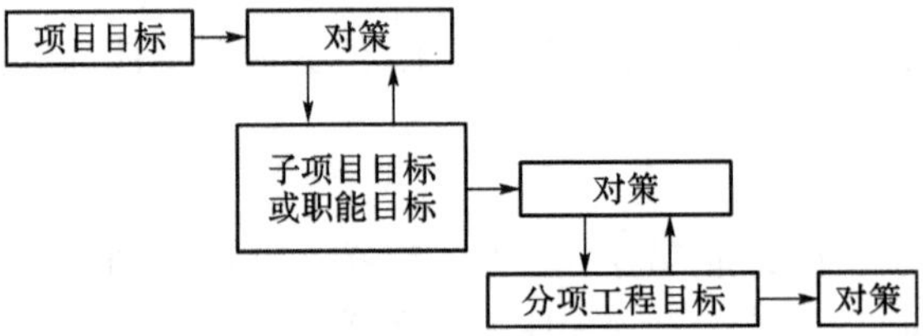

图 2.7　目标分解体系

三、工程项目范围控制

(一) 项目范围控制的目的

项目范围控制的目的是严格按照项目的范围和结构分析文件进行项目的计划和实施控制，保证在预定的项目范围内按照规定的数量完成项目。

项目范围控制作为工程项目实施控制的工作之一，应体现在项目的实施过程中。

①项目范围控制应作为项目管理组织成员的责任。

②在制订项目实施计划，审核设计任务书，进行图纸或技术方案的会审，审查工程承(分)包合同、采购合同、变更指令、会议纪要时，要掌握项目实施动态，识别所确定(计划或分派)的任务是否属于合同工作范围，是否有遗漏或多余。

③在工程实施过程中，变更管理、质量管理、工程量计量、工程价款结算等都要包含范围管理的工作内容，审查工程项目范围的完备性。

(二) 工程师的监督

在工程实施监督中，应加强对承(分)包商工程项目范围的监督，使承(分)包商的整个工程施工符合合同和计划确定的范围。

工程师的合同监督通过如下工作完成：

①检查并防止承包商工程范围的缺陷，如漏项、供应不足，对设计的缺陷进行纠正。

②对承包商的施工组织计划、施工方法(工艺)进行事前的认可和实施过程中的监督，保证工程达到合同所规定的质量、安全、健康和环境保护的要求。

③确保承包商的材料、设备符合合同的要求，进行事前认可、进场检查、使用过程中的监督。

④审查、监督按照合同所确定的工程范围施工，不漏项也不多余。

(三) 检查、跟踪与变更管理

(1) 工程项目的检查与跟踪

在项目实施过程中，项目管理人员应根据项目范围描述文件对设计、计划和施工过程进行经常性的检查和跟踪，建立各种文档，记录实际检查结果，了解项目实施状况，控制项目范围；通过项目实施状态报告，了解项目实施的中间过程和动态，识别是否按项目范围定义实施，判断任务的范围(如数量)和标准(如质量)有无变化等；定期或不定期进行现场访问，通过现场观察，了解项目实施状况，控制项目范围。

(2) 工程项目的变更管理

项目变更管理是项目范围管理的一个方面，是指在项目实施期间项目工作范围发生的改变，如增加或删除某些工作，工程内容、质量要求的变化等。

项目范围的变更有如下原因：

①环境的变化。

②目标变更。

③工程技术系统的变更。

④实施计划或实施方案的变更。

⑤其他原因。

项目范围变更会导致项目系统状态的变化，对项目实施影响很大，主要表现在：

①定义工程目标和工程实施的各种文件，如设计图纸、规范、各种计划、合同、施工方案、供应方案等，都应做相应的修改和变更，有些重大的变更会打乱整个施工部署。

②引起项目组织责任的变化和组织争执。

③有些工程变更还会引起已完工程的返工，现场工程施工的停滞，施工秩序的打乱，

已购材料的损失等。

④项目变更及其控制不是孤立的，必须同时考虑对其他方面的影响，如范围变更会对时间、费用和质量产生影响。

⑤频繁的变更会使人们轻视计划的权威性，不执行计划或不提供有力的支持，会导致项目的混乱和失控。所以，变更不能太随意。

项目范围变更管理应符合下列要求：

①项目范围变更的影响程度常取决于做出变更的时间。

②应有严格的项目范围变更审批程序。

③范围变更后，应及时调整项目的实施计划及相应的成本、进度、质量和资源计划。

④分析项目范围变更对目标的影响。

⑤在工程项目的结束阶段，或整个工程竣工时，应对项目的实施过程和最终交付工程进行全面审核，对项目范围进行全面确认，检查项目范围规定的各项工作是否已经完成，检查可交付成果是否完备。

⑥在项目结束后，组织的相关责任人应对该项目范围管理的经验教训进行总结，并及时传递相关信息。

任务评价

一、工程项目管理规划概述

（一）工程项目管理规划的定义

规划是指一项综合性的、完整的、全面的总体计划。它包含目标、政策、程序、任务的分配、采取的步骤、使用的资源及为完成既定行动所需要的其他因素。

项目管理规划是对项目管理的各项工作进行的综合性的、完整的、全面的总体计划。

主要内容包括：项目管理目标的研究与目标的细化；项目的范围管理和项目的结构分解；项目管理实施组织策略的制定；项目管理的工作程序；项目管理组织和任务的分配；项目管理所采用的步骤、方法；项目管理所需资源的安排和其他问题的确定等。

（二）工程项目管理规划的作用

工程项目管理规划的作用包括：

①项目管理规划是对项目构思、项目目标更为详细的论证。在项目的总目标确定后，通过项目管理规划可以分析研究总目标能否实现，总目标确定的费用、工期、功能要求是否能得到保证，是否能够达到综合平衡。

②规划结果是许多更细、更具体的目标的组合，是各个阶段的责任及中间决策的依据。

③规划是项目管理实际工作的指南和项目实施控制的依据。

④为业主和项目的其他方面（如投资者）提供需要了解和利用的项目管理规划信息。

（三）工程项目管理规划的要求

(1) 目标的研究与分解

这是工程项目管理的最基本要求。管理规划是为保证实现项目管理总目标而做的各种安排，因此，目标是规划的灵魂，必须详细地分析项目总目标，弄清总任务，并与相关各方就总目标达成共识。如果对目标和任务理解有误，或不完全，必然会导致项目管理规划的失误。

(2) 符合实际

①符合环境条件。

②反映项目本身的客观规律。按工程规模、质量水平、复杂程度、工程项目自身的逻辑性和规律性做计划，不能过于强调压缩工期、降低费用和提高质量。

③反映项目管理相关各方的实际情况。包括业主的支付能力、设备供应能力、管理和协调能力；承包商的施工能力、劳动力供应能力、设备装备水平、生产效率和管理水平、过去同类工程的经验；承包商现有在手工程的数量，对本工程能够投入的资源数量；设计单位、供应商、分包商等完成相关项目任务的能力和组织能力等。

(3) 全面性

项目管理规划必须包括项目管理的各个方面和各种要素，必须对项目管理的各个方面做出安排，提供各种保证，形成一个非常周密的多维的系统。特别要考虑项目的设计和运行维护，考虑项目的组织及项目管理的各个方面。与过去的工程项目计划和项目的规划不同，项目管理规划更多地考虑项目管理的组织，项目管理系统，项目的技术定位、功能策划、运行准备和运行维护，以使项目目标能够顺利实现。

由于规划过程又是资源分配的过程，为了保证规划的可行性，还必须注意项目管理规划与项目规划和企业计划的协调。

(4) 内容的完备性和系统性

由于项目管理对项目实施和运营的重要作用，项目管理规划的内容十分广泛，涉及项目管理的各个方面。通常包括项目管理的目标分解、环境调查、项目范围管理和结构分解、项目实施策略、项目组织和项目管理组织设计，以及对项目相关工作的总体安排(如功能策划、技术设计、实施方案和组织、建设、融资、交付、运行的全部)等。

(5) 集成化

项目管理规划体系应反映规划编制的基础工作、规划的各项工作，以及规划编制完成后的相关工作之间的系统联系，主要包括：

①各个相关计划的先后次序和工作过程关系。

②各相关计划之间的信息流程关系。

③计划相关各个职能部门之间的协调关系。

④项目各参加者(如业主、承包商、供应商、设计单位等)之间的协调关系。

(6) 有弹性，留有余地

由于项目管理规划的执行过程中会受到许多因素的干扰，编制时要留足空间。干扰因素有：

①市场变化、环境变化、气候的影响。

②投资者的情况的变化，如新的主意、新的要求。

③其他方面的干扰，如政府部门的干预、新的法律的颁布。

(7) 风险分析

规划中必须包括相应的风险分析的内容，对可能发生的困难、问题和干扰做出预测，并提出预防措施。

二、工程项目管理规划的内容

(一) 工程项目管理目标的分析

项目管理目标分析的目的是为了确定适合建设期项目特点和要求的项目目标体系。项目管理规划是为了保证项目管理目标的实现，目标是项目管理规划的灵魂。

项目立项后，项目的总目标已经确定。通过对总目标的研究和分解即可确定阶段性的项目管理的目标。在这个阶段还应确定编制项目管理规划的指导思想或策略，使各方面的人员在计划的编制和执行过程中有总的指导方针。

(二) 工程项目实施环境分析

项目环境分析是项目管理规划的基础性工作。在规划工作中，掌握相应的项目环境信息，是开展各个工作的前提和重要依据。通过环境调查，确定项目管理规划的环境因素和制约条件，收集影响项目实施和项目管理规划执行的宏观和微观的环境因素的资料。特别要注意尽可能利用以前同类工程项目的总结和反馈信息。

(三) 工程项目范围的划定和工作分解结构

①根据项目管理的目标，分析和划定项目的范围。

②对项目范围内的工作进行研究和分解，即工作系统的结构分解。

工作分解结构在国外称为 WBS(Work Breakdown Structure)，指把工作对象(工程、项目、管理等过程)作为一个系统，将它们分解为相互独立、相互影响(制约)和相互联系的活动(或过程)。通过分解，有助于项目管理人员更精确地把握工程项目的系统组成，并为建立项目组织、进行项目管理目标的分解、安排各种职能管理工作提供依据。进行工程施工和项目管理(包括编制计划、计算造价、工程结算等)，应进行工作结构分解；进行施工项目目标管理，也必须进行工作结构分解。编制施工项目管理规划的前提就是项目结构分解。

(四) 工程项目实施方针和组织策略的制定

工程项目实施方针和组织策略的制定就是确定项目实施和管理模式总的指导思想和总体安排，包括：

①如何实施该项目，业主如何管理项目，控制到什么程度。

②采用的发包方式，采取的材料和设备供应方式。

③由自己组织内部完成的管理工作，由承包商或委托管理公司完成的管理工作，准备投入的管理力量。

(五) 工程项目实施总计划

工程项目实施总计划包括：

①工程项目总体的时间安排，重要的里程碑事件安排。

②工程项目总体的实施顺序。

③工程项目总体的实施方案，如施工工艺、设备、模板方案，给(排)水方案等；各种安全和质量的保证措施；采购方案；现场运输和平面布置方案；各种组织措施等。

（六）工程项目组织设计

工程项目组织设计的主要内容是确定项目的管理模式和项目实施的组织模式，建立建设期项目组织的基本架构和责权利关系的基本思路。

(1) 项目实施组织策略

它包括采用的分标方式，采用的工程承包方式，项目可采用的管理模式。

(2) 项目分标策划

它包括对项目结构分解得到的项目活动进行分类、打包和发包，考虑哪些工作由项目管理组织内部完成，哪些工作需要委托出去。

(3) 招标和合同策划工作

它包括招标策划和合同策划两部分。

(4) 项目管理模式的确定

它是指业主所采用的项目管理模式，如设计管理模式、施工管理模式，是否采用监理制度等。

(5) 项目管理组织设置

①按照项目管理的组织策略、分标方式、管理模式等构建项目管理组织体系。

②部门设置。

管理组织中的部门，是指承担一定管理职能的组织单位，是某些具有紧密联系的管理工作和人员的集合，它分布在项目管理组织的各个层次上。部门设置的过程，实质上就是进行管理工作的组合过程，即按照一定的方式，遵循一定的策略和原则，将项目管理组织的各种管理工作加以科学分类、合理组合，进而设置相应的部门来承担，同时授予该部门从事这些管理业务所必需的各种职权。

③部门的职责分工。

绘制项目管理责任矩阵，针对项目组织中某个管理部门，规定其基本职责、工作范围、拥有权限、协调关系等，并配备具有相应能力的人员以适应项目管理的需要。

④管理规范的设计。

管理规范包含的内容较多，在大型建设项目管理规划阶段，管埋规范设计主要着眼于项目管理组织中各部门的责任分工及项目主要管理工作的流程设计。

⑤主要管理工作的流程设计。

在项目管理规划中，主要研究部门之间在具体管理活动中的流程关系，流程设计的成果是各种主要管理工作的工作流程图。工作流程图的种类很多，有箭头图、矩阵框图(表格式)和程序图等。

(6) 项目管理信息系统的规划

对新的大型的项目，必须对项目管理的信息系统做出总体规划。

(7) 其他

根据需要，项目管理规划还会有许多内容，但它们会因不同的对象而异，这在下节中可以看出。

（七）项目管理规划大纲和项目管理实施规划的内容

（1）项目管理规划大纲的内容

①项目概况。

②项目实施条件分析。

③项目管理目标。

④项目组织结构。

⑤质量目标和施工方案。

⑥工期目标和施工总进度计划。

⑦成本目标。

⑧项目风险预测和安全目标。

⑨项目现场管理和施工平面图。

⑩投标和签订施工合同。

⑪文明施工及环境保护。

（2）项目管理实施规划的内容

①工程概况。

②施工部署。

③施工方案。

④施工进度计划。

⑤资源供应计划。

⑥施工准备工作计划。

⑦施工平面图。

⑧施工技术组织措施计划。

⑨项目风险管理。

⑩信息管理。

⑪技术经济指标的计算与分析。

a. 根据所编制的项目管理实施规划，列出以下规划指标：总工期；分部工程及单位工程达到的质量标准，单项工程和建设项目的质量水平；总造价和总成本，单位工程造价和成本，成本降低率；总用工量，平均人数，高峰人数；劳动力不均衡系数，单位面积用工；主要材料消耗量及节约量；主要大型机械使用数量、台班量及利用率。

b. 对以上指标的水平高低做出分析和评价。

c. 针对实施难点提出对策。

三、工程项目管理规划的编制

（一）编制依据

项目管理规划的编制依据包括：

①招标文件及发包人对招标文件的解释。

②对招标文件的分析研究结果。

③工程现场情况。

④发包人提供的工程信息和资料。

⑤有关竞争信息。

⑥企业决策层的投标决策意见。

项目管理实施规划的编制依据为：

①项目管理规划大纲。

②项目管理目标责任书。

③合同及相关文件。

④项目经理部的管理水平。

⑤项目经理部掌握的有关信息。

（二）编制程序

以上介绍项目管理规划内容的先后顺序，亦应是它们的编制程序。这个程序不能颠倒，因为后一项内容的编制必须利用前项内容已产生的资料，且实现前项内容的有关要求。

（三）不同层次工程项目管理规划的编制

(1) 业主的项目管理规划

业主的项目管理规划的内容、详细程度、范围，与业主所采用的项目管理模式有关。

①采用“设计—施工—供应”总承包模式，则项目管理规划就比较宏观、粗略。

②采用分专业分阶段平行发包模式，则必须做比较详细、具体、全面的项目管理规划。

业主的项目管理规划是大纲性质的，对整个项目管理有规定性，而监理单位（项目管理公司）和工程承包商的项目管理规划就可以看作业主的项目管理规划的细化。业主的项目管理规划可以由咨询公司协助编制。

(2) 监理单位（或项目管理公司）的项目管理规划

监理单位（或项目管理公司）为业主提供项目的咨询和管理工作。它们经过投标，与业主签订合同，承接业主的监理（项目管理）任务。按照我国的《建设工程监理规范》，监理单位在投标文件中必须提出本工程的监理大纲，在中标后必须按照监理规划大纲和监理合同的要求编制监理实施规划。由于监理单位是为业主进行工程项目管理，它所编制的监理大纲就是相关工程项目的管理规划大纲，监理实施规划就是工程项目管理实施规划。

(3) 工程承包商的项目管理规划

按照我国的《建设工程项目管理规范》，施工项目管理规划应包括两类文件：

①施工项目管理规划大纲。施工项目管理规划大纲必须在施工项目投标前由投标人进行编制，用以指导投标人进行施工项目投标和签订施工合同。

②施工项目管理实施规划。施工项目管理实施规划必须由施工项目经理组织施工项目经理部在工程开工之前编制完成，用以策划施工项目目标、管理措施和实施方案，以保证施工项目合同目标的实现。

（四）项目管理规划目标的落实

（1）目标管理程序

项目管理应用目标管理方法，可大致分为几个阶段：

①确定项目组织内各层次、各部门的任务分工，既对完成施工任务提出要求，又对工作效率提出要求。

②把项目组织的任务转换为具体的目标。

该目标有两类：一类是产品成果性目标，如工程质量、进度等；另一类是管理效率性目标，如工程成本、劳动生产率等。

③落实制定的目标。

落实目标，一是要落实目标的责任主体，即谁对目标的实现负责；二是明确目标主体的责权利；三是要落实对目标责任主体进行检查、监督的上一级责任人及手段；四是要落实目标实现的保证条件。

④对目标的执行过程进行调控。监督目标的执行过程，进行定期检查，发现偏差时，要分析产生偏差的原因，及时进行协调和控制。对目标执行得好的主体进行适当的激励。

⑤对目标完成的结果进行评价，即把目标执行结果与计划目标进行对比，以评价目标管理的效果。

（2）目标管理点

目标管理点是指在一定时期内，影响某一目标实现的关键问题和薄弱环节，这就是重点管理对象。不同时期的管理点是不同的，对管理点应制订措施和管理计划。

（3）目标落实

目标分解不等于责任落实。落实责任是定出责任人：主要责任人、次要责任人和关联责任人。要定出检查标准，也要定出实现目标的具体措施、手段和各种保证条件。

（4）项目的目标实施和经济责任

①根据工程承包合同要求，树立用户至上的思想，完成施工任务；在施工过程中，按企业的授权范围处理好施工过程中所涉及的各种外部关系。

②努力节约各种生产要素，降低工程成本，实现施工的高效、安全、文明。

③努力做好项目核算，做好施工任务、技术能力、进度的优化组合和平衡，最大限度地发挥施工潜力，做好原始记录。

④做好队伍的精神文明建设。

⑤及时向企业管理层提供信息和资料。

四、工程案例分析

××工程施工项目管理规划流程

工程名称：××教学大楼。

大楼位于××大学校区内，地下 2 层，地上 20 层，建筑高度 90 m，局部高 110 m，主要设置教学、阅览、实验等功能，是校区内最重要的教学建筑。主楼功能组成复杂，建筑规模较大，并且拥有现代化的设备监控教学系统，将成为该校区乃至当地的标志性建筑物。

该工程的土建施工由××施工企业总承包。在招标文件中，业主要求土建总承包商在传统的土建施工任务的基础上，更多地承担与设计方的协调，帮助业主进行本工程的相关专业工程的分标和招标的管理，加强对业主的其他承包商的协调和管理，在业主的项目管理工作中发挥更大的作用。

该土建总承包商编制该工程施工总承包项目管理规划。该项目管理规划的内容和编制的总体流程如图 2.8 所示。

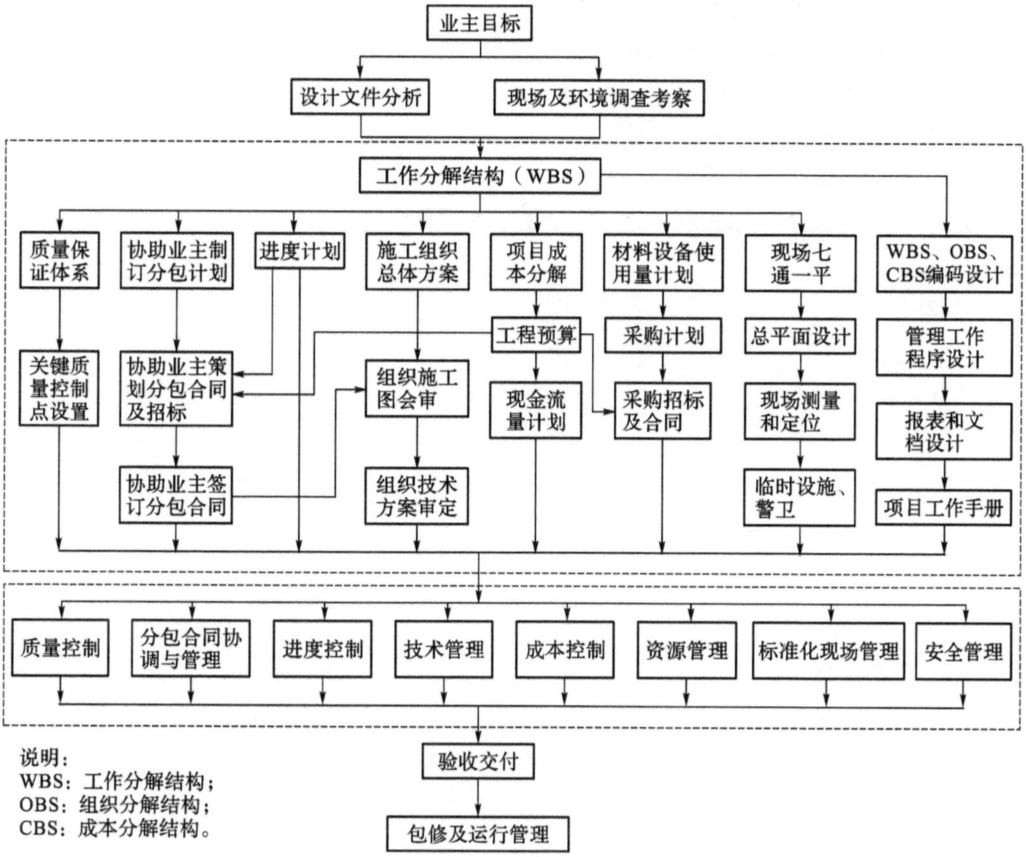

图 2.8　项目管理规划的内容和编制的总体流程

项目小结

项目范围管理是对项目工作范围进行的定义、计划、控制和变更等活动，其内容包括项目范围的确定、项目结构分析、项目实施过程中的范围控制等。

项目管理规划的定义、作用和要求。过去的项目计划是狭义的微观的计划，而项目管理规划是全面的综合的计划，它对项目管理实施具有重要作用。

项目管理规划包括项目管理规划大纲和项目管理实施规划等内容。

工程项目管理规划的编制。建立工作分解结构是项目管理最基本、最重要的方法之一。注意业主、监理工程师、承包商的项目管理规划工作。

思考与练习

1. 阐述工程项目范围管理的概念。
2. 项目范围管理包括哪些工作?
3. 工作分解结构的概念和目的是什么?
4. 阐述建立工作分解结构的步骤。
5. 项目范围的变更有哪些原因?
6. 阐述工程项目管理规划的定义。
7. 工程项目管理规划的要求有哪些?
8. 项目管理应用目标管理方法,可大致分为哪几个阶段?

项目三　工程项目组织管理

项目需求

工程项目组织管理是工程项目管理的重要组成部分，工程项目组织管理主要包括工程项目组织概述、工程项目的组织形式、项目经理部、项目经理、项目团队建设等。

项目工作场景

实训基地(有与项目实际相符的项目管理资源等)

方案设计

首先学习工程项目组织知识，然后进行项目团队建设的介绍。

相关知识和技能

(1) 通过本项目教学，学生初步具备工程项目组织设计能力，具有项目团队建设的基本能力。

(2) 通过本项目的学习，了解工程项目组织的有关概念及工程项目的组织形式，熟悉项目经理部的设置，熟知项目经理的责权利。

任务1　工程项目组织

任务描述

首先进行工程项目组织概论的学习，然后进行工程项目的组织形式的学习。

知识准备

工程项目组织概述

（一）项目组织的概念

组织是按照一定的宗旨和系统建立起来的集体，是构成整个社会经济系统的基本单位。

组织有两层含义：作为名词，指组织机构，即按一定的领导体制、部门设置、层次划分、职责分工、规章制度和信息系统等构成的有机整体，是社会人的结合体，可以完成一定的任务，并为此而处理人和人、人和事、人和物的关系；作为动词，指组织行为（活动），即通过一定的权力和影响力，为达到一定目标，对所需要的资源进行合理配置，处理人和人、人和事、人和物关系的行为。

项目管理组织，是指为进行项目管理，实现组织职能而进行的项目组织系统的设计与建立、组织运行和组织调整三方面工作的总称。

组织系统的设计与建立，是指经过筹划、设计，建成一个可以完成项目管理任务的组织机构，建立必要的规章制度，划分并明确岗位、层次、部门的责任和权力，建立和形成管理信息系统及责任分工系统，并通过一定岗位和部门内人员的规范化的活动和信息流通实现组织目标。

组织运行是指在组织系统形成后，按照组织要求，由各岗位和部门实施组织行为的过程。组织调整是指在组织运行过程中，对照组织目标，检验组织系统的各个环节，并对不适合组织运行和发展的各方面进行改进和完善。

项目管理的组织职能包括五个方面：

（1）组织设计

包括选定一个合理的组织系统，划分各部门的权限和职责，确立各种基本规章制度等。

（2）组织联系

指规定组织机构中各部门或岗位的相互关系，明确信息流通和信息反馈的渠道，以及它们之间的协调原则和方法。

（3）组织运行

指按照组织分工完成各自的工作，规定各组织的工作顺序和业务管理活动的运行过程。组织运行要解决好三个关键性的问题：一是人员配置，二是业务接口，三是信息反馈。

（4）组织行为

指应用行为科学、社会学及社会心理学来研究、理解和影响组织中人们的行为、言语，组织过程，管理风格及组织变更等。

(5) 组织调整

指根据工作的需要、环境的变化，分析原有项目组织系统的缺陷、适应性和效率，对原组织系统进行调整和重新组合，包括组织形式的变化、人员的变动、规章制度的修订或废止、责任系统及信息流通系统的调整等。

（二）项目组织的作用

项目组织是在项目寿命期内临时组建的，是暂时的，只是为完成特定的目标。

当从事的工作任务比较复杂时，需要各部门和各学科之间的综合，存在多个目标因素时，项目组织和管理方法的应用是十分有效的。

项目组织是对项目的最终成果负责的组织，它打破了传统的组织界限。其项目的生产过程和任务可以由不同部门甚至不同企业承担，形成一个新的独立于职能部门的项目管理部门，通过综合、协调、激励，共同完成目标任务。

项目组织强调"目标—任务—工作过程—人员"。

项目组织关系是同盟、合资、伙伴、合作关系。这种关系立足于共同的目标、共同的信念和利益的共享，甚至可以通过国际合资或合作等形式组织。

采用项目组织的具体作用如下：

①将市场与生产过程、资源、研究与开发过程高度地综合起来，具有高度的活力和竞争力。

②能够形成以任务为中心的管理，工作透明度更高，更注重结果。

③能够迅速改进最终产品的质量和可靠性，产品开发时间较短，开发费用较低。

④能迅速地反映市场和用户要求，建立较好的用户关系。

⑤整个过程的协调和控制比较方便，信息的传输过程富有效率。

⑥在项目组织中，下层人员有更大的权利、更多的责任，能够激发他们的积极性、创造性和创新精神，能够形成以人为中心的创新模式，员工有机会把自己的思想直接在项目中实现或提供给高层管理部门，能够进行面对面的交流。

⑦项目管理的思想处处体现创新的要求，项目管理的方法是富有成效和高效率的。

⑧传统的权威已大大削弱，人们必须通过沟通、信任和理解来实现目标。

（三）工程项目组织的基本结构

工程项目中有两种工作过程：一种是为完成项目对象所必需的专业性工作过程，如产品设计、建筑施工、安装、技术鉴定等，这些工作一般由专业承包公司承担；另一种是项目管理过程，它包括专业性工作的形成及实施过程中所需的计划、协调、监督、控制等一系列项目管理工作，以及在项目的立项、实施过程中的决策和宏观控制工作。

项目组织主要是由完成项目结构图中各项工作(直到工作包)的人、单位、部门组合起来的群体，有时还包括为项目提供服务或与项目有某些关系的部门，如政府机关、鉴定部门等。它由项目组织结构图表示，受项目系统结构限定，按项目工作流程进行工作，其成员各自完成规定的任务和工作。

1. 工程项目组织的结构层次

(1) 项目所有者或项目的上层领导者

该层是项目的发起者，可能包括企业经理、对项目投资的财团、政府机构、社会团体领导等。它居于项目组织的最高层，对整个项目负责，最关心的是项目整体经济效益。

项目所有者组织一般由战略决策层和战略管理层组成。投资者通常委托一个项目管理主持人，即业主，承担项目实施全过程的主要责任和任务，通过确立目标、选择不同的方案，制订实现目标的计划，通过对项目进行宏观控制保证项目目标的实现。

(2) 项目管理者，即项目组织层

项目管理者通常是一个由项目经理领导的项目经理部。项目管理者由业主指定，为他提供有效的独立的管理服务，负责项目实施中的具体的事务性管理工作，其主要责任是实现业主的投资意图，保护业主利益，保证项目整体目标的实现。

(3) 具体项目任务的承担者，即项目操作层

项目操作层包括承担项目工作的专业设计单位、施工单位、供应商和技术咨询工程师等。他们的主要任务和责任有：参与或进行项目设计、计划和实施控制；按合同规定的工期、成本、质量完成自己承担的项目任务；向业主和项目管理者提供信息和报表；遵守项目管理规则。

当然，项目组织中还有可能包括上层系统(如企业部门)的组织，有项目合作或与项目相关的政府、公共服务部门等。

2. 工程项目组织策划

项目组织策划是项目管理的一项重要工作，其大致过程如下：

(1) 项目组织策划前，应进行项目的总目标分析，完成相应阶段的技术设计和结构分解工作，这是项目组织策划的基础工作。

(2) 确定项目的实施组织策略，即确定项目实施组织和项目管理模式总的指导思想。包括如何实施该项目；业主如何管理项目，控制到什么程度；哪些工作由企业组织内部完成，哪些工作由承包商或管理公司完成；业主准备面对多少承包商；业主准备投入多少管理力量；采用什么样的材料和设备供应方式等。

(3) 项目实施任务的委托及相关的组织工作。包括项目分标策划以及招标和合同策划工作。

(4) 项目管理任务的组织工作。具体包括：

①项目管理模式的确定。

②项目管理组织设置。

③项目管理工作流程分析。

④项目组织职能分解。

(5) 组织策划的结果通常由招标文件和合同文件、项目组织结构图、项目管理规范和组织责任矩阵图、项目手册等定义。

项目组织策划过程如图 3.1 所示。

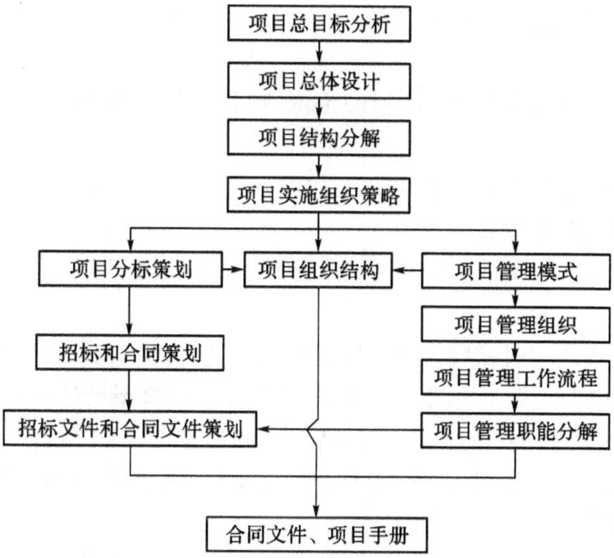

图 3.1　项目组织策划过程

（四）工程项目组织的基本原则

1. 目标统一原则

项目参加者隶属不同的单位，具有不同的利益，则有不同的目标，所以项目运行的组织障碍较大。为了保证项目顺利实施，达到总目标，必须要求：

(1) 项目参加者应就总目标达成一致。

(2) 在项目的设计、合同、计划、组织管理规范等文件中贯彻总目标。

(3) 在项目的全过程中顾及各方面的利益，使项目参加者各方都满意。

(4) 为了达到统一的目标，项目的实施过程必须有统一的指挥、统一的方针和政策。

2. 责权利平衡

在项目的组织设置过程中，应明确项目投资者、业主、项目其他参加者及其他利益相关者之间的经济关系、职责和权限，并通过合同、计划、组织规则等文件定义。这些关系错综复杂，形成一个严密的体系，它们应符合责权利平衡的原则。

(1) 权责对等。

(2) 权力的制约。

(3) 同样，组织成员有一项责任或工作任务，就应有相应的权利。这个权利可能是他完成这个责任所必需的或由这个责任引申的。

(4) 通过合同、管理规范、奖励政策等对项目参加者各方的权益进行保护，特别是承包商和供应商。

(5) 按照责任、工作量、工作难度、风险程度和最终的工作成果给予相应的报酬，或给予相应的奖励。

(6) 公平地分配风险。项目中，风险的分配是个战略问题。

分配风险的总体原则是：谁能最有效地防止和控制风险，或能将风险合理地转移，则由他承担相应的风险责任；承担者控制相关风险是经济有效的、方便的、可行的；通过风险分配，加强责任，能更好地进行计划，发挥各方管理和技术革新的积极性等。

3. 适用性和灵活性原则

(1) 确保项目的组织结构适合项目的范围、项目组织的大小、环境条件及业主的项目战略。

(2) 项目组织结构应考虑与原组织的适应性，要处理好下列关系：

①顾客及其他利益相关者。

②项目业主组织的有关职能部门，特别是负责项目进度计划、质量和成本监控的职能部门。

③项目组织必须能同时兼顾产品研究、开发、供应、生产、营销过程和专业职能活动。

(3) 应充分利用项目管理者过去的项目管理经验，选择最合适的组织结构。

(4) 项目组织结构应有利于项目参加者的交流和合作，便于领导。

(5) 组织结构简单，工作人员精干，最大限度地发挥部门中现有人员的作用。

4. 组织制衡原则

(1) 权责分明。任何权利必须有相应的责任和制约，应清楚地划分各自的任务和责任的界限，这是设立权利和职责的基础。

(2) 设置责任制衡和工作过程制衡。工程活动或管理活动之间的联系，使项目参加者各方的责任之间也必然存在一定的逻辑关系，有时合同双方的责任是连环的、互为条件的。

(3) 加强过程的监督，包括阶段工作成果的检查、评价、监督和审计工作。

(4) 通过组织结构、责任矩阵、项目管理规范、管理信息系统设计，保持组织界面的清晰。

(5) 通过其他手段达到制衡，如保险和担保等。

但是，过于强调组织制衡和过多的制衡措施会使组织结构复杂、程序烦琐，会产生沟通的障碍，破坏合作气氛。

5. 保证组织人员和责任的连续性和统一性

由于项目存在阶段性，而组织任务和组织人员的投入又是分阶段、不连续的，容易造成责任体系的中断、责任盲区和短期行为，所以必须保持项目管理的连续性、统一性（人员、组织、过程、信息系统）。

主要内容有：

(1) 项目工作最好由一个单位或部门全过程、全面负责。

(2) 项目的主要承担者应对工程的最终结果负责，与项目的最终效益挂钩。

(3) 防止责任的盲区，即防止出现无人负责的情况和问题、无人承担的工作任务。

(4) 减少责任连环。项目中，过多的责任连环会损害组织责任的连续性和统一性。

(5) 保证项目组织的稳定性，包括项目组织结构、人员的稳定性，组织规则、程序的稳定性。

6. 管理跨度和管理层次的要求

按照组织效率原则，应建立一个规模适度、组织结构层次较少、结构简单、能高效率运作的项目组织。

管理跨度是指某一组织单元直接管理下一层次的组织单元的数量。管理层次是指一个组织总的结构层次。

通常,管理跨度窄造成组织层次多;反之,管理跨度宽造成组织层次少。如图 3.2 所示。

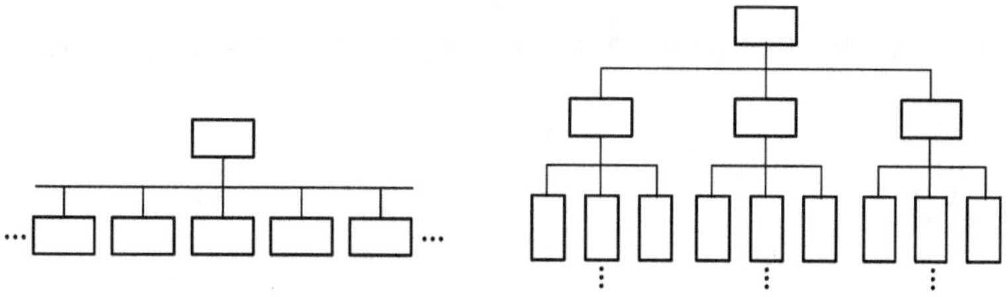

（a）宽跨度组织结构　（b）窄跨度组织结构

图 3.2　管理跨度和管理层次

(1) 采用窄跨度、多层次组织结构的特点

①严密的监督和控制,一般不会出现失控现象,但太多的项目组织层次,使决策速度放慢;当项目比较多时,计划和控制将变复杂。

②上下级之间联络迅速,但上级往往过多地干预下级的工作,容易影响下级人员的积极性和创造性。

③管理层次多,则管理费用多,管理人员增加,协调部门间的活动也增加;信息处理量大,用于管理的精力多,设施费用增加。

④联络复杂化,最低层与最高层之间的距离过长。

⑤造成项目的低效率,工期延长,实施过程延缓。

⑥采用多层次分包时,会出现多层次的项目组织,造成指挥失灵,失去协调作用,失去组织总目标的明确性和一贯性。

(2) 采用宽跨度、少层次组织结构的特点

组织结构变得扁平化,组织灵活,结构层次少。其缺点是:高层负担过重,容易成为决策的"瓶颈";有失控的危险;必须谨慎地选择下级管理人员,跨度大使协调困难,必须制定明确的组织运作规则和政策等。现代大型、特大型的项目及多项目的组织一般都是扁平化的组织结构。

7. 合理授权

根据项目的特点,项目组织是一种有较大分权的组织;项目鼓励多样性和创新,则必须分权才能调动下层的积极性和创造力。

项目组织设置必须形成合理的组织职权结构和职权关系,没有授权或授权不当将会导致没有活力或失控,决策渠道阻塞;项目高层将陷于日常的细节问题中,而无力进行重要的决策和控制。

在授权的过程中,必须遵守以下原则:

(1) 依据完成的任务、预期要取得的结果进行授权,构成目标、任务、职权之间的逻辑关系,并订立完成程度考核的指标。

(2) 根据要完成的工作任务选择人员,分配职位和职务。分权需要强有力的下层管理

人员。

(3) 采用适当的控制手段，确保下层恰当地使用权利，以防止失控。

(4) 在组织中保持信息渠道的开放和畅通，使整个组织运作透明。

(5) 对有效的授权和有工作成效的下层单位给予奖励。

(6) 谨慎地进行授权。

通常，新产品的开发、发展战略、销售策略和政策、投资、融资、人事等权利不能下放。

任务实施

工程项目组织的主要形式

(一) 工作队式项目组织

(1) 工作队式组织形式的应用

工作队式项目组织形式如图 3.3 所示，虚线内表示项目组织，其人员与原部门脱离。

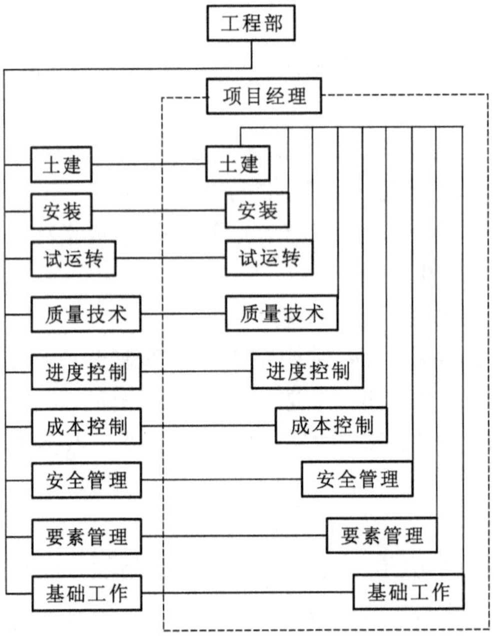

图 3.3　工作队式组织形式示意图

该组织结构类型有以下特征：

①项目经理在企业内部聘用职能人员组成管理机构(工作队)，由项目经理指挥，独立性大。

②项目组织成员在工程建设期间与原所在部门脱离领导与被领导的关系。原单位负责人负责业务指导及考察，但不能随意干预其工作或调回人员。

③项目管理组织与项目同寿命。项目结束后机构撤销，所有人员仍回原所在部门和岗位。

(2) 工作队式项目组织的优点

工作队式项目组织的优点包括：

①项目经理从职能部门聘用的一批专家，在项目管理中协同工作，可以取长补短，有利于培养一专多能的人才并充分发挥其作用。

②各专业人才集中在现场办公，减少了扯皮和等待时间，办事效率高，解决问题快。

③项目经理权力集中，运用权力的干扰少，决策及时，指挥灵便。

④项目与企业的职能部门关系弱化，易于协调关系，减少了行政干预，使项目经理的工作易于开展。

⑤不打乱企业的原建制，传统的直线职能制组织仍可保留。

(3) 工作队式项目组织的缺点

工作队式项目组织的缺点包括：

①各类人员来自不同部门，具有不同的专业背景，相互不熟悉，难免配合不力。

②各类人员在同一时期所担负的管理任务可能有很大的差别，因此很容易产生忙闲不均，导致人员浪费。特别是稀缺专业人才，难以在企业内调剂使用。

③职工长期离开原单位，即离开了自己熟悉的环境和工作配合对象，容易影响其积极性的发挥，而且环境变化容易产生临时观点和不满情绪。

④职能部门的优势无法发挥作用。

(4) 工作队式项目组织的运作

工作队式项目组织是按照对象原则组织的项目管理机构，可独立地完成任务，相当于一个"实体"。这种项目组织形式适用于大型项目、工期要求紧迫的项目、要求多工种多部门密切配合的项目。因此，它要求项目经理素质要高，指挥能力要强，有快速组织队伍及善于指挥来自各方人员的能力。

（二）职能式项目组织

(1) 职能式组织形式的应用

职能式组织形式，也称部门控制式组织结构形式，是按职能原则建立的项目组织，它并不打乱企业现行的建制，把项目委托给企业某一专业部门或委托给某一施工队，由被委托的部门(施工队)领导，在本单位组织人员负责实施项目组织，项目终止后恢复原职。图3.4为这种组织形式的示意图。

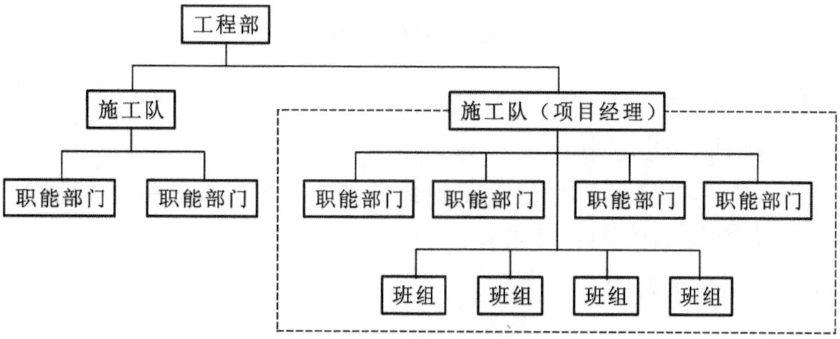

图 3.4　职能式项目组织形式示意图

(2) 职能式项目组织的优点

职能式项目组织的优点包括：

①相互熟悉的人员组合办熟悉的事，人事关系容易协调，人才作用发挥较充分。

②从接受任务到组织运转启动所需时间短。

③职责明确，职能专一，关系简单。

④项目经理无需专业训练便容易进入状态。

(3) 职能式项目组织的缺点

职能式项目组织的缺点包括：

①不能适应大型项目管理的需要。

②不利于对计划体系下的组织体制(固定建制)进行调整。

③不利于精简机构。

(4) 职能式项目组织的运作

这种形式的项目组织一般适用于小型的、专业性较强、不涉及众多部门配合的施工项目。

(5) 案例分析

中建八局在世纪大厦工程项目的职能式组织结构如图 3.5 所示。

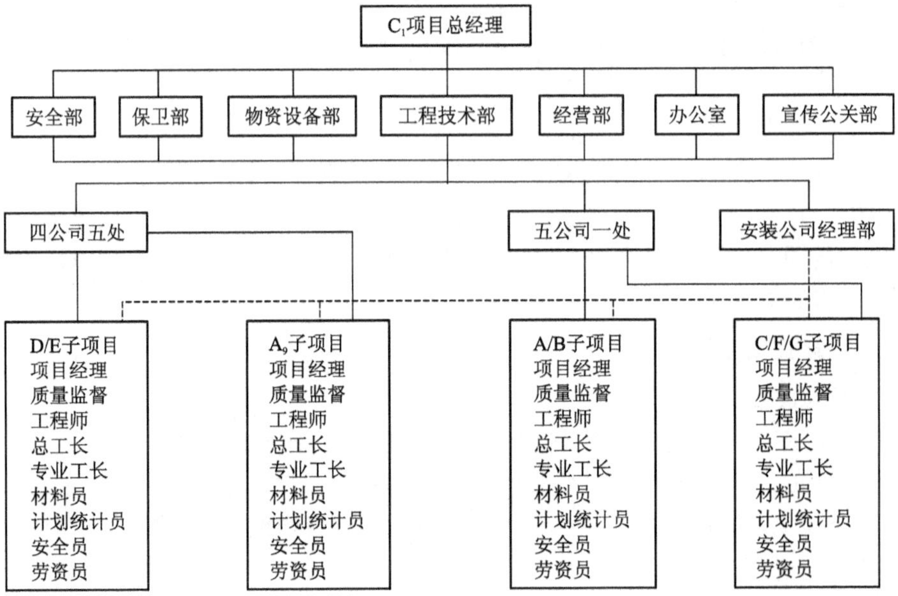

图 3.5　职能式组织结构

(三) 矩阵式项目组织

(1) 矩阵式组织形式的应用

矩阵式项目组织是结构形式呈矩阵状的组织，项目管理人员由企业有关职能部门派出并进行业务指导，受项目经理直接领导。

矩阵式项目组织形式如图 3.6 所示。

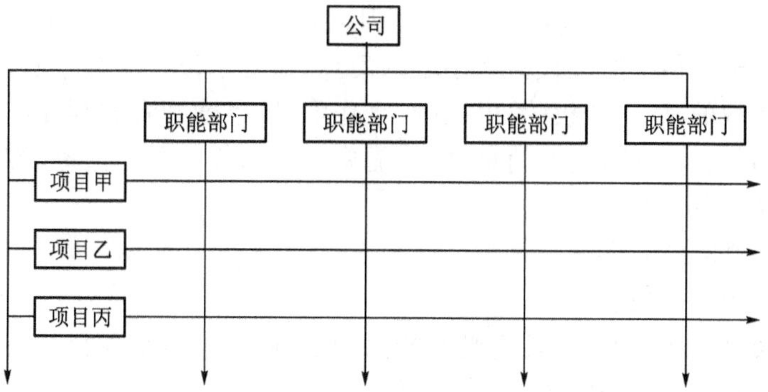

图 3.6　矩阵式项目组织形式示意图

其特征有以下几点：

①项目组织机构与职能部门的结合部同职能部门数相同，多个项目与职能部门的结合部呈矩阵状。

②把职能原则和对象原则结合起来，既能发挥职能部门的纵向优势，又能发挥项目组织的横向优势。

③专业职能部门是永久性的，项目组织是临时性的。

④矩阵中的每个成员或部门，接受原部门负责人和项目经理的双重领导，但部门的控制力大于项目的控制力。

⑤项目经理对调配到本项目经理部的成员有控制和使用权，当感到人力不足或某些成员不得力时，可以要求职能部门给予解决。

⑥项目经理部的工作有多个职能部门支持，项目经理没有人员包袱，但要求在水平方向和垂直方向有良好的信息沟通及良好的协调配合，对整个企业组织和项目组织的管理水平和组织渠道畅通提出了较高的要求。

(2) 矩阵式项目组织的优点

矩阵式项目组织的优点包括：

①它兼有部门控制式和工作队式两种组织形式的优点，解决了传统模式中企业组织和项目组织相互矛盾的状况，把职能原则与对象原则融为一体，取得了企业长期例行性管理和项目一次性管理的一致性。

②能够形成以项目任务为中心的管理，集中全部的资源为各项目服务，项目目标能够得到保证，能够迅速反映和满足顾客要求，对环境变化有比较好的适应能力。

③由于各种资源统一管理，能最有效地、均衡地、节约地、灵活地使用资源，特别是能最有效地利用企业的职能部门人员和专门人才；能够形成全企业统一指挥，协调管理，进而能保证项目和部门工作的稳定性和效率。

④项目组织成员仍属于一个职能部门，不仅保证了组织和项目工作的稳定性，而且使得各成员有机会在职能部门中通过参加各种项目，获得专业上的发展和丰富的实践经验。

⑤矩阵式组织结构富有弹性，有自我调节的功能，能更好地适应动态管理和优化组合，适合时间和费用压力大的多项目管理和大型项目的管理。

⑥矩阵式组织的结构、权利与责任关系趋向于灵活，能在保证项目经理对项目最有控

制力的前提下，充分发挥各专业部门的作用，保证有较短的协调、信息和指令的途径。

⑦组织上打破了传统的以权力为中心的思想，树立了以任务为中心的思想。这种组织的领导不是集权的，而是分权的、民主的、合作的，所以管理者的领导风格必须变化；组织的运作是灵活的、公开的，人们信息共享，需要相互信任与承担义务，容易接受新思想，整个组织氛围符合创新的需要。

(3) 矩阵式项目组织的缺点

矩阵式项目组织的缺点包括：

①由于人员来自职能部门，且仍受职能部门控制，故凝聚在项目上的力量减弱，往往使项目组织的作用发挥受到影响。

②管理人员如果身兼多职地管理多个项目，难以确定管理项目的优先顺序，有时难免顾此失彼。

③双重领导。

④矩阵式组织对企业管理水平、项目管理水平、领导者的素质、组织机构的办事效率、信息沟通渠道的畅通等均有较高要求，因此要精干组织，分层授权，疏通渠道，理顺关系。

(4) 矩阵式项目组织的运作

①适用于同时承担多个项目管理工程的企业。在这种情况下，各项目对专业技术人才和管理人员的需求数量较大，采用矩阵式组织可以充分利用有限的人才对多个项目进行管理，特别有利于发挥优秀人才的作用。

②适用于大型、复杂的施工项目。大型、复杂的施工项目要求多部门、多技术、多工种配合实施，在不同阶段，对不同人员有不同数量和不同搭配的需求。

(四) 事业部制项目组织

(1) 事业部制组织形式的应用

事业部制组织是在企业内作为派往项目的管理班子，对企业外具有独立的法人资格的项目管理组织，如图 3.7 所示。

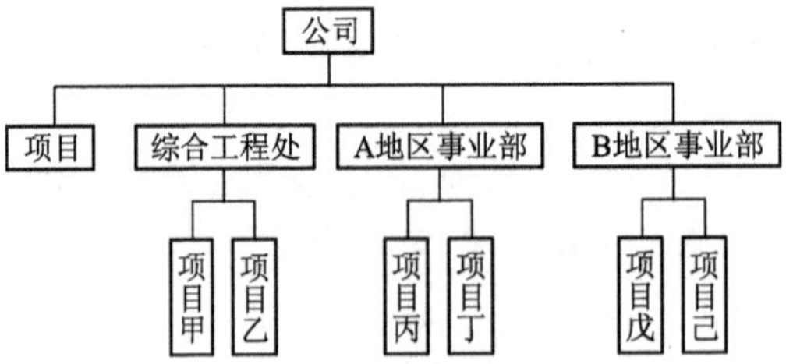

图 3.7 事业部制组织形式示意图

事业部制组织的特征是企业成立事业部。事业部对企业来说是职能部门，对企业外有相对独立的经营权，可以是一个独立单位。事业部可以按地区设置，也可以按工程类型或经营内容设置。事业部能较迅速适应环境变化，提高企业的应变能力，调动部门积极性。当企业向大型化、智能化发展时，事业部制组织是一种很受欢迎的选择，既可以加强经营战略管理，又可以加强项目管理。

事业部下设置项目经理部，项目经理由事业部选派，一般对事业部负责，有的可以直接对业主负责，是根据其授权程度决定的。

(2) 事业部制项目组织的优点

事业部制项目组织有利于延伸企业的经营职能，扩大企业的经营业务，便于开拓企业的业务领域，还有利于迅速适应环境变化以加强项目管理。

(3) 事业部制项目组织的缺点

按事业部制建立项目组织，企业对项目经理部的约束力减弱，协调指导的机会减少，故有时会造成企业结构松散。所以，必须加强事业部的制度约束，并加强企业的综合协调能力。

(4) 事业部制项目组织的运作

事业部制项目组织适用于大型经营性企业的工程承包，特别适用于远离公司本部的工程承包。需要注意的是，一个地区只有一个项目，没有后续工程时，不宜设立地区事业部，也即它适用于在一个地区内有长期市场或一个企业有多种专业化施工力量的情况。在此情况下，事业部与地区市场同寿命，地区没有项目时，该事业部应予撤销。

(5) 案例分析

上海建工集团事业部制组织结构如图 3.8 所示。

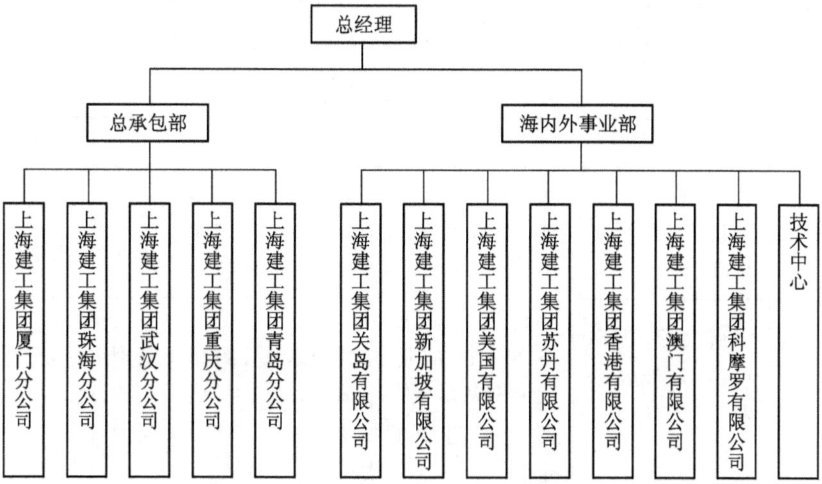

图 3.8　上海建工集团事业部制组织结构

任务评价

工程项目组织形式的选择

选择什么样的项目组织形式，应由企业做出决策，要将企业的具体情况综合起来分析，选择最适宜的项目组织形式，不能生搬硬套某一种形式，更不能不加分析地盲目做出决策。

一般说来，应按下列情况具体分析：

(1) 项目自身的情况，如规模、难度、复杂程度、项目结构状况、子项目数量和特征。

(2) 上层系统组织状况，同时进行的项目数量，及其在本项目中承担的任务范围。同时进行的项目很多时，必须采用矩阵式的组织形式。

(3) 应采用高效率、低成本的项目组织形式，能使各方面有效地沟通，各方面责权利关系明确，能进行有效的项目管理。

(4) 决策简便、快速。由于项目与企业部门之间存在复杂的关系，而其中最重要的是指令权的分配，不同的组织形式有不同的指令权的分配。

(5) 不同的组织结构可用于项目生命周期的不同阶段，即项目组织在项目期间不断改变。

一般情况下，工程项目组织形式的选择为：

(1) 大型综合企业的人员素质好，管理基础强，业务综合性强，可以承担大型任务，宜采用矩阵式、工作队式、事业部制的项目组织形式。

(2) 简单项目、小型项目、承包内容专一的项目，应采用部门控制式项目组织。

(3) 同一企业内可以根据项目情况采用几种组织形式，如将事业部制与矩阵式项目组织结合使用，将工作队式与事业部制项目组织结合使用等，但不能同时采用矩阵式与工作队式项目组织，以免造成管理渠道和管理秩序的混乱。表 3.1 可供选择项目组织形式时参考。

表 3.1　选择项目组织形式参考因素

项目组织形式	项目性质	企业类型	企业人员素质	企业管理水平
工作队式	大型项目、复杂项目、工期紧的项目	大型综合建筑企业，项目经理能力强	人员素较高，专业人才多、职工素质技术较高	管理水平较高，基础工作较强，管理经验丰富
职能式	小型项目、简单项目、只涉及个别少数部门的项目	小建筑企业，任务单一的企业，大中型基本保持部门控制制的企业	素质较差，力量薄弱，人员构成单一	管理水平较低，基础工作较差，缺乏有经验的项目经理
矩阵式	多工种、多部门、多技术配合的项目，管理效率要求很高的项目	大型综合建筑企业，经营范围很宽、实力很强的建筑企业	文化素质、管理素质、技术素质很高，但人才紧缺，管理人才多，人员一专多能	管理水平很高，管理渠道畅通，信息沟通灵敏，管理经验丰富
事业部制	大型项目、远离企业基地项目，事业部制企业承揽的项目	大型综合建筑企业，经营能力很强的企业，海外承包企业，跨地区承包企业	人员素质高，项目经理能力强，专业人才多	经营能力强，信息手段强，管理经验丰富，资金实力雄厚

任务 2　项目团队建设

任务描述

首先进行项目经理部的学习，然后进行项目经理和项目团队建设的学习。

知识准备

一、项目经理部

（一）项目经理部的部门设置和人员配备

项目经理部部门设置和人员配备的指导思想，是把项目经理部建成一个能够代表企业形象、面向市场的窗口，真正成为企业加强项目管理，实现管理目标，全面履行合同的主体。

按照动态管理、优化配置原则，项目经理部的编制及人员配备由项目经理、总工程师、总经济师、总会计师、政工师和技术、预算、劳资、定额、计划、质量、保卫、测试、计量及辅助生产人员共 15～45 人组成，其中专业职称设岗为：高级 5%～10%，中级 40%～45%，初级 37%～40%，其他 10%～13%，实行一职多岗，一专多能，全部岗位职责覆盖项目施工全过程管理，不留死角，避免了职责重叠交叉。

项目经理部可以根据所选的项目组织结构形式及项目的具体情况选择，一般可设置以下五个方面的管理部：

①经营核算部门。

②工程技术部门。

③物资设备部门。

④监控管理部门。

⑤测试计量部门。

项目经理部也可按控制目标设置管理部门，包括进度控制、质量控制、成本控制、安全控制、合同管理、信息管理及组织协调等部门。

（二）案例分析

某大厦项目经理部的部门设置和人员配备。

某市某综合大厦工程位于××路 106 号，建筑面积 31 000 m^2，地下 3 层，地上 21 层，檐高 66 m，框筒结构，箱形基础，基础埋深 14.5 m，基坑采用护坡桩支护，地下水位埋深 3.9～4.9 m，采用大口井加渗水井降水法；该工程按 8 度抗震设防，结构抗震等级框架为二级，剪力墙为一级，基础底板、外墙为C30防水混凝土，抗渗S8；结构混凝土最大等级C40。该项目经理部的部门设置和人员配备情况：项目经理1人，执行经理1人，现场经理、技术经理、商务经理、机电经理各1人，工程部3人，机电部2人，商务部2人，质量安全部2人，物资部2人，技术部2人，办公室3人。如图3.9所示。

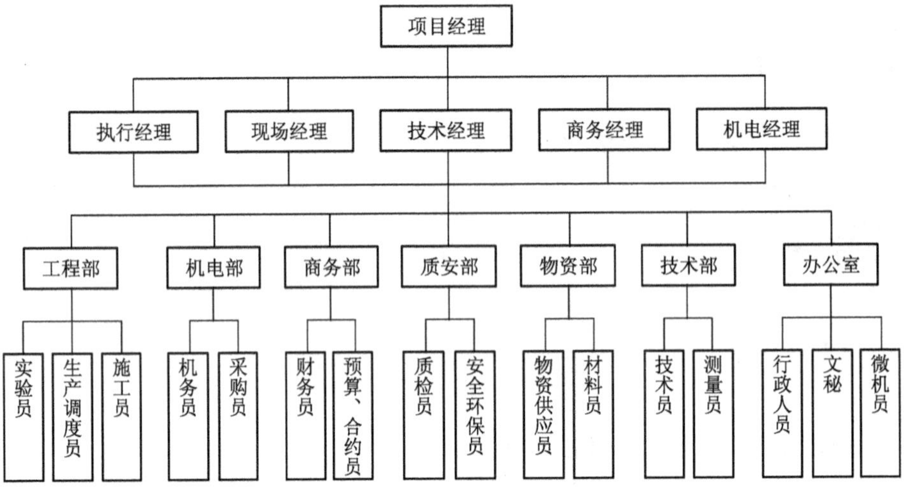

图3.9 某大厦项目经理部的部门设置和人员配备

（三）项目经理部的党工团组织建设与民主管理

（1）党工团组织建设

为了使党、团、工会建设适应项目管理，并围绕项目做好服务，项目经理部要加强党工团组织建设。项目经理部人员的党、团、工会组织关系原则上在原单位系统不动，但因工程项目施工周期长，应在项目经理部设党支部、工会、团小组。党支部书记一般由政工系统派出的专职政工人员担任，全面负责项目经理部人员的日常思想政治工作、工会工作和团的工作，并实行党团组织、工会管理手册跟踪考核制度。

（2）项目民主管理委员会在项目中的地位

为了充分发挥全体职工的主人翁责任感，项目经理部应设立项目民主管理委员会。项目民主管理委员会一般由7～11人组成，由参与任务分包的劳务作业队全体职工选举产生，但项目经理、各劳务输入单位或各作业承包队应为法定委员。项目管理委员会的主要职责是听取项目经理的汇报，参与有关生产计划的制订，劳动工资的分配会议，及时反映职工的建议和要求，帮助项目经理解决施工中出现的问题，定期评议项目经理和项目经理部的工作等。

（四）项目经理部的解体

（1）项目经理部解体的条件

①工程已经交工验收，已经完成竣工结算。

②与各分包单位已经结算完毕。

③已协助企业与发包人签订了“工程保修书”。

④“项目管理目标责任书”已经履行完毕，经承包人审计合格。

⑤各项善后工作已与企业主管部门协商一致并办理有关手续。

(2) 项目经理部解体的程序与善后工作

①企业工程管理部门是项目经理部组建和解体善后工作的主管部门，主要负责项目经理部的组建及解体后工程项目在保修期间的善后问题处理，包括因质量问题造成的返(维)修、工程剩余价款的结算及回收等。

②在施工项目全部竣工并交付验收签字之日起十五天内，项目经理部要根据工作需要向企业工程管理部写出项目经理部解体申请报告，同时向各业务系统提出本部善后留用和解体合同人员名单及时间，经有关部门审核批准后执行。

③项目经理部解聘工作人员时，为使其有一定的求职时间，应提前发给解聘人员两个月的岗位效益工资。

④项目经理部解体前，应成立以项目经理为首的善后工作小组，其留守人员由主任工程师、技术、预算、财务、材料各一人组成，主要负责剩余材料的处理、工程价款的回收、财务账目的结算移交，以及解决与甲方的有关遗留事宜。善后工作一般规定为三个月(从工程管理部门批准项目经理部解体之日起计算)。

⑤施工项目完成后，还要考虑项目的保修问题，因此在项目经理部解体与工程结算前，要由经营和工程部门根据竣工时间和质量等级确定工程保修费的预留比例。

(3) 项目经理部效益审计评估和债权债务处理

①项目经理部剩余材料原则上让售给公司物资设备部，材料价格根据新旧情况就质论价，双方发生争议时可由经营管理部门协调裁决；对外让售必须经公司主管领导批准。

②由于现场管理工作的需要，项目经理部自购的通信、办公等小型固定资产，必须如实建立台账，按质论价，移交企业。

③项目经理部的工程成本盈亏审计以该项目工程实际发生成本与价款结算回收数为依据，由审计牵头，预算、财务和工程部门参加，于项目经理部解体后第四个月写出审计评价报告，交经理办公会审批。

④项目经理部的工程结算、价款回收及加工订货等债权债务处理，由留守小组在三个月内完成；若三个月未能全部收回又未办理任何法定手续的，其差额部分作为项目经理部成本亏损额计算。

⑤经审计评估，整个工程项目综合效益除完成指标外仍有盈余者，全部上交，然后根据盈余情况给予奖励。整个经济效益审计为亏损者，其亏损部分一律由项目经理负责，按相应奖励比例从其管理人员风险(责任)抵押金和工资中扣除；亏损额超过一定数额者，经企业党委会和经理办公会研究，视情况给予项目经理个人行政与经济处分；亏损数额较大，存在严重的经济问题，性质严重者，企业有关部门有权起诉追究项目经理的刑事责任。

⑥项目经理部解体、善后工作结束后，项目经理离任重新投标或聘用前，必须按上述规定做到人走场清、账清、物清。

(4) 项目经理部解体时的有关纠纷裁决

项目经理部与企业有关职能部门发生矛盾时，由企业经理办公会裁决，与分包及作业层关系中的纠纷依据双方签订的合同和有关的签证处理。

（五）工程项目管理制度的建立

1. 项目管理制度的作用

管理制度是组织为保证其任务完成和目标的实现，对例行性活动应遵循的方法、程序、要求及标准所做的规定，是根据国家和地方法规及上级部门的规定，制定的组织内部法规。

项目管理制度的作用主要有：

①贯彻有关的法律、法规、方针、政策、标准、规范、规程等。

②用以指导本项目的管理，规范项目组织及职工的行为，使之按规定的方法、程序、要求、标准进行具体施工和管理活动，从而保证项目目标的实现。

2. 建立项目管理制度的原则

建立项目管理制度的原则包括：

①项目管理制度必须贯彻国家法律、法规、方针、政策及部门规章。

②制定项目管理制度必须实事求是，符合本项目的需要。

③管理制度要配套，不留漏洞，形成完整的管理制度和业务体系。

④各种管理制度之间不能产生矛盾，以免职工无所适从。

⑤管理制度的制定要有针对性，任何一项条款都必须具体明确，词语表达要简洁、准确。

⑥管理制度的颁布、修改和废除要有严格的程序，项目经理是总决策者。

3. 工程项目的主要管理制度

（1）工程项目管理制度的种类

①按颁发的单位分类

a. 由企业颁发的涉及工程项目的管理制度。

b. 由工程项目经理部颁发的管理制度。

②按管理制度约束力的不同分类

a. 责任制度。责任制度是以部门、单位、岗位为对象制定的，规定了每个人应该承担的责任，强调创造性地完成各项任务。责任制度是根据职位和岗位划分的，不同的职位、岗位，因其重要程度和责任轻重不同而责任各不相同。

b. 规章制度。规章制度是以各种活动、行为为对象，明确规定人们行为和活动的规范和准则，任何人只要涉及或参与其事都毫无例外地必须遵守。规章制度是组织的法规，它更强调约束性，对谁都同样适用，绝不因人的地位高低而异，执行的结果只有是与非，即遵守与违反两个简单明了的衡量标准。

③按管理制度的专业特点分类

a. 工程专业类管理制度。这类制度是围绕工程项目的目标和生产要素制定的，包括施工管理制度、技术管理制度、质量管理制度、安全管理制度、材料管理制度、劳动管理制度、机械设备管理制度和财务管理制度等，是工程项目最主要的管理制度。

b. 非工程专业类管理制度。非工程专业类管理制度也很多，如有关责任制度、合同制度、分配制度和核算制度等。

（2）项目经理部工作制度的建立

项目经理部工作制度的建立应围绕计划、责任、监理、奖惩、核算等方面展开。

“计划制”是为了使各方面都能协调一致地为工程项目总目标服务，必须覆盖项目施工的全过程和所有方面；计划的制订必须有科学的依据，计划的执行和检查必须落实到人。

“责任制”建立的基本要求是：一个独立的职责必须由一个人全权负责，应做到人人有责可负、事事有人负责。

“监理制”和“奖惩制”的目的是保证“计划制”和“责任制”贯彻落实，对项目任务完成进行控制和激励；它应具备的条件是：有一套公平的绩效评价标准和评价方法，有健全的信息管理制度，有完整的监督和奖惩体系。

“核算制”的目的是为上述四项制度提供基础，了解各种制度执行的情况和效果，并进行相应的控制；核算必须落实到最小的可控制单位，即班组中；要把按人员职责落实的核算与按生产要素落实的核算、经济效益和经济消耗结合起来，建立完整的核算工作体系。

项目经理部应执行公司的管理制度，同时根据本项目管理的特殊需要建立自己的制度，主要是目标管理、核算，现场管理、作业层管理、信息管理、资料管理等方面的制度。

二、项目经理

（一）项目经理的地位和要求

1. 项目经理的地位

工程项目是一次性的整体任务，在完成这项任务的过程中必须有一个最高的责任者和组织者，这就是项目经理。

项目经理是承包人的法定代表人在承包的项目上的一次性授权代理人，是对工程项目实施阶段全面负责的管理者，在整个活动中占有举足轻重的地位。确立工程项目经理的地位是搞好工程项目管理的关键。

①项目经理是企业法人代表在工程项目上负责管理和合同履行的一次性授权代理人，是项目管理的第一责任人。

②项目经理是协调各方面关系，使之相互紧密协作、配合的桥梁和纽带。他对项目管理目标的实现承担着全部责任，即承担着履行合同义务、执行合同条款、处理合同纠纷等责任，受法律的约束和保护。

③项目经理对项目实施进行控制，是各种信息的集散中心。

④项目经理是项目责权利的主体。项目经理是项目总体的组织管理者，即项目中人、财、物、技术、信息和管理等所有生产要素的组织管理者，他不同于技术、财务等专业的总负责人，他必须把组织管理职责放在首位。

责任是实现项目经理负责制的核心，它构成了项目经理工作的压力，是确定项目经理权力和利益的依据。

权力是确保项目经理能够承担起责任的条件与手段，所以权力的范围必须视项目经理责任的要求而定；如果没有必要的权力，项目经理就无法对工作负责。

利益是项目经理的工作动力，是由于项目经理负有相应的责任而得到的报酬，所以利益的形式及利益的多少也应该视项目经理的责任而定。

2. 工程项目对项目经理的要求

(1) 政治素质

在项目管理中能自觉地坚持正确的经营方向，认真执行党和国家的方针、政策，遵守国家的法律和地方法规，执行上级主管部门的有关决定，自觉维护国家的利益，保护国家财产，正确处理国家、企业和职工三者之间的利益关系，并且能够坚持原则、善于管理、勇于负责、不怕吃苦、有较强的事业心和责任感。

(2) 领导素质

项目经理是一名领导者，应具有较高的组织能力，具体应满足下列要求：

①博学多识，明礼诚信。

②多谋善断，灵活机动。

③团结友爱，知人善任。

④公道正直，勤俭自强。

⑤铁面无私，赏罚分明。

(3) 知识素质

项目经理应当是一个专家，具有大专以上相应的学历层次和水平，懂得项目技术知识、经营管理知识和法律知识；特别要精通项目管理的基本理论和方法，懂得项目管理的规律；具有较强的决策能力、组织能力、指挥能力、应变能力，即经营管理能力；能够带领项目经理班子成员，团结广大职工一道工作，同时，在业务上必须是内行、专家。此外，每个项目经理还应经过专门的项目经理培训学习，并取得培训合格证书，取得相应资质的项目经理还应按规定定期接受继续教育。承担外资工程的项目经理还应掌握一门外语。

(4) 实践经验

每个项目经理必须具有一定的工程实践经验和按规定经过一定的实践锻炼。只有具备了实践经验，才能灵活自如地处理各种可能遇到的实际问题。

(5) 身体素质

由于项目经理要担当繁重的工作，而且工作条件和生活条件都因现场性强而相当艰苦，因此，项目经理必须年富力强，有健康的身体，以便保持充沛的精力和坚忍的意志。

3. 项目经理职业道德及自律要求

(1) 项目经理的职业道德要求

人的道德观决定着人行为处事的准则。项目经理必须具备良好的道德品质，一方面是对社会的道德品质，另一方面是个人行为的道德品质。

①社会的道德品质要求

项目经理应有良好的社会道德品质，必须对社会的安全、文明、进步和经济发展负有道德责任。有些投资项目虽然自身的预期经济效益较为可观，但是从社会的利益、公众的角度考虑，该项目的投建可能破坏风景区的整体效果，可能造成环境污染、生态环境的破坏。

项目经理的社会道德品质要求包括：

a. 弘扬爱国主义精神，恪守职业道德。

b. 努力维护企业的形象和声誉，必须对社会的安全、文明、进步和经济发展负有道德责任，忠实履行自己的岗位职责，严格遵守廉洁自律的规定，自觉接受职工群众的监督；精心策划施工方案，深入现场组织管理，全面掌握施工情况，严格抓好工程管理。

c. 提倡公平竞争，维护市场秩序。

d. 严格执行工程建设各项标准、规范和规程，确保工程质量；杜绝偷工减料，严禁使用不合格的建筑材料、设备、构配件；推行质量过程控制，积极争创精品工程。

e. 强化职业健康与安全管理，健全保证体系。

f. 致力于环境保护，节约资源，实践绿色施工。

g. 承担社会责任，接受行业监督。

②个人的道德品质要求

在现代项目管理中，项目经理面对大型复杂的工程项目，控制着巨大的财权和物权，如果项目经理个人道德品质不纯不良，很容易出现贪赃枉法、以权谋私的行为。为了挖公填私，项目经理往往对工程项目进行偷工减料，导致项目的最终失败，造成不可挽回的重大损失。

项目经理的个人道德品质要求包括：

a. 体现自身的价值，倡导诚实信用，履行管理职责，维护企业利益，推进行业进步。

b. 坚持求真务实，爱岗敬业，清正廉洁，严守法纪，为人坦诚，公正磊落。

c. 提高执业水平，培育创新能力。

d. 重合同守信用，履行约定义务。

e. 关怀爱护员工，维护合法权益。

(2) 项目经理的自律要求

①遵纪守法，坚持原则，忠于职守。

②以身作则、树立良好榜样。

③言行一致，为人正直，公平无私。

④求贤若渴，重视人才，广纳良策。

⑤目光长远，具有大局观念。

⑥勇于批评与自我批评。

4. 项目经理的选择

项目经理的选择，一是要有合理的选择方式，二是要有规范的选择程序，三是要确定谁是决策者。

(1) 选择方式

项目经理的选择方式有面向社会竞争招聘、人事部门按企业组织制度委任和基层推荐。

(2) 选择程序

项目经理的选择程序是：初选对象—调查评估—确定对象—正式任命，可参考图 3.10 运作。

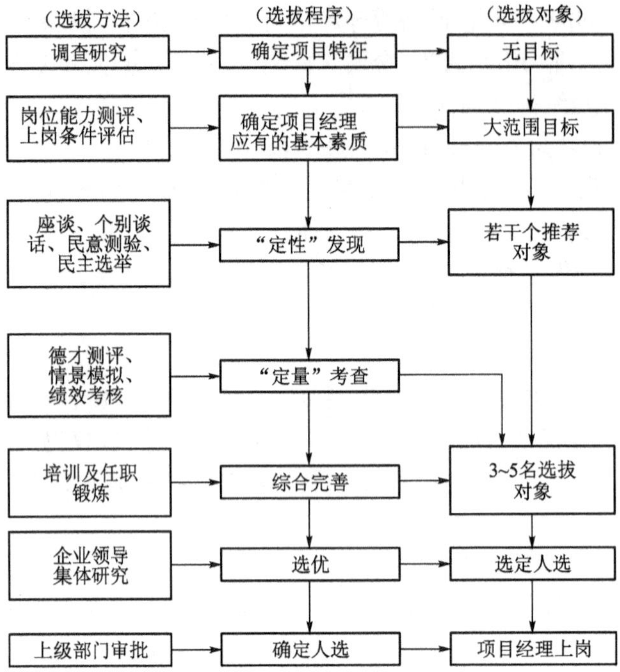

图 3.10　选拔项目经理程序、方法、对象关系图

(3) 确定谁是决策者

工程项目经理的决策者应当是企业法定代表人，由他任命工程项目经理，法定代表人可以兼任一个重点工程项目的项目经理。

5. 项目经理的基本工作和经常性工作

(1) 项目经理的基本工作

①规划项目管理目标。项目经理应当对质量、工期、成本目标做出规划；应当组织项目经理班子成员对目标系统做出详细规划，进行目标管理。

②制定制度和规范。规章制度和规范由项目经理组织机构制定，项目经理给予审批、督促和效果考核。

③选用人才。项目经理在选择人员时，应坚持精干高效的原则，要选得其才，用得其能，置得其所。

(2) 项目经理的经常性工作

①决策。项目经理不需要包揽一切决策，只需要对如下两种情况做出及时明确的决断：一是出现了非规范事件，即例外性事件；二是下级请示的重大问题，即设计项目目标的全局性问题。

②深入实际。项目经理必须经常深入实际，密切联系群众，这样才能体察下情，了解实际，及时发现问题，便于开展领导工作，把问题解决在群众前面，把关键工作做在最恰当的时候。

③继续学习。项目管理涉及现代生产、科学技术、经营管理的最新成就，项目经理必须接受继续教育、事先学习、干中学习。项目经理必须不断抛弃老化了的知识，不断地学

习新知识、新思想和新方法，要跟上改革形势，推进管理改革，适应国内、国际市场的需求。

④实施合同。对合同中确定的各项目标的实现进行有效的协调与控制，组织全体职工实现工期、质量、成本、安全、文明施工目标，提高经济效益。

6. 项目经理的职业管理

(1) 项目经理应遵守的原则

①忠实履行和承担所授予的权力与责任。

②严格按照授权管理规定，有效行使管理职责，自觉防止超越和滥用权力。

③接受企业管理层的监督和管理。

④及时反馈相关的信息，坚决执行重大事项报告制度。

(2) 企业对项目经理的管理

①建立项目经理考核档案，加强对项目经理的考核管理工作。

②对创优项目的项目经理给予精神和物质奖励。

③发生事故的项目，应根据责任大小，给予项目经理训诫、行政降职、限制担任项目经理，甚至解除劳动合同的处分，触犯法律法规的按国家相关规定执行。经济处罚依据国家法律法规规定、《工程项目承包合同》和《项目管理目标责任书》的有关条款执行。

④经考核和审计后，按《项目管理目标责任书》的规定予以表彰和奖励。

⑤项目经理应按建设行政主管部门的规定参加继续教育培训。

⑥加强对项目经理人才的选拔、教育和培养，在完善的企业制度体系下重视项目经理队伍的规划和建设。

（二）项目经理责任制

1. 项目经理责任制的概念

(1) 项目经理责任制的含义

项目经理责任制，是指以项目经理为责任主体的项目管理目标责任制，用以确立项目经理部与企业、职工三者之间的责权利关系。它是以工程项目为对象，以项目经理全面负责为前提，以项目目标责任书为依据，以创优质工程为目标，以求得项目产品的最佳经济效益为目的，实行从项目开工到竣工、验收、交工的一次性全过程的管理。

(2) 项目经理责任制的主体与重点

①项目管理是项目经理全面负责，项目管理班子集体参与的管理。工程项目管理的成果不仅仅是项目经理个人的功劳，项目管理班子是一个集体，没有集体的团结协作就不会取得成功。由于领导班子明确了分工，使每个成员都分担了一定的责任，大家一致对国家和企业负责，共同享受企业的利益。

②项目经理责任制的重点在于管理。管理是科学，是规律性的活动。项目经理责任制的重点必须放在管理上。如果说企业经理是战略家，那么项目经理就应当是战术家。

(3) 项目经理责任制的特点

①对象终一性。

②主体直接性。

③内容全面性。

④责任风险性。

项目经理责任制充分体现了“指标突出，责任明确，利益直接，考核严格”的基本要求，其最终结果与项目经理部成员特别是与项目经理的行政晋升、奖罚等个人利益直接挂钩，经济利益与责任风险同在。

2. 项目经理责任制的作用

①有利于明确项目经理、企业和职工三者之间的责权利效关系。

②有利于项目规范化、科学化管理和提高产品质量。

③有利于运用经济手段强化对项目的法制管理。

④有利于促进和提高企业项目管理的经济效益和社会效益，不断解放和发展生产力。

3. 项目经理责任制管理目标确立的原则

(1) 实事求是

项目目标管理责任书制定形式和指标确定是责任制的重要内容，企业应力求从项目管理的实际出发，做到：

①具有先进性，不搞“保险承包”。

②具有合理性，不搞“一刀切”。

③具有可行性，不追求形式。

(2) 兼顾企业、项目经理和职工三者的利益

在项目经理责任制中，企业、项目经理和职工三者的根本利益是一致的。一方面，项目责任制应把保证企业利益放在首位；另一方面，也应维护项目经理和职工的正当利益，特别是在确定个人收入基数时，要切实贯彻按劳分配、多劳多得的原则。

(3) 责权利效统一

责权利效的统一，是项目经理责任制的一项基本原则，这里需要特别注意的是，必须把“效”(即企业的经济效益和社会效益)放在重要地位。因为虽尽到了责任，获得了相应的权力和利益，不一定就会产生好的效益，责权利的结合应最终围绕企业的整体效益来运行。

4. 实行项目经理责任制的条件

实行项目经理责任制，必须坚持管理层与劳务层分离的原则，依靠市场，实行业务系统化管理，通过人、财、物各要素的优化组合，发挥系统管理的有效职能，使管理向专业化、科学化发展，同时又赋予项目经理一定权力，促使项目高速、优质、低耗地全面完成。

实行项目经理责任制必须具备下列条件：

①项目任务落实，开工手续齐全，具有切实可行的项目管理规划大纲或施工组织总设计。

②图纸、工程技术资料、劳动力配备、主材落实，能按计划提供。

③组织一个精干、得力、高效的项目管理班子，有一批懂技术、会管理、敢负责并掌握项目管理技术的人才。

④建立了企业业务工作系统化管理，企业具有为项目经理部提供人力资源、材料、设备及生活设施等各项服务的功能。

(三) 项目经理的责权利

1. 项目经理的任务与职责

(1) 项目经理的任务

项目经理的任务主要包括：保证项目按照规定的目标高速、优质、低耗地全面完成；保

证各生产要素在项目经理授权范围内最大限度地优化配置。

具体包括以下几项：

①确定项目管理组织机构的构成并配备人员，制定规章制度，明确有关人员的职责，组织项目经理部开展工作。

②确定管理总目标和阶段性目标，进行目标分解，实行总体控制，确保项目建设成功。

③及时、适当地做出项目管理决策，包括投标报价决策、人事任免决策、重大技术组织措施决策、财务工作决策、资源调配决策、进度决策、合同签订及变更决策，对合同执行情况进行严格管理。

④协调本组织机构与各协作单位之间的协作配合及经济、技术工作，在授权范围内代理(企业法人)进行有关签证，并进行相互监督、检查，确保质量、工期、成本控制和节约。

⑤建立完善的内部及对外信息管理系统。

⑥实施合同，处理好合同变更、洽商纠纷和索赔，处理好总分包关系，搞好与有关单位的协作配合，与建设单位相互监督。

(2) 项目经理的职责

①代表企业实施施工项目管理，贯彻执行国家法律、法规、方针、政策和强制性标准，执行企业的管理制度，维护企业的合法权益。

②签订和组织履行“项目管理目标责任书”，执行企业与业主签订的《项目承包合同》中由项目经理负责履行的各项条款。

③严格财经制度，加强成本核算，积极组织工程款回收，按“项目管理目标责任书”处理项目经理部与国家、企业、分包单位及职工之间的利益分配。

④组织编制项目管理实施规划，包括工程进度计划和技术方案，制订安全生产和保证质量措施，并组织实施。

⑤对进入现场的生产要素进行优化配置和动态管理，执行有关技术规范和标准，积极推广应用新技术、新工艺、新材料和项目管理软件集成系统，确保工程质量、工期，实现安全、文明生产，努力提高经济效益。

⑥建立质量管理体系和安全管理体系，并组织实施。进行现场文明施工管理，发现和处理突发事件。

⑦在授权范围内负责与企业管理层、劳务作业层、各协作单位、发包人、分包人和监理工程师等的协调，解决项目中出现的问题。

⑧组织制定项目经理部各类管理人员的职责权限和各项规章制度，搞好与公司机关各职能部门的业务联系和经济往来，定期向公司经理报告工作。

⑨做好工程竣工结算、资料整理归档，接受企业审计并做好项目经理部的解体与善后工作。

⑩协助企业进行项目的检查、鉴定和评奖申报。

2. 项目管理目标责任书的内容

项目管理目标责任书的内容包括：

①企业各业务部门与项目经理部之间的关系。

②项目经理部使用作业队伍的方式，项目所需材料供应方式和机械设备供应方式。

③应达到的项目进度目标、项目质量目标、项目安全目标和项目成本目标。

④在企业制度规定以外，由法定代表人向项目经理委托的事项。

⑤企业对项目经理部人员进行奖惩的依据、标准、办法及应承担的风险。

⑥项目经理解职和项目经理部解体的条件及方法。

3. 项目经理的权限

(1) 项目投标权

项目经理参与企业进行的施工项目投标和签订施工合同。

(2) 人事决策权

项目经理经授权组建项目经理部，确定项目经理部的组织结构，选择、聘任管理人员，确定管理人员的职责，组织制定施工项目的各项管理制度，并定期进行考核、评价和奖惩。

(3) 财务支付权

项目经理在企业财务制度规定范围内，根据企业法定代表人授权和施工项目管理的需要，决定资金的投入和使用，决定项目经理部的计酬办法。

(4) 物资采购管理权

项目经理在授权范围内，按物资采购程序性文件的规定行使采购权。

(5) 作业队伍选择权

项目经理根据企业法定代表人授权或按照企业的规定选择、使用作业队伍。

(6) 进度计划控制权

根据项目进度总目标和阶段性目标的要求，对项目建设的进度进行检查、调整，并在资源上进行调配，从而对进度计划进行有效的控制。

(7) 技术质量决策权

根据项目管理实施规划或项目组织设计，有权批准重大技术方案和重大技术措施，必要时召开技术方案论证会，把好技术决策关和质量关，防止技术上决策失误，主持处理重大质量事故。

(8) 现场管理协调权

项目经理根据企业法定代表人授权，协调和处理与施工项目管理有关的内部与外部事项。

4. 项目经理的利益

项目经理最终的利益是项目经理行使权力和承担责任的结果，也是市场经济条件下责权利效相互统一的具体体现。

利益可分为两大类：一是物资兑现，二是精神奖励。

项目经理应享有以下利益：

①获得基本工资、岗位工资和绩效工资。

②在全面完成“项目管理目标责任书”确定的各项责任目标、交工验收并结算后，接受企业的考核和审计，除按规定获得物质奖励外，还可获得表彰、记功、优秀项目经理等荣誉称号和其他精神奖励。

③经考核和审计，未完成“项目管理目标责任书”确定的责任目标或造成亏损的，按有关条款承担责任，并接受经济或行政处罚。

（四）项目经理责任制管理目标责任体系的建立与考核

1. 项目经理责任制管理目标责任体系的建立

项目管理目标责任体系的建立是实现项目经理责任制的重要内容，项目经理之所以能对工程项目承担责任，就是因为有自上而下的目标管理和岗位责任制作基础。

(1) 项目经理与企业经理(法人)代表之间的责任制

项目经理产生后，与企业经理就工程项目全过程管理签订“项目管理目标责任书”。其内容是对项目从开工到竣工交付使用全过程及项目经理部建立、解体和善后处理期间重大问题的办理而事先形成的具有企业法规性的文件。这种责任书，也是项目经理的任职目标。责任书的签订须经双方同意并经企业工会签证，具有很强的约束力。

在“项目管理目标责任书”的总体指标内，按企业当年综合计划，项目经理与企业经理签订“年度项目经理经营责任状”。因为有些项目经理部承担的工程任务跨年度，甚至好几年，如果只有“项目经理目标责任书”而无近期年度责任状，就很难保证工程项目最终目标的实现。“年度项目经理经营责任状”是以公司当年统一下达给各项目经理部的计划指标为依据，主要内容包括生产产值、工程形象进度、工程质量、成本降低、文明生产和安全生产要求等。

(2) 项目经理与本部其他人员之间的管理目标责任制

项目经理在实行个人负责制的过程中，还必须按“管理的幅度”和“能位匹配”等原则，将“一人负责”转变为“人人尽职尽责”，在内部建立以项目经理为中心的分工负责岗位目标管理责任制。

主要内容有：

①按“双向选择、择优聘用”的原则，配备合格的管理班子。

②明确每一业务岗位的工作职责。按业务系统管理方法，在系统基层业务人员的工作职责基础上，进一步将每一业务岗位工作具体化、规范化，尤其是各业务人员之间的分工协作关系一定要规定清楚。

③签订系统人员业务上岗责任状，明确各自的责权利，这是企业横向目标管理责任制落实到个人的具体反映。

2. 建立项目管理目标责任体系的做法

(1) 一条原则，两个坚持

本着“宏观控制，微观搞活”的原则，坚持推行以项目管理为核心、业务系统管理为基础、思想政治工作为保证的全员管理责任制，坚持运用法律手段建立企业内部全员合同制。

(2) 三种目标责任制类型

①以工程项目为对象的三个层次的责任制。工程项目管理的好坏不仅关系到项目经理部的命运，而且直接关系到企业的根本利益。所以，项目、栋号、班组这三个层次之间责任制的落实必须首先体现企业和国家的利益，本着“指标突出、责任明确、利益直接、考核严格、个人负责、全员管理、民主监督”的原则进行。

②以工程项目分包单位为对象的经济责任制。

③企业职能部门与各项目经理部之间的关系。企业各职能部门为项目管理提供服务、指导、协调、控制、监督保证,应把其工作分为三个部分实行业务管理责任制。

(3) 四种工资

①一线工人实行全额累进计件工资制。

②二、三线工人实行结构浮动效益工资制。

③干部实行岗位效益工资制。

④对于无法用以上三种方式计酬的部分职工,根据不同情况,分别实行档案工资和内部工资、待岗工资制。

3. 项目管理目标责任制的考核

考核的目的和作用,是对其经营效果或经济责任制履行情况的总结,也是对责任单位和个人经营活动的合法性、真实性、有效性程度做出符合客观实际的评价,这对于爱护、鼓励和调动责任单位和个人的积极性,维护项目责任制的严肃性、公正性、连续性都大有好处。

(1) 项目经理部责任制的考核

①考核依据

它包括"项目管理目标责任书"和项目经理部在考核期内生产经营的实际效果两大部分。

②考核内容

考核内容主要是围绕"两个效益"全面考核并与单位工资总额和个人收入挂钩。工期、质量、安全等指标实行单项考核,奖罚同工资总额挂钩浮动。

③考核方法

a. 组织机构。

b. 考核周期。

(2) 分包队的责任制考核

项目经理部下属的作业分包队,由项目经理部按双方所签责任状进行考核。考核方法是月预提,季预结,年度全面考核结算。由于施工项目经理部下属的作业分包队只是对直接费用承包,所以不能简单地照搬企业对项目的考核办法,应按实际节约值的工资提成比例分别计算,这个考核办法可供劳务分包公司参考。

(3) 生产班组的责任考核

施工生产班组以综合施工任务书为依据,实行全额累进计件工资、优质优价和材料节余奖。其考核的内容相对来说比较少,考核单位应把好施工任务书在工前编制下达、工中检查验收、工完结算兑现三关。对于因班组自身责任造成的质量返工、工伤事故、材料超耗等,应严格按规定执行。若由考核单位造成以上问题时,班组可依据规定索赔,考核单位也应如实给予补偿。

任务实施

项目团队建设

（一）项目团队

项目团队主要指项目经理及其领导下的项目经理部和各职能管理部门。由于项目的特殊性，特别需要强调项目团队的团队精神，团队精神对项目经理部的成功运作起关键作用。

项目团队的精神具体体现在：

①有明确共同的目标。

②有合理的分工与合作。

③有不同层次的权利和责任。

④组织有高度的凝聚力，能使大家积极地参与。

⑤团队成员全身心投入项目团队工作中。

（二）项目团队建设

项目团队建设是指将肩负项目管理使命的团队成员按照特定的模式组织起来，协调一致，以实现预期项目目标的持续不断的过程。

(1) 项目团队建设的重要性

项目团队建设就是要创造一个良好的氛围与环境，使整个项目管理团队为实现共同的项目目标而努力奋斗。

项目团队建设的重要性主要体现在：

①使团队成员确立明确的共同目标，增强吸引力、感召力和战斗力。

②做到合理分工与协作，使每个成员明确自己的角色、权利、任务和职责，以及与其他成员之间的关系。

③建立高度的凝聚力，使团队成员积极热情地为项目成功付出必要的时间和努力。

④加强团队成员之间的相互信任，促使成员间相互关心、彼此认同。

⑤实现成员间有效的沟通，形成开放、坦诚的沟通气氛。

(2) 项目团队建设中的意识

①目标意识。应该做到目标到人、个人目标与组织目标相结合、强烈的责任心和自信心。

②团队意识。包括团队成功观念，树正气、刹歪风，个人利益和团队利益相结合。

③服务意识。包括面向客户的服务、面向团队内部的服务及面向维修保养人员的服务。

④竞争意识。包括责权利均衡、论功行赏，处理好主角与配角的关系。

⑤危机意识。包括使命感，行业、市场的危机，团队的危机。

(3) 项目团队建设的阶段

①形成阶段。

在这一阶段,主要依靠项目经理来指导和构建团队。团队形成需要两个基础,即以整个运行的组织为基础,一个组织构成一个团队的基础框架,团队的目标为组织的目标,团队的成员为组织的全体成员;在组织内的一个有限范围内完成某一特定任务或为一共同目标等形成的团队。

②磨合阶段。

磨合阶段是团队从组建到规范阶段的过渡过程,主要指团队成员之间,成员与内外环境之间,团队与所在组织、上级、客户之间进行的磨合。

③规范阶段。

经过磨合阶段,团队的工作开始进入有序化状态,团队的各项规则经过建立、补充与完善,成员之间经过认识、了解与相互定位,形成了自己的团队文化、新的工作规范,培养了初步的团队精神。

④表现阶段。

经过上述三个阶段,团队进入了表现阶段。这是团队最佳状态的时期,团队成员彼此高度信任,配合默契,工作效率有大的提高,工作效果明显,这时团队已经比较成熟。

⑤休整阶段。

休整阶段包括休止与整顿两方面的内容。

团队休止是指团队经过一个时期的工作,工作任务即将结束,团队将面临总结、表彰等工作,所有这些都暗示着团队前一时期的工作已经基本结束,团队可能面临着解散的状况,团队成员要考虑自己的下一步工作。

团队整顿是指团队的原工作任务结束后,团队准备接受新的任务时,要进行调整和整顿,包括工作作风、工作规范、人员结构等方面的调整与整顿。如果这种调整比较大,实际上是构建一个新的团队。

任务评价

项目团队能力的持续改进方法

(1) 改善工作环境

工作环境是指团队成员工作地点的周围情况和工作条件。工作环境的状况会影响人的工作情绪、工作效率、工作的主动性和创造性,进而影响工作质量与工作进度。

因此,项目负责人应注意通过改善团队的工作环境来提高团队的整体工作质量与效率,特别是对于工作周期较长的项目。

(2) 人员培训与文化管理

培训包括为提高项目团队技能、知识和能力而设计的所有活动。

在培训中,应该重点引导员工的文化及价值取向,要逐步形成项目文化管理的基础架构，包括各种制度和程序应该根据惯例、文化的发展定期进行修订，惯例、文化的发展也必须将各种制度、程序的要求囊括其中，这样可使培训与文化管理有机地结合起来，提高项目管理的效果。

(3) 团队的评价、表彰与奖励

团队的评价是对员工的工作业绩、工作能力、工作态度等方面进行调查与评定。评价是激励的方式之一。

团队评价可以采取指标考核、团队评议、自我评价等多种方式。

表彰与奖励体系是管理活动的重要组成部分，可以提高或强化管理者所希望的行为。在取得的成绩与奖励之间建立起清晰、明确、有效的联系，有助于使表彰与奖励成为管理活动行之有效的工具。

(4) 反馈与调整

外部反馈的信息主要包括委托方的要求、项目团队领导层的意见及其他相关客户的评价与建议等。

项目团队调整的另一项内容是对团队内的分工进行调整，这种调整有时是为了更好地发挥团队成员的专长，或为了解决项目中的某一问题，也可能是为了化解团队成员之间的矛盾。调整的目的都是为了使团队更适合项目工作的要求。

项目小结

项目组织的含义、作用及基本结构，项目组织机构的设置原则和程序非常重要。项目组织结构的建立以及组织形式的选择不是随意的，必须按照项目的规模和特点进行比较、筛选。明确项目经理的责权利、项目团队建设的基本内容，是项目组织的核心。本章的重点是施工项目管理的组织形式，通过案例的分析和阐述，掌握工作队式、部门控制式及矩阵式、事业部制组织结构的特点和适用范围。

思考与练习

1. 项目管理的组织职能包括哪几个方面？
2. 工程项目组织的基本原则是什么？
3. 工程项目组织的主要形式有哪些？各自特征是什么？
4. 项目经理部的作用是什么？
5. 阐述项目经理的地位和要求。
6. 项目经理的选择需要注意什么？
7. 项目经理责任制的概念是什么？
8. 实行项目经理责任制的条件是什么？
9. 项目经理的职责有哪些？
10. 项目团队建设的重要性主要体现在哪些方面？

项目四　工程项目采购与合同管理

项目需求

工程项目采购与合同管理是工程项目管理的重要组成部分，工程项目采购与合同管理主要包括工程项目采购管理、工程项目合同管理、施工合同的订立与管理、工程合同的索赔管理、工程项目采购与合同管理案例等。

项目工作场景

实训基地（有与项目实际相符的项目管理资源等）

方案设计

首先学习工程项目采购管理和合同管理知识，然后进行工程合同的索赔管理的介绍。

相关知识和技能

(1) 通过本项目的学习，学会编制采购文件，制订采购计划；具备工程项目材料和设备采购管理的基本技能；能够处理一般合同纠纷，进行建设工程合同订立、履行及变更管理；

(2) 了解工程项目采购的概念、作用及其主要内容；熟悉工程项目采购计划的编制及采购方式；熟悉建设工程合同的主要内容、类型及订立；掌握工程合同变更及索赔管理；了解合同信息管理；掌握货物采购合同管理。

任务1　施工合同的订立与管理

任务描述

首先进行工程项目采购管理的学习，然后进行工程项目合同管理的学习。

知识准备

一、工程项目采购管理

（一）工程项目采购管理概述

（1）项目采购管理的定义

项目的采购可以定义为从项目组织外部获取产品（包括货物和服务）的整个过程。项目采购管理就是针对这一过程而实施的管理。

项目采购管理是项目管理的重要组成部分。项目采购管理几乎贯穿整个项目生命周期，项目采购管理模式直接影响项目管理的模式和项目合同类型，对项目整体管理起着举足轻重的作用。

工程项目采购管理是对项目的勘察、设计、施工、资源供应、咨询服务等采购工作进行的组织、指挥、协调和控制等活动。

（2）项目采购的内容

依据采购内容的不同，项目采购可分为货物采购、工程采购及服务采购三类。

（3）项目采购当事人

项目采购当事人是指在项目采购活动中享有权利和承担义务的各类主体，包括采购供应商和采购代理机构等。

项目采购人是指依法进行项目采购的法人、其他组织或者自然人。项目采购供应商是指向采购人提供货物、工程或者服务的法人、其他组织或者自然人。项目采购代理机构是指接受项目采购人的委托，在其委托范围内行使其代理权限的组织机构。

（4）项目采购人的职能

项目采购人应设置适宜于自己的灵活的采购部门具体实现其职能。

①编制采购文件。

采购文件应包括：所需采购产品的类别、规格、等级、数量，有部件编号的图纸，检验规程的名称、版本，技术协议，检验原则及质量要求，代码、标准及标志，采购的技术标准、专业标准，是否为有毒有害产品，有无特殊采购要求等。

②编制采购管理制度。

采购管理制度是指为了规范采购行为，由采购部门根据企业自身状况，综合考虑采购活动中可能用到的各种资源要素，为了方便处理采购活动中可能遇到的各种问题而提出的书面的规章制度。

③编制采购管理工作程序。

a. 明确采购产品或服务的基本要求，采购分工及有关责任。

b. 进行采购策划，编制采购计划。

c. 进行市场调查，选择合格的产品供应或服务单位，建立名录。

d. 采用招标或协调等方式确定供应或服务单位。

e. 签订采购合同。

f. 运输、验证、移交采购产品或服务。

g. 处置不合格产品或不符合要求的服务。

h. 采购资料归档。

(5) 项目采购管理的作用

项目采购管理是工程项目管理中必不可少、具有关键性作用的内容。这是由于任何项目的实施都离不开采购行为，在项目实施的全过程中都要进行采购。

由于项目采购活动要占用大量的资源，包括人力、财力等来获取工程项目以及与项目实施相关的货物与服务等，因此，对这一过程的管理不仅关系到工程项目的质量、进度等，而且关系到工程项目投入与产出的关系，从而直接影响到项目收益，影响到各参与方的经济利益。

由于采购活动贯穿于整个项目实施的全过程，且伴随着各种灵活的市场采购方式的应用，因此，严格项目采购管理可以极大地减少各种贪污、腐败现象。

(二) 工程项目采购计划

采购计划是指企业采购部门通过识别确定项目所包含的需从项目实施组织外部得到的产品或服务，并对其采购内容做出合乎要求的计划，以利于项目更好地实施。

(1) 采购计划的编制依据

采购计划的编制依据是：项目合同，设计文件，采购管理制度，项目管理实施规划(含进度计划)，工程材料需求或备料计划等。

(2) 项目采购计划的内容

项目采购计划应包括：项目采购工作范围、内容及管理要求；项目采购信息，包括产品或服务的数量、技术标准和质量要求；检验方式和标准；供应方资质审查要求；项目采购控制目标及措施。

(3) 采购计划编制的结果

采购计划编制完成后就会形成采购管理计划和采购工作说明书。

采购管理计划是管理采购过程的依据，应指出采购采用的合同类型、如何对多个供货商进行良好的管理等。

采购工作说明书应详细说明采购项目的有关内容，为潜在的供货商提供一个自我评判的标准，以便确定是否参与该项目。

（三）工程项目的分标策划

1. 分标策划的重要性

项目的分标策划也就是决定将整个项目任务分为多少个标段，以及如何划分这些标段。项目的分标方式，对承包商来说就是承包方式。项目分标方式的确定是项目实施的战略问题，对工程项目有着重大的影响。

主要表现在：

①通过分标和任务的委托保证项目总目标的实现。项目分标必须反映项目战略和企业战略，反映业主的经营指导方针和根本利益。

②分标策划决定了与业主签约的承包商的数量，决定着项目的组织结构及管理模式，从根本上决定合同各方的责任、权利和工作的划分，将对项目的实施过程和项目管理产生根本性的影响。业主通过分标和合同委托项目任务，并通过合同实现对项目的目标控制。

③分标和合同是实施项目的手段。通过分标策划摆正工程过程中各方面的重大关系，防止由于这些重大问题的不协调或矛盾造成工作上的障碍，造成重大的损失。对于业主来说，正确的分标和合同策划能够保证圆满地履行各个合同，促使各个合同协调，减少组织矛盾和争执，顺利地实现工程项目的整体目标。

2. 分标策划的依据

（1）业主方面

业主的目标及目标的确定性；业主的项目实施战略，管理水平和具体的管理力量，期望对工程管理的介入深度；业主对工程师和承包商的信任程度；业主的管理风格；业主对工程的质量和工期要求等。

（2）承包商方面

拟选择承包商的能力，如是否具备施工总承包，“设计—施工”总承包，或“设计—施工—供应”总承包的能力；承包商的资格和信誉，企业的规模、管理风格和水平，抵御风险的能力，相关工程和相关承包方式的经验等。

（3）工程方面

工程的类型、规模、特点、技术复杂程度，工程质量要求、设计深度和工程范围的确定性，工期的限制，项目的营利性，工程风险程度，工程资源（如资金、材料、设备等）供应及限制条件等。

（4）环境方面

工程所处的法律环境，人们的诚实信用程度，人们常用的工程实施方式，建筑市场竞争激烈程度，资源供应的保证程度，获得额外资源的可能性等。

3. 主要的分标方式

（1）分阶段、分专业工程平行承包

分阶段、分专业工程平行承包，是指业主将设计、设备供应、土建、电器安装、机械安装、装饰等工程施工分别委托给不同的承包商，各承包商分别与业主签订合同，向业主负责，各承包商之间没有合同关系。如图 4.1 所示。

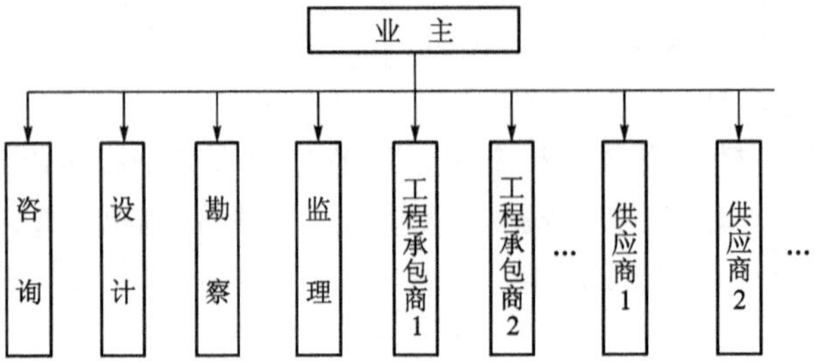

图 4.1　平行承包方式

这种分标方式的特点有：

①业主有大量的管理工作，有多次招标，需要做比较精细的计划及控制，因此项目前期需要比较充裕的时间。

②在工程中，业主必须负责各承包商之间的协调，对各承包商之间互相干扰造成的问题承担责任。

③业主管理和控制比较细，需要对出现的各种工程问题做中间决策，必须具备较强的项目管理能力。

④业主将面对很多承包商（包括设计单位、供应单位、施工单位），直接管理的承包商数量多，管理跨度大，容易造成项目协调的困难，造成工程中的混乱和项目失控现象。

⑤通过分散平行承包，业主可以分阶段进行招标，可以通过协调和项目管理加强对工程的干预。

⑥项目的计划和设计必须周全、准确、细致。

（2）全包

全包即统包，一揽子承包，“设计—建造及交钥匙”工程，或“设计—施工—供应”总承包。由一个承包商承包建筑工程项目的全部工作，包括设计、供应、各专业工程的施工及管理工作，甚至包括项目前期筹划、方案选择、可行性研究。承包商向业主承担全部工程责任。

当然，总承包商可以将全部工程范围内的部分工程或工作分包出去，如图 4.2 所示。

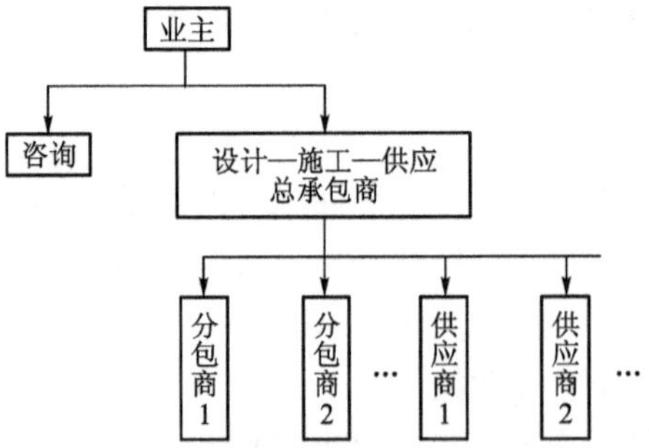

图 4.2　全包方式

这种承包方式的特点有：

①可以减少业主面对的承包商的数量，这给业主带来很大的方便。

②承包商能将整个项目管理形成一个统一的系统，避免多头领导，降低管理费用；方便协调和控制，减少大量重复的管理工作，减少花费，使得信息沟通方便、快捷、不失真；有利于施工现场的管理，减少中间检查、交接环节和手续，避免由此引起的工程拖延，使工期(招投标和建设期)大大缩短。

③项目的责任体系完备。

④在全包工程中，业主必须加强对承包商的宏观控制，选择资信好、实力强、适应全方位工作的承包商。

由于全包对承包商的要求很高，对业主来说，承包商资信风险很大。业主可以让几个承包商联营投标，通过法律规定联营成员之间的连带责任“抓住”联营各方。这在国际上一些大型和特大型的工程中是十分常见的。

(3) 非代理型的CM承包方式

非代理型的CM承包方式，即CM/non－agency方式。CM(Construction Management)承包方式如图4.3所示。CM承包商直接与业主签订合同，接受整个工程施工的委托，再与分包商、供应商签订合同。可以认为，它是一种工程承包方式。

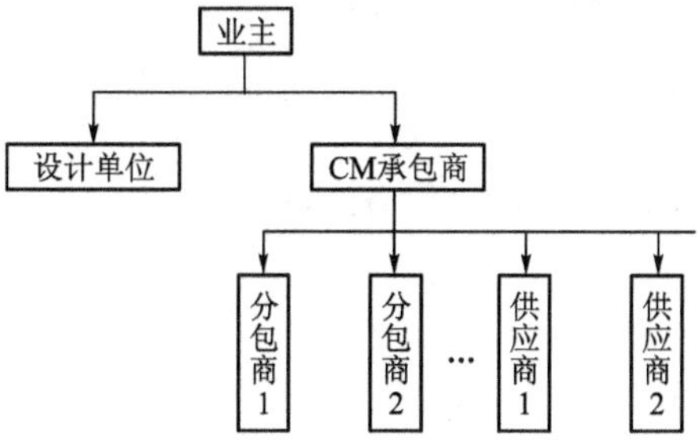

图4.3　CM承包方式

(四) 工程项目采购方式

1. *招标采购*

《中华人民共和国招标投标法》明确规定：在中华人民共和国境内进行下列工程建设项目，包括项目的勘察、设计、施工、监理以及与工程建设有关的重要设备、材料等的采购，必须进行招标：

①大型基础设施、公用事业等关系社会公共利益、公众安全的项目。

②全部或部分使用国有资金投资或者国家融资的项目。

③使用国际组织或者外国政府贷款、援助资金的项目。

为了进一步明确招标范围，国家发改委在颁发的《工程建设项目招标范围和规模标准规定》中规定，以上招标范围的项目勘察设计、施工、监理以及与工程有关的重要设备、材料等的采购，达到下列标准之一的必须进行招标：

①施工单项合同估算价在200万元人民币以上的。

②重要设备、材料等货物的采购，单项合同估算价在50万元人民币以上的。

③勘察、设计、监理等服务的采购，单项合同估算价在100万元人民币以上的。

④单项合同估算价低于①②③项规定的标准，但项目总投资额在3 000万元人民币以

上的。

招标采购的程序是：

(1) 刊登采购公告

刊登采购公告分为刊登采购总公告与刊登具体招标公告两步。对于国内竞争性招标，其投标机会只需以国内广告的形式发出。

(2) 资格预审

a. 有关确立法律地位原始文件的副本(包括营业执照、资质等级证书和非本国注册的企业经建设行政主管部门核准的资质条件)。

b. 企业在过去三年完成的与本合同相似的工程的情况和现在正在履行的合同的工程情况。

c. 管理和执行本合同拟配备的人员情况。

d. 完成本合同拟配备的机械设备情况。

e. 企业财务状况资料，包括最近两年经过审计的财务报表、下一年度财务预测报告。

f. 企业目前和过去两年参与或涉及诉讼的材料。

g. 如为联合体投标人，还应提供联合体协议书和授权书。

资格预审的程序是：

a. 编制资格预审文件。

b. 邀请有资格参加预审的单位参加资格预审。

c. 发售资格预审文件。

d. 提交资格预审申请。

e. 资格评定，确定参加投标的单位名单。

(3) 编制招标文件

项目采购单位或项目采购单位委托的招标代理机构应充分利用已出版的各种招标文件范本，从而加快招标文件编制的速度，提高招标文件编制的质量

(4) 刊登具体招标通告

项目采购单位或项目采购单位委托的招标代理机构在发行资格预审文件或招标文件之前，必须在借款者国内广泛发行的报纸或官方杂志上刊登资格预审或招标通告作为具体采购通告。

招标通告应包括：借款国名称；项目名称；采购内容简介(包括工程地点、规模、货物名称、数量)；资源来源；交货时间或竣工工期；对合格货源国的要求；发售招标文件的单位名称、地址以及文件售价；投标截止日期和地点的规定；投标保证金的金额要求；开标日期、时间、地点等内容。

(5) 发售招标文件

(6) 投标

①投标准备。

a. 项目采购单位或项目采购单位委托的招标代理机构要根据以往经验和实际情况合理确定投标文件的编制时间。

b. 对大型工程和复杂设备的招标采购工作，项目采购单位或项目采购单位委托的招

标代理机构要组织标前会和现场考察。

c. 项目采购单位或项目采购单位委托的招标代理机构对投标人提出的书面问题要及时予以答复，并以补遗书的形式发给所有投标人，以示公平。

②投标文件的提交。

a. 投标文件需在招标文件中规定的投标截止时间之前予以提交。

b. 项目采购单位或项目采购单位委托的招标代理机构在收到投标书后，要进行签收，并做好相应记录。

c. 为了与招标中公开、公平、公正和诚实信用的原则相一致，投标截止时间与开标时间应保持统一。

(7) 开标

开标应符合招标通告的要求。开标时要公开宣读投标信息。开标要做好开标记录。

(8) 评标

评标唯一的依据是招标文件。

评标程序是：

①初评。

初评主要是审查投标文件是否对招标文件做出了实质性的响应，以及投标文件是否完整、计算是否正确等。

②对投标文件的具体评价。

对投标文件的具体评价主要包括技术评审和商务评审。

技术评审主要是为了确认备选的中标人完成生产项目的能力以及他们的供货方案的可靠性。

技术评审可从以下方面进行：技术资料是否完备；施工方案是否可行；施工进度计划是否可靠；施工质量是否有保障；工程材料和机器设备供应的技术性能是否符合设计技术要求；分包商的技术能力和施工经验；对投标文件中按招标文件规定提交的建议方案做出技术评审。

商务评审主要是从成本、财务等方面评审投标报价的正确性、合理性、经济效益和风险等，估量授标给不同投标人产生不同的后果。

商务评审可从以下方面进行：报价的正确性和合理性；投标文件中的支付和财务问题；价格的调整问题；审查投标保证金；对建议方案的商务评审。

评标结果，即选出合适的中标人。中标人的投标应当符合下列条件之一：

a. 能最大限度地满足招标文件中规定的各项综合评价标准。

b. 能满足招标文件各项要求，并且经评审投标价格最低，但投标价格低于成本除外。

(9) 授标

在评标报告和授标建议书经世界银行批准后，项目采购单位或项目采购单位委托的招标代理机构可向具有最低投标价格的投标人发出中标通知书，并在投标有效期内完成合同的授予。

2. 非招标采购

非招标采购主要包括询价采购、直接采购和自营工程等。

(1) 询价采购

询价采购,又称为货比三家,是指在比较几家供货商报价的基础上进行的采购。这种采购方式一般适用于采购现货价值较小的标准规格设备或简单的土建工程。

询价采购的程序是:

①成立询价小组。

询价采购文件应包括技术文件和商务文件。技术文件包括供货范围、技术要求和说明、工程标准、图纸、数据表、检验要求以及供货商提供文件的要求。商务文件包括报价须知、采购合同基本条款和询价书等。

②确定被询价的供应商名单。

③询价。

④确定成交供货商。

询价的工具和技术包括:

①举行供货商会议。

供货商会议又称为标前会议,是指在编制建议书之前采购人与所有可能的供货商一起举行的会议,其目的是为了保证所有可能的供货商都能对采购要求有一个明确的理解。

②刊登广告。

如果对有能力的供货商名单不是非常清楚,也可通过在报纸等媒体上刊登广告,以吸引供货商的注意,得到供货商的名单。

询价的结果是建议书。建议书是由供货商准备的说明其具有能力并且愿意提供采购产品的文件。

(2) 直接采购

直接采购是指不通过竞争,直接签订合同的采购方式。

直接采购的适用情况有:

①对于已经按照同意的程序授标并签约,且正在实施的采购项目,需要增加类似货物的情况。

②为了使新采购部件与现有设备配套或与现有设备的标准化方面相一致,而向原供货商增购货物。

③所需采购货物或设备等,只有单一货源。

④负责工艺设计的承包人要求从一特定供货商处购买关键部件,并以此作为其保证达到设计性能或质量的条件。

⑤在某些特殊条件下,例如不可抗力的影响,为了避免时间延误而造成更多的花费。

⑥当竞争性招标未能找到合适的供货商时也可采取直接采购方式。

(3) 自营工程

自营工程是指项目采购人不通过招标或其他采购方式而直接采用自己的施工队伍来承建土建工程的一种采购方式。此采购方式是针对土建工程而实施的。

自营工程的适用情况有:

①土建工程的工程量无法事先准确得出的情况。

②由于土建工程的工程量小,施工地点比较偏远、分散,而使承包商不得不承担过高

的动员调遣费的情况。

③要求将要进行的施工活动对正在施工中的作业无影响的情况。

④没有任何承包商感兴趣的工程。

⑤如果已经预知工程必然会中断，则在此情况下，由项目采购人来承担风险更为妥当的情况。

二、工程项目合同管理

（一）建设工程合同类型

(1) 按照工程建设阶段分类

建设工程的建设过程大体上经过勘察、设计、施工三个阶段，必须围绕不同阶段订立相应合同。

建设工程合同按照建设阶段所完成的承包内容划分为：

①建设工程勘察合同。

即发包人与勘察人就完成商定的勘察任务、明确双方权利义务关系而签订的协议。

②建设工程设计合同。

即发包人与设计人就完成商定的工程设计任务、明确双方权利义务关系而签订的协议。

③建设工程施工合同。

即发包人与承包人为完成商定的建设工程项目的施工任务、明确双方权利义务关系而签订的协议。

(2) 按照承发包方式(范围)分类

①建设工程总承包合同。

即发包人将工程建设的全过程，即从工程立项到交付使用全部发包给一个承包人的合同。

②建设工程承包合同。

即发包人将建设工程中勘察、设计、施工等每一项分别发包给一个承包人的合同。

③分包合同。

即经合同约定和发包人认可，从工程承包人承包的工程中承包部分工程而订立的合同。

(3) 按照承包工程计价方式(或付款方式)分类

①总价合同(Lump Sum Contract)。

总价合同分为可调总价合同和固定总价合同。固定总价合同是最典型的合同类型。固定总价合同即总价固定不变，除了业主要求建设项目有重大变更以外，一般不允许进行合同价格的调整。这类合同由于承包人承担了全部的工作量和价格风险，因此，其报价必须考虑施工期间物价变化及工程量变化带来的影响。

②单价合同(Unit Price Contract)。

指承包人按规定承担报价的风险，即对报价(主要指单价)的正确性和适宜性承担责任,而业主承担工程量变化风险的合同。单价合同中,由于合同当事人双方的风险得到了合理的分配,因此,这种合同不受工程类型的限制,在我国得到了广泛的应用。

③成本加酬金合同。

指业主不仅向承包人支付工程项目的实际成本,而且按事先约定的某一种方式支付酬金的合同。

(4) 与建设工程有关的其他合同

①建设工程委托监理合同。

指委托人(发包人)与监理人签订的,为了委托监理人承担监理业务而明确双方权利义务关系的协议。

②建设工程物资采购合同。

指出卖人转移建设工程物资所有权于买受人,买受人支付价款的明确双方权利义务关系的协议。

③建设工程保险合同。

指发包人或承包人为防范特定风险而与保险公司签订的明确权利义务关系的协议。

④建设工程担保合同。

指义务人(发包人或承包人)或第三人(或保险公司)与权利人(承包人或发包人)签订的为保证建设工程合同全面、正确履行而明确双方权利义务关系的协议。

(二) 建设工程施工合同的主要内容

(1) 词语含义及合同文件

总承包合同双方当事人应对合同中常用的或容易引起歧义的词语进行解释,赋予它们明确的含义;对合同文件的组成、顺序,合同使用的标准等,也应做出明确的规定。

(2) 总承包的内容

总承包合同双方当事人应对总承包的内容做出明确规定,一般包括从工程立项到交付使用的工程建设全过程,具体应包括勘察设计、设备采购、施工管理、试车考核(或交付使用)等内容。具体的承包内容由当事人约定,如约定设计—施工的总承包、投资—设计—施工的总承包等。

(3) 双方当事人的权利义务

发包人一般应当承担的义务:按照约定向承包人支付工程款;向承包人提供现场;协助承包人申请有关许可证、执照和批准;如果发包人单方要求终止合同后,没有承包人的同意,在一定时期内不得重新开始实施该工程。承包人一般应当承担的义务:完成满足发包人要求的工程以及相关的工作;提供履约保证;负责工程的协调与恰当实施;按照发包人的要求终止合同。

(4) 合同履行期限

合同应当明确规定交工的时间,同时也应对各阶段的工作期限做出明确规定。

(5) 合同价款

应规定合同价款的计算方式、结算方式,以及价款的支付期限等。

(6) 工程质量与验收

合同应当明确规定工程质量的要求,工程质量的验收方法、验收时间及确认方式。工程质量检验的重点应当是竣工验收，通过竣工验收，发包人可以接收工程。

(7) 合同的变更

(8) 风险、责任和保险

(9) 工程保修

合同应按国家的规定写明保修项目、内容、范围、期限及保修金额和支付办法。

(10) 对设计、分包人的规定

(11) 索赔和争议的处理

合同应明确索赔的程序和争议的处理方式。对争议的处理，一般应以仲裁作为解决的最终方式。

(12) 违约责任

合同应明确双方的违约责任，包括发包人不按时支付合同价款的责任、超越合同规定干预承包人工作的责任等；也包括承包人不能按合同约定的期限和质量完成工作的责任等。

任务实施

施工合同的订立与管理

(一) 施工合同的订立

施工合同的订立，是指发包人和承包人之间为了建立承发包合同关系，通过对工程施工合同具体内容进行协商而形成合意的过程。

1. 订立施工合同的基本原则及具体要求

①平等、自愿原则。

所谓平等，是指当事人在合同的订立、履行和承担违约责任等方面都处于平等的法律地位，彼此的权利、义务对等。所谓自愿，是指是否订立合同、与谁订立合同、订立合同的内容以及变更合同等，都要由当事人依法自愿决定。

②公平原则。

所谓公平，是指当事人在订立合同的过程中以利益均衡作为评判标准。该原则最基本的要求是发包人与承包人的合同权利、义务、承担责任要对等，不能显失公平。

③诚实信用原则。

诚实信用，主要是指当事人在缔约时诚实并不欺不诈，在缔约后守信并自觉履行。

④合法原则。

所谓合法，主要是指在合同法律关系中，合同主体、合同的订立形式、订立合同的程序、合同的内容、履行合同的方式、对变更或者解除合同权利的行使等都必须符合我国的法律、行政法规。

2. 订立工程合同的形式和程序

(1) 订立工程合同的形式

当事人订立合同,有书面形式、口头形式和其他形式。法律、行政法规规定采用书面形式的,当事人约定采用书面形式的,应当采用书面形式。书面形式是指合同书、信件和数据电文(包括电报、电传、传真、电子数据交换和电子邮件)等可以有形地表现所载内容的形式。

建设工程合同涉及面广、内容复杂、建设周期长、标的金额大,《合同法》规定建设工程合同应当采用书面形式。

(2) 订立工程合同的程序

建设工程合同订立的一般程序是要约—承诺。

①要约。

要约是希望和他人订立合同的意思表示,该意思表示应当符合下列规定:内容具体确定,表明经受要约人承诺,要约人即受该意思表示约束。

②承诺。

承诺是受要约人同意要约的意思表示。承诺应当具备以下条件:承诺必须由受要约人或其代理人做出;承诺的内容与要约的内容应当一致;承诺要在要约的有效期内做出;承诺要送达要约人。

(3) 工程合同文件组成及主要条款

通过招标投标方式订立的工程合同,因经过招标、投标、开标、评标、中标等一系列过程,合同文件不单单是一份协议书,通常由以下文件共同组成:本合同协议书,中标通知书,投标书及其附件,本合同专用条款,本合同通用条款,标准、规范及有关技术文件,图纸,工程量清单,工程报价单或预算书。当上述文件间前后矛盾或表达不一致时,以在前的文件为准。

一般合同应当具备如下条款:当事人的名称或姓名和住所,标的,数量,价款或酬金,履行期限、地点和方式,违约责任,解决争议的方法。

工程合同应当具备的主要条款如下:

①承包范围。

②工期。

③中间交工工程的开工和竣工时间。

④工程质量等级。

⑤合同价款。

⑥施工图纸的交付时间。

⑦材料和设备供应责任。

⑧付款和结算。

⑨竣工验收。

⑩质量保修范围和期限。

⑪其他条款。

（二）跟踪与控制

1. 工程合同跟踪

工程合同跟踪有两个方面的含义：一是承包单位的合同管理职能部门对合同执行者的履行情况进行的跟踪、监督和检查，二是合同执行者本身对合同计划的执行情况进行的跟踪、检查与对比。在合同实施过程中二者缺一不可。

(1) 合同跟踪作用

①通过合同实施情况分析，找出偏离，以便及时采取措施，调整合同实施过程，达到合同总目标。所以，合同跟踪是调整决策的前导工作。

②在整个工程实施过程中，使项目管理人员清楚地了解合同实施情况，对合同实施现状、趋向和结果有一个清醒的认识。

③案例分析。

我国某承包公司在国外承包一项工程，合同签订时预计该工程能营利 30 万美元；开工时，发现合同有些条款不利，估计能持平，即可以不盈不亏；待工程进行了几个月，发现合同很不利，预计要亏损几十万美元；待工期达到一半，再做详细核算，才发现合同极为不利，是个陷阱，预计到工程结束，至少亏损 1 000 万美元以上。到这时才采取措施，损失已极为惨重。

在这个工程中，如果能及早对合同进行分析、跟踪、对比，发现问题并及早采取措施，则可以把握主动权，避免或减少损失。

(2) 合同跟踪的依据

①合同及合同分析的结果。

②各种实际的工程文件。

③工程管理人员对现场情况的直观了解。

(3) 合同跟踪的对象

①具体的合同实施工作。

对照合同实施工作表的具体内容，分析该工作的实际完成情况，即：

a. 工作质量是否符合合同要求，如工作的精度、材料质量是否符合合同要求，工作过程中有无其他问题。

b. 工程范围是否符合要求，有无合同规定以外的工作。

c. 是否在预定期限内完成工作，工期有无延长，延长的原因是什么。

d. 成本有无增加或减少。

②对工程小组或分包商的工程和工作进行跟踪。

工程承包人可以将工程施工任务分解交由不同的工程小组或发包给专业分包人完成，但必须对这些工程小组或分包人及其所负责的工程进行跟踪检查、协调关系，提出意见、建议或警告，保证工程总体质量和进度。

对专业分包人的工作和负责的工程，总承包商负有协调和管理的责任，并承担由此造成的损失，所以专业分包人的工作和负责的工程必须纳入总承包工程的计划和控制中，防止因分包人工程管理失误而影响全局。

③业主和其委托的工程师的工作。

a. 业主是否及时、完整地提供了工程施工的实施条件，如场地、图纸、资料等。

b. 业主和工程师是否及时给予了指令、答复和确认等。

c. 业主是否及时并足额地支付了应付的工程款项。

④对工程总体进行跟踪。

a. 工程整体施工秩序状况。如果出现以下情况，合同实施必然有问题：现场混乱、拥挤不堪；承包商与业主的其他承包商、供应商之间协调困难；合同事件之间和工程小组之间协调困难；出现事先未考虑到的情况和局面；发生较严重的工程事故等。

b. 已完工程未能通过验收；出现大的工程质量问题；工程试生产不成功或达不到预定的生产能力等。

c. 施工进度未能达到预定计划；主要的工程活动出现拖期；在工程周报和月报上，计划与实际进度出现大的偏差。

d. 计划与实际的成本曲线出现大的偏离。

2. 工程合同控制

合同控制是指承包商的合同管理组织为保证合同所约定的各项义务的全面完成及各项权利的实现，以合同分析的成果为基准，对整个合同实施过程进行全面监督、检查、对比和纠正的管理活动。

(1) 工程合同控制的日常工作

①参与落实计划。

②协调各方关系。

在合同范围内，协调业主、工程师、项目管理各职能人员、所属的各工程小组和分包商之间的工作关系，解决相互之间出现的问题，如合同责任界面之间的争执、工程活动之间时间上和空间上的不协调等。

③指导合同工作。

合同管理人员在工程实施中起“漏洞工程师”的作用，但他不是寻求与业主、工程师、各工程小组、分包商的对立，他的目标不仅仅是索赔和反索赔，而且要将各方面在合同关系上联系起来，防止漏洞和弥补损失，更完善地完成工程。

④参与其他项目控制工作。

⑤合同实施情况的追踪、偏差分析及参与处理。

⑥负责工程变更管理。

⑦负责工程索赔管理。

⑧负责工程文档管理。

⑨争议处理。

(2) 合同控制措施

①组织措施，如增加人员投入、调整人员安排、调整工作流程和工作计划等。

②技术措施，如变更技术方案、采用新的高效率的施工方案等。

③经济措施，如增加投入、采取经济激励措施等。

④合同措施，如进行合同变更、签订附加协议、采取索赔手段等。

任务评价

一、施工合同的变更与管理

1. 合同变更的起因

合同变更是指合同成立以后、履行完毕以前由双方当事人依法对原合同的内容所进行的修改。

合同内容频繁地变更是工程合同的特点之一。一个较为复杂的工程合同，实施中的变更可能有几百项。合同变更一般主要有如下几方面原因：

①业主新的变更指令，对建筑新的要求。

②由于设计的错误，必须对设计图纸做修改。

③工程环境的变化，预定的工程条件不准确，要求实施方案或计划变更。

④由于产生新的技术和知识，有必要改变原设计、实施方案或实施计划。

⑤政府部门对工程新的要求。

⑥由于合同实施出现问题，必须调整合同目标，或修改合同条款。

⑦合同双方当事人由于倒闭或其他原因转让合同，造成合同当事人的变化。

2. 合同变更的范围

合同变更是合同实施调整措施的综合体现。合同变更的范围很广，在合同签订后，所有工程范围、进度、工程质量要求、合同条款内容、合同双方责权利关系的变化等都可以看作合同变更。

①合同条款的变更。

合同条件及合同协议书所定义的双方责权利关系，或一些重大问题的变更，是狭义的合同变更，以前定义的合同变更即为这一类。

②工程变更。

指在工程施工过程中，工程师或业主代表在合同约定范围内对工程范围、质量、数量、性质、施工次序和实施方案等做出变更，是最常见和最多的合同变更。

③合同主体的变更。

如由于特殊原因造成合同责任和权益的转让，或合同主体的变化。

3. 合同变更的处理要求

①尽可能快地做出变更。在实际工作中，变更决策时间过长和变更程序太慢会造成很大的损失。如：

a. 施工停止，承包商等待变更指令或变更会谈决议。等待变更为业主责任，通常可提出索赔。

b. 变更指令不能迅速做出，而现场继续施工，造成更大的返工损失。

②迅速、全面、系统地落实变更指令。变更指令做出后，承包商应迅速、全面、系统地落实变更指令；全面修改相关的各种文件，如图纸、规范、施工计划、采购计划等，使它们一

直反映和包容最新的变更;在相关工程小组和分包商的工作中落实变更指令,并提出相应的措施,同时又要协调好各方面工作。

③保存原始设计图纸、设计变更资料、业主书面指令,变更后发生的采购合同、发票及实物或现场照片等。

④进一步分析合同变更的影响。

在合同变更过程中,应记录、收集、整理所涉及的各种文件,如图纸、各种计划、技术说明、规范和业主的变更指令,以作为进一步分析的依据和索赔的证据。在实际工作中,合同变更必须与提出索赔同步进行,对于重大的变更,应先进行索赔谈判,待达成一致后,再实施变更。这里,赔偿协议是关于合同变更的处理结果,也作为合同的一部分。

⑤合同变更的评审。

在分析合同变更的相关因素和条件后,应及时进行变更内容的评审,评审包括合理性、合法性、可能出现的问题及措施等。

4. 合同变更程序和申请

合同变更应有一个正规的程序,有一整套申请、审查、批准手续。

(1) 对重大的合同变更,由合同双方签署变更协议确定

合同双方经过会谈,对变更所涉及的问题,如变更措施、变更的工作安排、变更所涉及的工期和费用索赔的处理等达成一致,然后双方签署备忘录、修正案等变更协议。在合同实施过程中,工程参加者各方定期开会(一般每周一次),商讨研究新出现的问题,讨论对新问题的解决办法。

有时对于重大问题,需很多次会议协商,通常在最后一次会议上签署变更协议。双方签署的合同变更协议与合同一样有法律约束力,而且法律效力优先于合同文本。

(2) 业主或工程师行使合同赋予的权利,发出工程变更指令

在实际工程中,这种变更数量极多,具体表现在:

①与变更相关的分项工程尚未开始,只需对工程设计做修改或补充。如事前发现图纸错误、业主对工程有新的要求等。在这种情况下,工程变更时间比较充裕,价格谈判和变更的落实可有条不紊地进行。

②变更所涉及的工程正在施工,如在施工中发现设计错误或业主突然有新的要求。这种变更通常时间很紧迫,甚至可能发生现场停工、等待变更指令等问题。

③对已经完工的工程进行变更,必须做返工处理。

工程变更的程序一般由合同规定。在合同分析中常常须做出工程变更程序图。最理想的变更程序是,在变更执行前,合同双方已就工程变更中涉及的费用增加和工期延误的补偿协商达成一致。工程变更程序如图 4.4 所示。

5. 工程变更申请

在工程项目管理中,工程变更通常要经过一定的手续,如申请、审查、批准、通知(指令)等。工程变更申请表的格式和内容可以按具体工程需要设计,表 4.1 为某工程项目的工程变更申请表。

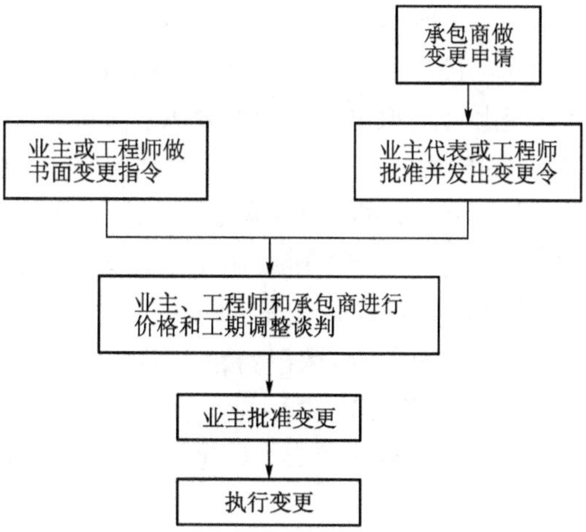

图 4.4　工程变更程序

表 4.1　工程变更申请表

申请人	申请表编号	合同号
相关的分项工程和该工程的技术资料说明： 工程号：　　　　　　　　图号： 施工段号：		
变更的依据：	变更说明：	
变更涉及的标准：		
变更所涉及的资料： 变更影响(包括技术要求、工期、材料、劳动力、成本、机械、对其他工程的影响等)：		
变更类型：	变更优先次序：	
审查意见： 计划变更实施日期：		
变更申请人(签字)：		
变更批准人(签字)：		
变更实施决策/变更会议：		
备注：		

6. 合同价款变更的确定方法

合同价款变更的确定方法包括：

①合同中有的，按原合同规定执行。

②合同中有类似的，可参照类似价格。

③合同中没有适用或类似的，承包人提出变更价，工程师确认后执行。

④案例分析。

在某国际工程中，按合同规定的总工期计划，应于××××年××月××日开始现场搅拌混凝土。因承包商的混凝土拌和设备迟迟运不上工地，承包商决定使用商品混凝土，但被业主否决。在承包合同中，未明确规定使用何种混凝土。承包商不得已，只有继续组织设备进场，由此导致施工现场停工、工期拖延和费用增加。对此，承包商提出工期和费用索赔，而业主以如下两点理由否定承包商的索赔要求：

a. 已批准的施工进度计划中确定承包商用现场搅拌混凝土，承包商应遵守。

b. 拌和设备运不上工地是承包商的失误，他无权要求赔偿。

调解人认为：因为合同中未明确规定一定要用工地现场搅拌的混凝土（施工方案不是合同文件），则商品混凝土只要符合合同规定的质量标准也可以使用，不必经业主批准。按照惯例，实施工程的方法由承包商负责，承包商在不影响或为了更好地保证合同总目标的前提下，可以选择更为经济合理的施工方案，业主不得随便干预。在这一前提下，业主拒绝承包商使用商品混凝土，是一个变更指令，对此可以进行工期和费用索赔，但该项索赔必须在合同规定的索赔有效期内提出。

当然，承包商不能因为使用商品混凝土要求业主补偿任何费用。最终，承包商获得了工期和费用补偿。

二、信息管理

1. 工程合同信息管理的内容

工程合同信息包括合同前期信息、合同原始信息、合同跟踪信息、合同变更信息、合同结束信息。合同前期信息主要包括工程项目招投标信息；合同原始信息包括合同名称、合同类型、合同编码、合同主体、合同标的、商务条款、技术条款、合同参与方、关联合同等静态数据；合同跟踪信息包括合同进度、合同费用（投资/成本）、合同确定的项目质量等动态数据；合同变更信息包括合同变更参与方提出的变更建议、变更方案、变更指令、变更引起的标的变更；合同结束信息包括合同支付、合同结算、合同评价信息、合同归档信息。

2. 工程合同信息管理的特点

（1）工程合同信息管理的生命周期

工程合同信息管理的生命周期包括合同前期的工程招投标阶段、项目合同执行阶段、项目合同结束阶段。工程招投标是工程项目合同形成的过程，这一阶段将产生工程合同的前期信息和合同的原始信息。项目合同执行阶段将合同执行过程中跟踪的进度、费用、质量实际数据与合同目标的原始信息进行比较分析，对执行过程中合同变更的信息进行跟踪记录，并且作为合同结算的依据。合同结束阶段对合同的实际信息进行汇总、分析、保存，对合同索赔、合同纠纷解决信息进行记录、分析、保存。

合同信息在从工程项目的招投标开始，到项目结束的合同管理全生命周期中流动、传递、变化。因此，工程合同管理信息系统的信息管理应该覆盖从招投标到合同结束的全过程。

（2）工程合同信息管理是工程项目管理信息系统的一个组成部分

工程项目管理信息系统包括工程项目范围管理、进度管理、费用管理、质量管理、合同管理、安全管理、环境管理等子系统。合同管理作为工程项目信息管理系统的一个子系统，与其他的子系统相关，尤其与进度管理子系统、费用管理子系统、质量管理子系统、范围管理子系统有着密切的关系。它们的信息有着输入/输出的关系，本子系统的输入来自于其他子系统，在本子系统中经过处理、加工、生成的新的信息又是其他子系统的输入信息。工程合同信息管理绝不是孤立的信息处理，它必须涉及和影响工程项目管理信息系统的其他部分。

（3）工程合同信息管理涉及项目各参与方

工程合同根据其不同的类型，有两方合同、三方合同；围绕一个工程项目合同，有多个合同的参与方。一个普通的工程施工承包合同，有项目业主方、监理方、承包方；一个大型投资工程项目可能涉及投资方、开发方、业主方、咨询方、设计方、监理方、施工承包方、设备供应方、分包方等。因此，工程合同信息管理系统要涉及项目的诸多参与方，各参与方的合同管理信息将传递、交换、汇总、整合。

（4）工程合同信息管理的动态性

工程合同信息在全生命周期中不是静态的，随着项目的进展，合同目标信息（进度信息、费用信息、质量信息）不断更新。如果合同条件发生变化，合同信息也就随之发生变更。为了控制合同执行，需要根据合同的实际信息和合同变更信息对合同风险进行分析，调整项目管理对策。因此，合同信息的动态特性是合同信息管理系统设计的重要依据。

（5）工程合同信息管理的“协同性”

工程合同信息管理的“协同性”体现在，项目各参与方围绕同一个合同协同处理合同信息。合同信息管理必须与进度信息管理、费用信息管理、质量信息管理、范围信息管理等进行协同；合同信息管理应该与知识库管理、数据库管理、沟通管理等进行协同。

（6）工程合同信息管理的网络特性

合同各参与方的办公地点不在同一个地域，而合同管理的“协同”又要求他们打破“信息孤岛”，同时进行信息处理，共享合同信息。因此，合同信息管理要求各参与方通过网络联通，共同处理相关的合同信息。合同信息管理系统的网络可以是“广域网”，可以是各参与方的“Intranet”组成的合同管理的“Extranet”，可以是“虚拟专用网络 VPN”，也可以通过“合同信息管理门户网站”“项目管理门户网站”进行合同信息管理，甚至可以通过“项目管理信息门户 PIP”进行合同信息管理。

任务 2　工程合同的索赔管理

任务描述

首先进行工程合同索赔及其分类的学习，然后进行工程合同索赔依据及其证据的学习。

知识准备

一、索赔及其分类

索赔是指在经济交易活动中，一方遭受损失时向对方提起的赔偿要求。索赔是合同双方的法定权利，也是维护自身经济效益的手段。它一般包括商务索赔和工程索赔。

建设工程索赔是指在工程合同履行过程中，合同当事人一方因对方不履行或未能正确履行合同或者由于其他非自身因素而受到经济损失或权利损害，通过合同规定的程序向对方提出经济或时间补偿要求的行为。

索赔的主要分类方式如下：

(1) 按索赔有关当事人分类

按索赔有关当事人分类，索赔分为：承包人与发包人之间的索赔；承包人与分包人之间的索赔；承包人或发包人与供货人之间的索赔；承包人或发包人与保险人之间的索赔。

(2) 按照索赔目的和要求分类

①工期索赔。

一般指承包人向业主或分包人向承包人要求延长工期。

②费用索赔。

即要求补偿经济损失，调整合同价格。

(3) 按照索赔事件的性质分类

按照索赔事件的性质分类方式如下：

①工程延期索赔。

②工程加速索赔。

③工程变更索赔。

④工程终止索赔。

⑤不可预见的外部障碍或条件索赔。

⑥不可抗力事件引起的索赔。

在新版 FIDIC 施工合同条件中，不可抗力通常是满足以下条件的特殊事件或情况：一方无法控制的，该方在签订合同前不能对之进行合理防备的，发生后该方不能合理避免或克服的，不主要归因于他方的。不可抗力事件发生导致承包人损失，通常应该由发包人承担，即承包人可以据此提出索赔。

⑦其他索赔。

如货币贬值、汇率变化、物价变化、政策法令变化等原因引起的索赔。

(4) 按照索赔的起因分类

按照引起索赔的原因，索赔可分为发包人违约索赔、合同错误索赔、合同变更索赔、工程环境变化索赔、不可抗力因素索赔等。

(5) 按照索赔的依据分类

①合同内索赔。即双方在合同中约定了可给予承包人补偿的事项，承包人可据此向发包人提出索赔要求。

②合同外索赔。即引起索赔的干扰事件已经超出了合同条文的范围或合同条文中没有规定，索赔的依据需要扩大到相关法律法规，如民法、建筑法等。

③通融性索赔。此类索赔不是根据法律和合同，而是取决于发包人的道义、通融。

(6) 按照索赔发生的时间分类

按索赔发生的时间，索赔可分为合同履行期间的索赔、合同终止后的索赔。

（7）按照处理索赔的方式分类

①单项索赔。

单项索赔只针对某一干扰事件提出，原因和责任较为单一。索赔的处理，在合同实施过程中、干扰事件发生时或者发生后立即进行。此项索赔由合同管理人员处理即可，在合同规定的索赔有效期内向业主提交索赔报告，处理起来比较简单。

②总索赔。

又称为一揽子索赔。合同双方在工程交付前后进行最终的谈判，一揽子解决索赔问题。总索赔的处理和解决比较复杂，承包人必须保存全部工程资料和其他可作为索赔证据的资料。同时，在最终的谈判中，由于索赔的集中积累，造成谈判的艰难，需要耗费大量的时间和金钱。对于某些索赔额度巨大的一揽子索赔，为提高索赔成功率，承包人往往需要聘请法律、索赔专家，甚者成立专门的索赔小组或委托索赔咨询公司来处理索赔事件。

二、索赔的依据和证据

（一）索赔的依据

（1）合同文件

合同文件是索赔的最主要依据，包括本合同协议书，中标通知书，投标书及其附件，合同专用条款，合同通用条款，标准、规范及有关技术文件，图纸，工程量清单，工程报价单或预算书等。

《建设工程施工合同示范文本》（GF—99—0201）中列举了发包人可以向承包人提出索赔的依据条款，也列举了承包人在哪些条件下可以向发包人提出索赔；《建设工程施工专业分包合同（示范文本）》（GF—2003—0213）中列举了承包人与分包人之间索赔的诸多依据条款。

（2）法律、法规

建设工程合同文件适用国家的法律和行政法规，需要明示的由双方在专用条款中约定。适用的标准、规范，由双方在专用条款内约定。

（3）工程建设惯例

针对具体的索赔要求（工期或费用），索赔的具体依据也不相同，如有关工期的索赔就要依据有关的进度计划、变更指令等。

（二）索赔的证据

（1）索赔证据的含义

索赔证据是当事人用来支持其索赔成立或与索赔有关的证明文件和资料。索赔证据作为索赔文件的组成部分，在很大程度上关系到索赔的成功与否。证据不全、不足或没有证据，索赔是很难获得成功的。

（2）可以作为证据使用的材料

①书证。

指以其文字或数字记载的内容起证明作用的书面文书和其他载体。

②物证。

指以其存在、存放的地点等外部特征及物质特性来证明案件事实真相的证据。

③证人证言。

指知道、了解事实真相的人所提供的证词，或向司法机关所做的陈述。

④视听材料。

指能够证明案件真实情况的音像资料。

⑤被告人供述和有关当事人陈述。

⑥鉴定结论。

指专业人员就案件有关情况向司法机关提供的专门性的书面鉴定意见。如损伤鉴定、痕迹鉴定、质量责任鉴定等。

⑦勘验、检验笔录。

指司法人员或行政执法人员对与案件有关的现场物品、人身等进行勘察、试验、实验或检查的文字记载。

(3) 常见的工程索赔证据

①各种合同文件。

②工程各种往来函件、通知、答复等。

③各种会谈纪要。

④经过发包人或者工程师批准的承包人的施工进度计划、施工方案、施工组织设计和现场实施情况记录。

⑤工程各项会议纪要。

⑥气象报告和资料，如有关温度、风力、雨雪的资料。

⑦施工现场记录。

⑧工程有关照片和录像等。

⑨施工日记、备忘录等。

⑩发包人或者工程师签认的签证。

⑪发包人或者工程师发布的各种书面指令和确认书，以及承包人的要求、请求、通知书等。

⑫工程中的各种检查验收报告和各种技术鉴定报告。

⑬工地的交接记录(应注明交接日期，场地平整情况，水、电、路情况等)，图纸和各种资料交接记录。

⑭建筑材料和设备的采购、订货、运输、进场、使用方面的记录、凭证和报表等。

⑮市场行情资料包括市场价格、官方的物价指数、工资指数、中央银行的外汇汇率等公布材料。

⑯投标前发包人提供的参考资料和现场资料。

⑰工程结算资料、财务报告、财务凭证等。

⑱各种会计核算资料。

⑲国家法律、法令、政策文件。

(4) 索赔证据的基本要求

索赔证据应该具有真实性、及时性、全面性、关联性及有效性。

任务实施

索赔程序

(1) 索赔意向通知

工程实施过程中发生索赔事件后，或者承包人发现索赔机会，首先要提出索赔意向，即在合同规定时间内将索赔意向用书面形式及时通知发包人或者工程师，向对方表明索赔愿望、要求或者声明保留索赔权利，这是索赔工作程序的第一步。

索赔意向通知要简明扼要地说明索赔事由发生的时间、地点、简单事实情况描述和发展动态、索赔依据和理由、索赔事件的不利影响等。

(2) 索赔资料的准备

①跟踪和调查干扰事件，掌握事件产生的详细经过。

②分析干扰事件产生的原因，划清各方责任，确定索赔根据。

③损失或损害调查分析与计算，确定工期索赔和费用索赔值。

④搜集证据，获得充分而有效的各种证据。

⑤起草索赔文件。

(3) 索赔文件的提交

提出索赔的一方应在合同规定的时限内向对方提交正式的书面索赔文件。

如果干扰事件对工程的影响持续时间长，承包人则应按工程师要求的合理间隔(一般为 28 d)提交中间索赔报告，并在干扰事件影响结束后的 28 d 内提交一份最终索赔报告，否则将失去该事件请求补偿的索赔权利。

索赔文件的主要内容包括：

①总述部分。

②论证部分。

③索赔款项(和/或工期)计算部分。

④证据部分。

(4) 索赔文件的审核

对于承包人向发包人的索赔请求，索赔文件首先应该交由工程师审核。工程师根据发包人的委托或授权，对承包人索赔的审核工作主要分为：判定索赔事件是否成立和核查承包人的索赔计算是否正确、合理，并可在授权范围内做出判断；初步确定补偿额度，或要求补充证据、修改索赔报告等。工程师对索赔的初步处理意见要提交发包人。

(5) 发包人审查

对于工程师的初步处理意见，经发包人审查和批准后，工程师才可以签发有关证书。如果索赔额度超过了工程师权限范围时，应由工程师将审查的索赔报告报请发包人审批，并与承包人谈判解决。

(6) 协商

对于工程师的初步处理意见,发包人和承包人不接受或其中的一方不接受时,三方可就索赔的解决进行协商,达成一致;如果经过努力无法就索赔事宜达成一致意见,则发包人和承包人可根据合同约定选择采用仲裁或诉讼方式解决。

任务评价

工程项目采购与合同管理案例

(一) 工程项目采购方法应用

工程项目审计及审价服务类招标采购案例分析。

(1) 案例背景

随着政府采购规模和采购范围的不断扩大,服务类项目的采购需求也在逐年增加。2015 年年底,浦东新区政府采购中心受新区审计局委托,对新区政府财力投资建设委托审计、审价中介机构进行了公开招标。该项目的采购目的是通过公开招标方式向社会中介机构购买建设项目的审计、审价服务。这是一个典型的服务类采购项目,开创了新区通过招标方式购买审计、审价服务的先河,在社会上引起了较大的反响。

(2) 拟定采购方案

①确定采购目标。该项目是为政府财力投资的建设项目提供审计、审价服务,需要建立一个公平竞争的机制,让社会中介机构参与到这场竞争中来,通过竞争使最具实力的社会中介机构脱颖而出,从而保证新区政府财力投资建设项目的审计、审价工作的质量。

②选择采购方式。本次浦东新区政府采购中心受新区审计局委托,根据新区政府财力投资规模和审计、审价项目的实际工作量,将从众多社会中介机构中确定 6 家审计中介机构和 10 家审价中介机构。采购规模和范围较大,故采用公开招标的采购方式择优选定供应商。

(3) 招标过程

①本次招标为公开招标的方式,采购中心在浦东新区政府采购网和上海政府采购网同时发布了招标公告,为社会中介机构参与竞争创造了条件。从报名的情况来看,共有 52 家社会中介机构报名参加,其中不乏上海地区知名的审计、审价机构,取得了原先设想的效果。

②评标方法。

本项目属服务项目类采购,评分项目的设置要针对中介机构的特点来进行,即着重从中介机构的资质等级和专业人员的结构状况、执业资质、工作业绩等方面进行评价,这样才能对中介机构的内在实力做出一个比较全面、客观、公正的评价。

另外,为使招标工作的客观性、公正性得到充分的体现,本次评标采用两阶段评标。第一阶段评标,主要是根据投标文件对投标中介机构的基本情况和拟参加委托审计、审价人员的情况进行综合打分，按得分高低，“审计”项目取前 10 名中介机构进入第二阶段评审，“审价”项目取前 15 名中介机构进入第二阶段评审。第二阶段评标，主要是对投标文件中所提供的资料进行复核，这样一方面可以了解该中介机构在以往审计、审价工作的质量，另一方面也可对投标中介机构所提供资料的真实性进行确认。最后，将两个阶段评标所得分相加，并按照得分的高低分别确定 6 家审计项目中标单位，10 家审价项目中标单位。

③监标。

由于本项目是自浦东新区政府采购中心成立以来首次通过公开招标方式向社会购买建设项目审计、审价服务，在社会上引起了较大的反响。为此，招标过程中的资质审核、开标和评标等重要环节，邀请新区监察委成员进行监标，从而有力地保证了整个招标过程的公开性和透明度。

④公布预中标公告和正式中标公告。

在评委评出预中标中介机构后，按照《中华人民共和国政府采购法》的有关规定，新区政府采购中心及时在市、区政府采购网上发布了预中标公告，公示期结束后，发布正式中标公告，并给中标中介机构发中标通知书。

(4) 经验体会

①本项目是服务类项目，根据项目本身的特殊性，如何制定一个科学、可行的评标办法来选择具有一定人才优势、合理的人才结构的社会中介机构是本次招标采购成败的关键。因此，评标办法中除了对投标中介机构的资质情况和档案抽查情况进行打分外，还对今后拟参加审计、审价项目人员的年龄、文化程度、执业资格及从事审计、审价工作经验等基本情况综合打分，对投标中介机构实力有一个比较客观、公正和全面的了解，防止了主观臆断、打招呼、走关系所产生的弊端，为保证审计、审价项目的质量提供了前提保证。

②采购人应将采购项目所涉及行业的有关法律、法规及各种相关信息尽可能完整地提供给政府采购中心，使政府采购中心在评标项目的设置和评标办法的制定上更具有针对性。

③评标项目要尽可能设置可考量的指标，避免出现凭个人主观印象打分的现象。

(二) 工程合同的履约管理方法应用

某工程项目分为 A、B 两个单项工程，分别以公开招标的形式确定了中标单位并签订了施工合同。这两个单项工程在签订合同及施工过程中发生了如下情况：

①在签订合同时，A 工程施工图纸设计未完成，业主即通过招标选择了一家总承包单位。由于设计未完成，承包范围内待实施的工程虽然性质明确，但工程量还难以确定，双方商定拟采用总价合同形式签订施工合同，以减少双方的风险。

a. 乙方按业主代表批准的施工组织设计（或施工方案）组织施工，乙方不承担因此引起的工期延误和费用增加的责任。

b. 甲方向乙方提供场地的工程地质和地下主要管网线路资料，供乙方参考使用。

c. 乙方不能将工程转包，但允许分包，也允许分包单位将分包的工程再次分包给其他施工单位。

②B 工程合同额为 9 000 万元，总工期为 30 个月，工程分两期进行验收，第一期为 18

个月，第二期为 12 个月。在工程实际实施过程中，出现了下列情况：

a. 工程进行到第 10 个月时，国务院有关部门发出通知，指令压缩国家基建投资，要求某些建设项目暂停施工。该综合娱乐城项目属于指令停工下马项目，因此，业主向承包商提出暂时中止合同实施的通知。为此，承包商要求业主承担单方面中止合同给承包商造成的经济损失赔偿责任。

b. 复工后在工程后期，工地遭到当地百年罕见的台风袭击，工程被迫暂停施工，部分已完工程受损，现场场地遭到破坏，最终使工期拖延了 2 个月。为此，业主要求承包商承担工期拖延所造成的经济损失责任和赶工的责任。

【问题】

①A 单项工程合同中业主与施工单位选择总价合同形式是否妥当？合同条款中有哪些不妥之处？

②施工合同按承包工程计价方式不同分为哪几类？

③B 单项工程合同执行过程中出现的问题应如何处理？

（三）工程合同的索赔管理方法应用

建筑公司（乙方）于某年 4 月 20 日与某厂（甲方）签订了修建建筑面积为 3 000 m^2 的工业厂房（带地下室）的施工合同。乙方编制的施工方案和进度计划已获监理工程师批准。该工程的基坑开挖土方量为 4 500 m^3，假设直接费单价为 4.2 元/m^3，综合费率为直接费的 20%。该基坑施工方案规定：土方工程采用租赁一台斗容量 1 m^3 反铲挖掘机施工（租赁费 450 元/台班）。甲、乙双方合同约定 5 月 11 日开工，5 月 20 日完工。在实际施工中发生了如下几项事件：

①因租赁的挖掘机大修，晚开工 2 d，造成人员窝工 10 个工日。

②施工过程中，因遇软土层，接到监理工程师 5 月 15 日停工的指令，进行地质复查，配合用工 15 个工日。

③5 月 19 日接到监理工程师于 5 月 20 日复工令，同时提出基坑开挖深度加深 2 m 的设计变更通知单，由此增加土方开挖量 900 m^3。

④5 月 20 日至 5 月 22 日，因下大雨迫使基坑开挖暂停，造成人员窝工 10 个工日。

⑤5 月 23 日用 30 个工日修复冲洗的永久道路，5 月 24 日恢复挖掘工作，最终基坑于 5 月 30 日挖坑完毕。

【问题】

①简述工程施工索赔的程序。

②建筑公司对上述哪些事件可以向厂方要求索赔？哪些事件不可以要求索赔？并说明理由。

③每项事件工期索赔是多少天？总计工期索赔是多少天？

④假设人工费单价是 23 元/工日，因增加用工所需的管理费为增加人工费的 30%，则合理的费用索赔总额是多少？

项目小结

本项目简要介绍了工程项目采购的基本概念、作用及内容；采购计划的编制及采购方式；建设工程合同主要内容、类型及订立。主要阐述了工程合同履约管理及索赔管理的内容。通过案例分析，可以了解和掌握工程项目采购与合同管理方法的实际应用。

思考与练习

1. 简述项目采购管理的定义。
2. 采购管理应遵循什么程序？
3. 简述分标策划的重要性。
4. 主要的分标方式有哪些？
5. 简述招标采购的程序。
6. 自营工程的适用情况有哪些？
7. 合同变更的起因有哪些？
8. 合同变更的范围有哪些？
9. 工程索赔应该准备哪些资料？
10. 简述工程索赔程序。

项目五　工程项目进度管理

项目需求

工程项目进度管理是工程项目管理的重要组成部分，工程项目进度管理主要包括工程项目管理目标的产生，工程项目进度计划的编制，工程项目计划的实施，工程项目进度计划的检查、调整与控制，工程项目进度管理案例等。

项目工作场景

实训基地(有与项目实际相符的项目管理资源等)

方案设计

首先学习工程项目进度计划的编制与实施知识，然后进行工程项目进度计划的检查、调整与控制的介绍。

相关知识和技能

(1) 通过本项目的学习，能进行项目进度计划的实施，具备施工进度计划调整与控制的能力。

(2) 了解项目进度计划的编制方法；掌握项目进度计划的实施、调整与控制原理。

任务1　工程项目计划的实施

任务描述

首先进行工程项目管理目标的产生的学习，然后进行工程项目进度计划的编制与实施的学习。

知识准备

工程项目进度管理是工程项目管理中重点目标的管理，是保证工程项目按期完成，合理安排资源供应，节约工程成本的重要措施。

工程项目进度管理是指在既定的工期内，编制出最优的工程项目进度计划；在执行计划的过程中，经常检查工程实际情况，比较计划的进度，若出现偏差，便分析产生的原因和对工期的影响程度，制定出必要的调整措施，修改原计划，不断地循环往复，直至工程竣工验收。

工程项目进度管理应建立以项目经理为首的进度控制体系，各子项目负责人、计划人员、调度人员、作业队长和班组长都是该控制体系的成员，各承担工程任务者和生产管理者都应承担进度控制目标，对进度控制负责。

工程项目管理目标的产生

（一）工程项目目标的制定依据

工程项目目标的制定依据包括：

①工程施工合同提出的建筑施工企业应承担的施工项目总目标；项目经理与企业经理之间签订的“项目管理目标责任书”中项目经理的责任目标(控制目标)。

②国家的政策、法规、方针、标准和定额。

③生产要素市场的动态变化和发展趋势。

④有关文件、资料，如设计图纸、招标文件、“项目管理实施规划”等。

⑤对于国际工程施工项目，制定控制目标还应依据工程所在国的各种条件及国际市场情况。

（二）工程项目目标的制定原则和程序

(1) 原则

工程项目控制目标制定的原则是：实现工程承包合同目标；以目标管理方法进行目标展开，将总目标落实到项目组织直至每个执行者；充分发挥“项目管理实施规划”在制定控制目标中的作用;注意目标之间的相互制约和依存关系。

(2) 程序

①认真研究、核算工程施工合同中界定的工程项目控制总目标,收集制定控制目标的各种依据,为控制目标的落实做准备。

②项目经理与企业经理签订"项目管理目标责任书"确定项目经理的控制目标。

③项目经理部编制"项目管理实施规划",确定项目经理部的计划总目标。

④制定工程项目的阶段控制目标和年度控制目标。

⑤按时间、部门、人员、班组落实控制目标,明确责任。

⑥责任者提出控制措施。

(三) 工程项目目标之间的关系

工程项目的质量、进度、成本三大目标是对立统一的关系。如图 5.1 所示是进度目标与成本目标之间的对应关系。

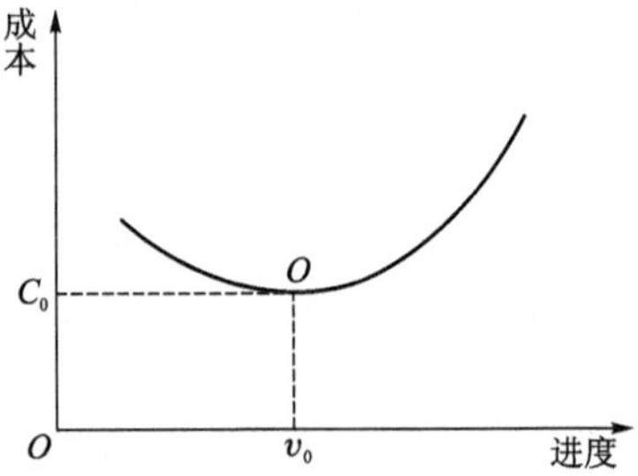

图 5.1　进度目标与成本目标之间的关系

如图 5.2 所示是质量目标与成本目标之间的对应关系。

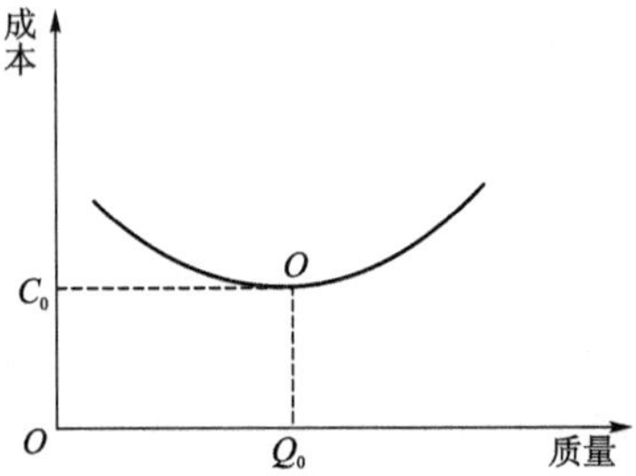

图 5.2　质量目标与成本目标之间的关系

如果把质量、进度、成本三项目标作为三个子集,则它们三者的关系可表示为图 5.3。

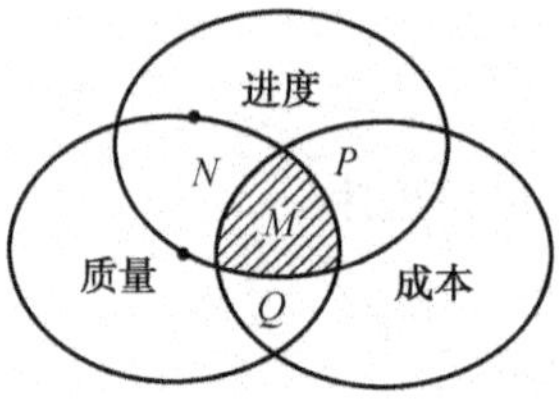

图 5.3　质量、进度、成本的关系

图 5.3 中 M 区是三项目标的结合部，N 为进度与质量两项目标的结合部，P 为进度与成本两项目标的结合部，Q 为质量与成本两项目标的结合部。结合部在国际上称作界面(Interface)。进行项目的目标控制，必须进行界面分析。通过界面分析，把各项目标之间的对立统一关系具体搞清楚，然后进行精心的组织和设计，进行有针对性的科学管理。这就是进行“界面管理”。

进行界面管理要注意以下几点：

①保证系统界面之间的相容性，使目标(系统单元)之间有良好的接口。

②保证系统的完备性，不失掉任何工作、设备、数据等，防止发生工作内容、成本和质量责任归属的争执，因为在施工中人们特别容易忘记界面上的工作，常常因推卸界面上的工作任务而引起组织之间的争执。

③将界面定义清楚，形成文件，在施工中保持界面清楚，特别注意工程发生变更时对界面的影响。

④在界面处设置检查点和控制点，采用系统方法从组织、管理、技术、经济、合同各个方面主动地进行界面管理。

⑤必须注意界面之间的联系和制约，解决界面之间的不协调、障碍和争执，主动地、积极地管理系统界面的关系，对相互影响的因素进行协调。

⑥一个施工项目的界面数量巨大，应抓重点界面进行设计、计划、说明和控制，抓住重点才能带动全部界面的良好管理。

任务实施

一、工程项目进度计划的编制

(一) 进度计划编制的依据

进度计划编制的依据包括：

①经过审批的全套施工图及采用的各种标准图和技术资料。

②工程的工期要求及开工、竣工日期。

③工程项目工作顺序及相互间的逻辑关系。

④工程项目工作持续时间的估算。

⑤资源需求。包括对资源数量和质量的要求，当有多个工作同时需要某种资源时，需要做出合理的安排。

⑥作业制度安排。明确项目作业制度是十分必要的，它直接影响到进度计划的安排。

⑦约束条件。在项目执行过程中总会存在一些关键工作或里程碑事件，这些都是项目执行过程中必须考虑的约束条件。

⑧项目工作的提前和滞后要求。为了准确地确定工作关系，有些逻辑关系需要规定提前或滞后的时间。

（二）进度计划的编制工具

（1）横道计划

横道计划是以横道线条结合时间坐标来表示项目各项工作的开始时间、持续时间和先后顺序，整个计划由一系列横道线组成，如图 5.4 所示。

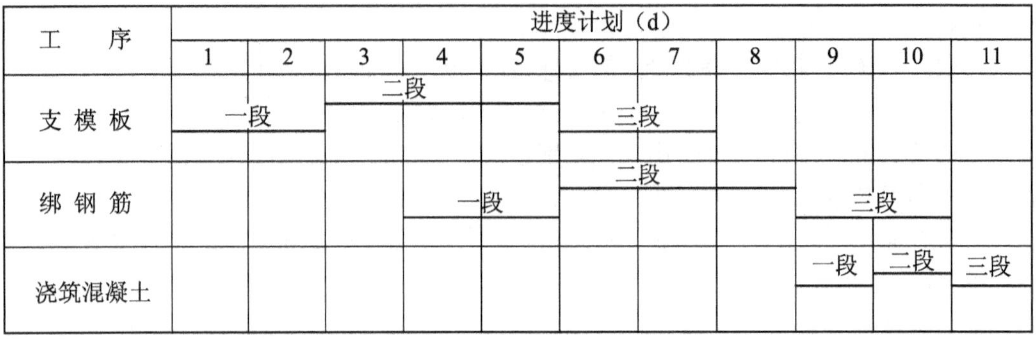

图 5.4　横道计划

横道计划的优点是简单、明了、直观、易懂，且较易编制。因为有时间坐标，故各项工作的开始时间、持续时间、工作进度、总工期等一目了然，便于据图叠加统计资源。

其缺点主要是不能全面地反映出各项工作相互之间的关系和影响，也不便于进行各种时间的计算，不能客观地突出工作的重点，也不能从图中看出计划的潜力。

（2）里程碑计划

里程碑计划是以项目中某些重要事件的开始或完成时间点为基准的计划，如图 5.5 所示。

里程碑事件	1月	2月	3月	4月	5月	6月	7月	8月
A		▲						
B				▲				
C							▲	
C								▲

图 5.5　里程碑计划

（3）网络计划

网络计划是以箭线和节点组成的有序有向的网状图形来表示项目进度的计划，如图 5.6 所示。

网络计划的优点是把项目过程中的各有关工作组成了一个有机整体，因而能全面而明确地反映出各工作之间的相互制约和相互依赖的关系。它可以进行各种时间参数的计算，能在活动繁多、错综复杂的计划中找出影响工程项目进度的关键工作，便于管理人员集中精力抓住项目实施中的主要矛盾，保证进度目标的完成；还可以利用网络计划反映出来的时差，更好地配置各种资源，达到节省人力、物力和降低成本的目的。

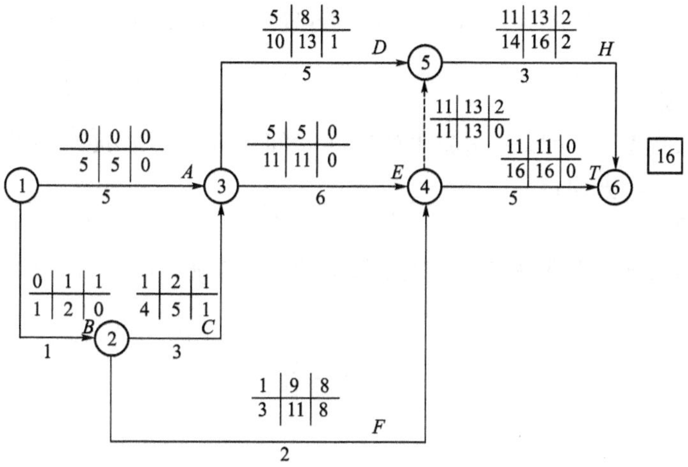

图 5.6　网络计划

（三）流水施工原理

流水施工是指所有的施工过程按一定的时间间隔依次投入施工，各个施工过程陆续开工、陆续竣工，使同一施工过程的施工队组保持连续、均衡施工，不同的施工过程尽可能平行搭接施工的组织方式。

流水施工是行之有效、在工程施工中广泛使用的组织科学施工的计划方法，其实质是分工协作、连续作业、均衡生产。

1. 流水参数的确定

(1) 工艺

在组织流水施工时，用以表达流水施工在施工工艺上开展顺序及其特征的参数，称为工艺参数，主要指施工过程数。施工过程数是指参与一组流水的施工过程数目，以符号 n 表示。施工过程划分的数目、粗细程度应根据下列因素确定：

①施工计划的性质与作用。

②施工方案及工程结构。

③劳动组织及劳动量大小。

④施工过程内容和工作范围。

(2) 空间参数

在组织流水施工时，用以表达流水施工在空间布置上所处状态的参数，称为空间参数。

空间参数主要有工作面、施工段数和施工层数，应考虑以下因素综合确定：

①各施工段的劳动量（或工程量）要大致相等（相差宜在 15%以内），以保证各施工队组连续、均衡、有节奏地施工。

②施工段的数目要合理。

③要有足够的工作面。

④要有利于结构的整体性。

⑤以主导施工过程为依据进行划分。

⑥当组织流水施工的工程对象有层间关系，分层分段施工时，应使各施工队组能连续施工。

(3) 时间参数

在组织流水施工时，用以表达流水施工在时间排列上所处状态的参数，称为时间参数。它包括以下几个方面：

①流水节拍。

流水节拍是指某个专业队在一个施工段上的施工作业时间，以符号 t 表示。其计算公式为：

$$t=\frac{Q}{RS}=\frac{P}{R}$$

式中：Q——一个施工段的工程量；

R——专业队的人数或机械数；

S——产量定额，即单位时间(工日或台班)完成的工程量；

P——劳动量或台班量。

确定流水节拍时应注意：

a. 必须考虑专业队组织方面的限制和要求，尽可能不改变原劳动组织，以便于领导。

b. 必须保证有足够的施工操作空间(最小工作面)，能充分发挥专业队的劳动效率，且保证施工安全。

c. 应考虑机械设备的实际负荷能力和可能提供的机械设备数量，并考虑机械设备操作安全和质量要求。

d. 有特殊技术限制、安全质量限制的工程，在安排其流水节拍时，应满足相关的限制要求。

e. 必须考虑材料和构配件供应能力与水平对进度的影响和限制，合理确定相关施工过程的流水节拍。

f. 应首先确定主导施工过程的流水节拍，并依此确定其他施工过程的流水节拍。

②流水步距。

流水步距是指两个相邻的工作队相继进入同一施工段流水作业的时间间隔，以符号 $K_{i,i+1}$ 表示。

流水步距的大小，应根据需要及流水方式的类型经过计算确定。

计算时应考虑以下几点要求：

a. 施工工艺。

b. 主要施工队组连续施工。

c. 最大限度搭接。

d. 满足保证工程质量、安全生产、成品保护的需要。

③平行搭接时间。

在组织流水施工时，有时为了缩短工期，在工作面允许的条件下，如果前一个施工队组完成部分施工任务后，能够提前为后一个施工队组提供工作面，使后者提前进入前一个施工段，两者在同一施工段上平行搭接施工，这个搭接时间称为平行搭接时间，通常用

$C_{i,i+1}$表示。

④技术与组织间歇时间。

在组织流水施工时，有些施工过程完成后，后续施工过程不能立即投入，必须有足够的间歇时间。由建筑材料或现浇构件工艺性质决定的间歇时间称为技术间歇。由施工组织原因造成的间歇时间称为组织间歇。技术与组织间歇时间用 $Z_{i,i+1}$表示。

⑤工期。

工期是指从第一个专业队投入流水作业开始，到最后一个专业队完成最后一个施工过程的最后一段工作退出流水作业为止的整个延续时间。由于一项工程往往由许多流水组组成，所以这里所说的是流水组的工期，并不是整个工程的总工期。可用符号 T 表示。

2. 流水作业的组织方法

(1) 等节奏流水

等节奏流水是指同一施工过程在各施工段上的流水节拍都相等，且不同施工过程之间的流水节拍也相等的一种流水施工方式。即各施工过程的流水节拍均为常数，也称为全等节拍流水或固定节拍流水。

其组织方法为：首先，划分施工过程，将劳动量小的施工过程合并到相邻施工过程中，以使各流水节拍相等；其次，确定主要施工过程的施工队组人数，计算其流水节拍；最后，根据已定的流水节拍，确定其他施工过程的施工队组人数及其组成。

图 5.7 是一个等节奏流水的作业图。

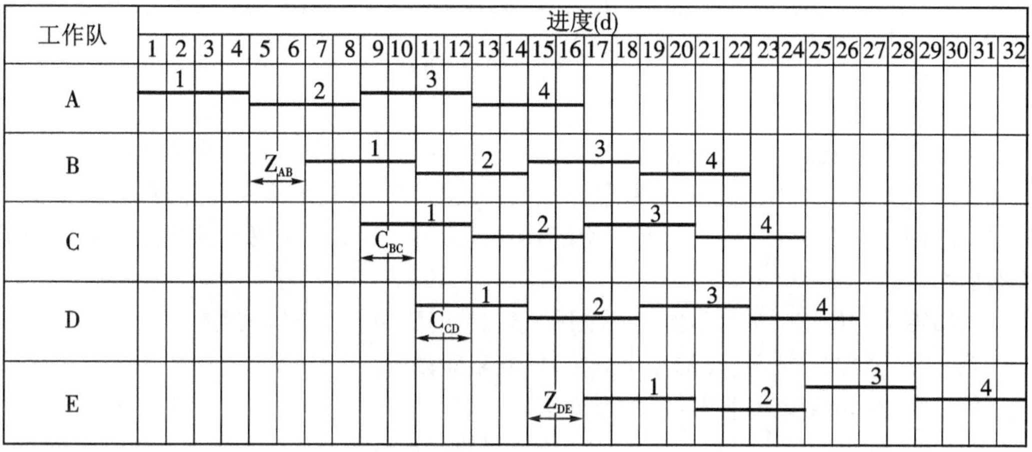

图 5.7　等节奏流水作业图

(2) 异节奏流水

异节奏流水亦称成倍节拍流水，是指同一施工过程在各个施工段上的流水节拍相等，不同施工过程之间的流水节拍不完全相等，但各个施工过程的流水节拍之间存在整数倍(或公约数)关系的流水施工方式。

其组织方法为：首先，根据工程对象和施工要求，划分若干个施工过程；其次，根据各施工过程的内容、要求及其工程量，计算每个施工段所需的劳动量；再次，根据施工队组的组成，确定劳动量最少的施工过程的流水节拍；最后，确定其他劳动量较大的施工过程的流水节拍，用调整施工队组人数或其他技术组织措施的方法，使它们的节拍值成整数倍关系。

组织方法如下：

a. 以最大公约数去除各流水节拍，其商数就是各施工过程需要组建的工作队数。

b. 分配每个工作队负责的施工段，以便按时到位作业。

c. 以常数为流水步距，绘制流水作业图。图 5.8 就是该工程的成倍节拍流水作业图。

d. 检查作业图的正确性，防止发生错误。既不能有“超”作业，又不能有中间停歇。

e. 计算工期。

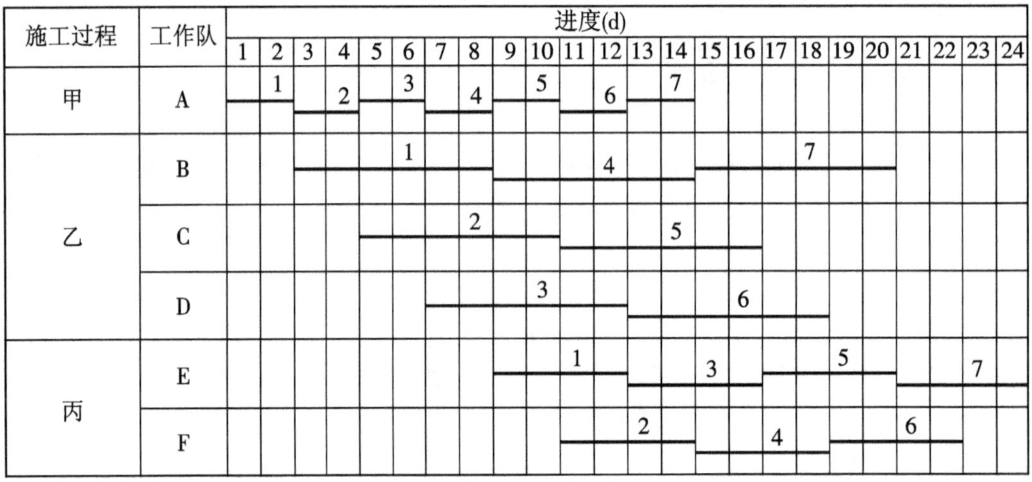

图 5.8　成倍节拍流水作业图

(3) 无节奏流水

无节奏流水施工是指同一施工过程在各个施工段上流水节拍不完全相等的一种流水施工方式。无节奏流水施工的实质是：各工作队连续作业，流水步距经计算确定，使专业工作队之间在一个施工段内不相互干扰（不超前，但可能滞后），或做到前后工作队之间工作紧紧衔接。

无节奏流水施工的流水步距通常采用“累加数列法”确定。其步骤是：

第一步，累加各施工过程的流水节拍，形成累加数列。

第二步，相邻两施工过程的累加数列错位相减。

第三步，取差数最大者作为这两个施工过程的流水步距。

如表 5.1 所示是某工程施工的流水节拍。

表 5.1　某工程施工的流水节拍

施工过程	流水节拍(d)			
	一段	二段	三段	四段
甲	2	4	3	2
乙	3	3	2	3
丙	4	2	3	2

根据以上三个步骤对本例进行计算。首先,求甲、乙两施工过程的流水步距:

$$\begin{array}{rrrrrr} & 2 & 6 & 9 & 11 & \\ -) & 0 & 3 & 6 & 8 & 11 \\ \hline & 2 & 3 & 3 & 3 & -11 \end{array}$$

可见,其最大差值为 3,故甲、乙两施工过程的流水步距可取 3 d。同理,可求出乙、丙两个施工过程的流水步距是 3 d。

$$\begin{array}{rrrrrr} & 3 & 6 & 8 & 11 & \\ -) & 0 & 4 & 6 & 9 & 11 \\ \hline & 3 & 2 & 2 & 2 & -11 \end{array}$$

组织无节奏流水施工的基本要求与异步距异节奏流水相同,即保证各施工过程的工艺顺序合理和各施工队组尽可能依次在各施工段上连续施工。

图 5.9 为该工程的无节奏流水作业图。

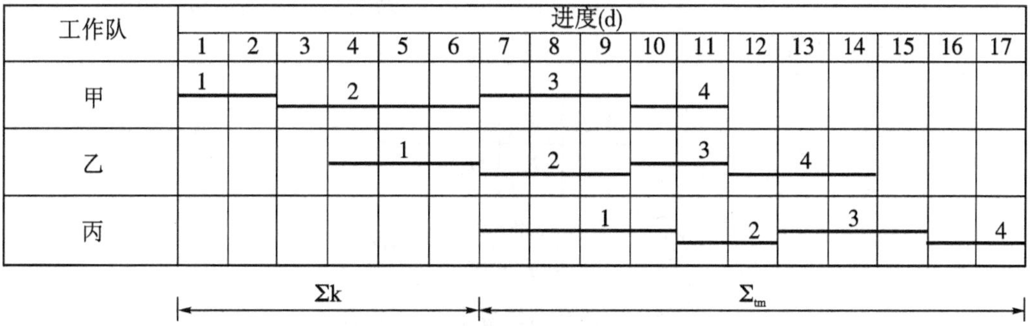

图 5.9　无节奏流水作业图

(四) 双代号网络计划方法

1. 双代号网络图的基本符号

(1) 箭线

在双代号网络图中,一条箭线代表一项工作;每项工作都要占用一定的时间,也要消耗一定的资源(如劳动力、材料等)。在无时标的网络图中,箭线的长短并不反映该工作占用时间的长短;箭线所指的方向表示工作进行的方向,箭线的箭尾表示该项工作的开始,箭头表示该项工作的结束。

(2) 节点

节点在双代号网络图中表示一项工作的开始或结束,用圆圈表示;节点仅为前后两项工作的交接点,只是一个"瞬间"概念,它既不消耗时间也不消耗资源;箭线尾部的节点称箭尾节点,箭线头部的节点称箭头节点;网络图的第一个节点叫起点节点,它意味着一项工程或任务的开始,最后一个节点叫终点节点,它意味着一项工程或任务的完成,网络图中的其他节点称为中间节点。

(3) 虚箭线

虚箭线又称虚工作,它表示一项虚拟的工作,用带箭头的虚线表示。由于是虚拟的工作,故不占用时间,不消耗资源,它的主要作用是在网络图中解决工作之间的连接关系,即正确表示网络图中工作之间的相互依存和相互制约的逻辑关系。

2. 双代号网络图的绘制规则

①双代号网络图必须正确表达逻辑关系。

②网络图中不允许出现循环线路。

③网络图中不允许出现代号相同的箭线。

④在一个网络图中，只允许有一个起点节点和一个终点节点。

⑤严禁在网络图中出现没有箭尾节点的箭线和没有箭头节点的箭线。

⑥网络图中不允许出现双向箭头、无箭头或倒向的线。

⑦当网络图的起点节点有多条外向箭线或终点节点有多条内向箭线时，为使图形简洁，可应用母线法绘图。

3. 双代号网络计划时间参数计算

网络计划时间参数计算包括各项工作的最早开始时间(ES_{i-j})、最早完成时间(EF_{i-j})、最迟开始时间(LS_{i-j})、最迟完成时间(LF_{i-j})及工作总时差(TF_{i-j})和自由时差(FF_{i-j})，如图 5.10 所示。

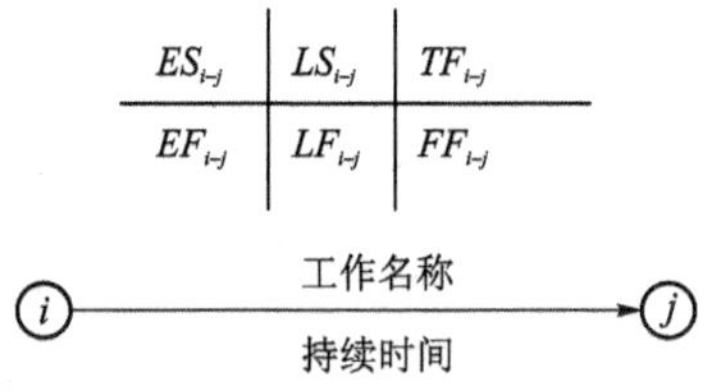

图 5.10　双代号网络计划时间参数

按工作计算法计算双代号网络计划时间参数：

(1) 工作最早开始时间

①工作 $i-j$ 的最早开始时间 ES_{i-j} 应从网络计划的起点节点开始，顺箭线方向依次逐项计算。

②以起点节点为箭尾节点的工作 $i-j$，如未规定其最早开始时间 ES_{i-j}，其值等于零，即

$$ES_{i-j}=0 \tag{5.1}$$

③其他工作 $i-j$ 的最早开始时间 ES_{i-j} 应为：

$$ES_{i-j}=\max\{ES_{h-i}+D_{h-i}\} \tag{5.2}$$

式中：ES_{h-i}——工作 $i-j$ 的紧前工作 $h-i$ 的最早开始时间；

D_{h-i}——工作 $i-j$ 的紧前工作 $h-i$ 的持续时间。

(2) 工作最早完成时间

$$EF_{i-j}=ES_{i-j}+D_{i-j} \tag{5.3}$$

(3) 计算工期

$$T_c=\max\{EF_{i-n}\} \tag{5.4}$$

式中：EF_{i-n}——以终点节点($j=n$)为箭头节点的工作 $i-n$ 的最早完成时间。

(4) 工作最迟完成时间

①工作 $i-j$ 的最迟完成时间 LF_{i-j} 应从网络计划的终点节点开始，逆箭线方向依次逐项计算。

②以终点节点($j=n$)为箭头节点的工作的最迟完成时间 LF_{i-n}，应按网络计划的计划工期 T_p 确定，即：

$$LF_{i-n}=T_p \tag{5.5}$$

③其他工作 $i-j$ 的最迟完成时间

$$LF_{i-j}=\min\{LF_{j-k}-D_{j-k}\} \tag{5.6}$$

式中：LF_{j-k}——工作 $i-j$ 的各项紧后工作 $j-k$ 的最迟完成时间；

D_{j-k}——工作 $i-j$ 的各项紧后工作 $j-k$ 的持续时间。

(5) 工作最迟开始时间

$$LS_{i-j}=LF_{i-j}-D_{i-j} \tag{5.7}$$

(6) 工作时差

①工作总时差。工作 $i-j$ 的总时差 TF_{i-j} 应按下式计算：

$$TF_{i-j}=LS_{i-j}-ES_{i-j} \tag{5.8}$$

或者

$$TF_{i-j}=LF_{i-j}-EF_{i-j} \tag{5.9}$$

②工作自由时差。工作 $i-j$ 的自由时差 FF_{i-j} 的计算应符合下列规定：

a. 当工作 $i-j$ 有紧后工作 $j-k$ 时，其自由时差应为：

$$FF_{i-j}=ES_{j-k}-ES_{i-j}-D_{i-j} \tag{5.10}$$

式中：ES_{j-k}——工作 $i-j$ 的紧后工作 $j-k$ 的最早开始时间。

b. 以终点节点($j=n$)为箭头节点的工作，其自由时差 FF_{i-j} 应按网络计划的计划工期 T_p 确定，即：

$$FF_{i-n}=T_p-ES_{i-n}-D_{i-n} \tag{5.11}$$

$$FF_{i-n}=T_p-EF_{i-n} \tag{5.12}$$

以图 5.11 为例，其图上计算法的计算结果如图中所示。

(7) 关键工作和关键线路的确定

①总时差为最小的工作应为关键工作。

②自始至终全部由关键工作组成的线路或线路上总的工作持续时间最长的线路应为关键线路。该线路在网络图上应用粗线、双线或彩色线标注。

4. 双代号时标网络计划

(1) 时标网络计划的基本表达方法

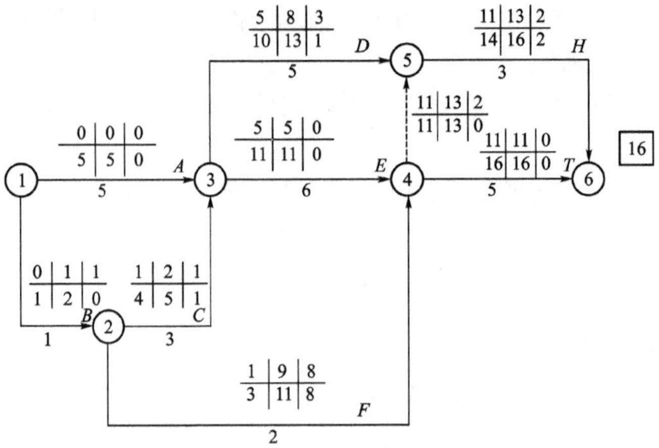

图 5.11　图上计算法的计算结果

时标网络计划是以时间坐标为尺度编制的网络计划。时标网络计划的工作以实箭线表示，自由时差以波形线表示，虚工作以虚箭线表示。当实箭线后有波形线且其末端有垂直部分时，其垂直部分用实线绘制；当虚箭线有时差且其末端有垂直部分时，其垂直部分用虚线绘制。

(2) 时标网络计划图的绘制步骤

①计算网络计划各工作的时间参数。

②在有横向时间刻度的表格上确定每项工作最早开始时间的节点位置。

③按各工作的持续时间长短绘制相应工作的实线部分。箭线一般沿水平方向画，其水平投影长度即该工作的持续时间。

④用水平波形线将实线部分与其紧后工作的最早开始节点连接起来。波形线的水平投影就是工作的自由时差。

⑤两项工作之间，如果需要加虚箭线连接时，不占用时间的用垂直虚线连接，占用时间的部分可用波形线来表示。

⑥将时差最小的工作由起点节点连至终点节点的线路，即为关键线路。终点节点所在位置的时间即工程竣工时间。

图 5.12 是图 5.11 按最早开始时间绘制的时标网络计划图。

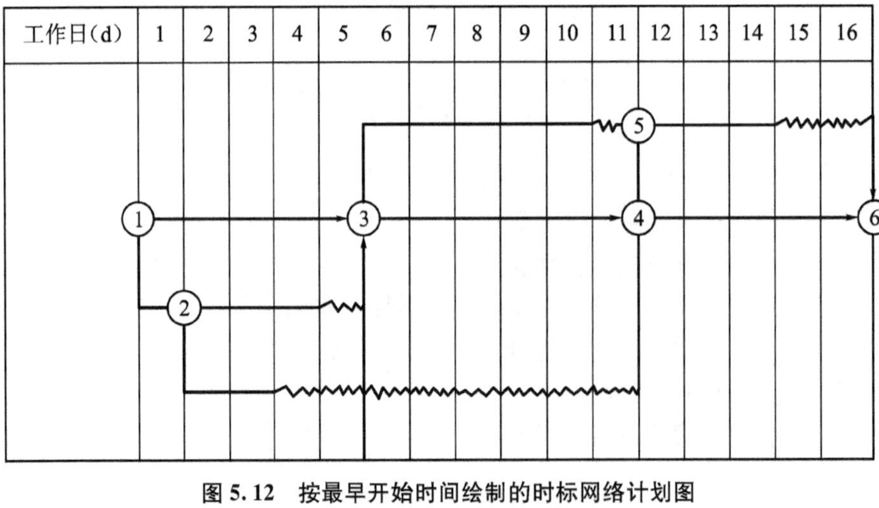

图 5.12　按最早开始时间绘制的时标网络计划图

（五）工程项目进度计划的编制方法

1. 划分施工过程

编制单位工程施工进度计划时，首先必须研究施工过程的划分，再进行有关内容的计算和设计。施工过程划分应考虑下述要求：

(1) 施工过程划分粗细程度的要求

对于控制性施工进度计划，其施工过程的划分可以粗一些，一般可按分部工程划分施工过程。如开工前准备、打桩工程、基础工程、主体结构工程等。对于指导性施工进度计划，其施工过程的划分可以细一些。

(2) 对施工过程进行适当合并，达到简明清晰的要求

为了使计划简明清晰、突出重点，一些次要的施工过程应合并到主要施工过程中去，如基础防潮层可合并到基础施工过程内；有些虽然重要但工程量不大的施工过程也可与相邻的施工过程合并，如挖土可与垫层合并为一项，组织混合班组施工。

(3) 施工过程划分的工艺性要求

现浇钢筋混凝土施工，一般可分为支模、扎筋、浇筑混凝土等施工过程，是合并还是分别列项，应视工程施工组织、工程量、结构性质等因素研究确定。

施工过程的划分，应考虑所选择的施工方案。住宅建筑的水、暖、煤、卫、电等房屋设备安装是建筑工程的重要组成部分，应单独列项；工业厂房的各种机电等设备安装也要单独列项，可由专业队或设备安装单位单独编制其施工进度计划。土建施工进度计划中列出其施工过程，表明其与土建施工的配合关系。

(4) 明确施工过程对施工进度的影响程度

根据施工过程对工程进度的影响程度可分为三类：

第一类为资源驱动的施工过程，对工程的完成起着决定性的作用，在条件允许的情况下，可以缩短或延长工期。

第二类为辅助性施工过程，它一般不占用拟建工程的工作面，虽需要一定的时间和消耗一定的资源，但不占用工期，可不列入施工计划以内，如交通运输、场外构件加工或预制等。

第三类施工过程虽直接在拟建工程中进行作业，但它的时间随着客观条件的变化而变化，应根据具体情况列入施工计划，如混凝土的养护等。

2. 计算工程量

工程量应根据施工图纸、工程量计算规则及相应的施工方法进行计算。计算时应注意：

(1) 工程量的计量单位

每个施工过程的工程量的计量单位应与采用的施工定额的计量单位相一致。

(2) 采用的施工方法

计算工程量时，应与采用的施工方法相一致，使计算的工程量与施工的实际情况相符合。

(3) 正确取用预算文件中的工程量

如果编制单位工程施工进度计划时已编制出预算文件（施工图预算或施工预算），则工程量可从预算文件中抄出并汇总。但施工进度计划中某些施工过程与预算文件的内容

不同（如计量单位、计算规则、采用的定额等）时，则应根据施工实际情况加以修改、调整或重新计算。

3. 套用施工定额

确定了施工过程及其工程量之后，即可套用施工定额（当地实际采用的劳动定额及机械台班定额），以确定劳动量和机械台班量。

在套用国家或当地颁发的定额时，必须注意结合本单位工人的技术等级、实际操作水平、施工机械情况和施工现场条件等因素，确定定额的实际水平，使计算出来的劳动量、机械台班量符合实际需要。

4. 计算劳动量及机械台班量，确定施工过程的延续时间

根据工程量及确定采用的施工定额，即可进行劳动量及机械台班量的计算，然后确定施工过程的延续时间。

5. 初排施工进度

一般的编制方法有：

(1) 根据施工经验直接安排的方法

根据经验资料及有关计算，直接在进度表上画出进度线。其一般步骤是：先安排主导施工过程的施工进度，再安排其余施工过程。其余施工过程应尽可能配合主导施工过程并最大限度地搭接，形成施工进度计划的初步方案。总的原则是，使每个施工过程尽可能早地投入施工。

(2) 按工艺组合组织流水的施工方法

就是先按各施工过程（即工艺组合流水）初排流水进度线，然后将各工艺组合最大限度地搭接起来。

无论采用上述哪一种方法编排进度，都应注意以下问题：

①每个施工过程的施工进度线都应用横道粗实线段表示（初排时可用铅笔细线表示，待检查调整无误后再加粗）。

②每个施工过程的进度线所表示的时间(d)应与计算确定的延续时间一致。

③每个施工过程的施工起止时间应根据施工工艺顺序及组织顺序确定。

6. 检查与调整施工进度计划

施工进度计划初步方案编出后，应根据业主和有关部门的要求、合同规定及施工条件等，先检查各施工过程之间的施工顺序是否合理、工期是否满足要求、劳动力等资源消耗是否均衡，然后再进行调整，直至满足要求，正式形成施工进度计划。总的要求是在合理的工期下尽可能使施工过程连续施工，这样便于资源的合理安排。

工程项目进度计划的实施就是施工活动的进展，也就是用工程项目进度计划指导施工活动，落实和完成计划。

二、工程项目进度计划的实施

（一）工程项目进度计划的贯彻

(1) 检查各层次的计划，形成严密的计划保证系统

工程项目的所有施工进度计划：施工总进度计划、单位工程施工进度计划、分部(项)工程施工进度计划，都是围绕一个总任务而编制的，它们之间的关系是高层次计划为低层次计划提供依据，低层次计划是高层次计划的具体化。在对其贯彻执行时，应当首先检查各层次计划是否协调一致，计划目标是否层层分解、互相衔接，组成一个计划实施的保证体系，以施工任务书的方式下达到施工队，保证施工进度计划的实施。

(2) 利用施工任务书层层明确责任

项目经理、作业队和作业班组之间分别签订责任状，按计划目标明确规定工期，承担的经济责任、权限和利益。用施工任务书将作业任务下达到施工班组，使其明确具体施工任务、技术措施、质量要求等内容，且施工班组必须保证按作业计划时间完成规定的任务。

(3) 进行计划的交底，促进计划的全面、彻底实施

施工进度计划的实施是全体工作人员的共同行动，要使有关人员都明确各项计划的目标、任务、实施方案和措施，使管理层和作业层协调一致，将计划变成全体员工的自觉行动，在计划实施前可以根据计划的范围进行计划交底工作，以使计划得到全面、彻底的实施。

(二) 工程项目进度计划的实施

(1) 编制月(旬)作业计划

为了实施施工进度计划，将规定的任务结合现场施工条件，如施工场地的情况、劳动力与机械等资源条件和施工的实际进度，在施工开始前和施工过程中不断地编制本月(旬)作业计划，这是使施工计划更具体、更实际和更可行的重要环节。在月(旬)计划中要明确：本月(旬)应完成的任务，所需要的各种资源量，提高劳动生产率和节约措施等。

(2) 签发施工任务书

施工任务书是向班组下达任务，实行责任承包、全面管理的原始记录和综合性文件，是计划和实施的纽带。

施工任务书由施工员按班组编制并下达。在实施过程中要做好记录，任务完成后回收，作为原始记录和业务核算资料。

施工任务书包括施工任务单、限额领料单和考勤表。施工任务单包括分项工程施工任务、工程量、劳动量、开工日期、完工日期、工艺、质量和安全要求。限额领料单是根据施工任务单编制的控制班组领用材料的依据，应具体列明材料名称、规格、型号、单位和数量、领用记录、退料记录等。

(3) 做好施工进度记录，填好施工进度统计表

在计划任务完成的过程中，各级施工进度计划的执行者都要跟踪做好施工记录，及时记载计划中的每项工作开始日期、每日完成数量和完成日期，记录施工现场发生的各种情况、干扰因素的排除情况；跟踪做好形象进度，工程量，总产值，耗用的人工、材料和机械台班等的数量统计与分析，为施工项目进度检查和控制分析提供反馈信息。因此，要求实事求是地记载，并填好上报统计报表。

(4) 做好施工中的调度工作

施工中的调度是组织施工中各阶段、环节、专业和工种的互相配合、进度协调的指挥

核心。调度工作是使施工进度计划顺利实施的重要手段。其主要任务是掌握计划实施情况，协调各方面关系，采取措施，排除各种矛盾，加强各薄弱环节，实现动态平衡，保证完成作业计划和实现进度目标。

调度工作内容主要有：监督作业计划的实施，调整、协调各方面的进度关系；监督检查施工准备工作；督促资源供应单位按计划供应劳动力、施工机具、运输车辆、材料构配件等，并对临时出现的问题采取调配措施；按施工平面图管理施工现场，结合实际情况进行必要的调整，保证文明施工；了解气候、水、电、气的情况，采取相应的防范和保证措施；及时发现和处理施工中各种事故和意外事件；调节各薄弱环节；定期、及时地召开现场调度会议，贯彻施工项目主管人员的决策，发布调度令。

任务评价

工程项目进度计划的审核

项目经理应进行工程项目进度计划的审核，其主要内容包括：

①进度安排是否符合施工合同确定的建设项目总目标和分目标的要求，是否符合其开工、竣工日期的规定。

②施工进度计划中的内容是否有遗漏，分期施工是否满足分批交工的需要和配套交工的要求。

③施工顺序安排是否符合施工程序的要求。

④资源供应计划是否能保证施工进度计划的实现，供应是否均衡，分包人供应的资源是否满足进度要求。

⑤施工图设计的进度是否满足施工进度计划要求。

⑥总分包之间的进度计划是否相协调，专业分工与计划的衔接是否明确、合理。

⑦对实施进度计划的风险是否已分析清楚，是否有相应的对策。

⑧各项保证进度计划实现的措施设计得是否周到、可行、有效。

任务2　工程项目进度计划的检查、调整与控制

任务描述

首先进行工程项目进度计划检查的学习，然后进行工程项目进度计划调整与控制的学习。

知识准备

进度计划的检查

1. 跟踪检查工程实际进度

跟踪检查工程实际进度是项目进度控制的关键措施，其目的是收集实际施工进度的有关数据。跟踪检查的时间和收集数据的质量，直接影响控制工作的质量和效果。

根据不同需要，检查的内容包括：

①检查期内实际完成和累计完成的工程量。

②实际参加施工的劳动力、机械数量和生产效率。

③窝工人数、窝工机械台班数及其原因分析。

④进度管理情况。

⑤进度偏差情况。

⑥影响进度的特殊原因及分析。

2. 整理、统计跟踪检查的数据

收集到的工程项目实际进度数据，要进行必要的整理，按计划控制的工作项目进行统计，形成与计划进度具有可比性的数据、相同的量纲和形象进度。一般可以按实物工程量、工作量和劳动消耗量及累计百分比整理和统计实际检查的数据，以便与相应的计划完成量对比。

3. 对比实际进度与计划进度

将收集到的资料整理和统计成与计划进度具有可比性的数据后，用工程项目实际进度与计划进度的比较方法进行比较。通常用的比较方法有横道图比较法、S形曲线比较法、"香蕉"形曲线比较法、前锋线比较法和列表比较法等。通过比较得出实际进度与计划进度一致、超前、拖后三种情况。

4. 工程项目进度检查结果的处理

按照检查报告制度的规定，将工程项目进度检查的结果形成进度控制报告并向有关主管人员和部门汇报。

进度控制报告是把检查比较的结果、有关施工进度现状和发展趋势提供给项目经理及各级业务职能负责人的最简单的书面形式报告。

一般分为项目概要级进度控制报告、项目管理级进度控制报告和业务管理级进度控制报告。

项目概要级的进度报告是报给项目经理、企业经理或业务部门及建设单位或业主的，它是以整个工程项目为对象说明进度计划执行情况的报告。

项目管理级的进度报告是报给项目经理及企业业务部门的，它是以单位工程或项目分区为对象说明进度计划执行情况的报告。

业务管理级的进度报告是就某个重点部位或重点问题编写的报告，供项目管理者及各业务部门为其采取应急措施而使用的。

进度报告由计划负责人或进度管理人员与其他项目管理人员协作编写。报告时间一般与进度检查时间相协调，也可按月、旬、周等间隔时间进行编写上报。

通过检查，向企业提供月度进度报告的内容主要包括：

①项目实施概况、管理概况、进度概要的总说明。

②项目施工进度、形象进度及简要说明。

③施工图纸提供进度；材料、物资、构配件供应进度；劳务记录及预测；日历计划。

④对建设单位、业主和施工者的工程变更指令、价格调整、索赔及工程款收支情况。

⑤进度偏差的状况和导致偏差的原因分析；解决问题的措施；计划调整意见等。

任务实施

一、进度计划的比较

1. *横道图比较法*

横道图比较法，是把在项目施工中检查实际进度收集的信息经整理后直接用横道线并列标于原计划的横道图上，进行直观比较的方法。

完成任务量可以用实物工程量、劳动消耗量和工作量三种物理量表示。为了比较方便，一般用它们实际完成量的累计百分比与计划完成量的累计百分比进行比较。

(1) 匀速施工横道图比较法

匀速施工是指项目施工中每项工作的施工进展都是匀速的，即在单位时间内完成的任务量都是相等的，累计完成的任务量与时间呈直线变化，如图 5.13 所示。

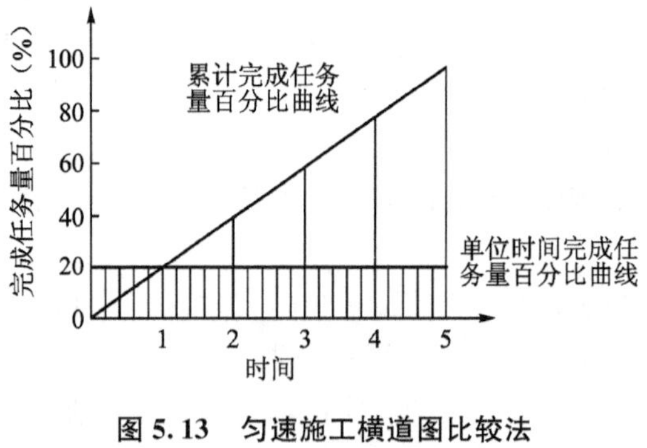

图 5.13　匀速施工横道图比较法

匀速施工横道图比较法的步骤为：

①编制横道图进度计划。

②在进度计划上标出检查日期。

③将检查收集的实际进度数据按比例用涂黑的粗线标于计划进度线的下方。

④比较分析实际进度与计划进度：涂黑的粗线右端与检查日期相重合，表明实际进度

与施工计划进度相一致；涂黑的粗线右端在检查日期的左侧，表明实际进度拖后；涂黑的粗线右端在检查日期的右侧，表明实际进度超前。

必须指出，该方法只适用于工作从开始到完成的整个过程中，施工速度不变、累计完成的任务量与时间成正比的情况。

(2) 双比例单侧横道图比较法

双比例单侧横道图比较法是在表示工作实际进度的涂黑粗线的同时，在图上标出某对应时刻完成任务的累计百分比，将该百分比与其同时刻计划完成任务累计百分比相比较，判断工作的实际进度与计划进度之间的关系的一种方法，如图 5.14 所示。

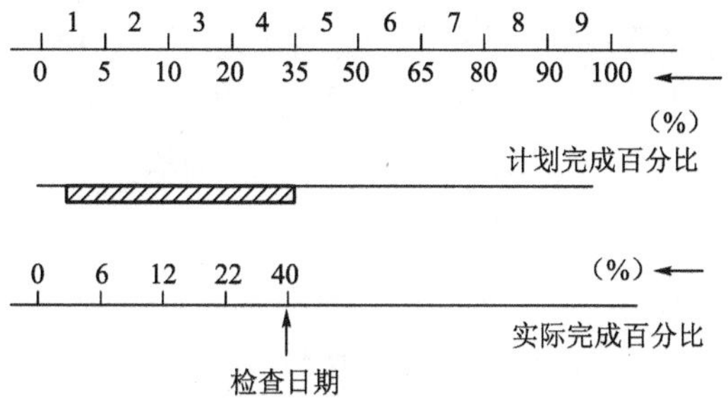

图 5.14　双比例单侧横道图比较法

其步骤为：

①编制横道图进度计划。

②在横道线上方标出各工作主要时间的计划完成任务累计百分比。

③在计划横道线的下方标出工作的相应日期实际完成的任务累计百分比。

④用涂黑粗线标出实际进度线，并从开工日标起，同时反映出施工过程中工作的连续与间断情况。

⑤对照横道线上方计划完成累计量与同时间的下方实际完成累计量，比较得出实际进度与计划进度的偏差。

当同一时刻上下两个累计百分比相等时，表明实际进度与计划进度一致；当同一时刻上面的累计百分比大于下面的累计百分比时，表明该时刻实际施工进度拖后，拖后的量为二者之差；当同一时刻上面的累计百分比小于下面的累计百分比时，表明该时刻实际施工进度超前，超前的量为二者之差。

实际进度的涂黑粗线是从实际工程的开始日期画起，若工作实际施工间断，亦可在图中将涂黑粗线作相应的空白。

2. S 形曲线比较法

S 形曲线比较法是以横坐标表示进度时间、纵坐标表示累计完成任务量，绘制出一条按计划时间累计完成任务量的曲线，将施工项目的各检查时间实际完成的任务量与 S 形曲线进行实际进度与计划进度相比较的一种方法。

从整个工程项目的施工全过程而言，一般是开始和结尾阶段单位时间投入的资源量较少，中间阶段单位时间投入的资源量较多，与其相关，单位时间完成的任务量也是同样变化的，如图 5.15(a)所示；而随时间发展的累计完成的任务量，则应该呈 S 形变化，如图

5.15(b)所示。

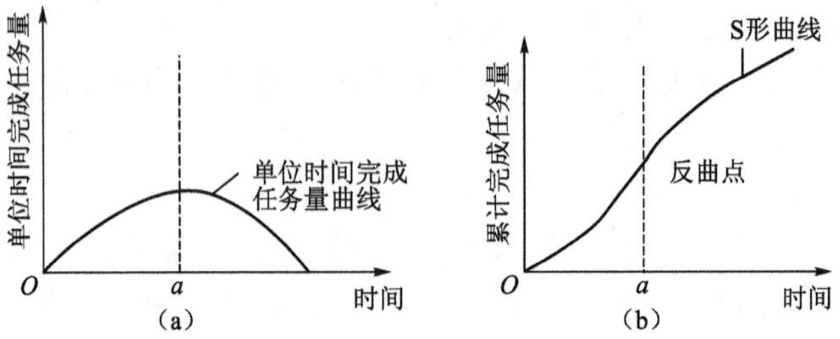

图 5.15　S形曲线比较法

S形曲线比较法同横道图一样,是在图上直观地进行施工项目实际进度与计划进度相比较。一般情况下,计划进度控制人员在计划实施前绘制S形曲线。在项目施工过程中,按规定时间将检查的实际完成情况绘制在与计划S形曲线同一张图上,可得出实际进度S形曲线,如图 5.16 所示。

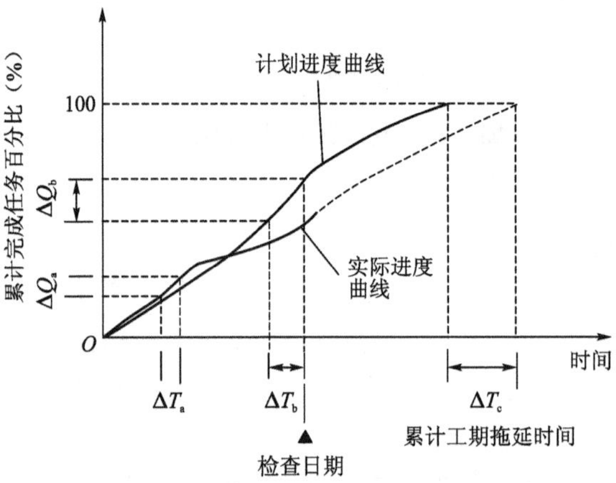

图 5.16　实际进度S形曲线

比较两条S形曲线可以得到如下信息:

①项目实际进度与计划进度比较。若实际工程进展点落在S形曲线左侧,则表示此时实际进度比计划进度超前;若落在其右侧,则表示拖后;若刚好落在其上,则表示二者一致。

②项目实际进度比计划进度超前或拖后的时间。

③项目实际进度比计划进度超前或拖后的任务量。

④预测工程进度。

3. "香蕉"形曲线比较法

(1) "香蕉"形曲线的绘制

从S形曲线比较法中得知,按某一时间开始的工程项目的进度计划,其计划实施过程中时间与累计完成任务量的关系都可以用一条S形曲线表示。对于一个工程项目的网络计划,在理论上总是分为最早和最迟两种开始与完成时间的。因此,一般情况下,任何一个工程项目的网络计划,都可以绘制出两条曲线:一是计划以各项工作的最早开始时间安排进度而绘制的S形曲线，称为ES曲线；二是计划以各项工作的最迟开始时间安排进度而绘制的S形曲线，称为LS曲线。

两条S形曲线都是从计划的开始时刻开始和完成时刻结束，因此两条曲线是闭合的。"香蕉"形曲线就是两条S形曲线组合成的闭合曲线，如图5.17所示。

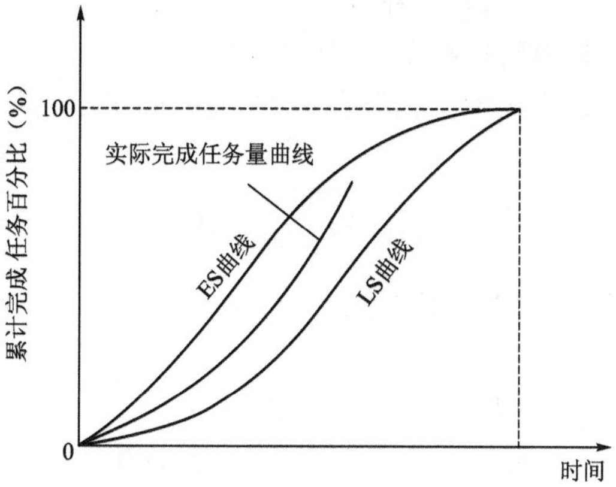

图5.17 "香蕉"形曲线比较法

在项目的实施中，进度控制的理想状况是任一时刻按实际进度描绘的点应落在该"香蕉"形曲线的区域内。

"香蕉"形曲线的作图方法与S形曲线的作图方法基本一致，不同之处在于它是分别以工作的最早开始时间和最迟开始时间而绘制的两条S形曲线的结合。

(2) "香蕉"形曲线比较法的作用

①利用"香蕉"形曲线进行进度的合理安排。

②进行施工实际进度与计划进度的比较。

③确定检查状态下后期工程的ES曲线和LS曲线的发展趋势。

4. 前锋线比较法

前锋线比较法是从计划检查时间的坐标点出发，用点画线依次连接各项工作的实际进度点，最后到计划检查时间的坐标点为止，形成前锋线。根据实际进度前锋线与工作箭线交点的位置判定施工实际进度与计划进度偏差。

5. 列表比较法

当采用时标网络计划时也可以采用列表分析法。即记录检查时正在进行的工作名称和已进行的天数，然后列表计算有关时间参数，根据原有总时差和尚有总时差，判断实际进度与计划进度的比较方法。

列表比较法(表5.2)步骤为：

表5.2 列表比较法

工作代号	工作名称	检查计划时尚需作业天数	到计划最迟完成时尚有天数	原有总时差	尚有总时差	情况判断
(一)	(二)	(三)	(四)	(五)	(六)	(七)

①在(一)、(二)栏内分别填写工作代号和工作名称。

②计算检查时正在进行的工作 $i-j$ 尚需作业时间,填在(三)栏内,其计算公式为:

$$T_{i-j}^{2}=D_{i-j}-T_{i-j}^{1} \tag{5.13}$$

式中:D_{i-j}——工作 $i-j$ 的计划持续时间;

T_{i-j}^{1}——工作 $i-j$ 检查时已经进行的时间。

③计算工作 $i-j$ 检查时至最迟完成时间的尚有时间 T_{i-j}^{3},填在(四)栏内,其计算公式为:

$$T_{i-j}^{3}=LF_{i-j}-T^{2} \tag{5.14}$$

式中:LF_{i-j}——工作 $i-j$ 的最迟完成时间;

T^{2}——检查时间。

④计算工作 $i-j$ 总时差 TF_{i-j},填在(五)栏内。

⑤计算工作 $i-j$ 尚有总时差 TF_{i-j}^{1},填在(六)栏内,其计算公式为:

$$TF_{i-j}^{1}=T_{i-j}^{3}-T_{i-j}^{2} \tag{5.15}$$

式中:T_{i-j}^{3}——至最迟完成时间的尚有时间。

⑥分析工作实际进度与计划进度的偏差,填在(七)栏内,可能有以下几种情况:

a.若工作尚有总时差与原有总时差相等,则说明该工作的实际进度与计划进度一致。

b.若工作尚有总时差小于原有总时差,但仍为正值,则说明该工作的实际进度比计划进度拖后(产生偏差值为二者之差),但不影响总工期。

c.若工作尚有总时差为负值,则说明对总工期有影响,应当调整。

6. 案例分析

某施工项目网络计划图如图 5.18 所示,在第 5 天检查时,发现 A 工作已完成,B 工作已进行 1 天,C 工作已进行 2 天,D 工作尚未开始。用前锋线法和列表比较法,记录和比较进度情况(见图 5.19 和表 5.3)。

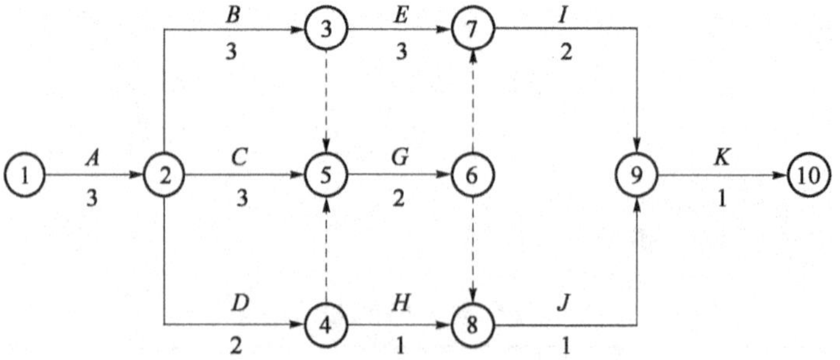

图 5.18　某施工项目网络计划图

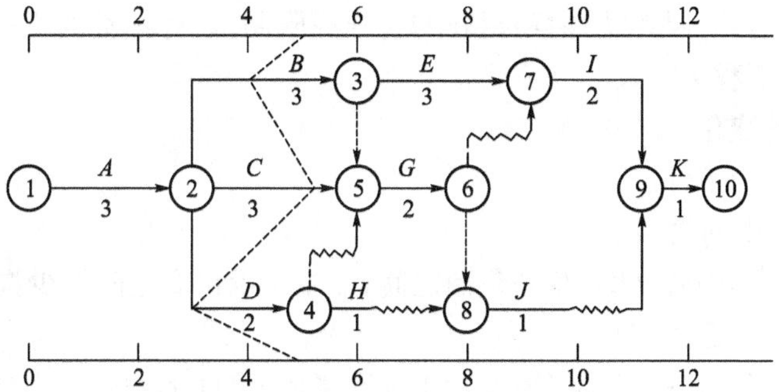

图 5.19　某施工项目进度前锋线图

表 5.3　网络计划检查结果分析表

工作代号	工作名称	检查计划时尚需作业天数	到计划最迟完成时尚有天数	原有总时差	尚有总时差	情况判断
(一)	(二)	(三)	(四)	(五)	(六)	(七)
2—3	*B*	2	1	0	−1	影响工期 1 天
2—5	*C*	1	2	1	1	正常
2—4	*D*	2	2	2	0	正常

任务评价

工程项目进度计划的调整

1. 工程项目进度偏差的原因分析

由于工程项目的特点，尤其是较大和复杂的工程项目，工期较长，影响进度的因素较多。

其主要影响因素有：

(1) 工期及相关计划的失误

①计划时遗漏部分必需的功能或工作。

②计划值(例如计划工作量、持续时间)不足，相关的实际工作量增加。

③资源或能力不足，例如，计划时没考虑到资源的限制或缺乏，没有考虑如何完成工作。

④出现了计划中未能考虑到的风险或状况，未能使工程实施达到预定的效率。

⑤在现代工程中，上级(业主、投资者、企业主管)常常在一开始就提出很紧迫的工期要求，使承包商或其他设计人、供应商的工期太紧。而且许多业主为了缩短工期，常常压缩承包商的做标期、前期准备的时间。

(2) 工程条件的变化

①工作量的变化。

②外界(如政府、上层系统)对项目新的要求或限制、设计标准的提高等可能造成项目资源的缺乏,使得工程无法及时完成。

③环境条件的变化。

④发生不可抗力事件。

(3) 管理过程中的失误

①计划部门与实施者之间、总分包商之间、业主与承包商之间缺少沟通。

②工程实施者缺乏工期意识。

③项目参加单位对各个活动(各专业工程和供应)之间的逻辑关系(活动链)没有了解清楚,下达任务时也没有做详细的解释,同时对活动的必要的前提条件准备不足,各单位之间缺少协调和信息沟通,许多工作脱节,资源供应出现问题。

④由于其他方面未完成项目计划规定的任务造成拖延。

⑤承包商没有集中力量施工,材料供应拖延,资金缺乏,工期控制不紧。

⑥业主没有集中资金的供应,拖欠工程款,或业主的材料、设备供应不及时。

(4) 其他原因

例如,由于采取其他调整措施造成工期的拖延,如设计的变更、质量问题的返工、实施方案的修改等。

2. 分析进度偏差的影响

①若出现偏差的工作为关键工作,则无论偏差大小,都对后续工作及总工期产生影响,必须采取相应的调整措施;若出现偏差的工作不是关键工作,需要根据偏差值与总时差和自由时差的大小关系,确定对后续工作和总工期的影响程度。

②分析进度偏差是否大于总时差。

③分析进度偏差是否大于自由时差。

3. 工程项目进度计划的调整方法

(1) 增加资源投入

通过增加资源投入,缩短某些工作的持续时间,使工程进度加快,并保证实现计划工期。

它会带来如下问题:

①造成费用的增加,如增加人员的调遣费用、周转材料一次性费、设备的进出场费。

②由于增加资源造成资源使用效率的降低。

③加剧资源供应的困难。

(2) 改变某些工作间的逻辑关系

在工作之间的逻辑关系允许改变的条件下,可改变逻辑关系,达到缩短工期的目的。

这可能产生如下问题:

①工作逻辑上的矛盾性。

②资源的限制,平行施工要增加资源的投入强度。

③工作面限制及由此产生的现场混乱和低效率问题。

(3) 资源供应的调整

如果资源供应发生异常,应采用资源优化方法对计划进行调整,或采取应急措施,使其对工期影响最小。

(4) 增减工作范围

它包括增减工作量或增减一些工作包(或分项工程)。增减工作内容应做到不打乱原计划的逻辑关系,只对局部逻辑关系进行调整。

这可能产生如下影响:

①损害工程的完整性、经济性、安全性、运行效率,或提高项目运行费用。

②必须经过上层管理者,如投资者、业主的批准。

(5) 提高劳动生产率

改善工、器具以提高劳动效率;通过辅助措施和合理的工作过程,提高劳动生产率。

要注意如下问题:

①加强培训,且应尽可能地提前。

②注意工人级别与工人技能的协调。

③工作中的激励机制,如奖金、小组精神发扬、个人负责制等。

④改善工作环境及项目的公用设施。

⑤项目小组时间上和空间上合理地组合与搭接。

⑥多沟通,避免项目组织中的矛盾。

(6) 将部分任务转移

如分包、委托给另外的单位,将原计划由自己生产的结构构件改为外购等。当然这不仅有风险,产生新的费用,而且需要增加控制和协调工作。

(7) 将一些工作包合并

特别是在关键线路上按先后顺序实施的工作包合并,与实施者一道研究,通过局部地调整实施过程和人力、物力的分配,以缩短工期。

4. 工程项目进度控制的措施

工程项目进度控制采取的主要措施有组织措施、技术措施、合同措施、经济措施和信息管理措施等。

①组织措施主要是指落实各层次的进度控制的人员、具体任务和工作责任;建立进度控制的组织系统;按工程项目的结构、进展的阶段或合同结构等进行项目分解,确定其进度目标,建立控制目标体系;确定进度控制工作制度,如检查时间、方法,协调会议时间、参加人员等;对影响进度的因素进行分析和预测。

②技术措施主要是采取加快工程进度的技术方法。

③合同措施是指对分包单位签订工程合同的合同工期与有关进度计划目标相协调。

④经济措施是指实现进度计划的资金保证措施。

⑤信息管理措施是指不断地收集工程实际进度的有关资料进行整理统计与计划进度比较,定期地向建设单位提供比较报告。

5. 工程项目进度控制的总结

总结时应依据以下资料:

①工程项目进度计划。

②工程项目进度计划执行的实际记录。

③工程项目进度计划检查结果。

④工程项目进度计划的调整资料。

工程项目进度控制总结应包括：

①合同工期目标和计划工期目标完成情况。

②工程项目进度控制经验。

③工程项目进度控制中存在的问题。

④科学的工程进度计划方法的应用情况。

⑤工程项目进度控制的改进意见。

6. 案例分析

(1) 背景

某公司中标的建筑工程的网络计划如图 5.20 所示。计划工期 12 周，其持续时间和预算费用如表 5.4 所示。工程进行到第 9 周时，*D* 工作完成了 2 周，*E* 工作完成了 1 周，*H* 工作已经完成。

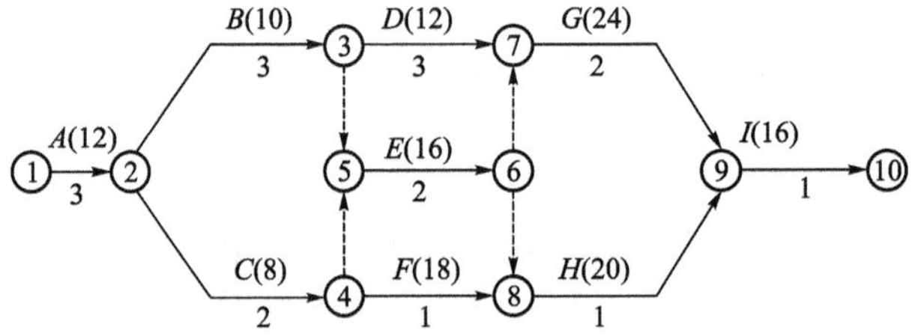

图 5.20　某工程网络计划图

表 5.4　网络计划的工作时间和费用

工作名称	*A*	*B*	*C*	*D*	*E*	*F*	*G*	*H*	*I*	合计
持续时间(周)	3	3	2	3	2	1	2	1	1	
费用(万元)	12	10	8	12	16	18	24	20	16	136

(2) 问题

①绘制实际进度前锋线，并计算累计完成投资额。

②如果后续工作按计划进行，试分析上述三项工作对计划工期产生了什么影响。

③重新绘制第 9 周至完工的时标网络计划。

④如果要保持工期不变，第 9 周后需压缩哪项工作？

(3) 分析与解答

①根据第 9 周进度情况绘制的实际进度前锋线见图 5.21 所示。为绘制实际进度前锋线，必须将图 5.21 绘成时标网络计划，然后再打点连线。

②从图 5.21 中可以看出，*D*、*E* 工作均未完成计划。*D* 工作延误一周，这一周是在关键线路上，故将使项目工期延长一周。*E* 工作虽然也延误一周，但由于该工作有一周总时差，故对工期不造成影响。*H* 工作按计划完成。

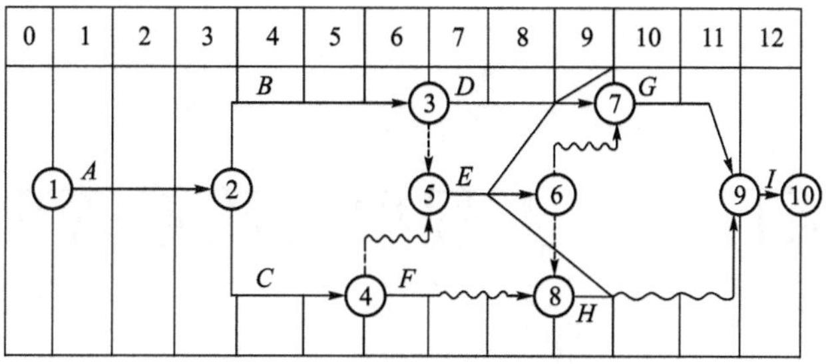

图 5.21　实际进度前锋线

③重绘的第 9 周至完工的时标网络计划，见图 5.22 所示。

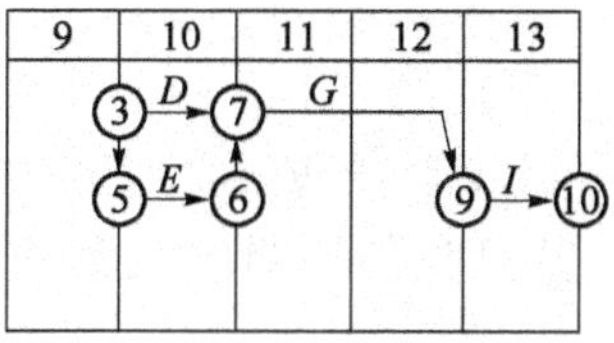

图 5.22　第 9 周至完工的时标网络计划

④如果要使工期保持 12 周不变，在第 9 周检查之后，应立即组织压缩 G 工作的持续时间 1 周，因为 G 工作在关键线路上，且它的持续时间较长，压缩一周可节约 12 万元，大于其他工作的压缩节约额。

项目小结

工程项目目标制定有一定的依据，必须遵循制定原则和程序，各个目标之间存在一定的内在联系。进度计划的编制工具有横道计划、里程碑计划和网络计划；编制原理有流水施工方法和网络计划技术，要按照一定的顺序展开。进度计划的实施主要通过月(旬)作业计划和施工任务书的方式下达具体任务到班组实施完成。进度计划的比较方法主要有横道图比较法、S 形曲线比较法、“香蕉”形曲线比较法、前锋线比较法和列表比较法。

思考与练习

1. 工程项目目标的制定原则和程序是什么?
2. 进度计划编制的依据是什么?
3. 进度计划的编制工具有哪些?
4. 时标网络计划图的绘制步骤是什么?
5. 工程项目进度计划的审核内容有哪些?
6. 为什么要进行工程项目进度计划的调整?

项目六　工程项目质量管理

项目需求

工程项目质量管理是工程项目管理的重要组成部分，工程项目质量管理主要包括工程项目质量管理概述、施工质量验收与质量事故处理、项目质量控制的数理统计方法等。

项目工作场景

实训基地（有与项目实际相符的项目管理资源等）

方案设计

首先学习工程项目质量管理概述知识，然后进行施工质量验收与质量事故处理的介绍，最后进行项目质量控制的数理统计方法的学习。

相关知识和技能

（1）通过本项目的教学，使学生初步具有工程项目质量控制检查、质量管理的技能，培养建筑工程施工质量管理的基本能力。

（2）了解工程质量管理的基本概念和质量体系的基本知识；理解施工质量控制检查的内容和方法；掌握工程质量分析的常用工具；掌握施工质量事故的处理方法。

任务 1　工程项目质量管理概述

任务描述

首先进行质量和建筑工程质量的学习，然后进行质量控制和工程质量控制的学习，最后进行工程质量的政府管理的学习。

知识准备

质量和建筑工程质量

（一）质量

质量的内容十分丰富，ISO 质量体系中的质量定义为："一组固有特性满足要求的程度"，也可以看做是产品和服务满足顾客需求的能力，质量就是产品或工作的优劣程度，术语"质量"可使用形容词如差、好或优秀来修饰，"固有的"（其相反是"赋予的"）就是指在某事或某物中本来就有的，尤其是那种永久的特性；国际标准化组织所制定的 ISO 8402—1994《质量术语》标准中，对质量作了如下的定义："质量是反映实体满足明确或隐含需要能力的特征和特征的总和"；工程术语中的质量的定义："质量是产品或服务的总体特征和特性，基于此能力来满足明确或隐含的需要"；地理学中的质量是"为适合应用，对数据所要求的或可以辨别的特征和特性的总和"。质量的内容十分丰富，随着社会经济和科学技术的发展，也在不断充实、完善和深化，同样，人们对质量概念的认识也经历了一个不断发展和深化的历史过程。

质量管理，乃是在质量方面指挥和控制组织的协调的活动。通常包括制定质量方针和质量目标以及质量策划、质量控制、质量保证和质量改进。

（二）建筑工程质量

建筑工程质量是指满足建设单位需要的，符合国家法律、法规、技术规范标准、设计文件及合同规定的特性综合，包括其在安全、使用功能及其耐久性能、环境保护等方面所有明显和隐含的能力。

1. 建筑工程质量的特性

建筑工程质量的特性主要表现在以下六个方面：

①适用性。即功能，是指工程满足使用目的的各种性能，包括理化性能、结构性能、使用性能、外观性能等。

②耐久性。即寿命，是指工程在规定的条件下，满足规定功能要求使用的年限，也就

是工程竣工后的合理使用寿命周期。

③安全性。是指工程建成后在使用过程中保证结构安全、保证人身和环境免受危害的程度。

④可靠性。是指工程在规定的时间和规定的条件下完成规定功能的能力。

⑤经济性。是指工程从规划、勘察、设计、施工到整个产品使用寿命周期内的成本和消耗的费用。

⑥与环境的协调性。是指工程与其周围生态环境协调，与所在地区经济环境协调，以及与周围已建工程相协调，以适应可持续发展的要求。

上述六个方面的质量特性彼此之间是相互依存的，总体而言，适用、耐久、安全、可靠、经济、与环境的协调性，都是必须达到的基本要求，缺一不可。

2. 影响工程质量的因素

影响工程质量的因素很多，但归纳起来主要有五个方面，即人(Man)、材料(Material)、机械(Machine)、方法(Method)和环境(Environment)，简称为4M1E因素。

①人员素质。

人是生产经营活动的主体，也是工程项目建设的决策者、管理者、操作者，人员的素质，都将直接和间接地对规划、决策、勘察、设计和施工的质量产生影响。因此，建筑行业实行经营资质管理和各类专业从业人员持证上岗制度是保证人员素质的重要管理措施。

②工程材料。

工程材料选用是否合理、产品是否合格、材质是否经过检验、保管使用是否得当等，都将直接影响建设工程的结构刚度和强度，影响工程外表及观感，影响工程的使用功能，影响工程的使用安全。

③机械设备。

机械设备可分为两类：一是指组成工程实体及配套的工艺设备和各类机具，它们构成了建筑设备安装工程或工业设备安装工程，形成完整的使用功能。二是指施工过程中使用的各类机具设备，简称施工机具设备，它们是施工生产的手段。机具设备对工程质量也有重要的影响。工程用机具设备其产品质量优劣，直接影响工程使用功能质量。施工机具设备的类型是否符合工程施工特点，性能是否先进稳定，操作是否方便安全等，都将会影响工程项目的质量。

④工艺方法。

在工程施工中，施工方案是否合理，施工工艺是否先进，施工操作是否正确，都将对工程质量产生重大的影响。大力推进采用新技术、新工艺、新方法，不断提高工艺技术水平，是保证工程质量稳定提高的重要因素。

⑤环境条件。

环境条件是指对工程质量特性起重要作用的环境因素，主要包括工程技术环境、工程作业环境、工程管理环境、周边环境等4个条件。环境条件往往对工程质量产生特定的影响。加强环境管理，改进作业条件，把握好技术环境，辅以必要的措施，是控制环境对质量影响的重要保证。

任务实施

质量控制和工程质量控制

（一）质量控制

质量控制是指为达到一定的质量要求所采取的作业技术和活动。其质量要求需要转化为可用定性和定量的规范表示的质量特性，以便于质量控制的执行和检查。

（二）工程质量控制

工程质量控制定义为：为达到工程项目质量要求采取的作业技术和活动，即指为了保证达到工程合同、设计文件、技术规范规定的质量标准而采取的一系列措施、手段和方法。

（三）工程项目质量控制分类

工程项目质量控制按其实施者，分为三个方面：

1. 业主和监理的质量控制，属于外部的、横向的控制。

①控制目的：保证工程项目能够按照工程合同规定的质量要求达到业主的建设意图，取得良好的投资效益。

②控制依据：合同文件，设计图纸，国家现行法律、法规。

③控制内容：在设计阶段及其前期以审查可行性研究报告及设计文件、图纸为主，在审查基础上确定设计是否符合业主要求。在施工阶段对进驻现场实施监理，检查是否严格按图纸施工，并达到合同文件规定的质量标准。

2. 政府监督机构的质量控制，属于外部的、纵向的控制。

①控制目的：维护社会公共利益，保证技术性法规和标准贯彻实施。

②控制依据：相关的法律文件和法定技术标准。

③控制内容：在设计阶段及其前期以审查设计纲要、选址报告、建设用地申请及设计图纸为主，施工阶段以不定期的检查为主，审核是否违反城市规划，是否符合有关技术法规、标准的规定，对环境影响的性质和程度大小，有无防止污染、公害的技术措施。

3. 承建商的质量控制，属于内部的、自身的控制。

①控制目的：按业主的需求将蓝图建造成实物。

②控制依据：合同文件、设计图纸、相关的法律法规和标准。

③控制内容：以工程项目的质量、成本、进度、安全和现场管理为主。

（四）工程项目质量控制的基本要求

质量控制的目的是为了满足预定的质量要求，以取得期望的经济效益。对于建筑工程，一般来说，有效的质量控制的基本要求有：

①提高预见性。要实现这项要求，就应及时地通过工程建设工程中的信息反馈预见可能发生的重大工程质量问题，采取切实可行的措施加以防范，以满足“预防为主”的

宗旨。

②明确控制重点。一般是以关键工序和特殊工序为重点，设置控制点。

③重视控制效益。工程质量控制同其他质量控制一样，要付出一定的代价，投入和产出的比值是必须考虑的问题。对建筑工程来说，是通过控制其质量与成本的协调来实现。

④系统地进行质量控制。系统地进行质量控制，它要求有计划地实施控制质量体系内各有关职能的协调和控制。

⑤制订控制程序。质量控制的基本程序是：按照质量方针和目标，制订工程质量控制措施并建立相应的控制标准；分阶段地进行监督检查，及时获得信息与标准相比较，做出工程合格性判定；对于出现的工程质量的问题，及时采取纠偏措施，保证项目预期目标的实现。

（五）工程项目质量控制的原则

工程项目质量控制应遵循以下原则：

①坚持质量第一，用户至上。

②以人为核心。

③以预防为主。

④用数据说话，坚持质量标准，严格检查。

⑤贯彻科学、公正、守法的职业规范。

（六）工程项目质量控制的过程

从工程项目的质量形成过程来看，要控制工程项目质量，就要按照建设过程的顺序依法控制各阶段的质量。

①项目决策阶段的质量控制。选择合理的建设场地，使项目的质量要求和标准符合投资者的意图，并与投资目标相协调；使建设项目与所在的地区环境相协调，为项目的长期使用创造良好的运行环境和条件。

②项目设计阶段的质量控制。第一，选择好设计单位，要通过设计招标，必要时组织设计方案竞赛，从中选择能够保证质量的设计单位。第二，保证各部分的设计符合决策阶段确定的质量要求。第三，保证各个部分设计符合有关的技术法规和技术标准的规定。第四，保证各个专业设计之间协调。第五，保证设计文件、图纸符合现场和施工的实际条件，其深度应满足施工的要求。

③项目施工阶段的质量控制。首先，展开施工招标，选择优秀施工单位，认真审核投标单位的标书中关于保证质量控制的措施和施工方案，必要时组织答辩，使质量作为选择施工单位的重要依据。其次，在于保证严格按设计图纸进行施工，并最终形成符合合同规定的质量要求的最终产品。

④项目验收与保险阶段的质量控制，按《建筑工程施工质量验收统一标准》(GB 50300—2013)系列质量验收标准组织验收，经验收合格，备案签署合格证和使用证，监督承建商按国家法律、法规规定的内容和时间履行保修义务。

任务评价

工程质量的政府管理

从中华人民共和国成立到提出建筑工程监督机制，我国的建设监督机制，是随着建设事业的发展、建设管理的改革而演进的，经历了一个由不完善逐步走向完善的过程。

（一）工程质量政府管理的发展过程

1. 建筑产品经济与单向的行政监督

从中华人民共和国成立到 20 世纪 70 年代末，我国的经济可以说是高度集中达到计划经济体制下的产品经济。在这种经济体制的运行中，我国工程建设的特点是：投资主体是国家；建设单位自组筹集机构管理投资拨款、准备特殊材料、进行设备订货、负责施工监督管理；施工任务由国家分配给建筑施工企业；物随钱走，主要材料设备由国家按投资计划供应；建筑物是由国家无偿分配、调拨的“产品”。在这种建设体制下，建设单位、设计单位和施工单位，都是被动的执行者，由建设的投资者——国家，对建设工作进行监督。这种建设监督的特点是自上向下单向的行政监督，即政府主管部门按行政系统对下级的建设工作实施监督；监督的方法，主要靠统计报表、听汇报、看材料。至于建设单位对施工单位的监督，由于两者往往具有隶属关系，又都是上级下达建设任务的被动执行者，就使这种监督基本上成了一种自我监督，对于工程质量也可以说是自检自评。

由于上述特点，就使这个时期的建设监督处于一种软监督状态。首先，由于缺少由上向下的监督，就使建设工作的项目决策、计划安排等处于缺少监督和制约的状态；其次，主要靠看报表、听汇报来实施监督，虽然能发现一些问题，但因报表与回报材料往往与建设工作的实际相差一定距离，就使这种监督缺乏权威性、及时性和有效性。至于建设单位和施工单位之间实际上的自我监督和质量上的自检自评，则无疑助长了项目管理行为的随意性，当然是造成建设规模难控、质量工期难保、浪费现象普遍、投资效益不高的重要原因。这种建设监督，是当时产品经济的产物，不适于发展社会主义市场经济的需要，必须进行彻底改革。

2. 建筑市场经济的起步与政府的专业质量监督

20 世纪 80 年代以后，我国进入了改革开放的新时期，高度集中的计划经济体制被打破，工程建设领域发生了一系列重大变化，投资开始有偿使用，投资主体由国家为主向国家、企业、个人的多元化转变，建设任务逐步实行了招标承包制，材料设备由国家计划供应改革为计划供应和市场供应双轨制，建筑物由“产品”变成了“商品”，施工单位开始摆脱行政附属地位，向相对独立的商品生产者转变，工程建设参与者之间的经济关系得到强化，追求自身利益的趋势日益突出。这些转变表明，我国的建设市场正在形成，建设领域开始了从产品经济向有计划的商品经济的转变。这种转变，使原有的工程建设管理方式和体制越来越不适应发展的需求。改革初期，建设领域出现了一些问题，如工程质量出现下降趋势，部分工程功能变差，一些工程结构存在隐患，甚至出现坍塌事故。这些都迫切需要建立和健全新的管理机制，建立严格的外部监督机制，形成企业内部保证和外部监督认证的双控体制。

为适应这种需求，1983 年我国开始实行政府对工程质量监督机制。1984 年 9 月，国家颁布了《关于改革建筑业和基本建设管理体制若干问题的暂行规定》，明确提出改变工程质量监督机制，在地方建立有权威的政府工程质量监督机构。随后，我国绝大部分地区和部门都成立了质量监督站，这标志着我国的工程建设监督由原来的单向行政监督向政府专业质量监督转变，由仅仅依靠企业自检自评向第三方认证和企业内部保证相结合转变。这种转变，使我国工程建设监督方式向前迈进了一大步。

3. 国际合作交流的发展和建设工程监理制的提出

随着改革的不断深化和计划商品经济的发展，20 世纪 80 年代中后期一种对工程建设更全面、更完善的监督方式出现了，它就是建设工程监理制。最早应用这一制度的是利用世界银行贷款的鲁布革水电站引水工程。按照贷款的要求，该工程在“鲁布革工程管理局”内划出了一个专司建设工程监理职能的“工程师机构”。该工程师机构由工程师代表、驻地工程师和若干名检查员组成，按照国际合同管理方式代表业主对该合同工程进行现场综合监督管理。其主要工作内容是：发布开工令、控制工程进度；审核设计图纸和技术资料；检查各种原材料、设备的规格质量，验证认可实验报告；审批承包商的施工方法、工艺和临时设施；检查监督安全工作；检查监督施工质量；向承包商付款的签证；处理合同变更和索赔；工程验收；负责办理向贷款单位提供的报告。该工程师机构内部分工明确，责权清楚，在监理过程中公正合理，树立起了监理工作的权威。

其后，我国许多利用外资、外贷建设的工程项目，都按照建设工程监理这一国际惯例组织建设，多数由外国监理单位承担监理，少数由我国工程咨询等专门机构承担监理，普遍取得良好效果。1988 年 7 月，建设部发出通知，要求开展建设工程监理试点工作，逐步建立起有中国特色的建设工程监理制度。这标志着我国工程建设监督方式开始走向完善发展阶段。

（二）工程质量政府监督管理体制和职能

1. 监督管理体制

国务院建设行政主管部门对全国的建设工程质量实施统一监督管理。国务院铁路、交通、水利等有关部门按国务院规定的职责分工，负责对全国的有关专业建设工程质量的监督管理。县级以上地方人民政府建设行政主管部门对本行政区域内的建设工程质量实施监督管理。县级以上地方人民政府交通、水利等有关部门在各自职责范围内，负责本行政区域内的专业建设工程质量的监督管理。

国务院发展计划部门按照国务院规定的职责，组织稽查特派员，对国家出资的重大建设项目实施监督检查；国务院经济贸易主管部门按国务院规定的职责，对国家重大技术改造项目实施监督检查。国务院建设行政主管部门和国务院铁路、交通、水利等有关专业部门、县级以上地方人民政府建设行政主管部门和其他有关部门，对有关建设工程质量的法律、法规和强制性标准执行情况加强监督检查。

县级以上政府建设行政主管部门和其他有关部门履行检查职责时，有权要求被检查的单位提供有关工程质量的文件和资料，有权进入被检查单位的施工现场进行检查，在检查中发现工程质量存在问题时，有权责令改正。

政府的工程质量监督管理具有权威性、强制性、综合性的特点。

2. 管理职能

(1) 建立和完善工程质量管理法规

包括行政性法规和工程技术规范标准，前者如《建筑法》《招标投标法》《建筑工程质量管理条例》等，后者如工程设计规范、建筑工程施工质量验收统一标准、工程施工质量验收规范等。

(2) 建立和落实工程质量责任制

包括工程质量行政领导的责任、项目法定代表人的责任、参建单位法定代表人的责任和工程质量终身负责制等。

(3) 建设活动主体资格的管理

国家对从事建设活动的单位实行严格的从业许可证制度，对从事建设活动的专业技术人员实行严格的执业资格制度。建设行政主管部门及有关专业部门按各自分工，负责各类资质标准的审查、从业单位的资质等级的最后认定、专业技术人员资格等级的核查和注册，并对资质等级和从业范围等实施动态管理。

(4) 工程承发包管理

包括规定工程招投标承发包的范围、类型、条件，对招投标承发包活动的依法监督和工程合同管理。

(5) 控制工程建设程序

包括工程报建、施工图设计文件审查、工程施工许可、工程材料和设备准用、工程质量监督、施工验收备案等管理。

（三）工程质量管理制度

近年来，我国建设行政主管部门先后颁发了多项建设工程质量管理制度，主要有：

1. 施工图设计文件审查制度

施工图设计文件（以下简称施工图）审查是政府主管部门对工程勘察设计质量监督管理的重要环节。施工图审查是指国务院建设行政主管部门和省、自治区、直辖市人民政府建设行政主管部门委托依法认定的设计审查机构，根据国家法律、法规、技术标准与规范，对施工图进行结构安全和强制性标准、规范执行情况等进行的独立审查。

(1) 施工图审查的范围

建筑工程设计等级分级标准中的各类新建、改建、扩建的建筑工程项目均属审查范围。省、自治区、直辖市人民政府建设行政主管部门，可结合本地的实际，确定具体的审查范围。建设单位应当将施工图报送建设行政主管部门，由建设行政主管部门委托有关审查机构，进行结构安全和强制性标准、规范执行情况等内容的审查。建设单位将施工图报请审查时，应同时提供下列资料：批准的立项文件或初步设计批准文件；主要的初步设计文件；工程勘察成果报告；结构计算书及计算软件名称等。

(2) 施工图审查的主要内容

①建筑物的稳定性、安全性审查，包括地基基础和主体结构是否安全、可靠。

②是否符合消防、节能、环保、抗震、卫生、人防等有关强制性标准、规范。

③施工图是否达到规定的深度要求。

④是否损害公众利益。

(3) 施工图审查有关各方的职责

①国务院建设行政主管部门负责全国施工图审查管理工作。省、自治区、直辖市人民政府建设行政主管部门负责组织本行政区域内的施工图审查工作的具体实施和监督管理工作。

建设行政主管部门在施工图审查工作中主要负责制定审查程序、审查范围、审查内容、审查标准并颁发审查批准书;负责制定审查机构和审查人员条件,批准审查机构,认定审查人员;对审查机构和审查工作进行监督并对违规行为进行查处;对施工图设计审查负依法监督管理的行政责任。

②勘察、设计单位必须按照工程建设强制性标准进行勘察、设计,并对勘察、设计质量负责。审查机构按照有关规定对勘察成果、施工图设计文件进行审查,但并不改变勘察、设计单位的质量责任。

③审查机构接受建设行政主管部门的委托对施工图设计文件涉及安全和强制性标准执行情况进行技术审查。建设工程经施工图设计文件审查后因勘察设计原因发生工程质量问题,审查机构承担审查失职的责任。

(4) 施工图审查程序

施工图审查的各个环节可按以下步骤办理:

①建设单位向建设行政主管部门报送施工图,并作书面登录。

②建设行政主管部门委托审查机构进行审查,同时发出委托审查通知书。

③审查机构完成审查,向建设行政主管部门提交技术性审查报告。

④审查结束,建设行政主管部门向建设单位发出施工图审查批准书。

⑤报审施工图设计文件和有关资料应存档备查。

(5) 施工图审查管理

审查机构应当在收到审查材料后 20 个工作日内完成审查工作,并提出审查报告;特级和一级项目应当在 30 个工作日内完成审查工作,并提出审查报告,其中重大及技术复杂项目的审查时间可适当延长。审查合格的项目,审查机构向建设行政主管部门提交项目施工图审查报告,由建设行政主管部门向建设单位通报审查结果,并颁发施工图审查批准书。对审查不合格的项目,提出书面意见后,由审查机构将施工图退回建设单位,并由原设计单位修改,重新送审。

施工图一经审查批准,不得擅自进行修改。如遇特殊情况需要进行涉及审查主要内容的修改时,必须重新报请原审批部门,由原审批部门委托审查机构审查后再批准实施。

建设单位或者设计单位对审查机构做出的审查报告如有重大分歧时,可由建设单位或者设计单位向所在省、自治区、直辖市人民政府建设行政主管部门提出复查申请,由后者组织专家论证并做出复查结果。

施工图审查工作所需经费,由施工图审查机构按有关收费标准向建设单位收取。建筑工程竣工验收时,有关部门应按照审查批准的施工图进行验收。建设单位要对报送的审查材料的真实性负责;勘察、设计单位对提交的勘察报告、设计文件的真实性负责,并积极配合审查工作。

2. 工程质量监督制度

国家实行建设工程质量监督管理制度。工程质量监督管理的主体是各级政府建设行政主管部门和其他有关部门。但由于工程建设周期长、环节多、点多面广,工程质量监督工作是一项专业技术性强,且很繁杂的工作,政府部门不可能亲自进行日常检查工作。因此,工程质量监督管理由建设行政主管部门或其他有关部门委托的工程质量监督机构具体实施。工程质量监督机构是经省级以上建设行政主管部门或有关专业部门考核认定,具有独立法人资格的单位。它受县级以上地方人民政府建设行政主管部门或有关专业部门的委托,依法对工程质量进行强制性监督,并对委托部门负责。

(四)工程质量监督机构的主要任务

工程质量监督机构的主要任务包括:

①根据政府主管部门的委托,受理建设工程项目的质量监督。

②制定质量监督工作方案。确定负责该项工程的质量监督工程师和助理质量监督师。根据有关法律、法规和工程建设强制性标准,针对工程特点,明确监督的具体内容、监督方式。在方案中对地基基础、主体结构和其他涉及结构安全的重要部位和关键过程,作出实施监督的详细计划安排,并将质量监督工作方案通知建设、勘察、设计、施工、监理单位。

③检查施工现场工程建设各方主体的质量行为。检查施工现场工程建设各方主体及有关人员的资质或资格;检查勘察、设计、施工、监理单位的质量管理体系和质量责任制落实情况;检查有关质量文件、技术资料是否齐全并符合规定。

④检查建设工程实体质量。按照质量监督工作方案,对建设工程地基基础、主体结构和其他涉及安全的关键部位进行现场实地抽查,对用于工程的主要建筑材料、构配件的质量进行抽查。对地基基础分部、主体结构分部和其他涉及安全的分部工程的质量验收进行监督。

⑤监督工程质量验收。监督建设单位组织的工程竣工验收的组织形式、验收程序以及在验收过程中提供的有关资料和形成的质量评定文件是否符合有关规定,实体质量是否存在严重缺陷,工程质量验收是否符合国家标准。

⑥向委托部门报送工程质量监督报告。报告的内容应包括对地基基础和主体结构质量检查的结论,工程施工验收的程序、内容和质量检验评定是否符合有关规定,及历次抽查该工程的质量问题和处理情况等。

⑦对预制建筑构件和商品混凝土的质量进行监督。

⑧受委托部门委托按规定收取工程质量监督费。

⑨政府主管部门委托的工程质量监督管理的其他工作。

(五)工程质量检测制度

工程质量检测工作是对工程质量进行监督管理的重要手段之一。工程质量检测机构是对建设工程、建筑构件、制品及现场所用的有关建筑材料、设备质量进行检测的法定单位。在建设行政主管部门领导和标准化管理部门指导下开展检测工作,其出具的检测报告具有法定效力。法定的国家级检测机构出具的检测报告，在国内为最终裁定，在国外具有代表国家的性质。

(1) 国家级检测机构的主要任务

①受国务院建设行政主管部门和专业部门委托，对指定的国家重点工程进行检测复核，提出检测复核报告和建议。

②受国家建设行政主管部门和国家标准部门委托，对建筑构件、制品及有关材料、设备及产品进行抽样检验。

(2) 各省级、市(地区)级、县级检测机构的主要任务

①对本地区正在施工的建设工程所用的材料、混凝土、砂浆和建筑构件等进行随机抽样检测，向本地建设工程质量主管部门和质量监督部门提出抽样报告和建议。

②受同级建设行政主管部门委托，对本省、市、县的建筑构件、制品进行抽样检测。

对违反技术标准、失去质量控制的产品，检测单位有权提供主管部门停止其生产的证明，不合格产品不准出厂，已出厂的产品不得使用。

(六) 工程质量保修制度

建设工程质量保修制度是指建设工程在办理交工验收手续后，在规定的保修期限内，因勘察、设计、施工、材料等原因造成的质量问题，要由施工单位负责维修、更换，由责任单位负责赔偿损失。质量问题是指工程不符合国家工程建设强制性标准、设计文件以及合同中对质量的要求。

建设工程承包单位在向建设单位提交工程竣工验收报告时，应向建设单位出具工程质量保修书，质量保修书中应明确建设工程保修范围、保修期限和保修责任等。

在正常使用条件下，建设工程的最低保修期限为：

①基础设施工程、房屋建筑工程的地基基础和主体结构工程，为设计文件规定的该工程的合理使用年限；

②屋面防水工程、有防水要求的卫生间、房间和外墙面的防渗漏，为5年；

③供热与供冷系统，为2个采暖期、供冷期；

④电气管线、给排水管道、设备安装和装修工程，为2年。

其他项目的保修期由发包方与承包方约定。保修期自竣工验收合格之日起计算。

建设工程在保修范围和保修期限内发生质量问题的施工单位应当履行保修义务。保修义务的承担和经济责任的承担应按下列原则处理：

①施工单位未按国家有关标准、规范和设计要求施工，造成的质量问题，由施工单位负责返修并承担经济责任。

②由于设计方面的原因造成的质量问题，先由施工单位负责维修，其经济责任按有关规定通过建设单位向设计单位索赔。

③因建筑材料、构配件和设备质量不合格引起的质量问题，先由施工单位负责维修，其经济责任属于施工单位采购的，由施工单位承担经济责任；属于建设单位采购的，由建设单位承担经济责任。

④因建设单位(含监理单位)错误管理造成的质量问题，先由施工单位负责维修，其经济责任由建设单位承担，如属监理单位责任，则由建设单位向监理单位索赔。

⑤因使用单位使用不当造成的损坏问题，先由施工单位负责维修，其经济责任由使用单位自行负责。

⑥因地震、洪水、台风等不可抗力原因造成的损坏问题，先由施工单位负责维修，建设参与各方根据国家具体政策分担经济责任。

任务 2　施工质量验收与质量事故处理

任务描述

首先进行工程施工质量控制的学习，然后进行工程质量事故处理的学习。

知识准备

一、施工准备质量控制

（一）施工承包单位资质的核查

1. 施工承包单位资质的分类

国务院建设行政主管部门为了维护建筑市场的正常秩序，加强管理，保障承包单位的合法权益和保证工程质量，制订了建筑业企业资质等级标准。承包单位必须在规定的范围内进行经营活动，且不得超出范围经营。建设行政主管部门对承包单位的资质实行动态管理，建立相应的考核、资质升降及审查规定。

施工承包企业按照其承包工程能力，划分为施工总承包、专业承包和劳务分包三个序列。这三个序列按照工程性质和技术特点分别划分为若干资质类别，各资质类别按照规定的条件划分为若干等级。

（1）施工总承包企业

获得施工总承包资质的企业，可以对工程实行施工总承包或者对主体工程实行施工承包，施工总承包企业可以将承包的工程全部自行施工，也可以将非主体工程或者劳务作业分包给具有相应专业承包资质或者劳务分包资质的其他建筑业企业。施工总承包企业的资质按专业类别共分为 12 个资质类别，每一个资质类别又分成特级、一级、二级、三级。

（2）专业承包企业

获得专业承包资质的企业，可以承接施工总承包企业分包的专业工程或者建设单位按照规定发包的专业工程。专业承包企业可以对所承接的工程全部自行施工，也可以将劳务作业分包给具有相应劳务分包资质的劳务分包企业。专业承包企业资质按专业类别共分为 60 个资质类别，每一个资质类别又分为一级、二级、三级。

(3) 劳务分包企业

获得劳务分包资质的企业，可以承接施工总承包企业或者专业承包企业分包的劳务作业。劳务承包企业有 13 个资质类别，如木工作业、砌筑作业、钢筋作业、架线作业等。有的资质类别分成若干级，有的则不分级，如木工、砌筑、钢筋作业劳务分包企业资质分为一级、二级。油漆、架线等作业劳务分包企业则不分级。

2. 监理工程师对施工承包单位资质的审核

(1) 招投标阶段对承包单位资质的审查

①根据工程的类型、规模和特点，确定参与投标企业的资质等级，并取得招投标管理部门的认可。

②对符合参与投标承包企业的考核：

一是查对《营业执照》及《建筑业企业资质证书》，并了解其实际的建设业绩、人员素质、管理水平、资金情况、技术装备等。

二是考核承包企业近期的表现，查对年检情况，资质升降级情况，了解其是否有工程质量、施工安全、现场管理等方面的问题，企业管理的发展趋势，质量是否是上升趋势，选择向上发展的企业。

三是查对近期承建工程，实地参观考核工程质量情况及现场管理水平。在全面了解的基础上，重点考核与拟建工程类型、规模和特点相似或接近的工程。优先选取创出名牌优质工程的企业。

(2) 对中标进场从事项目施工的承包企业质量管理体系的核查

①了解企业的质量意识，质量管理情况，重点了解企业质量管理的基础工作、工程项目管理和质量控制的情况。

②贯彻 ISO 9000 标准、体系建立和通过认证的情况。

③企业领导班子的质量意识及质量管理机构落实、质量管理权限实施的情况等。

④审查承包单位现场项目经理部的质量管理体系。

承包单位健全的质量管理体系，对于取得良好的施工效果具有重要作用，因此，监理工程师做好承包单位质量管理体系的审查，是搞好监理工作的重要环节，也是取得好的工程质量的重要条件。

一是承包单位向监理工程师报送项目经理部的质量管理体系的有关资料，包括组织机构、各项制度、管理人员、专职质检员、特种作业人员的资格证、上岗证以及试验室的资质。

二是监理工程师对报送的相关资料进行审核，并进行实地检查。

三是经审核，承包单位的质量管理体系满足工程质量管理的需要，总监理工程师予以确认；对于不合格人员，总监理工程师有权要求承包单位予以撤换，不健全、不完善之处要求承包单位尽快整改。

(二) 施工组织设计(质量计划)的审查

(1) 质量计划与施工组织设计

质量计划是质量策划结果的一项管理文件。对工程建设而言，质量计划主要是针对特定的工程项目为完成预定的质量控制目标，编制专门规定的质量措施、资源和活动顺序的文件。其作用是：对外作为针对特定工程项目的质量保证，对内作为针对特定工程项目质量管理的依据。根据质量管理的基本原理，质量计划包含为达到质量目标、质量要求的计划、实施、检查及处理这四个环节的相关内容，即 PDCA 循环。具体而言，质量计划应包括下列内容：编制依据；项目概况；质量目标；组织机构；质量控制及管理组织协调的系统描述；必要的质量控制手段，检验和试验程序等；确定关键过程和特殊过程及作业的指导书；与施工过程相适应的检验、试验、测量、验证要求；更改和完善质量计划的程序等。

①P—计划：计划主要是确定为达到预期的各项质量目标，通过施工组织设计文件的编制，提出作业技术活动方案，即施工方案，包括施工工艺、方法、机械设备、脚手模具等施工手段配置的技术方案和施工区段划分、施工流向、工艺顺序及劳动组织等组织方案。

②D—实施：进行质量计划目标和施工方案的交底，落实相关条件并按质量计划的目标所确定的程序和方法展开作业技术活动。

③C—检查：首先是检查有没有严格按照预定的施工方案认真执行，其次是检查实际的施工结果是否达到预定的质量要求。

④A—处理：对检查中发现偏离目标值的纠偏及改正，出现质量不合格的处置及不合格的预防。包括应急措施和预防措施与持续改进的途径。

国外工程项目中，承包单位要提交施工计划及质量计划。施工计划是承包单位进行施工的依据，包括施工方法、工序流程、进度安排、施工管理及安全对策、环保对策等。在我国现行的施工管理中，施工承包单位要针对每一特定工程项目进行施工组织设计，以此作为施工准备和施工全过程的指导性文件。为确保工程质量，承包单位在施工组织设计中加入了质量目标、质量管理及质量保证措施等质量计划的内容。

质量计划与现行施工管理中的施工组织设计有相同的地方，又存在着差别：

①对象相同。质量计划和施工组织设计都是针对某一特定工程项目而提出的。

②形式相同。二者均为文件形式。

③作用既相同又存在区别。投标时，投标单位向建设单位提供的施工组织设计或质量计划的作用是相同的，都是对建设单位做出工程项目质量管理的承诺；施工期间承包单位编制的详细的施工组织设计仅供内部使用，用于具体指导工程项目的施工，而质量计划的主要作用是向建设单位做出保证。

④编制的原理不同。质量计划的编制是以质量管理标准为基础的，从质量职能上对影响工程质量的各环节进行控制；而施工组织设计则是从施工部署的角度，着重于技术质量形成规律来编制全面施工管理的计划文件。

⑤在内容上各有侧重点。质量计划的内容按其功能包括：质量目标、组织结构和人员培训、采购、过程质量控制的手段和方法；而施工组织设计是建立在对这些手段和方法结合工程特点具体而灵活运用的基础上。

(2) 施工组织设计的审查程序

施工组织设计已包含了质量计划的主要内容，因此，监理工程师对施工组织设计的审查也同时包括了对质量计划的审查。

在工程项目开工前约定的时间内，承包单位必须完成施工组织设计的编制及内部自审批准工作，填写《施工组织设计(方案)报审表》(表 6.1)报送项目监理机构。

表 6.1　施工组织设计(方案)报审表

项目名称：　　　　　　　　　　　　　　　　　　　　　　　　　　编号：

致： 我方已根据施工合同的有关规定完成了________工程施工组织设计(方案)的编制,并经我单位上级技术负责人审查批准,请予以审查。
附:施工组织设计(方案) 承包单位(章)________ 项目经理________ 日　　期________
专业监理工程师审查意见: 专业监理工程师________ 日　　期________
总监理工程师审核意见: 项目监理机构________ 总监理工程师________ 日　期________

总监理工程师在约定的时间内,组织专业监理工程师审查,提出意见后,由总监理工程师审核签认。需要承包单位修改时,由总监理工程师签发书面意见,退回承包单位修改后再报审,总监理工程师重新审查。

已审定的施工组织设计由项目监理机构报送建设单位。

承包单位应按审定的施工组织设计文件组织施工。如需对其内容做较大的变更,应在实施前将变更内容书面报送项目监理机构审核。

规模大、结构复杂或属新结构、特种结构的工程，项目监理机构对施工组织设计审查后，还应报送监理单位技术负责人审查，提出审查意见后由总监理工程师签发，必要时与建设单位协商，组织有关专业部门和有关专家会审。

规模大，工艺复杂的工程、群体工程或分期出图的工程，经建设单位批准可分阶段报审施工组织设计；技术复杂或采用新技术的分项、分部工程，承包单位还应编制该分项、分部工程的施工方案，报项目监理机构审查。

(3) 审查施工组织设计时应掌握的原则

①施工组织设计的编制、审查和批准应符合规定的程序。

②施工组织设计应符合国家的技术政策，充分考虑承包合同规定的条件、施工现场条件及法规条件的要求，突出"质量第一、安全第一"的原则。

③施工组织设计的针对性：承包单位是否了解并掌握了本工程的特点及难点，施工条件是否分析充分。

④施工组织设计的可操作性：承包单位是否有能力执行并保证工期和质量目标；该施工组织设计是否切实可行。

⑤技术方案的先进性：施工组织设计采用的技术方案和措施是否先进适用，技术是否成熟。

⑥质量管理和技术管理体系，质量保证措施是否健全且切实可行。

⑦安全、环保、消防和文明施工措施是否切实可行并符合有关规定。

⑧在满足合同和法规要求的前提下，对施工组织设计的审查，应尊重承包单位的自主技术决策和管理决策。

(4) 施工组织设计审查的注意事项

①重要的分部、分项工程的施工方案，承包单位在开工前，向监理工程师提交详细说明，即完成该项工程的施工方法、施工机械设备及人员配备与组织、质量管理措施以及进度安排等，报请监理工程师审查认可后方能实施。

②在施工顺序上应符合先地下、后地上；先土建、后设备；先主体、后围护的基本规律。所谓先地下、后地上是指地上工程开工前，应尽量把管道、线路等地下设施和土方与基础工程完成，以避免干扰，造成浪费、影响质量。此外，施工流向要合理，即平面和立面上都要考虑施工的质量保证与安全保证，考虑使用的先后和区段的划分，与材料、构配件的运输不发生冲突。

③施工方案与施工进度计划的一致性。施工进度计划的编制应以确定的施工方案为依据，正确体现施工的总体部署、流向顺序及工艺关系等。

④施工方案与施工平面图布置的协调一致。施工平面图的静态布置内容，如临时施工供水供电供热、供气管道、施工道路、临时办公房屋、物资仓库等，以及动态布置内容，如施工材料模板、工具器具等，应做到布置有序，有利于各阶段施工方案的实施。

(三) 现场施工准备的质量控制

(1) 工程定位及标高基准控制

工程施工测量放线是建设工程产品由设计转化为实物的第一步。施工测量的质量好坏,直接影响工程产品的综合质量,并且制约着施工过程中有关工序的质量。例如,测量控制基准点或标高有误,会导致建筑物或结构的位置或高程出现误差,从而影响整体质量;又如长隧道采用两端或多端同时掘进时,若洞的中心线测量失准发生较大偏差,则会造成不能准确对接的质量问题;永久设备的基础预埋件定位测量失准,则会造成设备难以正确安装的质量问题等。因此,工程测量控制可以说是施工中事前质量控制的一项基础工作,它是施工准备阶段的一项重要内容。监理工程师应将其作为保证工程质量的一项重要的内容,在监理工作中,应由测量专业监理工程师负责工程测量的复核控制工作。

①监理工程师应要求施工承包单位,对建设单位(或其委托的单位)给定的原始基准点、基准线和标高等测量控制点进行复核,并将复测结果报监理工程师审核,经批准后施工承包单位始能据以进行准确的测量放线,建立施工测量控制网,并应对其正确性负责,同时做好基桩的保护。

②复测施工测量控制网。在工程总平面图上,各种建筑物或构筑物的平面位置是用施工坐标系统的坐标来表示的。施工测量控制网的初始坐标和方向,一般是根据测量控制点测定的,测定好建筑物的长向主轴线即可作为施工平面控制网的初始方向,以后在控制网加密或建筑物定位时,即不再用控制点定向,以免使建筑物发生不同的位移及偏转。复测施工测量控制网时,应抽检建筑方格网、控制高程的水准网点以及标桩埋设位置等。

(2) 施工平面布置的控制

为了保证承包单位能够顺利地施工,监理工程师应督促建设单位按照合同约定并结合承包单位施工的需要,事先划定并提供给承包单位占有和使用现场有关部分的范围。如果在现场的某一区域内需要不同的施工承包单位同时或先后施工、使用,就应根据施工总进度计划的安排,规定他们各自占用的时间和先后顺序,并在施工总平面图中详细注明各工作区的位置及占用顺序,监理工程师要检查施工现场总体布置是否合理,是否有利于保证施工正常、顺利地进行,是否有利于保证质量,特别是要对场区的道路、防洪排水、器材存放、给水及供电、混凝土供应及主要垂直运输机械设备布置等方面予以重视。

(3) 材料构配件采购订货的控制

工程所需的原材料、半成品、构配件等都将构成为永久性工程的组成部分。所以,它们的质量好坏直接影响到未来工程产品的质量,因此需要事先对其质量进行严格控制。

①凡由承包单位负责采购的原材料、半成品或构配件,在采购订货前应向监理工程师申报;对于重要的材料,还应提交样品,供试验或鉴定,有些材料则要求供货单位提交理化试验单(如预应力钢筋的硫、磷含量等),经监理工程师审查认可后,方可进行订货采购。

②对于半成品或构配件,应按经过审批认可的设计文件和图纸要求采购订货,质量应满足有关标准和设计的要求,交货期应满足施工及安装进度安排的需要。

③供货厂家是制造材料、半成品、构配件主体,所以通过考察优选合格的供货厂家,是保证采购、订货质量的前提。为此,大宗的器材或材料的采购应当实行招标采购的方式。

④对于半成品和构配件的采购、订货，监理工程师应提出明确的质量要求，质量检测项目及标准；出厂合格证或产品说明书等质量文件的要求，以及是否需要权威性的质量认证等。

⑤某些材料，诸如瓷砖等装饰材料，订货时最好一次订齐和备足货源，以免由于分批而出现色泽不一的质量问题。

⑥供货厂方应向需方（订货方）提供质量文件，用以表明其提供的货物能够完全达到需方提出的质量要求。此外，质量文件也是承包单位（当承包单位负责采购时）将来在工程竣工时应提供的竣工文件的一个组成部分，用以证明工程项目所用的材料或构配件等的质量符合要求。

质量文件主要包括：产品合格证及技术说明书；质量检验证明；检测与试验者的资格证明；关键工序操作人员资格证明及操作记录（例如大型预应力构件的张拉应力工艺操作记录）；不合格品或质量问题处理的说明及证明；有关图纸及技术资料；必要时，还应附有权威性认证资料。

(4) 施工机械配置的控制

①施工机械设备的选择，除应考虑施工机械的技术性能、工作效率、工作质量、可靠性及维修难易、能源消耗，以及安全、灵活等方面对施工质量的影响与保证外，还应考虑其数量配置对施工质量的影响与保证条件。例如，为保证混凝土连续浇筑，应配备有足够的搅拌机和运输设备；在一些城市建筑施工中，有防止噪声的限制，必须采用静力压桩等。此外，要注意设备型式应与施工对象的特点及施工质量要求相适应。例如，对于黏性土的压实，可以采用羊足碾进行分层碾压；但对于砂性土的压实则宜采用振动压实机等类型的机械。在选择机械性能参数方面，也要与施工对象特点及质量要求相适应，例如选择起重机械进行吊装施工时，其起重量、起重高度及起重半径均应满足吊装要求。

②审查施工机械设备的数量是否足够。例如在进行就地灌注桩施工时，是否有备用的混凝土搅拌机和振捣设备，以防止由于机械发生故障，使混凝土浇筑工作中断，造成断桩质量事故等。

③审查所需的施工机械设备，是否按已批准的计划备妥；所准备的机械设备是否与监理工程师审查认可的施工组织设计或施工计划中所列者相一致；所准备的施工机械设备是否都处于完好的可用状态等。对于与批准的计划中所列施工机械不一致，或机械设备的类型、规格、性能不能保证施工质量者，以及维护修理不良，不能保证良好的可用状态者，都不准使用。

(5) 分包单位资质的审核确认

保证分包单位的质量，是保证工程施工质量的一个重要环节和前提。因此，监理工程师应对分包单位资质进行严格控制。

①分包单位提交《分包单位资质报审表》。

总承包单位选定分包单位后，应向监理工程师提交《分包单位资质报审表》（表 6.2），其内容一般应包括以下几方面：

表 6.2　分包单位资质报审表

<table>
<tr><td>工程名称</td><td colspan="2"></td><td>编　号</td><td colspan="2"></td></tr>
<tr><td>地　　点</td><td colspan="2"></td><td>日　期</td><td colspan="2"></td></tr>
<tr><td colspan="6">致：________________________________(监理单位)：
经考察，我方认为拟选择的______________(分包单位)具有承担下列工程的施工资质和施工能力，可以保证本工程项目按合同的约定进行施工。分包后，我方仍然承担总承包单位的责任。请予以审查批准。
附：
1. □分包单位资质材料
2. □分包单位业绩材料
3. □中标通知书</td></tr>
<tr><td>分包工程名称(部位)</td><td colspan="2">单位</td><td colspan="2">工程数量</td><td>其他说明</td></tr>
<tr><td></td><td colspan="2"></td><td colspan="2"></td><td></td></tr>
<tr><td></td><td colspan="2"></td><td colspan="2"></td><td></td></tr>
<tr><td></td><td colspan="2"></td><td colspan="2"></td><td></td></tr>
<tr><td colspan="6">承包单位名称：　　　　　　　　　　项目经理(签字)：</td></tr>
<tr><td colspan="6">监理工程师审查意见：
监理工程师(签字)：　　　　　　　　　　日期：</td></tr>
<tr><td colspan="6">总监理工程师审批意见：
监理单位名称：　　　　总监理工程师(签字)：　　　　日期：</td></tr>
</table>

注：本表由承包单位填报，建设单位、监理单位、承包单位各存一份。

a. 关于拟分包工程的情况。说明拟分包工程名称(部位)、工程数量、拟分包合同额、分包工程占全部工程额的比例。

b. 关于分包单位的基本情况。包括：该分包单位的企业简介、资质材料、技术实力、企业过去的工程经验与业绩、企业的财务资本状况等、施工人员的技术素质和条件。

c. 分包协议草案。包括总承包单位与分包单位之间的责、权、利，分包项目的施工工艺，分包单位设备和到场时间、材料供应，总承包单位的管理责任等。

②监理工程师审查总承包单位提交的《分包单位资质报审表》

审查时，主要是审查施工承包合同是否允许分包，分包的范围和工程部位是否可进行分包，分包单位是否具有按工程承包合同规定的条件完成分包工程任务的能力。如果认为该分包单位不具备分包条件，则不予以批准。若监理工程师认为该分包单位基本具备分包条件，则应在进一步调查后由总监理工程师予以书面确认。审查、控制的重点一般是分包单位施工组织者、管理者的资格与质量管理水平，特殊专业工种和关键施工工艺或新技术、新工艺、新材料等应用方面操作者的素质与能力。

③对分包单位进行调查

调查的目的是核实总承包单位申报的分包单位情况是否属实。如果监理工程师对调查结果满意，则总监理工程师应以书面形式批准该分包单位承担分包任务。总承包单位收到监理工程师的批准通知后，应尽快与分包单位签订分包协议，并将协议副本报送监理工程师备案。

(6) 严把开工关

在总监理工程师向承包单位发出开工通知书时，建设单位即应及时按计划保证质量地提供承包单位所需的场地和施工通道以及水、电供应等条件，以保证及时开工，防止承担补偿工期和费用损失的责任。为此，监理工程师应事先检查工程施工所需的场地征用，以及道路和水、电是否开通；否则，应督促建设单位努力实现。

总监理工程师对于与拟开工工程有关的现场各项施工准备工作进行检查并认为合格后，方可发布书面的开工指令。对于已停工程，则需要有总监理工程师的复工指令始能复工。对于合同中所列工程及工程变更的项目，开工前承包单位必须提交《工程开工报审表》(见表 6.3)，经监理工程师审查前述各方面条件具备并由总监理工程师予以批准后，承包单位才能开始正式进行施工。

表 6.3　工程开工报审表

工程名称：　　　　　　　　　　　　　　　　　　　　编号：

致＿＿＿＿＿＿＿＿项目监理部： 我方承担的＿＿＿＿＿＿＿＿工程，已完成了开工前的各项准备工作，特申请于＿＿＿年＿＿月＿＿日开工，请审查。 ☐ 项目管理实施规划(施工组织设计)已审批； ☐ 施工图会检已进行； ☐ 各项施工管理制度和相应的作业指导书已制定并审查合格； ☐ 安全文明施工二次策划满足要求； ☐ 施工技术交底已进行； ☐ 施工人力和机械已进场，施工组织已落实到位； ☐ 物资、材料准备能满足连续施工的需要； ☐ 计量器具、仪表经法定单位检验合格； ☐ 特殊工种作业人员能满足施工需要。 承包单位(章)： 项目经理：＿＿＿＿＿＿ 日　期：＿＿＿＿＿＿
项目监理部审查意见： 项目监理部(章)： 总监理工程师＿＿＿＿＿＿ 日　　期＿＿＿＿＿＿
建设管理单位审批意见： 建设管理单位(章)： 项目经理：＿＿＿＿＿＿ 日　期：＿＿＿＿＿＿

二、施工过程质量控制

施工过程体现在一系列的作业活动中，作业活动的效果将直接影响施工过程的施工质量。因此，监理工程师质量控制工作应体现在对作业活动的控制上。

为确保施工质量，监理工程师要对施工过程进行全过程全方位的质量监督、控制与检查。就整个施工过程而言，可按事前、事中、事后进行控制。就一个具体作业而言，监理工程师控制管理仍涉及事前、事中及事后。监理工程师的质量控制主要围绕影响工程施工质量的因素进行。

（一）作业技术准备状态的控制

所谓作业技术准备状态，是指各项施工准备工作在正式开展作业技术活动前，是否按预先计划的安排落实到位的状况，包括配置的人员、材料、机具、场所环境、通风、照明、安全设施等。做好作业技术准备状况的检查，有利于实际施工条件的落实，避免计划与实际两张皮，承诺与行动相脱离，在准备工作不到位的情况下贸然施工。

作业技术准备状态的控制，应着重抓好以下环节的工作：

1. 质量控制点的设置

(1) 质量控制点的概念

质量控制点是指为了保证作业过程质量而确定的重点控制对象、关键部位或薄弱环节。设置质量控制点是保证达到施工质量要求的必要前提，监理工程师在拟定质量控制工作计划时，应予以详细地考虑，并以制度来保证落实。对于质量控制点，一般要事先分析可能造成质量问题的原因，再针对原因制定对策和措施进行预控。

承包单位在工程施工前应根据施工过程质量控制的要求，列出质量控制点明细表，表中详细地列出各质量控制点的名称或控制内容、检验标准及方法等，提交监理工程师审查批准后，在此基础上实施质量预控。

(2) 选择质量控制点的一般原则

可作为质量控制点的对象涉及面广，它可能是技术要求高、施工难度大的结构部位，也可能是影响质量的关键工序、操作或某一环节。总之，不论是结构部位、影响质量的关键工序、操作、施工顺序、技术、材料、机械、自然条件、施工环境等均可作为质量控制点来控制。概括地说，应当选择那些保证质量难度大的、对质量影响大的或者是发生质量问题时危害大的对象作为质量控制点。

①施工过程中的关键工序或环节以及隐蔽工程，例如预应力结构的张拉工序，钢筋混凝土结构中的钢筋架立。

②施工中的薄弱环节，或质量不稳定的工序、部位或对象，例如地下防水层施工。

③对后续工程施工或对后续工序质量或安全有重大影响的工序、部位或对象，例如预应力结构中的预应力钢筋质量、模板的支撑与固定等。

④采用新技术、新工艺、新材料的部位或环节。

⑤施工上无足够把握的、施工条件困难的或技术难度大的工序或环节，例如复杂曲线

模板的放样等。显然，是否设置为质量控制点，主要是视其对质量特性影响的大小、危害程度以及其质量保证的难度大小而定。

(3) 作为质量控制点重点控制的对象

①人的行为。对某些作业或操作，应以人为重点进行控制，例如高空、高温、水下、危险作业等，对人的身体素质或心理应有相应的要求；技术难度大或精度要求高的作业，如复杂模板放样，精密、复杂的设备安装，以及重型构件吊装等对人的技术水平均有相应的较高要求。

②物的质量与性能。施工设备和材料是直接影响工程质量和安全的主要因素，对某些工程尤为重要，常作为控制的重点。例如，基础的防渗灌浆，灌浆材料细度及可灌性，作业设备的质量，计量仪器的质量都是直接影响灌浆质量和效果的主要因素。

③关键的操作。如预应力钢筋的张拉工艺操作过程及张拉力的控制，是可靠地建立预应力值和保证预应力构件质量的关键过程。

④施工技术参数。例如，对填方路堤进行压实时，对填土含水量等参数的控制是保证填方质量的关键；对于岩基水泥灌浆，灌浆压力和吃浆率、冬季施工混凝土受冻临界强度等技术参数是质量控制的重要指标。

⑤施工顺序。对于某些工作必须严格作业之间的顺序，例如，对于冷拉钢筋应当先对焊、后冷拉，否则会失去冷强；对于屋架固定一般应采取对角同时施焊，以免焊接应力使已校正的屋架发生变位等。

⑥技术间歇。有些作业之间需要有必要的技术间歇时间，例如，砖墙砌筑后与抹灰工序之间，以及抹灰与粉刷或喷涂之间，均应保证有足够的间歇时间；混凝土浇筑后至拆模之间也应保持一定的间歇时间；混凝土大坝坝体分块浇筑时，相邻浇筑块之间也必须保持足够的间歇时间等。

⑦新工艺、新技术、新材料的应用。由于缺乏经验，施工时可作为重点进行严格控制。

⑧产品质量不稳定、不合格率较高及易发生质量通病的工序应列为重点，仔细分析、严格控制。例如防水层的铺设，供水管道接头的渗漏等。

⑨易对工程质量产生重大影响的施工方法。例如，液压滑模施工中的支承杆失稳问题、升板法施工中提升差的控制等，都是一旦施工不当或控制不严，即可能引起重大质量事故问题，也应作为质量控制的重点。

⑩特殊地基或特种结构。如大孔性湿陷性黄土、膨胀土等特殊土地基的处理、大跨度和超高结构等难度大的施工环节和重要部位等都应予以特别重视。

总之，质量控制点的选择要准确、有效。为此，一方面需要有经验的工程技术人员来进行选择，另一方面也要集思广益，集中群体智慧由有关人员充分讨论，在此基础上进行选择。选择时要根据对重要的质量特性进行重点控制的要求，选择质量控制的重点部位、重点工序和重点的质量因素作为质量控制点，进行重点控制和预控，这是进行质量控制的有效方法。

(4) 质量预控对策的检查

所谓工程质量预控，就是针对所设置的质量控制点或分部、分项工程，事先分析施工中可能发生的质量问题和隐患，分析可能产生的原因，并提出相应的对策，采取有效的措施进行预先控制，以防在施工中发生质量问题。

质量预控及对策的表达方式主要有：文字表达；表格形式表达；解析图形式表达。

①钢筋电焊焊接质量的预控——文字表达。

列出可能产生的质量问题，以及拟定的质量预控措施。

一是可能产生的质量问题：焊接接头偏心弯折；焊条型号或规格不符合要求；焊缝的长、宽、厚度不符合要求；凹陷、焊瘤、裂纹、烧伤、咬边、气孔、夹渣等缺陷。

二是质量预控措施：根据对电焊钢筋质量上可能产生的质量问题的估计，分析产生上述电焊质量问题的重要原因，不外乎两个方面：一是施焊人员技术不良，二是焊条质量不符合要求，所以监理工程师可以有针对性地提出质量预控的措施：a. 检查焊接人员有无上岗合格证明，禁止无证上岗；b. 焊工正式施焊前，必须按规定进行焊接工艺试验；c. 每批钢筋焊完后，承包单位自检并按规定对焊接接头见证取样进行力学性能试验；d. 在检查焊接质量时，应同时抽检焊条的型号。

②混凝土灌注桩质量预控——表格形式表达（见表 6.4）。

表 6.4　混凝土灌注桩质量预控表

可能发生的质量问题	质量预控措施
孔斜	督促施工单位在钻孔前对钻机认真调平
混凝土强度达不到要求	随时抽查原材料质量；试配混凝土配合比并经监理工程师认可；严格检定计量器具；做好交底工作
缩径、堵管	督促施工单位每桩测定混凝土坍落度 2 次，每 30～50 cm 测一次混凝土浇筑高度
断桩	准备足够数量的拌和运输机械，保证连续浇筑
钢筋笼上浮	掌握泥浆密度和灌注速度，灌注前做好钢筋笼的固定

③混凝土工程质量预控及质量对策——解析图形式表达。

用解析图的形式表示质量预控及措施对策是用两份图表表达的：

一是工程质量预控图：在该图中间按该分部工程的施工各阶段划分，即从准备工作至完工后质量验收与中间检查以及最后的资料整理；右侧列出各阶段所需进行的与质量控制有关的技术工作，用框图的方式分别与工作阶段相连接；左侧列出各阶段所需进行的与质量控制有关的管理工作要求。

二是质量控制对策图：该图分为两部分，一部分是列出某一分部分项工程中各种影响质量的因素；另一部分是列出对应于各种质量问题影响因素所采取的对策或措施。

2. 作业技术交底的控制

承包单位做好技术交底，是取得好的施工质量的条件之一。为此，每一分项工程开始实施前均要进行交底。作业技术交底是对施工组织设计或施工方案的具体化，是更细致、明确、更加具体的技术实施方案，是工序施工或分项工程施工的具体指导文件。为做好技术交底，项目经理部必须由主管技术人员编制技术交底书，并经项目总工程师批准。技术交底的内容包括施工方法、质量要求和验收标准，施工过程中需注意的问题，可能出现意外的措施及应急方案。技术交底要紧紧围绕和具体施工有关的操作者、机械设备、使用的材料、构配件、工艺、工法、施工环境、具体管理措施等方面进行，交底中要明确做什么、谁来做、如何做、作业标准和要求、什么时间完成等。

关键部位，或技术难度大，施工复杂的检验批，分项工程施工前，承包单位的技术交底书(作业指导书)要报监理工程师。经监理工程师审查后，如技术交底书不能保证作业活动的质量要求，承包单位要进行修改补充。没有做好技术交底的工序或分项工程，不得进入正式实施。

3. 进场材料构配件的质量控制

①凡运到施工现场的原材料、半成品或构配件，进场前应向项目监理机构提交《工程材料/构配件/设备报审表》(表 6.5)，同时附有产品出厂合格证及技术说明书，由施工承包单位按规定要求进行检验的检验或试验报告，经监理工程师审查并确认其质量合格后，方准进场。凡是没有产品出厂合格证明及检验不合格者，不得进场。如果监理工程师认为承包单位提交的有关产品合格证明的文件以及施工承包单位提交的检验或试验报告，仍不足以说明到场产品的质量符合要求时，监理工程师可以再行组织复检或见证取样试验，确认其质量合格后方允许进场。

②进口材料的检查、验收，应会同国家商检部门进行。如在检验中发现质量问题或数量不符合规定要求时，应取得供货方及商检人员签署的商务记录，在规定的索赔期内进行索赔。

③材料构配件存放条件的控制。质量合格的材料、构配件进场后，到其使用或安装时通常都要经过一定的时间间隔。在此时间内，如果对材料等的存放、保管不良，可能导致质量状况的恶化，如损伤、变质、损坏，甚至不能使用。因此，监理工程师对承包单位在材料、半成品、构配件的存放、保管条件及时间上也应实行监控。

对于材料、半成品、构配件等，应当根据它们的特点、特性以及对防潮、防晒、防锈、防腐蚀、通风、隔热以及温度、湿度等方面的不同要求，安排适宜的存放条件，以保证其存放质量。例如，对水泥的存放应当防止受潮，存放时间一般不宜超过 3 个月，以免受潮结块；硝铵炸药的湿度达 3%以上时即易结块、拒爆，存放时间应妥为防潮；胶质炸药(硝酸甘油)冰点温度高(+13 ℃以下)，冻结后极为敏感易爆，存放温度应予以控制；某些化学原材料应当避光、防晒；某些金属材料及器材应防锈蚀等。

工程材料/构配件/设备报审表见表 6.5。

表 6.5 工程材料/构配件/设备报审表

工程名称： 编号：

致： (监理单位) 我方于______年______月______日进场的工程材料/构配件/设备数量如下(见附件)。现将质量证明文件及自检结果报上,拟用于下述部位： ____ ____, 请予以审核。 附件：1. 数量清单 2. 质量证明文件 3. 自检结果 承包单位(章)__________ 项目经理__________ 日期__________
审查意见： 经检查上述工程材料/构配件/设备,符合/不符合设计文件和规范的要求,准许/不准许进场,同意/不同意使用于拟定部位。 项目监理机构__________ 总/专业监理工程师__________ 日　期__________

如果存放、保管条件不良,监理工程师有权要求施工承包单位加以改善并达到要求。对于按要求存放的材料,监理工程师在存入后每隔一定时间(例如1个月)可检查一次,随时掌握它们的存放质量情况。此外,在材料、器材等使用前,也应经监理工程师对其质量再次检查确认后,方可允许使用;经检查质量不符合要求者(例如水泥存放时间超过规定期限或受潮结块、强度等级降低),则不准使用,或降低等级使用。

④对于某些当地材料及现场配制的制品,一般要求承包单位事先进行试验,达到要求的标准方准施工。除应达到规定的力学强度等指标外,还应注意以下方面的检验与控制。

a. 材料的化学成分。例如使用开采、加工的天然卵石或碎石作为混凝土粗骨料时,其内在的化学成分至关重要,因为如果其中含有无定形氧化硅时(如蛋白石、白云石、燧石等),而水泥中的含碱(Na_2O,K_2O)量也较高($>0.6\%$)时,则混凝土中将发生化学反应生成碱-硅酸凝胶(碱-集料反应),并吸水膨胀,从而导致混凝土开裂。

b. 充分考虑到施工现场加工条件与设计、试验条件不同而可能导致的材料或半成品质量差异。例如,某工程混凝土所用的砂是由当地的河砂,经过现场加工清洗后使用,按原设计的混凝土配合比进行混凝土试配,其单位体积重量指标值达不到设计要求的标准。究其原因,是由于现场清洗加工工艺条件使加工后的砂料组成发生了较大变化,其中细砂部分流失量较大,这与设计阶段进行室内配合比试验时所用的砂组分有较大的差异,因而导致混凝土密度指标值达不到原设计要求。这样,就需要先找出原因,设法妥善解决后(例如,调整配合比,改进加工工艺),经监理工程师认可后才能允许进行施工。

4. 环境状态的控制

（1）施工作业环境的控制

所谓作业环境条件主要是指诸如：水、电或动力供应、施工照明、安全防护设备、施工场地空间条件和通道，以及交通运输和道路条件等。这些条件是否良好，直接影响到施工能否顺利进行，以及施工质量。例如，施工照明不良，会给要求精密度高的施工操作造成困难，施工质量不易保证；交通运输道路不畅，干扰、延误多，可能造成运输时间加长，运送的混凝土中拌和料质量发生变化（如水灰比、坍落度变化）；路面条件差，可能加重所运混凝土拌和料的离析、水泥浆流失等。此外，当同一个施工现场有多个承包单位或多个工种同时施工或平行立体交叉作业时，更应注意避免它们在空间上的相互干扰，影响效率及质量、安全。所以，监理工程师应事先检查承包单位对施工作业环境条件方面的有关准备工作是否已做好安排和准备妥当；当确认其准备可靠、有效后，方准许其进行施工。

（2）施工质量管理环境的控制

施工质量管理环境主要是指：施工承包单位的质量管理体系和质量控制自检系统是否处于良好的状态；系统的组织结构、管理制度、检测制度、检测标准、人员配备等方面是否完善和明确；质量责任制是否落实；监理工程师做好承包单位施工质量管理环境的检查，并督促其落实，是保证作业效果的重要前提。

（3）现场自然环境条件的控制

监理工程师应检查施工承包单位，对于未来的施工期间，自然环境条件可能出现对施工作业质量的不利影响时，是否事先已有充分的认识并已做好充足的准备和采取了有效措施与对策以保证工程质量。例如，对严寒季节的防冻；夏季的防高温；高地下水位情况下基坑施工的排水或细砂地基防止流砂；施工场地的防洪与排水；风浪对水上打桩或沉箱施工质量影响的防范等。又如，深基础施工中主体建筑物完成后是否可能出现不正常的沉降，影响建筑的综合质量；以及现场因素对工程施工质量与安全的影响（例如，邻近有易爆、有毒气体等危险源；或邻近高层、超高层建筑，深基础施工质量及安全保证难度大等），有无应对方案及有针对性的保证质量及安全的措施等。

5. 进场施工机械设备性能及工作状态的控制

保证施工现场作业机械设备的技术性能及工作状态，对施工质量有重要的影响。因此，监理工程师要做好现场控制工作，不断检查并督促承包单位，只有状态良好，性能满足施工需要的机械设备才允许进入现场作业。

（1）施工机械设备的进场检查

机械设备进场前，承包单位应向项目监理机构报送进场设备清单，列出进场机械设备的型号、规格、数量、技术性能（技术参数）、设备状况、进场时间。

机械设备进场后，根据承包单位报送的清单，监理工程师进行现场核对：是否和施工组织设计中所列的内容相符。

（2）机械设备工作状态的检查

监理工程师应审查作业机械的使用、保养记录，检查其工作状况；重要的工程机械，如大马力推土机、大型凿岩设备、路基碾压设备等，应在现场实际复验（如开动、行走等），以保证投入作业的机械设备状态良好。

监理工程师还应经常了解施工作业中机械设备的工作状况，防止带病运行。发现问题，指令承包单位及时修理，以保持良好的作业状态。

(3) 特殊设备安全运行的审核

对于现场使用的塔吊及有特殊安全要求的设备，进入现场后在使用前，必须经当地劳动安全部门鉴定，符合要求并办好相关手续后方允许承包单位投入使用。

(4) 大型临时设备的检查

在跨越大江大河的桥梁施工中，经常会涉及承包单位在现场组装的大型临时设备，如轨道式龙门吊机、悬灌施工中的挂篮、架梁吊机、吊索塔架、缆索吊机等。这些设备使用前，承包单位必须取得本单位上级安全主管部门的审查批准，办好相关手续后，监理工程师方可批准投入使用。

6. 施工测量及计量器具性能、精度的控制

(1) 试验室

工程项目中，承包单位应建立试验室。如确因条件限制，不能建立试验室，则应委托具有相应资质的专门试验室作为试验室。

如是新建的试验室，应按国家有关规定，经计量主管部门进行认证，取得相应资质；如是本单位中心试验室的派出部分，则应有中心试验室的正式委托书。

(2) 监理工程师对试验室的检查

①工程作业开始前，承包单位应向项目监理机构报送试验室(或外委试验室)的资质证明文件，列出本试验室所开展的试验、检测项目、主要仪器、设备；法定计量部门对计量器具的标定证明文件；试验检测人员上岗资质证明；试验室管理制度等。

②监理工程师的实地检查。监理工程师应检查试验室资质证明文件，试验设备、检测仪器能否满足工程质量检查要求，是否处于良好的可用状态；精度是否符合需要；法定计量部门标定资料，合格证、率定表，是否在标定的有效期内；试验室管理制度是否齐全，符合实际；试验、检测人员的上岗资质等。经检查，确认能满足工程质量检验要求，则予以批准，同意使用；否则，承包单位应进一步完善和补充，在没得到监理工程师同意之前，试验室不得使用。

(3) 工地测量仪器的检查

施工测量开始前，承包单位应向项目监理机构提交测量仪器的型号、技术指标、精度等级、法定计量部门的标定证明，测量工的上岗证明，监理工程师审核确认后，方可进行正式测量作业。在作业过程中监理工程师也应经常检查了解计量仪器、测量设备的性能、精度状况，使其处于良好的状态之中。

7. 施工现场劳动组织及作业人员上岗资格的控制

(1) 现场劳动组织的控制

劳动组织涉及从事作业活动的操作者及管理者，以及相应的各种制度。

①操作人员：从事作业活动的操作者数量必须满足作业活动的需要，相应工种配置要能保证作业有序持续进行，不能因人员数量及工种配置不合理而造成停顿。

②管理人员到位：作业活动的直接负责人(包括技术负责人)，专职质检人员，安全员，与作业活动有关的测量人员、材料员、试验员必须在岗。

③相关制度要健全:如管理层及作业层各类人员的岗位职责;作业活动现场的安全、消防规定;作业活动中环保规定;试验室及现场试验检测的有关规定;紧急情况的应急处理规定等。同时要有相应措施及手段以保证制度、规定的落实和执行。

(2) 作业人员上岗资格

从事特殊作业的人员(如电焊工、电工、起重工、架子工、爆破工),必须持证上岗。对此监理工程师要进行检查与核实。

(二) 作业技术活动运行过程的控制

工程施工质量是在施工过程中形成的,而不是最后检验出来的;施工过程是由一系列相互联系与制约的作业活动所构成,因此,保证作业活动的效果与质量是施工过程质量控制的基础。

1. 承包单位自检与专检工作的监控

(1) 承包单位的自检系统

承包单位是施工质量的直接实施者和责任者。监理工程师的质量监督与控制就是使承包单位建立起完善的质量自检体系并运转有效。

承包单位的自检体系表现在以下几点:

①作业活动的作业者在作业结束后必须自检。

②不同工序交接、转换必须由相关人员交接检查。

③承包单位专职质检员的专检。

为实现上述三点,承包单位必须有整套的制度及工作程序;具有相应的试验设备及检测仪器,配备数量满足需要的专职质检人员及试验检测人员。

(2) 监理工程师的检查

监理工程师的质量检查与验收,是对承包单位作业活动质量的复核与确认;监理工程师的检查绝不能代替承包单位的自检,而且,监理工程师的检查必须是在承包单位自检并确认合格的基础上进行的。专职质检员没检查或检查不合格不能报监理工程师,不符合上述规定,监理工程师一律拒绝进行检查。

2. 技术复核工作监控

凡涉及施工作业技术活动基准和依据的技术工作,都应该严格进行专人负责的复核性检查,以避免基准失误给整个工程质量带来难以补救的或全局性的危害。例如:工程的定位、轴线、标高,预留孔洞的位置和尺寸,预埋件,管线的坡度,混凝土配合比,变电、配电位置,高低压进出口方向、送电方向等。技术复核是承包单位应履行的技术工作责任,其复核结果应报送监理工程师复验确认后,才能进行后续相关的施工。监理工程师应把技术复验工作列入监理规划及质量控制计划中,并看做是一项经常性的工作任务,贯穿于整个施工过程中。

常见的施工测量复核有:

①民用建筑测量复核:建筑物定位测量、基础施工测量、墙体皮数杆检测、楼层轴线检测、楼层间高层传递检测等。

②工业建筑测量复核:厂房控制网测量、桩基施工测量、柱模轴线与高程检测、厂房结构安装定位检测、动力设备基础与预埋螺栓检测。

③高层建筑测量复核：建筑场地控制测量、基础以上的平面与高程控制、建筑物中垂准检测、建筑物施工过程中沉降变形观测等。

④管线工程测量复核：管网或输配电线路定位测量、地下管线施工检测、架空管线施工检测、多管线交汇点高程检测等。

3. 见证取样送检工作的监控

见证是指由监理工程师现场监督承包单位某工序全过程完成情况的活动。见证取样则是指对工程项目使用的材料、半成品、构配件的现场取样、工序活动效果的检查实施见证。为确保工程质量，建设部规定，在市政工程及房屋建筑工程项目中，对工程材料、承重结构的混凝土试块、承重墙体的砂浆试块、结构工程的受力钢筋（包括接头）实行见证取样。

（1）见证取样的工作程序

①工程项目施工开始前，项目监理机构要督促承包单位尽快落实见证取样的送检试验室。对于承包单位提出的试验室，监理工程师要进行实地考察。试验室一般是和承包单位没有行政隶属关系的第三方。试验室要具有相应的资质，经国家或地方计量、试验主管部门认证，试验项目满足工程需要，试验室出具的报告对外具有法定效果。

②项目监理机构要将选定的试验室到负责本项目的质量监督机构备案并得到认可，同时要将项目监理机构中负责见证取样的监理工程师在该质量监督机构备案。

③承包单位在对进场材料、试块、试件、钢筋接头等实施见证取样前要通知负责见证取样的监理工程师，在该监理工程师现场监督下，承包单位按相关规范的要求，完成材料、试块、试件等的取样过程。

④完成取样后，承包单位将送检样品装入木箱，由监理工程师加封，不能装入箱中的试件，如钢筋样品、钢筋接头，则贴上专用加封标志，然后送往试验室。

（2）实施见证取样的要求

①试验室要具有相应的资质并进行备案、认可。

②负责见证取样的监理工程师要具有材料、试验等方面的专业知识，且要取得从事监理工作的上岗资格（一般由专业监理工程师负责从事此项工作）。

③承包单位从事取样的人员一般应由试验室人员，或专职质检人员担任。

④送往试验室的样品，要填写《见证取样委托单》（见表 6.6），委托单要盖有“见证取样”专用章，并有见证取样监理工程师的签字。

⑤试验室出具的报告一式两份，分别由承包单位和项目监理机构保存，并作为归档材料，是工序产品质量评定的重要依据。

⑥见证取样的频率，国家或地方主管部门有规定的，执行相关规定；施工承包合同中如有明确规定的，执行施工承包合同的规定。见证取样的频率和数量，包括在承包单位自检范围内，一般所占比例为 30%。

⑦见证取样的试验费用由承包单位支付。

⑧实行见证取样，绝不代替承包单位应对材料、构配件进场时必须进行的自检。自检频率和数量要按相关规范要求执行。

表 6.6　见证取样委托单

委托单位(公章)：　　　　　　　　　　工程名称：

产品名称			
注册商标			
检测项目			
检测依据			
规格型号及牌号			
出厂批(炉、编)号			
进场批量(吨、个、件)			
有无出厂质量证明书			
产品质量等级			
生产日期或批号			
生产厂名			
供应商名			
样品编号及状态			
代表部位(层次、轴线)			
样品单件数			
委托人签名			
见证人签名			
收样人签名			
样品编号			
建设单位			
施工单位：	电话：	检测单位：	电话：
取样说明： 监理单位(章) 年　月　日			

注:1. 本委托书一式三份,监理(建设)、施工、检测各一份;

2. 施工单位应将本委托书及其检测试验报告一并归档;

3. 见证人签名处应加盖见证单位章。

委托编号：____________

4. 工程变更的监控

施工过程中,由于前期勘察设计的原因,或由于外界自然条件的变化,未探明的地下障碍物、管线、文物、地质条件不符等,以及施工工艺方面的限制、建设单位要求的改变,均会涉及工程变更。做好工程变更的控制工作,也是作业过程质量控制的一项重要内容。

工程变更的要求可能来自建设单位、设计单位或施工承包单位。为确保工程质量，不同情况下，工程变更的实施，设计图纸的澄清、修改，具有不同的工作程序。

(1) 施工承包单位的要求及处理

在施工过程中承包单位提出的工程变更要求可能是：一是要求作某些技术修改；二是要求作设计变更。

①对技术修改要求的处理。

所谓技术修改，这里是指承包单位根据施工现场具体条件和自身的技术、经验和施工设备等条件，在不改变原设计图纸和技术文件的原则前提下，提出的对设计图纸和技术文件的某些技术上的修改要求，例如，对某种规格的钢筋采用替代规格的钢筋、对基坑开挖边坡的修改等。

承包单位提出技术修改的要求时，应向项目监理机构提交《工程变更单》(见表 6.7)，在该表中应说明要求修改的内容及原因或理由，并附图和有关文件。

表 6.7　工程变更单

<table>
<tr><td>工程名称：</td><td>文档编号：</td></tr>
<tr><td colspan="2">致：(监理单位)
由于____________________
原因，兹提出____________________工程变更(内容见附件)，请予审批。
附录：工程变更情况说明

申请单位 ____________
代 表 人 ____________
日　　期 ____________</td></tr>
<tr><td colspan="2">承建单位意见：

负 责 人____________
(盖　章)
日　　期 ____________</td></tr>
<tr><td colspan="2">监理单位审查意见：

总监理工程师 ____________
日　　　期 ____________</td></tr>
<tr><td colspan="2">业主单位审查意见：

业主单位代表____________
(盖　　章)
日　　期____________</td></tr>
</table>

技术修改问题一般可以由专业监理工程师组织承包单位和现场设计代表参加，经各方同意后签字并形成纪要，作为工程变更单附件，经总监批准后实施。

②工程变更的要求。

这种变更是指施工期间，对于设计单位在设计图纸和设计文件中所表达的设计标准状态的改变和修改。

首先，承包单位应就要求变更的问题填写《工程变更单》，送交项目监理机构。其次，总监理工程师根据承包单位的申请，经与设计、建设、承包单位研究并做出变更的决定后，签发《工程变更单》，并应附有设计单位提出的变更设计图纸。然后，承包单位签收后按变更后的图纸施工。总监理工程师在签发《工程变更单》之前，应就工程变更引起的工期改变及费用的增减分别与建设单位和承包单位进行协商，力求达成双方均能同意的结果。

这种变更，一般均会涉及设计单位重新出图的问题。如果变更涉及结构主体及安全，该工程变更还要按有关规定报送施工图原审查单位进行审批，否则变更不能实施。

(2) 设计单位提出变更的处理

①设计单位首先将“设计变更通知”及有关附件报送建设单位。

②建设单位会同监理、施工承包单位对设计单位提交的“设计变更通知”进行研究，必要时设计单位尚需提供进一步的资料，以便对变更做出决定。

③总监理工程师签发《工程变更单》，并将设计单位发出的“设计变更通知”作为该《工程变更单》的附件，施工承包单位按新的变更图实施。

(3) 建设单位(监理工程师)要求变更的处理

①建设单位(监理工程师)将变更的要求通知设计单位，如果在要求中包括有相应的方案或建议，则应一并报送设计单位；否则，变更要求由设计单位研究解决。在提供审查的变更要求中，应列出所有受该变更影响的图纸、文件清单。

②设计单位对《工程变更单》进行研究。如果在“变更要求”中附有建议或解决方案时，设计单位应对建议或解决方案的所有技术方面进行审查，并确定它们是否符合设计要求和实际情况，然后书面通知建设单位，说明设计单位对该解决方案的意见，并将与该修改变更有关的图纸、文件清单返回给建设单位，说明自己的意见。

如果该《工程变更单》未附有建议的解决方案，则设计单位应对该要求进行详细的研究，并准备出自己对该变更的建议方案，提交建设单位。

③根据建设单位的授权监理工程师研究设计单位所提交的建议设计变更方案或其对变更要求所附方案的意见，必要时会同有关的承包单位和设计单位一起进行研究，也可进一步提供资料，以便对变更做出决定。

④建设单位做出变更的决定后由总监理工程师签发《工程变更单》，指示承包单位按变更的决定组织施工。

应当指出的是，监理工程师对于无论哪一方提出的现场工程变更要求，都应持十分谨慎的态度。除非是原设计不能保证质量要求，或确有错误，以及无法施工或非改不可之外；一般情况下即使变更要求可能在技术经济上是合理的，也应全面考虑，将变更以后所产生的效益(质量、工期、造价)与现场变更引起承包单位的索赔等所产生的损失加以比较，权衡轻重后再做出决定。因为往往这种变更并不一定能达到预期的愿望和效果。

需注意的是，在工程施工过程中，无论是建设单位或者施工及设计单位提出的工程变更或图纸修改，都应通过监理工程师审查并经有关方面研究，确认其必要性后，由总监理工程师发布变更指令方能生效予以实施。

5. 见证点的实施控制

“见证点”(Witness Point)是国际上对于重要程度不同及监督控制要求不同的质量控制点的一种区分方式。实际上它是质量控制点，只是由于它的重要性或其质量后果影响程度不同于一般质量控制点，所以在实施监督控制时的运作程序和监督要求与一般质量控制点有所区别。

(1) 见证点的概念

见证点监督，也称为 W 点监督。凡是列为见证点的质量控制对象，在规定的关键工序施工前，承包单位应提前通知监理人员在约定的时间内到现场进行见证和对其施工实施监督。如果监理人员未能在约定的时间内到现场见证和监督，则承包单位有权进行该 W 点的相应的工序操作和施工。

(2) 见证点的监理实施程序

①承包单位应在某见证点施工之前一定时间，例如 24 小时前，书面通知监理工程师，说明该见证点准备施工的日期与时间，请监理人员届时到达现场进行见证和监督。

②监理工程师收到通知后，应注明收到该通知的日期并签字。

③监理工程师应按规定的时间到现场见证。对该见证点的实施过程进行认真的监督、检查，并在见证表上详细记录该项工作所在的建筑物部位、工作内容、数量、质量及工时等后签字，作为凭证。

④如果监理人员在规定的时间不能到场见证，承包单位可以认为已获监理工程师默认，可有权进行该项施工。

⑤如果在此之前监理人员已到过现场检查，并将有关意见写在“施工记录”上，则承包单位应在该意见旁写明他根据该意见已采取的改进措施，或者写明他的某些具体意见。在实际工程实施质量控制时，通常是由施工承包单位在分项工程施工前制定施工计划时，就选定设置质量控制点，并在相应的质量计划中再进一步明确哪些是见证点。承包单位应将该施工计划及质量计划提交监理工程师审批。如监理工程师对上述计划及见证点的设置有不同的意见，应书面通知承包单位，要求予以修改，修改后再上报监理工程师审批后执行。

6. 级配管理质量监控

建设工程中，均会涉及材料的级配，不同材料的混合拌制。如混凝土工程中，砂、石骨料本身的组分级配，混凝土拌制的配合比；交通工程中路基填料的级配、配合及拌制；路面工程中沥青摊铺料的级配配比。由于不同原材料的级配，配合及拌制后的产品对最终工程质量有重要的影响，因此，监理工程师要做好相关的质量控制工作。

(1) 拌和原材料的质量控制

使用的原材料除材料本身质量要符合规定要求外，材料本身的级配也必须符合相关规定，如粗骨料的粒径级配，细集料的级配曲线要在规定的范围内。

(2) 材料配合比的审查

根据设计要求，承包单位首先进行理论配合比设计，进行试配试验后，确认 2～3 个能满足要求的理论配合比提交监理工程师审查。报送的理论配合比必须附有原材料的质量证明资料(现场复验及见证取样试验报告)、现场试块抗压强度报告及其他必需的资料。

监理工程师经审查后确认其符合设计及相关规范的要求后,予以批准。以混凝土配合比审查为例,应重点审查水泥品种、水泥最大用量;粉煤灰掺入量、水灰比、坍落度、配制强度;使用的外加剂、砂的细度模数、粗骨料的最大粒径限制等。

(3) 现场作业的质量控制

①拌和设备状态及相关拌和料计量装置,称重衡器的检查。

②投入使用的原材料(如水泥、砂、外加剂、水、粉煤灰、粗骨料)的现场检查,是否与批准的配合比一致。

③现场作业实际配合比是否符合理论配合比,作业条件发生变化是否及时进行了调整。例如混凝土工程中,雨后开盘生产混凝土,砂的含水率发生了变化,对水灰比是否及时进行调整等。

④对现场所做的调整应按技术复核的要求和程序执行。

⑤在现场实际投料拌制时,应做好看板管理。

7. 计量工作质量监控

计量是施工作业过程的基础工作之一,计量作业效果对施工质量有重大影响。监理工程师对计量工作的质量监控包括以下内容:

①施工过程中使用的计量仪器、检测设备、称重衡器的质量控制。

②从事计量作业人员技术水平资格的审核,尤其是现场从事施工测量的测量工,从事试验、检测的试验工。

③现场计量操作的质量控制。作业者的实际作业质量直接影响到作业效果,计量作业现场的质量控制主要是检查其操作方法是否得当。如对仪器的使用,数据的判读,数据的处理及整理方法,以及对原始数据的检查。如检查测量司镜手的测量手簿,检查试验的原始数据,检查现场检测的原始记录等。在抽样检测中,现场检测取点、检测仪器的布置是否正确、合理,检测部位是否有代表性,能否反映真实的质量状况,也是审核的内容。如路基压实度检查中,如果检查点只在路基中部选取,就不能如实反映实际而必须在路肩、路基中部均有检测点。

(三) 质量记录资料的监控

质量资料是施工承包单位进行工程施工或安装期间,实施质量控制活动的记录,还包括监理工程师对这些质量控制活动的意见及施工承包单位对这些意见的答复,它详细地记录了工程施工阶段质量控制活动的全过程。因此,它不仅在工程施工期间对工程质量的控制有重要作用,而且在工程竣工和投入运行后,对于查询和了解工程建设的质量情况以及工程维修和管理也能提供大量有用的资料和信息。

1. 质量记录资料包括以下三方面内容

(1) 施工现场质量管理检查记录资料

主要包括承包单位现场质量管理制度,质量责任制;主要专业工种操作上岗证书;分包单位资质及总包单位对分包单位的管理制度;施工图审查核对资料(记录),地质勘察资料;施工组织设计、施工方案及审批记录;施工技术标准;工程质量检验制度;混凝土搅拌站(级配填料拌和站)及计量设置;现场材料、设备存放与管理等。

(2) 工程材料质量记录

主要包括进场工程材料、半成品、构配件、设备的质量证明资料;各种试验检验报告(如力学性能试验、化学成分试验、材料级配试验等);各种合格证;设备进场维修记录或设备进场运行检验记录。

(3) 施工过程作业活动质量记录资料

施工或安装过程可按分项、分部、单位工程建立相应的质量记录资料。在相应质量记录资料中应包含有关图纸的图号、设计要求;质量自检资料;监理工程师的验收资料;各工序作业的原始施工记录;检测及试验报告;材料、设备质量资料的编号、存放档案卷号;此外,质量记录资料还应包括不合格项的报告、通知以及处理及检查验收资料等。

质量记录资料应在工程施工或安装开始前,由监理工程师和承包单位一起,根据建设单位的要求及工程竣工验收资料组卷归档的有关规定,研究列出各施工对象的质量资料清单。以后,随着工程施工的进展,承包单位应不断补充和填写关于材料、构配件及施工作业活动的有关内容,记录新的情况。当每一阶段(如检验批,一个分项或分部工程)施工或安装工作完成后,相应的质量记录资料也应随之完成,并整理组卷。

施工质量记录资料应真实、齐全、完整,相关各方人员的签字齐备、字迹清楚、结论明确,与施工过程的进展同步。在对作业活动效果的验收中,如缺少资料和资料不全,监理工程师应拒绝验收。

2. 工地例会的管理

工地例会是施工过程中参加建设项目各方沟通情况,解决分歧,达成共识,做出决定的主要渠道,也是监理工程师进行现场质量控制的重要场所。通过工地例会,监理工程师检查分析施工过程的质量状况,指出存在的问题,承包单位提出整改的措施,并做出相应的保证。

由于参加工地例会的人员较多,层次也较高,会很容易就问题的解决达成共识。除了例行的工地例会外,针对某些专门质量问题,监理工程师还应组织专题会议,集中解决较重大或普遍存在的问题。实践表明采用这样的方式比较容易解决问题,使质量状况得到改善。

为开好工地例会及质量专题会议,监理工程师要充分了解情况,判断要准确,决策要正确。此外,要讲究方法,协调处理各种矛盾,不断提高会议质量,使工地例会真正起到解决质量问题的作用。

3. 停、复工令的实施

(1) 工程暂停指令的下达

为了确保作业质量,根据委托监理合同中建设单位对监理工程师的授权,出现下列情况需要停工处理时,应下达停工指令(见表 6.8)。

表 6.8 停工令

工程名称：	文档编号：
致：(承建单位) 经查实，我方认为工程实施过程中，存在______问题，影响了工程的正常实施。因此，贵单位务必于______年______月______日起开始停止施工。 附：证明材料 总监理工程师______ 日 期______	

①施工作业活动存在重大隐患，可能造成质量事故或已经造成质量事故。

②承包单位未经许可擅自施工或拒绝项目监理机构管理。

③在出现下列情况时，总监理工程师有权行使质量控制权，下达停工令，及时进行质量控制。

一是施工中出现质量异常情况，经提出后，承包单位未采取有效措施，或措施不力未能扭转异常情况者。

二是隐蔽作业未经依法查验确认合格，而擅自封闭者。

三是已发生质量问题迟迟未按监理工程师要求进行处理，或者是已发生质量缺陷或问题，如不停工则质量缺陷或问题将继续发展的情况下。

四是未经监理工程师审查同意，而擅自变更设计或修改图纸进行施工者。

五是未经技术资质审查的人员或不合格人员进入现场施工。

六是使用的原材料、构配件不合格或未经检查确认者；或擅自采用未经审查认可的代用材料者。

七是擅自使用未经项目监理机构审查认可的分包单位进场施工。

总监理工程师在签发工程暂停令时，应根据停工原因的影响范围和影响程度，确定工程项目停工范围。

(2) 恢复施工指令的下达(复工令见表 6.9)

承包单位经过整改具备恢复施工条件时，承包单位向项目监理机构报送复工申请及有关材料，证明造成停工的原因已消失。经监理工程师现场复查，认为已符合继续施工的条件，造成停工的原因确已消失，总监理工程师应及时签署工程复工报审表，指令承包单位继续施工。

表 6.9 复工令

工程名称：	文档编号：
致：(承建单位) 由于 原因，现通知你方必须于________年______月______日______时起，对本工程实施复工，并按下述要求做好各项工作： 总监理工程师 ________________ 日　　期 ________________	

(3) 总监下达停工令及复工指令，宜事先向建设单位报告。

(四) 作业技术活动结果的控制

1. 作业技术活动结果的控制内容

作业活动结果，泛指作业工序的产出品、分项分部工程的已完施工及已完准备交验的单位工程等。

作业技术活动结果的控制是施工过程中间产品及最终产品质量控制的方式，只有作业活动的中间产品质量都符合要求，才能保证最终单位工程产品的质量，主要内容有：

(1) 基槽(基坑)验收

基槽开挖是基础施工中的一项内容，由于其质量状况对后续工程质量影响大，故均作为一个关键工序或一个检验批进行质量验收。基槽开挖质量验收主要涉及地基承载力的检查确认，地质条件的检查确认，开挖边坡的稳定及支护状况的检查确认。由于部位的重要性，基槽开挖验收均要有勘察设计单位的有关人员参加，并请当地或主管质量监督部门参加，经现场检查，测试（或平行检测）确认其地基承载力是否达到设计要求，地质条件是否与设计相符。如相符，则共同签署验收资料，如达不到设计要求或与勘察设计资料不符，则应采取措施进一步处理或工程变更，由原设计单位提出处理方案，经承包单位实施完毕后重新验收。

(2) 隐蔽工程验收

隐蔽工程是指将被其后工程施工所隐蔽的分项、分部工程，在隐蔽前所进行的检查验收。它是对一些已完分项、分部工程质量的最后一道检查，由于检查对象就要被其他工程覆盖，给以后的检查整改造成障碍，故显得尤为重要，它是质量控制的一个关键过程。

①工作程序。

一是隐蔽工程施工完毕，承包单位按有关技术规程、规范、施工图纸先进行自检，自检合格后，填写《报验申请表》（见表 6.10），附上相应的工程检查证（或隐蔽工程检查记录）及有关材料证明。试验报告、复试报告等，报送项目监理机构。

二是监理工程师收到报验申请后首先对质量证明资料进行审查，并在合同规定的时间内到现场检查（检测或核查），承包单位的专职质检员及相关施工人员应随同一起到现场。

三是经现场检查，如符合质量要求，监理工程师在《报验申请表》及工程检查证（或隐蔽工程检查记录）上签字确认，准予承包单位隐蔽、覆盖，进入下一道工序施工。

表 6.10　报验申请表

________________报验申请表

工程名称：　　　　　　　　　　　　　　　　编号：

致：　　　　　　　　　　　　　　（监理单位） 我单位已完成了____________________工作，现报上该工程报验申请表，请予以审查和验收。 附件： 承包单位（章）__________ 项目经理__________ 日　　期__________
审查意见： 项目监理机构__________ 总/专业监理工程师__________ 日　　期__________

如经现场检查发现不合格，监理工程师签发“不合格项目通知”（见表 6.11），指令承包单位整改，整改后自检合格再报监理工程师复查。

表 6.11　不合格项目通知

编号：

<table>
<tr><td>工 程 名 称</td><td></td></tr>
<tr><td colspan="2">致________：
现通知你，经试验/检验表明________________工程不符合技术规范要求，根据规范规定，这些要求为________________
____
____
____
____
____
____
________________故要求对该工程：
□拆除　□更换　□修补　□返工
□检测　□请设计签认

监理工程师(签字)：　监理单位：　日期：</td></tr>
<tr><td colspan="2">第　　　号不合格工程通知于________年________月______日收到，我将根据通知的要注进行改正。

负责人(签字)：　承包单位：　日期：</td></tr>
</table>

注：本表一式二份，承包单位、监理单位各一份。

②隐蔽工程检查验收的质量控制要点。

以工业及民用建筑为例，下述工程部位进行隐蔽检查时必须重点控制，防止出现质量隐患。a. 基础施工前对地基质量的检查，尤其要检测地基承载力；b. 基坑回填土前对基础质量的检查；c. 混凝土浇筑前对钢筋的检查(包括模板检查)；d. 混凝土墙体施工前，对敷设在墙内的电线管质量的检查；e. 防水层施工前对基层质量的检查；f. 建筑幕墙施工挂板之前对龙骨系统的检查；g. 屋面板与屋架(梁)埋件的焊接检查；h. 避雷引下线及接地引下线的连接；i. 覆盖前对直埋于楼地面的电缆，封闭前对敷设于暗井道、吊顶、楼板垫层内的设备管道；j. 易出现质量通病的部位。

③作为示例，以下介绍钢筋隐蔽工程验收要点：

一是按施工图核查绑扎成型的钢筋骨架，检查钢筋品种、直径、数量、间距、形状。

二是骨架外形尺寸，其偏差是否超过规定；检查保护层厚度，构造筋是否符合构造要求。

三是锚固长度，箍筋加密区及加密间距。

四是检查钢筋接头，如是绑扎搭接，要检查搭接长度、接头位置和数量(错开长度、接头百分率)；焊接接头或机械连接，要检查外观质量，取样试件力学性能试验是否达到要求，接头位置(相互错开)数量(接头百分率)。

(3) 工序交接验收

工序是指作业活动中一种必要的技术停顿，是作业方式的转换及作业活动效果的中间确认，上道工序应满足下道工序的施工条件和要求。对相关专业工序之间也是如此，通过工序间的交接验收，使各工序间和相关专业工程之间形成一个有机整体。

(4) 检验批，分项、分部工程的验收

检验批的质量应按主控项目和一般项目验收。

一检验批(分项、分部工程)完成后，承包单位应首先自行检查验收，确认符合设计文件，相关验收规范的规定，然后向监理工程师提交申请，由监理工程师予以检查、确认。监理工程师按合同文件的要求，根据施工图纸及有关文件、规范、标准等，从外观、几何尺寸、质量控制资料以及内在质量等方面进行检查、审核。如确认其质量符合要求，则予以确认验收。如有质量问题则指令承包单位进行处理，待质量合乎要求后再予以检查验收。对涉及结构安全和使用功能的重要分部工程应进行抽样检测。

(5) 单位工程或整个工程项目的竣工验收

在一个单位工程完工后或整个工程项目完成后，施工承包单位应先进行竣工自检，自检合格后，向项目监理机构提交《工程竣工报验单》(见表 6.12)，总监理工程师组织专业监理工程师进行竣工初验，其主要工作包括以下几方面：

表 6.12　工程竣工报验单

工程名称：　　　　　　　　　　　　　　　　　　　　编号：

致：　　　　　　　　　　　　　　　　(监理单位) 我方已按合同要求完成了______________________工程，经自检合格，请予以检查和验收。 附件： 承包单位(章)__________ 项目经理__________ 日　　期__________
审查意见： 经初步验收，该工程 1. 符合/不符合我国现行法律，法规要求； 2. 符合/不符合我国现行工程建设标准； 3. 符合/不符合设计文件要求； 4. 符合/不符合施工合同要求。 综上所述，该工程初步验收合格/不合格，可以/不可以组织正式验收。 项目监理机构__________ 总监理工程师__________ 日　　期__________

①审查施工承包单位提交的竣工验收所需的文件资料，包括各种质量控制资料、试验报告以及各种有关的技术性文件等。若所提交的验收文件、资料不齐全或有相互矛盾和不符之处，应指令承包单位补充、核实及改正。

②审核承包单位提交的竣工图，并与已完工程、有关的技术文件(如设计图纸、工程变更文件、施工记录及其他文件)对照进行核查。

③总监理工程师组织专业监理工程师对拟验收工程项目的现场进行检查，如发现质量问题应指令承包单位进行处理。

④对拟验收项目初验合格后，总监理工程师对承包单位的《工程竣工报验单》予以签认，并上报建设单位，同时提出"工程质量评估报告"(见表6.13)。

表6.13 工程质量评估报告

工程质量评估报告

工 程 名 称 ______________________________

监 理 单 位 ___________________________(公章)

续表

说　　明

1. 本表由监理单位填写。
2. 本表要求字迹清楚，用钢笔或墨笔填写，或计算机打印。
3. 建设单位在申请竣工验收备案时，一份交备案部门。
4. 本表一式四份，两份交建设单位，一份交施工单位，一份留存。

续表

<table>
<tr><td>工程名称</td><td colspan="3"></td><td colspan="2">工程地址</td><td colspan="4"></td></tr>
<tr><td>建筑面积</td><td>m²</td><td>结构形式</td><td></td><td colspan="2">层数</td><td>层</td><td colspan="2">建筑高度</td><td>m</td></tr>
<tr><td>开工日期</td><td colspan="2"></td><td colspan="2">竣工日期</td><td></td><td colspan="2">工程造价</td><td colspan="2">万元</td></tr>
<tr><td>建设单位</td><td colspan="3"></td><td colspan="2">勘察单位</td><td colspan="4"></td></tr>
<tr><td>施工单位</td><td colspan="3"></td><td colspan="2">设计单位</td><td colspan="4"></td></tr>
<tr><td>监理单位</td><td colspan="3"></td><td colspan="2">监理资质</td><td colspan="4"></td></tr>
<tr><td colspan="10">工程监理情况：</td></tr>
<tr><td colspan="10">项目监理人员及专业分工：</td></tr>
<tr><td colspan="10">监理过程中履行职责情况：</td></tr>
<tr><td colspan="10">进场材料、设备见证检测情况：</td></tr>
<tr><td colspan="10">检验批，分项、分部、单位工程质量预验收情况（程序、执行强制性条文、整改复查、验收结果）：</td></tr>
<tr><td colspan="10">结构安全和使用功能抽查检测情况：</td></tr>
<tr><td colspan="10">工程观感质量检查情况：</td></tr>
<tr><td colspan="10">设计变更、设计核定情况：</td></tr>
<tr><td colspan="10">质量事故（问题）处理情况：</td></tr>
<tr><td colspan="10">工程资料（施工、监理）核查情况：</td></tr>
<tr><td colspan="10">工程质量评估意见：</td></tr>
<tr><td colspan="10">项目总监理工程师（签字）：　　　　报告编写人（签字）：
单位技术负责人（签字）：　　　　日 期：</td></tr>
</table>

“工程质量评估报告”是工程验收中的重要资料，它由项目总监理工程师和监理单位技术负责人签署。主要包括以下主要内容：

一是工程项目建设概况介绍，参加各方的单位名称、负责人。

二是工程检验批，分项、分部、单位工程的划分情况。

三是工程质量验收标准，各检验批，分项、分部工程质量验收情况。

四是地基与基础分部工程中，涉及桩基工程的质量检测结论；基槽承载力检测结论；涉及结构安全及使用功能的检测结论；建筑物沉降观测资料。

五是施工过程中出现的质量事故及处理情况，验收结论。

六是结论。本工程项目（单位工程）是否达到合同约定；是否满足设计文件要求；是否符合国家强制性标准及条款的规定。

⑤参加由建设单位组织的正式竣工验收。

（6）不合格的处理

上道工序不合格，不准进入下道工序施工，不合格的材料、构配件、半成品不准进入施工现场且不允许使用，已经进场的不合格品应及时做出标识、记录，指定专人看管，避免用错，并限期清除出现场；不合格的工序或工程产品，不予计价。

（7）成品保护

①成品保护的要求。

所谓成品保护一般是指在施工过程中，有些分项工程已经完成，而其他一些分项工程尚在施工；或者是在其分项工程施工过程中，某些部位已完成，而其他部位正在施工。在这种情况下，承包单位必须负责对已完成部分采取妥善措施予以保护，以免因成品缺乏保护或保护不善而造成操作损坏或污染，影响工程整体质量。因此，监理工程师应对承包单位所承担的成品保护工作的质量与效果进行经常性的检查。对承包单位进行成品保护的基本要求是：在承包单位向建设单位提出其工程竣工验收申请或向监理工程师提出分部、分项工程的中间验收时，其提请验收工程的所有组成部分均应符合与达到合同文件规定的或施工图纸等技术文件所要求的质量标准。

②成品保护的一般措施。

根据需要保护的建筑产品的特点不同，可以分别对成品采取“防护”“覆盖”“封闭”等保护措施，以及合理安排施工顺序来达到保护成品的目的。具体如下所述：

一是防护。就是针对被保护对象的特点采取各种防护措施。例如，对丁清水楼梯踏步，可以采取护棱角铁上下连接固定；对于进出口台阶可垫砖或方木搭脚手板供人通过的方法来保护台阶；对于门口易碰部位，可以钉上防护条或槽型盖铁保护；门扇安装后可加楔固定等。

二是包裹。就是将被保护物包裹起来，以防损伤或污染。例如，对镶面大理石柱可用立板包裹捆扎保护；铝合金门窗可用塑料布包扎保护等。

三是覆盖。就是用表面覆盖的办法防止堵塞或损伤。例如，对地漏、落水口排水管等安装后可以覆盖，以防止异物落入而被堵塞；预制水磨石或大理石楼梯可用木板覆盖加以保护；地面可用锯末、苫布等覆盖以防止喷浆等污染；其他需要防晒、防冻、保温养护等项目也应采取适当的防护措施。

四是封闭。就是采取局部封闭的办法进行保护。例如,垃圾道完成后,可将其进口封闭起来,以防止建筑垃圾堵塞通道;房间水泥地面或地面砖完成后,可将该房间局部封闭,防止人们随意进入而损害地面;室内装修完成后,应加锁封闭,防止人们随意进入而受到损伤等。

五是合理安排施工顺序。主要是通过合理安排不同工作间的施工顺序先后以防止后道工序损坏或污染已完工的成品或生产设备。

2. 作业技术活动结果检验程序与方法

(1) 检验程序

按一定的程序对作业活动结果进行检查,其根本目的是要体现作业者要对作业活动结果负责,同时也是加强质量管理的需要。

作业活动结束,应先由承包单位的作业人员按规定进行自检,自检合格后与下一工序的作业人员交接检查,如满足要求则由承包单位专职质检员进行检查,以上自检、交检、专检均符合要求后则由承包单位向监理工程师提交"报验申请表",监理工程师收到通知后,应在合同规定的时间内及时对其质量进行检查,确认其质量合格后予以签认验收。

作业活动结果的质量检查验收主要是对质量性能的特征指标进行检查。即采取一定的检测手段,进行检验,根据检验结果分析、判断该作业活动的质量(效果)。

①实测。即采用必要的检测手段,对实体进行的几何尺寸测量、测试或对抽取的样品进行检验,测定其质量特性指标(例如混凝土的抗压强度)。

②分析。即是对检测所得数据进行整理、分析,找出规律。

③判断。根据对数据分析的结果,判断该作业活动效果是否达到了规定的质量标准;如果未达到,应找出原因。

④纠正或认可。如发现作业质量不符合标准规定,应采取措施纠正;如果质量符合要求则予以确认。

重要的工程部位、工序和专业工程,或监理工程师对承包单位的施工质量状况未能确信者,以及主要材料,半成品、构配件的使用等,还需由监理人员亲自进行现场验收试验或技术复核。例如,路基填土压实的现场抽样检验等;涉及结构安全的试块、试件以及有关材料,应按规定进行见证取样检测、抽样检验。

(2) 质量检验的主要方法

对于现场所用原材料、半成品、工序过程或工程产品质量进行检验的方法,一般可分为三类,即:目测法、检测工具量测法以及试验法。

①目测法:即凭借感官进行检查,也可以叫做观感检验。这类方法主要是根据质量要求,采用看、摸、敲、照等手法对检查对象进行检查。所谓"看",就是根据质量标准要求进行外观检查,例如清水墙表面是否洁净,喷涂的密实度和颜色是否良好、均匀,工人的施工操作是否正常,混凝土振捣是否符合要求等。所谓"摸",就是通过触摸手感进行检查、鉴别,例如油漆的光滑度,浆活是否牢固、不掉粉等。所谓"敲",就是运用敲击方法进行音感检查,例如对拼镶木地板、墙面瓷砖、大理石镶贴、地砖铺砌等的质量均可通过敲击检查,根据声音虚实、脆闷判断有无空鼓等质量问题。所谓"照",就是通过人工光源或反射光照射,仔细检查难以看清的部位。

②量测法：就是利用量测工具或计量仪表，通过实际量测结果与规定的质量标准或规范的要求相对照，从而判断质量是否符合要求。量测的手法可归纳为：靠、吊、量、套。所谓“靠”，是用直尺检查诸如地面、墙面的平整度等。所谓“吊”，是指用托线板线锤检查垂直度。所谓“量”，是指用量测工具或计量仪表等检查断面尺寸、轴线、标高、温度、湿度等数值并确定其偏差，例如大理石板拼缝尺寸与超差数量，摊铺沥青拌和料的温度等。所谓“套”，是指以方尺套方辅以塞尺，检查诸如踏角线的垂直度、预制构件的方正，门窗口以及构件的对角线等。

③试验法：指通过进行现场试验或试验室试验等理化试验手段，取得数据，分析判断质量情况。包括：

一是理化试验工程中常用的理化试验，包括各种物理力学性能方面的检验和化学成分及含量的测定等两个方面。力学性能的检验如各种力学指标的测定，像抗拉强度、抗压强度、抗弯强度、抗折强度、冲击韧性、硬度、承载力等。各种物理性能方面的测定如密度、含水量、凝结时间、安定性、抗渗、耐磨、耐热等。各种化学方面的试验如化学成分及其含量的测定（例如钢筋中的磷、硫含量，混凝土粗骨料中的活性氧化硅成分测定等），以及耐酸、耐碱、抗腐蚀等。此外，必要时还可在现场通过诸如对桩或地基的现场静载试验或打试桩，确定其承载力；对混凝土现场取样，通过试验室的抗压强度试验，确定混凝土达到的强度等级；以及通过管道压水试验判断其耐压及渗漏情况等。

二是无损测试或检验借助专门的仪器、仪表等手段探测结构物或材料、设备内部组织结构或损伤状态。这类检测仪器如：超声波探伤仪、磁粉探伤仪、射线探伤、渗透液探伤等。它们一般可以在不损伤被探测物的情况下了解被探测物的质量情况。

(3) 质量检验程度的种类

按质量检验的程度，即检验对象被检验的数量划分，可有以下几类：

①全数检验。也叫做普遍检验，它主要是用于关键工序部位或隐蔽工程，以及那些在技术规程、质量检验验收标准或设计文件中有明确规定应进行全数检验的对象。总之，对于诸如规格、性能指标对工程的安全性、可靠性起决定作用的施工对象；质量不稳定的工序；质量水平要求高，对后继工序有较大影响的施工对象，不采取全数检验不能保证工程质量时，均需采取全数检验。例如，对安装模板的稳定性、刚度、强度、结构物轮廓尺寸等；对架立的钢筋规格、尺寸、数量、间距、保护层；以及绑扎或焊接质量等。

②抽样检验。对于主要的建筑材料、半成品或工程产品等，由于数量大，通常大多采取抽样检验。即从一批材料或产品中，随机抽取少量样品进行检验，并根据对其数据经统计分析的结果，判断该批产品的质量状况。与全数检验相比较，抽样检验具有如下优点：a. 检验数量少，比较经济；b. 适合于需要进行破坏性试验（如混凝土抗压强度的检验）的检验项目；c. 检验所需时间较少。

③免检。就是在某种情况下，可以免去质量检验过程。对于已有足够证据证明质量有保证的一般材料或产品；或实践证明其产品质量长期稳定、质量保证资料齐全者；或是某些施工质量只有通过在施工过程中的严格质量监控，而质量检验人员很难对产品内在质量再做检验的，均可考虑采取免检。

(4) 质量检验必须具备的条件

监理单位对承包单位进行有效的质量监督控制是以质量检验为基础的,为了保证质量检验的工作质量,必须具备一定的条件。

①监理单位要具有一定的检验技术力量。配备所需的具有相应水平和资格的质量检验人员。必要时,还应建立可靠的对外委托检验关系。

②监理单位应建立一套完善的管理制度,包括建立质量检验人员的岗位责任制;检验设备质量保证制度;检验人员技术核定与培训制度;检验技术规程与标准实施制度;以及检验资料档案管理等方面。

③配备一定数量符合标准及满足检验工作需要的检验和测试手段。

④质量检验所需的技术标准,如国际标准、国家标准、行业及地方标准等。

(5) 质量检验计划

工程项目的质量检验工作具有流动性、分散性及复杂性的特点。为使监理人员能有效地实施质量检验工作和对承包单位进行有效的质量监控,监理单位应当制定质量检验计划,通过质量检验计划这种书面文件,可以清楚地向有关人员表明应当检验的对象是什么,应当如何检验,检验的评价标准如何,以及其他要求等。

质量检验计划的内容可以包括:

①分部、分项工程名称及检验部位。

②检验项目,即应检验的性能特征及其重要性级别。

③检验程度和抽检方案。

④应采用的检验方法和手段。

⑤检验所依据的技术标准和评价标准。

⑥认定合格的评价条件。

⑦质量检验合格与否的处理。

⑧对检验记录及签发检验报告的要求。

⑨检验程序或检验项目实施的顺序。

3. 施工阶段质量控制手段

(1) 审核技术文件、报告和报表

这是对工程质量进行全面监督、检查与控制的重要手段。审核的具体内容包括以下几方面:

①审查进入施工现场的分包单位的资质证明文件,控制分包单位的质量。

②审批施工承包单位的开工申请书,检查、核实与控制其施工准备工作质量。

③审批承包单位提交的施工方案、质量计划、施工组织设计或施工计划,控制工程施工质量有可靠的技术措施保障。

④审批施工承包单位提交的有关材料、半成品和构配件质量证明文件(出厂合格证、质量检验或试验报告等),确保工程质量有可靠的物质基础。

⑤审核承包单位提交的反映工序施工质量的动态统计资料或管理图表。

⑥审核承包单位提交的有关工序产品质量的证明文件(检验记录及试验报告)、工序交接检查(自检)、隐蔽工程检查、分部分项工程质量检查报告等文件、资料,以确保和控制

施工过程的质量。

⑦审批有关工程变更、修改设计图纸等,确保设计及施工图纸的质量。

⑧审核有关应用新技术、新工艺、新材料、新结构等的技术鉴定书,审批其应用申请报告,确保新技术应用的质量。

⑨审批有关工程质量事故或质量问题的处理报告,确保质量事故或质量问题处理的质量。

⑩审核与签署现场有关的质量技术签证、文件等。

(2) 指令文件与一般管理文书

指令文件是监理工程师运用指令控制权的具体形式。所谓指令文件是表达监理工程师对施工承包单位提出指示或命令的书面文件,属要求强制性执行的文件。一般情况下是监理工程师从全局利益和目标出发,在对某项施工作业或管理问题,经过充分调研、沟通和决策之后,必须要求承包人严格按监理工程师的意图和主张实施的工作。对此承包人负有全面正确执行指令的责任,监理工程师负有监督指令实施效果的责任,因此,它是一种非常慎用而严肃的管理手段。监理工程师的各项指令都应是书面的或有文件记载方为有效,并作为技术文件资料存档。如因时间紧迫,来不及做出正式的书面指令,也可以用口头指令的方式下达给承包单位,但随即应按合同规定,及时补充书面文件对口头指令予以确认。

指令文件一般均以监理工程师通知的方式下达,在监理指令中,开工指令、工程暂停指令及工程恢复施工指令也属指令文件,但由于其地位的特殊,在施工过程的质量控制相关章节已做了介绍。

一般管理文书,如监理工程师函、备忘录、会议纪要、发布有关信息、通报等,主要是对承包商工作状态和行为,提出建议、希望和劝阻等,不属强制性要求执行,仅供承包人自主决策参考。

(3) 现场监督和检查

①现场监督检查的内容。

一是开工前的检查。主要是检查开工前准备工作的质量,能否保证正常施工及工程施工质量。

二是工序施工中的跟踪监督、检查与控制。主要是监督、检查在工序施工过程中,人员、施工机械设备、材料、施工方法及工艺或操作,以及施工环境条件等是否均处于良好的状态,是否符合保证工程质量的要求,若发现有问题及时纠偏和加以控制。

三是对于重要的和对工程质量有重大影响的工序和工程部位,还应在现场进行施工过程的旁站监督与控制,确保使用材料及工艺过程质量。

②现场监督检查的方式包括旁站与巡视。

旁站是指在关键部位或关键工序施工过程中由监理人员在现场进行的监督活动。在施工阶段,很多工程的质量问题是由于现场施工或操作不当或不符合规程、标准所致,有些施工操作不符合要求的工程质量,虽然从表面上看似乎影响不大,或外表上看不出来,但却隐藏着潜在的质量隐患与危险。例如,浇筑混凝土时振捣时间不够或漏振,都会影响混凝土的密实度和强度,而只凭抽样检验并不一定能完全反映出实际情况。此外,抽样方法和取样操作如果不符合规程及标准的要求，其检验结果也同样不能反映实际情况。上述这类不符合规程或标准要求的违章施工或违章操作，只有通过监理人员的现场旁站监督与检查，才能发现问题与得到控制。旁站的部位或工序要根据工程特点，也应根据承包单位内部质量管理水平及技术操作水平决定。一般而言，混凝土灌注、预应力张拉过程及压浆、基础工程中的软基处理、复合地基施工（如搅拌桩、悬喷桩、粉喷桩）、路面工程的沥青拌和料摊铺、沉井过程、桩基的打桩过程、防水施工、隧道衬砌施工中超挖部分的回填、边坡喷锚打锚杆等要实施旁站。

巡视是指监理人员对正在施工的部位或工序现场进行的定期或不定期的监督活动，巡视是一种"面"上的活动，它不限于某一部位或过程，而旁站则是"点"的活动，它是针对某一部位或工序。因此，在施工过程中，监理人员必须加强对现场的巡视、旁站监督与检查，及时发现违章操作和不按设计要求，不按施工图纸或施工规范、规程或质量标准施工的现象，对不符合质量要求的要及时进行纠正和严格控制。

(4) 平行检验

监理工程师利用一定的检查或检测手段在承包单位自检的基础上，按照一定的比例独立进行检查或检测的活动。

它是监理工程师质量控制的一种重要手段，在技术复核及复验工作中采用，是监理工程师对施工质量进行验收，做出自己独立判断的重要依据之一。

(5) 规定质量监控工作程序

规定双方必须遵守的质量监控工作程序，按规定的程序进行工作，这也是进行质量监控的必要手段。例如，未提交开工申请单并得到监理工程师的审查、批准不得开工；未经监理工程师签署质量验收单并予以质量确认，不得进行下道工序；工程材料未经监理工程师批准不得在工程上使用等。

此外，还应具体规定交桩复验工作程序，设备、半成品、构配件材料进场检验工作程序，隐蔽工程验收、工序交接验收工作程序，检验批、分项分部工程质量验收工作程序等。通过程序化管理，使监理工程师的质量控制工作进一步落实，做到科学、规范的管理和控制。

(6) 利用支付手段

这是国际上较通用的一种重要的控制手段，也是建设单位或合同中赋予监理工程师的支付控制权。从根本上讲，国际上对合同条件的管理主要是采用经济手段和法律手段。因此，质量监理是以计量支付控制权为保障手段的。所谓支付控制权就是：对施工承包单位支付任何工程款项，均需由总监理工程师审核签认支付证书，没有总监理工程师签署的支付证书，建设单位不得向承包单位进行支付工程款。工程款支付的条件之一就是工程质量要达到规定的要求和标准。如果承包单位的工程质量达不到要求的标准，监理工程师有权采取拒绝签署支付证书的手段，停止对承包单位支付部分或全部工程款，由此造成的损失由承包单位负责。显然，这是十分有效的控制和约束手段。

任务实施

工程质量事故的处理

（一）工程质量事故的特点及分类

1. 工程质量事故的成因及原因分析方法

（1）常见问题的成因

由于建筑工程工期较长，所用材料品种繁杂，在施工过程中，受社会环境和自然条件方面异常因素的影响，使产生的工程质量问题表现形式千差万别，类型多种多样。这使得引起工程质量问题的成因也错综复杂，往往一项质量问题是由多种原因引起的。虽然每次发生质量问题的类型各不相同，但是通过对大量质量问题调查与分析发现，其发生的原因有不少相同或相似之处，归纳其最基本的因素主要有以下几方面：

①违背建设程序。

建设程序是工程项目建设过程及其客观规律的反映，不按建设程序办事，例如，未搞清地质情况就仓促开工，边设计、边施工，无图施工，不经竣工验收就交付使用等常是导致工程质量问题的重要原因。

②违反法规行为。

例如，无证设计，无证施工，越级设计，越级施工，工程招、投标中的不公平竞争，超常的低价中标，非法分包，转包、挂靠，擅自修改设计等行为。

③地质勘察失真。

诸如，未认真进行地质勘察或勘探时钻孔深度、间距、范围不符合规定要求，地质勘察报告不详细、不准确、不能全面反映实际的地基情况等，从而使得地下情况不清，或对基岩起伏、土层分布误判，或未查清地下软土层、墓穴、孔洞等，它们均会导致采用不恰当或错误的基础方案，造成地基不均匀沉降、失稳，使上部结构或墙体开裂、破坏，或引发建筑物倾斜、倒塌等质量问题。

④设计差错。

诸如，盲目套用图纸，采用不正确的结构方案，计算简图与实际受力情况不符，荷载取值过小，内力分析有误，沉降缝或变形缝设置不当，悬挑结构未进行抗倾覆验算，以及计算错误等，都是引发质量问题的原因。

⑤施工与管理不到位。

不按图施工或未经设计单位同意擅自修改设计。例如，将铰接做成刚接，将简支梁做成连续梁，导致结构破坏；挡土墙不按图设滤水层、排水孔，导致压力增大，墙体破坏或倾覆；不按有关的施工规范和操作规程施工，浇筑混凝土时振捣不良，造成薄弱部位；砖砌体砌筑上下通缝，灰浆不饱满等均能导致砖墙或砖柱破坏。施工组织管理紊乱，不熟悉图纸，盲目施工；施工方案考虑不周，施工顺序颠倒；图纸未经会审，仓促施工；技术交底不清，违章作业；疏于检查、验收等，均可能导致质量问题。

⑥使用不合格的原材料、制品及设备。

一是建筑材料及制品不合格。

诸如，钢筋物理力学性能不良会导致钢筋混凝土结构产生裂缝；骨料中活性氧化硅会导致碱骨料反应使混凝土产生裂缝；水泥安定性不合格会造成混凝土爆裂；水泥受潮、过期、结块，砂石含泥量及有害物含量超标，外加剂掺量等不符合要求时，会影响混凝土强度、和易性、密实性、抗渗性，从而导致混凝土结构强度不足、裂缝、渗漏等质量问题。此外，预制构件截面尺寸不足，支承锚固长度不足，未可靠地建立预应力值，漏放或少放钢筋，板面开裂等均可能出现断裂、坍塌。

二是建筑设备不合格。

诸如，变配电设备质量缺陷导致自燃或火灾，电梯质量不合格危及人身安全，均可造成工程质量问题。

⑦自然环境因素。

空气温度、湿度、暴雨、大风、洪水、雷电、日晒和浪潮等均可能成为质量问题的诱因。

⑧使用不当。

对建筑物或设施使用不当也易造成质量问题。例如，未经校核验算就任意对建筑物加层；任意拆除承重结构部位；任意在结构物上开槽、打洞、削弱承重结构截面等也会引起质量问题。

(2) 成因分析方法

由于影响工程质量的因素众多，一个工程质量问题的实际发生，既可能因设计计算和施工图纸中存在错误，也可能因施工中出现不合格或质量问题，也可能因使用不当，或者由于设计、施工甚至使用、管理、社会体制等多种原因的复合作用。要分析究竟是哪种原因所引起，必须对质量问题的特征表现，以及其在施工中和使用中所处的实际情况和条件进行具体分析。分析方法很多，但其基本步骤和要领可概括如下。

①基本步骤。

一是进行细致的现场调查研究，观察记录全部实况，充分了解与掌握引发质量问题的现象和特征。

二是收集调查与质量问题有关的全部设计和施工资料，分析摸清工程在施工或使用过程中所处的环境及面临的各种条件和情况。

三是找出可能产生质量问题的所有因素。

四是分析、比较和判断，找出最可能造成质量问题的原因。

五是进行必要的计算分析或模拟试验予以论证确认。

②分析要领。

分析的要领是逻辑推理法，其基本原理是：

一是确定质量问题的初始点，即所谓原点，它是一系列独立原因集合起来形成的爆发点。因其反映出质量问题的直接原因，而在分析过程中具有关键性作用。

二是围绕原点对现场各种现象和特征进行分析，区别导致同类质量问题的不同原因，逐步揭示质量问题萌生、发展和最终形成的过程。

三是综合考虑原因复杂性，确定诱发质量问题的起源点即真正原因。工程质量问题原因分析是对一堆模糊不清的事物和现象客观属性和联系的反映，它的准确性和监理工程师的能力学识、经验和态度有极大关系，其结果不单是简单的信息描述，而是逻辑推理的产物，其推理可用于工程质量的事前控制。

2. 工程质量事故的特点

工程质量事故具有复杂性、严重性、可变性和多发性的特点。

(1) 复杂性

建筑生产与一般工业相比具有产品固定，生产流动；产品多样，结构类型不一；露天作业多，自然条件复杂多变；材料品种、规格多，材质性能各异；多工种、多专业交叉施工，相互干扰大；工艺要求不同，施工方法各异，技术标准不一等特点。因此，影响工程质量的因素繁多，造成质量事故的原因错综复杂，即使是同一类质量事故，而原因却可能多种多样截然不同。例如，就钢筋混凝土楼板开裂质量事故而言，其产生的原因就可能是：设计计算有误；结构构造不良；地基不均匀沉陷；或温度应力、地震力、膨胀力、冻涨力的作用；也可能是施工质量低劣、偷工减料或材质不良等。所以使得对质量事故进行分析，判断其性质、原因及发展，确定处理方案与措施等都增加了复杂性及困难。

(2) 严重性

工程项目一旦出现质量事故，其影响较大。轻者影响施工顺利进行、拖延工期、增加工程费用，重者则会留下隐患成为危险的建筑，影响使用功能或不能使用，更严重的还会引起建筑物的失稳、倒塌，造成人民生命、财产的巨大损失。例如，1999 年我国重庆市綦江县彩虹大桥突然整体垮塌，造成 40 人死亡，14 人受伤，直接经济损失 631 万元，在国内一度成为人们关注的热点，引起全社会对建设工程质量整体水平的怀疑，构成社会不安定因素。所以对于建设工程质量问题和质量事故绝不能掉以轻心，必须予以高度重视。

(3) 可变性

许多工程的质量问题出现后，其质量状态并非稳定于发现的初始状态，而是有可能随着时间而不断地发展、变化。例如，桥墩的超量沉降可能随上部荷载的不断增大而继续发展；混凝土结构出现的裂缝可能随环境温度的变化而变化，或随荷载的变化及负担荷载的时间而变化等。因此，有些在初始阶段并不严重的质量问题，如不能及时处理和纠正，有可能发展成一般质量事故，一般质量事故有可能发展成为严重或重大质量事故。例如，开始时微细的裂缝有可能发展导致结构断裂或倒塌事故；土坝的涓涓渗漏有可能发展为溃坝。所以，在分析、处理工程质量问题时，一定要注意质量问题的可变性，应及时采取可靠的措施，防止其进一步恶化而发生质量事故；或加强观测与试验，取得数据，预测未来发展的趋势。

(4) 多发性

建设工程中的质量事故，往往在一些工程部位中经常发生。例如，悬挑梁板断裂、雨篷坍覆、钢屋架失稳等。因此，总结经验，吸取教训，采取有效措施予以预防十分必要。

3. 工程质量事故的分类

建设工程质量事故的分类方法有多种，既可按造成损失的严重程度划分，又可按其产生的原因划分，也可按其造成的后果或事故责任区分。各部门、各专业工程，甚至各地区在不同时期界定和划分质量事故的标准尺度也不一样。国家现行对工程质量通常采用按造成损失的严重程度进行分类，其基本分类如下：

(1) 一般质量事故：凡具备下列条件之一者为一般质量事故。

①直接经济损失在 5 000 元(含 5 000 元)以上，不满 50 000 元的。

②影响使用功能和工程结构安全，造成永久质量缺陷的。

(2) 严重质量事故：凡具备下列条件之一者为严重质量事故。

①直接经济损失在 50 000 元(含 50 000 元)以上，不满 10 万元的。

②严重影响使用功能或工程结构安全，存在重大质量隐患的。

③事故性质恶劣或造成 2 人以下重伤的。

(3) 重大质量事故：凡具备下列条件之一者为重大质量事故，属建设工程重大事故范畴。

①工程倒塌或报废。

②由于质量事故，造成人员死亡或重伤 3 人以上。

③直接经济损失 10 万元以上。

按国家建设行政主管部门规定，建设工程重大事故分为四个等级。工程建设过程中或由于勘察设计、监理、施工等过失造成工程质量低劣，而在交付使用后发生的重大质量事故，或因工程质量达不到合格标准，而需加固补强、返工或报废，直接经济损失 10 万元以上的重大质量事故。此外，由于施工安全问题，如施工脚手、平台倒塌，机械倾覆、触电、火灾等造成建设工程重大事故。建设工程重大事故分为以下四级：

①凡造成死亡 30 人以上或直接经济损失 300 万元以上为一级。

②凡造成死亡 10 人以上 29 人以下或直接经济损失 100 万元以上，不满 300 万元为二级。

③凡造成死亡 3 人以上，9 人以下或重伤 20 人以上或直接经济损失 30 万元以上，不满 100 万元为三级。

④凡造成死亡 2 人以下，或重伤 3 人以上，19 人以下或直接经济损失 10 万元以上，不满 30 万元为四级。

(4) 特别重大事故：凡具备国务院发布的《特别重大事故调查程序暂行规定》所列发生一次死亡 30 人及其以上，或直接经济损失达 500 万元及其以上，或其他性质特别严重，上述影响三个之一均属特别重大事故。

任务评价

工程质量事故的处理及验收

工程质量问题是由工程质量不合格或工程质量缺陷引起，在任何工程施工过程中，由于种种主观和客观原因，出现不合格项或质量问题往往难以避免。为此，作为监理工程师必须掌握如何防止和处理施工中出现的不合格项和各种质量问题。对已发生的质量问题，应掌握其处理程序。

1. 工程质量事故处理的依据

进行工程质量事故处理的主要依据有四个方面：质量事故的实况资料；具有法律效力的，得到有关当事各方认可的工程承包合同、设计委托合同、材料或设备购销合同；监理合同或分包合同等合同文件；有关的技术文件、档案和相关的建设法规。

在这四方面依据中，前三种是与特定的工程项目密切相关的具有特定性质的依据。第四种法规性依据，是具有很高权威性、约束性、通用性和普遍性的依据，因而它在工程质量事故的处理事务中，也具有极其重要的、不容置疑的作用。现将这四方面依据详述如下：

(1) 质量事故的实况资料

要搞清质量事故的原因和确定处理对策，首要的是要掌握质量事故的实际情况。有关质量事故实况的资料主要可来自以下几个方面：

①施工单位的质量事故调查报告。

质量事故发生后，施工单位有责任就所发生的质量事故进行周密的调查、研究掌握情况，并在此基础上写出调查报告，提交监理工程师和业主。在调查报告中首先就与质量事故有关的实际情况做详尽的说明，其内容应包括：

一是质量事故发生的时间、地点。

二是质量事故状况的描述。例如，发生的事故类型（如混凝土裂缝、砖砌体裂缝）；发生的部位（如楼层、梁、柱，及其所在的具体位置）；分布状态及范围；严重程度（如裂缝长度、宽度、深度等）。

三是质量事故发展变化的情况（其范围是否继续扩大，程度是否已经稳定等）。

四是有关质量事故的观测记录、事故现场状态的照片或录像。

②监理单位调查研究所获得的第一手资料。

其内容大致与施工单位调查报告中有关内容相似，可用来与施工单位所提供的情况对照、核实。

(2) 有关合同及合同文件

一是所涉及的合同文件可以是：工程承包合同；设计委托合同；设备与器材购销合同；监理合同等。

二是有关合同和合同文件在处理质量事故中的作用是：确定在施工过程中有关各方是否按照合同有关条款实施其活动，借以探寻产生事故的可能原因。例如，施工单位是否在规定的时间内通知监理单位进行隐蔽工程验收，监理单位是否按规定时间实施了检查验收；施工单位在材料进场时，是否按规定或约定进行了检验等。此外，有关合同文件还是界定质量责任的重要依据。

(3) 有关的技术文件和档案

①有关的设计文件。

如施工图纸和技术说明等，它是施工的重要依据。在处理质量事故中，其作用一方面是可以对照设计文件，核查施工质量是否完全符合设计的规定和要求；另一方面是可以根据所发生的质量事故情况，核查设计中是否存在问题或缺陷，成为导致质量事故的一方面原因。

②与施工有关的技术文件、档案和资料。

属于这类文件、档案的有：

一是施工组织设计或施工方案、施工计划。

二是施工记录、施工日志等。根据它们可以查对发生质量事故的工程施工时的情况，如施工时的气温、降雨、风、浪等有关的自然条件；施工人员的情况；施工工艺与操作过程的情况；使用的材料情况；施工场地、工作面、交通等情况；地质及水文地质情况等。借助这些资料可以追溯和探寻事故的可能原因。

三是有关建筑材料的质量证明资料。例如，材料批次、出厂日期、出厂合格证或检验报告、施工单位抽检或试验报告等。

四是现场制备材料的质量证明资料。例如，混凝土拌和料的级配、水灰比、坍落度记录，混凝土试块强度试验报告，沥青拌和料配比、出机温度和摊铺温度记录等。

五是质量事故发生后，对事故状况的观测记录、试验记录或试验报告等。例如，对地基沉降的观测记录；对建筑物倾斜或变形的观测记录；对地基钻探取样记录与试验报告；对混凝土结构物钻取试样的记录与试验报告等。

六是其他有关资料。

上述各类技术资料对于分析质量事故原因，判断其发展变化趋势，推断事故影响及严重程度，考虑处理措施等都是不可缺少的，起着重要的作用。

(4) 相关的建设法规

1998 年 3 月 1 日《中华人民共和国建筑法》(以下简称《建筑法》)颁布实施，对加强建筑活动的监督管理，维护市场秩序，保证建设工程质量提供了法律保障。这部工程建设和建筑业的大法的实施，标志着我国工程建设和建筑业进入了法制管理新时期。通过几年的发展，国家已基本建立起以《建筑法》为基础与社会主义市场经济体制相适应的工程建设和建筑业法规体系，包括法律、法规、规章及示范文本等。与工程质量及质量事故处理有关的有以下几类，简述如下。

①勘察、设计、施工、监理等单位资质管理方面的法规。

《建筑法》明确规定："国家对从事建筑活动的单位实行资质审查制度"。这方面的法规有建设部于 2001 年以部令发布的《建设工程勘察设计企业资质管理规定》《建筑业企业资质管理规定》和《工程监理企业资质管理规定》等。这类法规主要内容涉及：勘察、设计、施工和监理等单位的等级划分；明确各级企业应具备的条件；确定各级企业所能承担的任务范围；以及其等级评定的申请、审查、批准、升降管理等方面。例如《建筑业企业资质管理规定》中，明确规定建筑业企业经审查合格，"取得相应等级的资质证书，方可在其资质等级许可的范围内从事建筑活动"。

②从业者资格管理方面的法规。

《建筑法》规定对注册建筑师、注册结构工程师和注册监理工程师等有关人员实行资格认证制度。1995 年国务院颁布的《中华人民共和国注册建筑师条例》，1997 年建设部、人事部颁布的《注册结构工程师执业资格制度暂行规定》和 1998 年建设部、人事部颁发的《监理工程师考试和注册试行办法》等。这类法规主要涉及建筑活动的从业者应具有相应的执业资格；注册等级划分；考试和注册办法；执业范围；权利、义务及管理等。例如《注册结构工程师执业资格制度暂行规定》中,明确规定注册结构工程师"不得准许他人以本人名义执行业务"。

③建筑市场方面的法规。

这类法律、法规主要涉及工程发包、承包活动,以及国家对建筑市场的管理活动。于1999年1月1日施行的《中华人民共和国合同法》(以下简称《合同法》)和于2000年1月1日施行的《中华人民共和国招标投标法》是国家对建筑市场管理的两个基本法律。与之相配套的法规有2001年国务院发布的《工程建设项目招标范围和规模标准的规定》、国家计委《工程项目自行招标的试行办法》、建设部《建筑工程设计招标投标管理办法》、2001年国家计委等七部委联合发布的《评标委员会和评标方法的暂行规定》等,以及2001年建设部发布的《建筑工程发包与承包价格计价管理办法》和与国家工商行政管理总局共同发布的《建设工程勘察合同》《建筑工程设计合同》《建设工程施工合同》和《建设工程监理合同》等示范文本。

这类法律、法规文件主要是为了维护建筑市场的正常秩序和良好环境,充分发挥竞争机制,保证工程项目质量,提高建设水平。例如《招标投标法》明确规定:"投标人不得以低于成本的报价竞标",就是防止恶性杀价竞争,导致偷工减料引起工程质量事故。《合同法》明文"禁止承包人将工程分包给不具备相应资质条件的单位,禁止分包单位将其承包的工程再分包。建设工程主体结构的施工必须由承包人自行完成。"对违反者处以罚款,没收非法所得直至吊销资质证书,这均是为了保证工程施工的质量,防止因操作人员素质低造成质量事故。

④建筑施工方面的法规。

以《建筑法》为基础,国务院于2000年颁布了《建筑工程勘察设计管理条例》和《建设工程质量管理条例》。建设部于1989年发布《工程建设重大事故报告和调查程序的规定》,于1991年发布《建筑安全生产监督管理规定》和《建设工程施工现场管理规定》,于1995年发布《建筑装饰装修管理规定》,于2000年发布《房屋建筑工程质量保修办法》以及《关于建设工程质量监督机构深化改革的指导意见》《建设工程质量监督机构监督工作指南》和《建设工程监理规范》等法规和文件。主要涉及施工技术管理、建设工程监理、建筑安全生产管理、施工机械设备管理和建设工程质量监督管理。它们与现场施工密切相关,因而与工程施工质量有密切关系或直接关系。

这类法律、法规文件涉及的内容十分广泛,其特点是大多与现场施工有直接关系。例如《建设工程监理规范》明确规定了现场监理工作的内容、深度、范围、程序、行为规范和工作制度;《建设工程施工现场管理规定》则要求有施工技术、安全岗位责任制度、组织措施制度,对施工准备,计划、技术、安全交底,施工组织设计编制,现场总平面布置等均做了明确规定。特别是国务院颁布的《建设工程质量管理条例》,以《建筑法》为基础,全面系统地对与建设工程有关的质量责任和管理问题,做了明确的规定,可操作性强。它不但对建设工程的质量管理具有指导作用,而且是全面保证工程质量和处理工程质量事故的重要依据。

⑤关于标准化管理方面的法规。

这类法规主要涉及技术标准(勘察、设计、施工、安装、验收等)、经济标准和管理标准

（如建设程序、设计文件深度、企业生产组织和生产能力标准、质量管理与质量保证标准等）。2000年建设部发布的《工程建设标准强制性条文》和《实施工程建设强制性标准监督规定》是典型的标准化管理类法规，它的实施为《建设工程质量管理条例》提供了技术法规支持，是参与建设活动各方执行工程建设强制性标准和政府实施监督的依据，同时也是保证建设工程质量的必要条件，是分析处理工程质量事故，判定责任方的重要依据。一切工程建设的勘察、设计、施工、安装、验收都应按现行标准进行，不符合现行强制性标准的勘察报告不得报出，不符合强制性条文规定的设计不得审批，不符合强制性标准的材料、半成品、设备不得进场，不符合强制性标准的工程质量，必须处理，否则不得验收，不得投入使用。

2. 工程质量事故处理的程序

监理工程师应熟悉各级政府建设行政主管部门处理工程质量事故的基本程序，特别是应把握在质量事故处理过程中如何履行自己的职责。

工程质量事故发生后，监理工程师可按以下程序进行处理，如图6.1所示。

（1）工程质量事故发生后，总监理工程师应签发“工程暂停令”，并要求停止进行质量缺陷部位和与其有关联部位及下道工序施工，应要求施工单位采取必要的措施，防止事故扩大并保护好现场。同时，要求质量事故发生单位迅速按类别和等级向相应的主管部门上报，并于24小时内写出书面报告。

质量事故报告应包括以下主要内容：

①事故发生的单位名称，工程（产品）名称、部位、时间、地点。

②事故概况和初步估计的直接损失。

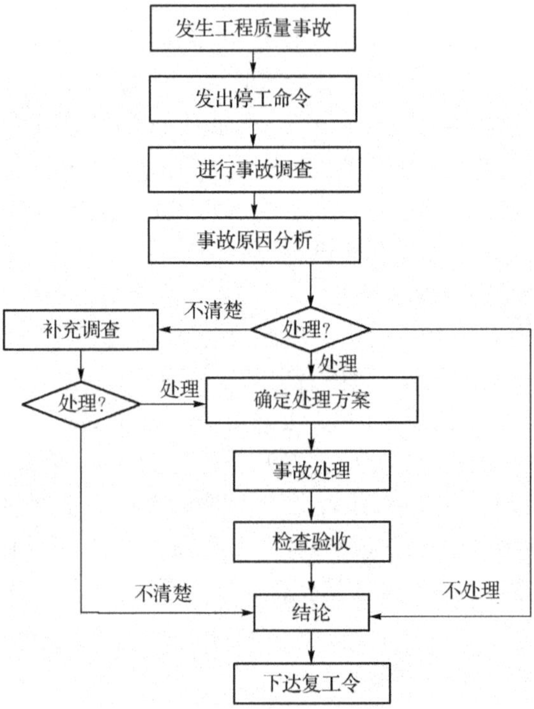

图6.1　工程质量事故处理程序框图

③事故发生原因的初步分析。

④事故发生后采取的措施。

⑤相关各种资料(有条件时)。

各级主管部门处理权限及组成调查组权限如下：

特别重大质量事故由国务院按有关程序和规定处理；重大质量事故由国家建设行政主管部门归口管理；严重质量事故由省、自治区、直辖市建设行政主管部门归口管理；一般质量事故由市、县级建设行政主管部门归口管理。

工程质量事故调查组由事故发生地的市、县以上建设行政主管部门或国务院有关主管部门组织成立。特别重大质量事故调查组组成由国务院批准；一、二级重大质量事故由省、自治区、直辖市建设行政主管部门提出组成意见，人民政府批准；三、四级重大质量事故由市、县级行政主管部门提出组成意见，相应级别人民政府批准；严重质量事故，调查组由省、自治区、直辖市建设行政主管部门组织；一般质量事故，调查组由市、县级建设行政主管部门组织；事故发生单位属国务院部委的，由国务院有关主管部门或其授权部门会同当地建设行政主管部门组织调查组。

(2) 监理工程师在事故调查组展开工作后，应积极协助，客观地提供相应证据，若监理方无责任，则监理工程师可应邀参加调查组，参与事故调查；若监理方有责任，则应予以回避，但应配合调查组工作。质量事故调查组的职责是：

①查明事故发生的原因、过程、事故的严重程度和经济损失情况。

②查明事故的性质、责任单位和主要责任人。

③组织技术鉴定。

④明确事故主要责任单位和次要责任单位，承担经济损失的划分原则。

⑤提出技术处理意见及防止类似事故再次发生应采取的措施。

⑥提出对事故责任单位和责任人的处理建议。

⑦写出事故调查报告。

(3) 当监理工程师接到质量事故调查组提出的技术处理意见后，可组织相关单位研究，并责成相关单位完成技术处理方案，并予以审核签认。质量事故技术处理方案，一般应委托原设计单位提出，由其他单位提供的技术处理方案，应经原设计单位同意签认。技术处理方案的制订，应征求建设单位意见。技术处理方案必须依据充分，应在质量事故的部位、原因全部查清的基础上，必要时，应委托法定工程质量检测单位进行质量鉴定或请专家论证，以确保技术处理方案可靠、可行，保证结构安全和使用功能。

(4) 技术处理方案核签后，监理工程师应要求施工单位制订详细的施工方案设计，必要时应编制监理实施细则，对工程质量事故技术处理施工质量进行监理，技术处理过程中的关键部位和关键工序应进行旁站，并会同设计、建设等有关单位共同检查认可。

(5) 对施工单位完工自检后报验结果，组织有关各方进行检查验收，必要时应进行处理结果鉴定。要求事故单位整理编写质量事故处理报告，并审核签认，组织将有关技术资料归档。

工程质量事故处理报告主要内容：

①工程质量事故情况、调查情况、原因分析(选自质量事故调查报告)。

②质量事故处理的依据。

③质量事故技术处理方案。

④实施技术处理施工中有关问题和资料。

⑤对处理结果的检查鉴定和验收。

⑥质量事故处理结论。

(6) 签发“工程复工令”,恢复正常施工。

3. 工程质量事故的鉴定验收

质量事故的技术处理是否达到了预期目的,消除了工程质量不合格和工程质量问题,是否仍留有隐患,监理工程师应通过组织检查和必要的鉴定,进行验收并予以最终确认。

(1) 工程质量事故处理方案的确定

本节所指工程质量事故处理方案是指技术处理方案,其目的是消除质量隐患,以达到建筑物的安全可靠和正常使用各项功能及寿命要求,并保证施工的正常进行。其一般处理原则是:正确确定事故性质,是表面性还是实质性、是结构性还是一般性、是迫切性还是可缓性;正确确定处理范围,除直接发生部位,还应检查处理事故相邻影响作用范围的结构部位或构件。其处理基本要求是:安全可靠,不留隐患;满足建筑物的功能和使用要求;技术上可行,经济合理原则。

这就要求监理工程师在审核质量事故处理方案时,以分析事故调查报告中事故原因为基础,结合实地勘查成果,应努力掌握事故的性质和变化规律,并应尽量满足建设单位的要求。因同类和同一性质的事故常可以选择不同的处理方案,故在签认时,应审核其是否遵循一般处理原则和要求,尤其应重视工程实际条件,如建筑物实际状态、材料实测性能、各种作用的实际情况等,以确保做出正确判断和选择。

尽管对造成质量事故的技术处理方案多种多样,但根据质量事故的情况可归纳为三种类型的处理方案,监理工程师应掌握从中选择最适用处理方案的方法,方能对相关单位上报的事故技术处理方案做出正确审核结论。

(2) 工程质量事故处理方案的类型

①修补处理。

这是最常用的一类处理方案。通常当工程的某个检验批、分项或分部的质量虽未达到规定的规范、标准或设计要求,存在一定缺陷,但通过修补或更换器具、设备后还可达到要求的标准,又不影响使用功能和外观要求,在此情况下,可以进行修补处理。

属于修补处理这类具体方案很多,诸如封闭保护、复位纠偏、结构补强、表面处理等。某些事故造成的结构混凝土表面裂缝,可根据其受力情况,仅做表面封闭保护。某些混凝土结构表面的蜂窝、麻面,经调查分析,可进行剔凿、抹灰等表面处理,一般不会影响其使用和外观。

对较严重的质量问题,可能影响结构的安全性和使用功能,必须按一定的技术方案进行加固补强处理,这样往往会造成一些永久性缺陷,如改变结构外形尺寸,影响一些次要的使用功能等。

②返工处理。

当工程质量未达到规定的标准和要求,存在严重的质量问题,对结构的使用和安全构成重大影响，且又无法通过修补处理的情况下，可对检验批、分项、分部甚至整个工程返工处理。例如，某防洪堤坝填筑压实后，其压实土的干密度未达到规定值，经核算将影响土体的稳定且不满足抗渗能力要求，可挖除不合格土，重新填筑，进行返工处理。又如某公路桥梁工程预应力按规定张力系数为 1.3，实际仅为 0.8，属于严重的质量缺陷，也无法修补，只有返工处理。对某些存在严重质量缺陷，且无法采用加固补强等修补处理或修补处理费用比原工程造价还高的工程，应进行整体拆除，全面返工。

③不做处理。

某些工程质量问题虽然不符合规定的要求和标准构成质量事故，但视其严重情况，经过分析、论证、法定检测单位鉴定和设计等有关单位认可，对工程或结构使用及安全影响不大，也可不做专门处理。通常不用专门处理的情况有以下几种：

一是不影响结构安全和正常使用。

例如，有的工业建筑物出现放线定位偏差，且严重超过规范标准规定，若要纠正会造成重大经济损失，若经过分析、论证其偏差不影响生产工艺和正常使用，在外观上也无明显影响，可不做处理。又如，某些隐蔽部位结构混凝土表面裂缝，经检查分析，属于表面养护不够的干缩微裂，不影响使用及外观，也可不做处理。

二是有些质量问题，经过后续工序可以弥补。例如，混凝土墙表面轻微麻面，可通过后续的抹灰、喷涂或刷白等工序弥补，亦可不做专门处理。

三是经法定检测单位鉴定合格。

例如，某检验批混凝土试块强度值不满足规范要求，强度不足，在法定检测单位，对混凝土实体采用非破损检验等方法测定其实际强度已达规范允许和设计要求值时，可不做处理。对经检测未达要求值，但相差不多，经分析论证，只要使用前经再次检测达设计强度，也可不做处理，但应严格控制施工荷载。

四是出现的质量问题，经检测鉴定达不到设计要求，但经原设计单位核算，仍能满足结构安全和使用功能。

例如，某一结构构件截面尺寸不足，或材料强度不足，影响结构承载力，但经按实际检测所得截面尺寸和材料强度复核验算，仍能满足设计的承载力，可不进行专门处理。这是因为在一般情况下，规范标准给出了满足安全和功能的最低限度要求，而设计往往在此基础上留有一定余量，这种处理方式实际上是挖掘了设计潜力或降低了设计的安全系数。

监理工程师应牢记，不论哪种情况，特别是不做处理的质量问题，均要备好必要的书面文件，对技术处理方案、不做处理结论和各方协商文件等有关档案资料认真组织签认，对责任方应承担的经济责任和合同中约定的罚则应正确判定。

(3) 选择最适用工程质量事故处理方案的辅助方法

选择工程质量处理方案，是一项复杂而重要的工作，它直接关系到工程的质量、费用和工期。处理方案选择不合理，不仅劳民伤财，严重的会留有隐患，危及人身安全，特别是对需要返工或不做处理的方案，更应慎重对待。

下面给出一些可采取的选择工程质量事故处理方案的辅助决策方法。

①实验验证。

即对某些有严重质量缺陷的项目，可采取合同规定的常规试验以外的试验方法进一步进行验证，以便确定缺陷的严重程度。例如，混凝土构件的试件强度低于要求的标准不太大(例如10%以下)时，可进行加载试验，以证明其是否满足使用要求。又如，公路工程的沥青面层厚度误差超过了规范允许的范围，可采用弯沉试验检查路面的整体强度等。监理工程师可根据对试验验证结果的分析、论证，再研究选择最佳的处理方案。

②定期观测。

有些工程，在发现其质量缺陷时其状态可能尚未达到稳定仍会继续发展，在这种情况下一般不宜过早做出决定，可以对其进行一段时间的观测，然后再根据情况做出决定。属于这类的质量问题如桥墩或其他工程的基础在施工期间发生沉降超过预计的或规定的标准；混凝土表面发生裂缝，并处于发展状态等。有些有缺陷的工程，短期内其影响可能不是十分明显，需要较长时间的观测才能得出结论。对此，监理工程师应与建设单位及施工单位协商，是否可以留待责任期解决或采取修改合同，延长责任期的办法。

③专家论证。

对于某些工程质量问题，可能涉及的技术领域比较广泛，或问题很复杂，有时仅根据合同规定难以决策，这时可提请专家论证。而采用这种办法时，应事先做好充分准备，尽早为专家提供尽可能详尽的情况和资料，以便使专家能够进行较充分的、全面和细致地分析、研究，提出切实的意见与建议。实践证明，采取这种方法，对于监理工程师正确选择重大工程质量缺陷的处理方案十分有益。

④方案比较。

这是比较常用的一种方法。同类型和同一性质的事故可先设计多种处理方案，然后结合当地的资源情况、施工条件等逐项给出权重，做出对比，从而选择具有较高处理效果又便于施工的处理方案。例如，结构构件承载力达不到设计要求，可采用改变结构构造来减少结构内力、结构卸荷或结构补强等不同处理方案，可将其每一方案按经济、工期、效果等指标列项并分配相应权重值，进行对比，辅助决策。

(4) 工程质量事故处理的鉴定验收

检查验收工程质量事故处理完成后，监理工程师在施工单位自检合格报验的基础上，应严格按施工验收标准及有关规范的规定进行，结合监理人员的旁站、巡视和平行检验结果，依据质量事故技术处理方案设计要求，通过实际量测，检查各种资料数据进行验收，并应办理交工验收文件，组织各有关单位会签。

①必要的鉴定。

为确保工程质量事故的处理效果，凡涉及结构承载力等使用安全和其他重要性能的处理工作，常需做必要的试验和检验鉴定工作。或质量事故处理施工过程中建筑材料及构配件保证资料严重缺乏，或对检查验收结果各参与单位有争议时，常见的检验工作有：混凝土钻芯取样，用于检查密实性和裂缝修补效果，或检测实际强度；结构荷载试验，确定其实际承载力；超声波检测焊接或结构内部质量；池、罐、箱柜工程的渗漏检验等。检测鉴定必须委托政府批准的有资质的法定检测单位进行。

②验收结论。

对所有质量事故无论经过技术处理，通过检查鉴定验收还是不需专门处理的，均应有明确的书面结论。若对后续工程施工有特定要求，或对建筑物使用有一定限制条件，则应在结论中提出。

验收结论通常有以下几种：

a. 事故已排除，可以继续施工；

b. 隐患已消除，结构安全有保证；

c. 经修补处理后，完全能够满足使用要求；

d. 基本上满足使用要求，但使用时应有附加限制条件，例如限制荷载等；

e. 对耐久性的结论；

f. 对建筑物外观影响的结论；

g. 对短期内难以做出结论的，可提出进一步的观测检验意见。

对于处理后符合《建筑工程施工质量验收统一标准》的规定的，监理工程师应予以验收、确认，并应注明责任方主要承担的经济责任。对经加固补强或返工处理仍不能满足安全使用要求的分部工程、单位（子单位）工程，应拒绝验收。

任务3　工程质量控制的统计分析方法

任务描述

首先进行质量统计基本知识的学习，然后进行工程质量控制的统计分析方法的学习。

知识准备

一、质量统计基本知识

（一）总体、样本及统计推断工作过程

1. 总体

总体也称母体，是所研究对象的全体。个体，是组成总体的基本元素。总体中含有个体的数目通常用 N 表示。在对一批产品进行质量检验时，该批产品是总体，其中的每件产品是个体，这时 N 是有限的数值，则称之为有限总体。若对生产过程进行检测，则应该把整个生产过程过去、现在以及将来的产品视为总体。随着生产的进行 N 是无限的，称之为无限总体。实践中一般把从每件产品检测得到的某一质量数据（强度、几何尺寸、重量等）即质量特性值视为个体，产品的全部质量数据的集合即为总体。

2. 样本

样本也称子样，是从总体中随机抽取出来，并根据对其研究结果推断总体质量特征的

那部分个体。被抽中的个体称为样品，样品的数目称样本容量，用 n 表示。

3. 统计推断工作过程

质量统计推断工作是运用质量统计方法在生产过程中或一批产品中，随机抽取样本，通过对样品进行检测和整理加工，从中获得样本质量数据信息，并以此为依据，以概率数理统计为理论基础，对总体的质量状况做出分析和判断。

（二）质量数据的收集方法

1. 全数检验

全数检验是对总体中的全部个体逐一观察、测量、计数、登记，从而获得对总体质量水平评价结论的方法。

全数检验一般比较可靠，能提供大量的质量信息，但要消耗很多人力、物力、财力和时间，特别是不能用于具有破坏性的检验和过程质量控制，应用上具有局限性；在有限总体中，对重要的检测项目，当可采用简易快速的不破损检验方法时可选用全数检验方案。

2. 随机抽样检验

抽样检验是按照随机抽样的原则，从总体中抽取部分个体组成样本，根据对样品进行检测的结果，推断总体质量水平的方法。

抽样检验抽取样品不受检验人员主观意愿的支配，每一个体被抽中的概率都相同，从而保证了样本在总体中的分布比较均匀，有充分的代表性；同时它还具有节省人力、物力、财力、时间和准确性高的优点；它又可用于破坏性检验和生产过程的质量监控，完成全数检测无法进行的检测项目，具有广泛的应用空间。抽样的具体方法有：

（1）简单随机抽样

简单随机抽样又称纯随机抽样、完全随机抽样，是对总体不进行任何加工，直接进行随机抽样，获取样本的方法。

一般的做法是对全部个体编号，然后采用抽签、摇号、随机数字表等方法确定中选号码，相应的个体即为样品。这种方法常用于总体差异不大，或对总体了解甚少的情况。

（2）分层抽样

分层抽样又称分类或分组抽样，是将总体按与研究目的有关的某一特性分为若干组，然后在每组内随机抽取样品组成样本的方法。

由于对每组都有抽取，样品在总体中分布均匀，更具代表性，特别适用于总体比较复杂的情况。如研究混凝土浇筑质量时，可以按生产班组分组、或按浇筑时间（白天、黑夜；或季节）分组或按原材料供应商分组后，再在每组内随机抽取个体。

（3）等距抽样

等距抽样又称机械抽样、系统抽样，是将个体按某一特性排队编号后均分为几组，这时每组有 $K=N/n$ 个个体，然后在第一组内随机抽取第一件样品，以后每隔一定距离（K 号）抽选出其余样品组成样本的方法。如在流水作业线上每生产 100 件产品抽出一件产品作为样品，直到抽出 n 件产品组成样本。

在这里距离可以理解为空间、时间、数量的距离。若分组特性与研究目的有关，就可看作分组更细且等比例的特殊分层抽样，样品在总体中分布更均匀，更有代表性，抽样误差也最小；若分组特性与研究目的无关，就是纯随机抽样。进行等距抽样时特别要注意的是所采用的距离(K 值)不要与总体质量特性值的变动周期一致,如对于连续生产的产品按时间距离抽样时,间隔的时间不要是每班作业时间 8 h 的约数或倍数,以避免产生系统偏差。

(4) 整群抽样

整群抽样一般是将总体按自然存在的状态分为若干群,并从中抽取样品群组成样本,然后在中选群内进行全数检验的方法。如对原材料质量进行检测,可按原包装的箱、盒为群随机抽取,对中选箱、盒做全数检验;每隔一定时间抽出一批产品进行全数检验等。

由于随机性表现在群间,样品集中,分布不均匀,代表性差,产生的抽样误差也大,同时在有周期性变动时,也应注意避免系统偏差。

(5) 多阶段抽样

多阶段抽样又称多级抽样。上述抽样方法的共同特点是整个过程中只有一次随机抽样,因而统称为单阶段抽样。但是当总体很大时,很难一次抽样完成预定的目标。多阶段抽样是将各种单阶段抽样方法结合使用,通过多次随机抽样来实现的抽样方法。如检验钢材、水泥等质量时,可以对总体按不同批次分为 R 群,从中随机抽取 r 群,而后在中选的 r 群中的 M 个个体中随机抽取 m 个个体,这就是整群抽样与分层抽样相结合的二阶段抽样,它的随机性表现在群间和群内有两次。

(三) 质量数据的分类

质量数据是指由个体产品质量特性值组成的样本(总体)的质量数据集,在统计上称为变量;个体产品质量特性值称为变量值。根据质量数据的特点,可以将其分为计量值数据和计数值数据。

1. 计量值数据

计量值数据是可以连续取值的数据,属于连续型变量。其特点是在任意两个数值之间都可以取精度较高一级的数值。它通常由测量得到,如重量、强度、几何尺寸、标高、位移等。此外,一些属于定性的质量特性,可由专家主观评分、划分等级而使之数量化,得到的数据也属于计量值数据。

2. 计数值数据

计数值数据是只能按 0,1,2……数列取值计数的数据,属于离散型变量。它一般由计数得到。计数值数据又可分为计件值数据和计点值数据。

①计件值数据,表示具有某一质量标准的产品个数。如总体中合格品数、一级品数。

②计点值数据,表示个体(单件产品、单位长度、单位面积、单位体积等)上的缺陷数、质量问题点数等。如检验钢结构构件涂料涂装质量时,构件表面的焊渣、焊疤、油污、毛刺的数量等。

(四) 质量数据的特征值

样本数据特征值是由样本数据计算的描述样本质量数据波动规律的指标。统计推断就是根据这些样本数据特征值来分析、判断总体的质量状况。常用的有描述数据分布集中趋势的算术平均数、中位数和描述数据分布离散趋势的极差、标准偏差、变异系数等。

1. 描述数据集中趋势的特征值

(1) 算术平均数

算术平均数又称均值，是消除了个体之间个别偶然的差异，显示出所有个体共性和数据一般水平的统计指标，它由所有数据计算得到，是数据的分布中心，对数据的代表性好。其计算公式为：

①总体算术平均数 μ

$$\mu = \frac{1}{N}(X_1 + X_2 + \cdots + X_N) = \frac{1}{N}\sum_{i=1}^{N} X_i \tag{6.1}$$

②样本算术平均数 $\bar{x}$

$$\bar{x} = \frac{1}{n}(x_1 + x_2 + x_3 + \cdots + x_n) = \frac{1}{n}\sum_{i=1}^{n} x_i \tag{6.2}$$

(2) 样本中位数

样本中位数是将样本数据按数值大小有序排列后，位置居中的数值。当样本数 n 为奇数时，数列居中的一位数即为中位数；当样本数 n 为偶数时，取居中两个数的平均值作为中位数。

2. 描述数据离散趋势的特征值

(1) 极差 R

极差是数据中最大值与最小值之差，是用数据变动的幅度来反映其分散状况的特征值。极差计算简单、使用方便，但粗略，数值仅受两个极端值的影响，损失的质量信息多，不能反映中间数据的分布和波动规律，仅适用于小样本。其计算公式为：

$$R = X_{\max} - X_{\min} \tag{6.3}$$

(2) 标准偏差

标准偏差简称为标准差或均方差，是个体数据与均值离差平方和的算术平均数的算术根，是大于 0 的正数。总体的标准差用 σ 表示；样本的标准差用 S 表示。标准差值小说明分布集中程度高，离散程度小，均值对总体(样本)的代表性好；标准差的平方是方差，有鲜明的数理统计特征，能确切说明数据分布的离散程度和波动规律，是最常用的反映数据变异程度的特征值。其计算公式为：

①总体的标准偏差 σ

$$\sigma = \sqrt{\frac{\sum_{i=1}^{n}(x_i - \mu)^2}{N}} \tag{6.4}$$

②样本的标准偏差 S

$$S = \sqrt{\frac{\sum_{i=1}^{n}(x_i - \bar{x})^2}{n-1}} \tag{6.5}$$

(3) 变异系数 C_v

变异系数又称离散系数，是用标准差除以算术平均数得到的相对数。它表示数据的相对离散波动程度。变异系数小，说明分布集中程度高，离散程度小，均值对总体（样本）的代表性好。由于消除了数据平均水平不同的影响，变异系数适用于均值有较大差异的总体之间离散程度的比较，应用更为广泛。其计算公式为：

$$C_v=\sigma/\mu\text{（总体）}\qquad C_v=S/\bar{x}\text{（样本）}\tag{6.6}$$

3. 质量数据的分布特征

（1）质量数据的特性

质量数据具有个体数值的波动性和总体（样本）分布的规律性。

在实际质量检测中，我们发现即使在生产过程是稳定正常的情况下，同一总体（样本）的个体产品的质量特性值也是互不相同的。这种个体间表现形式上的差异性，反映在质量数据上即为个体数值的波动性、随机性，然而当运用统计方法对这些大量丰富的个体质量数值进行加工、整理和分析后，我们又会发现这些产品质量特性值（以计量值数据为例）大多都分布在数值变动范围的中部区域，即有向分布中心靠拢的倾向，表现为数值的集中趋势；还有一部分质量特性值在中心的两侧分布，随着逐渐远离中心，数值的个数变少，表现为数值的离散趋势。质量数据的集中趋势和离散趋势反映了总体（样本）质量变化的内在规律性。

（2）质量数据波动的原因

众所周知，影响产品质量主要有五方面因素，即人，包括质量意识、技术水平、精神状态等；材料，包括材质均匀度、理化性能等；机械设备，包括其先进性、精度、维护保养状况等；方法，包括生产工艺、操作方法等；环境，包括时间、季节、现场温湿度、噪声干扰等；同时，这些因素自身也在不断变化中。个体产品质量的表现形式的千差万别就是这些因素综合作用的结果。质量数据也因此具有了波动性。

质量特性值的变化在质量标准允许范围内波动称之为正常波动，是由偶然性原因引起的；若是超越了质量标准允许范围的波动则称之为异常波动，是由系统性原因引起的。

①偶然性原因。

在实际生产中，影响因素的微小变化具有随机发生的特点，是不可避免、难以测量和控制的，或者是在经济上不值得消除，它们大量存在但对质量的影响很小，属于允许偏差、允许位移范畴，引起的是正常波动，一般不会因此造成废品，生产过程正常稳定。通常把4M1E因素的这类微小变化归为影响质量的偶然性原因、不可避免原因或正常原因。

②系统性原因。

当影响质量的4M1E因素发生了较大变化，如工人未遵守操作规程、机械设备发生故障或过度磨损、原材料质量规格有显著差异等情况发生时，没有及时排除，生产过程则不正常，产品质量数据就会离散过大或与质量标准有较大偏离，表现为异常波动，产生次品、废品。这就是产生质量问题的系统性原因或异常原因。由于异常波动特征明显，容易识别和避免，特别是对质量的负面影响不可忽视，生产中应该随时监控，及时识别和处理。

4. 质量数据分布的规律性

对于每件产品来说，在产品质量形成的过程中，单个影响因素对其影响的程度和方向是不同的，也是在不断改变的。众多因素交织在一起，共同起作用的结果，使各因素引起的差异大多互相抵消，最终表现出来的误差具有随机性。对于在正常生产条件下的大量产品，误差接近零的产品数目要多些，具有较大正负误差的产品要相对少，偏离很大的产品就更少了，同时正负误差绝对值相等的产品数目非常接近。于是就形成了一个能反映质量数据规律性的分布，即以质量标准为中心的质量数据分布，它可用一个“中间高、两端低、左右对称”的几何图形表示，即一般服从正态分布。

概率数理统计在对大量统计数据研究中，归纳总结出许多分布类型，如一般计量值数据服从正态分布，计件值数据服从二项分布，计点值数据服从泊松分布等。实践中，只要是受许多起微小作用的因素影响的质量数据，都可认为是近似服从正态分布的，如构件的几何尺寸、混凝土强度等；如果是随机抽取的样本，无论它来自的总体是何种分布，在样本容量较大时，其样本均值也将服从或近似服从正态分布。因而，正态分布最重要、最常见、应用最广泛。

任务实施

质量控制七种工具

（一）旧的质量控制七种工具

1. *统计调查表法*

统计调查表法又称统计调查分析法，它是利用专门设计的统计表对质量数据进行收集、整理和粗略分析质量状态的一种方法。

在质量控制活动中，利用统计调查表收集数据，简便灵活，便于整理，实用有效。它没有固定格式，可根据需要和具体情况，设计出不同的统计调查表。常用的有：

①分项工程作业质量分布调查表。

②不合格项目调查表。

③不合格原因调查表。

④施工质量检查评定用调查表等。

2. *分层法*

分层法又叫分类法，是将调查收集的原始数据，根据不同的目的和要求，按某一性质进行分组、整理的分析方法。分层的结果使数据各层间的差异突出地显示出来，层内的数据差异减少了。在此基础上再进行层间、层内的比较分析，可以更深入地发现和认识质量问题的原因。由于产品质量是多方面因素共同作用的结果，因而对同一批数据，可以按不同性质分层，使我们能从不同角度来考虑、分析产品存在的质量问题和影响因素。

常用的分层标志有：

①按操作班组或操作者分层。

②按使用机械设备型号分层。

③按操作方法分层。

④按原材料供应单位、供应时间或等级分层。

⑤按施工时间分层。

⑥按检查手段、工作环境等分层。

分层法是质量控制统计分析方法中最基本的一种方法。其他统计方法一般都要与分层法配合使用，如排列图法、直方图法、控制图法、相关图法等，常常是首先利用分层法将原始数据分门别类，然后再进行统计分析。

3. 排列图法

排列图法是利用排列图寻找影响质量主次因素的一种有效方法。排列图又叫帕累托图或主次因素分析图，它是由两个纵坐标、一个横坐标、几个连起来的直方形和一条曲线所组成的。

【例 6.1】某工地现浇混凝土构件尺寸质量检查结果是：在全部检查的 8 个项目中不合格点（超偏差限值）有 150 个，为改进并保证质量，应对这些不合格点进行分析，以便找出混凝土构件尺寸质量的薄弱环节。

（1）收集整理数据

首先收集混凝土构件尺寸各项目不合格点的数据资料，见表 6.14 所示。各项目不合格点出现的次数即频数。然后对数据资料进行整理，将不合格点较少的轴线位置、预埋设施中心位置、预留孔洞中心位置三项合并为“其他”项。按不合格点的频数由大到小顺序排列各检查项目，“其他”项排在最后。以全部不合格点数为总数，计算各项的频率和累计频率，结果见表 6.15 所示。

表 6.14　例 6.1 计算结果

序号	检查项目	不合格点数
1	轴线位置	1
2	垂直度	8
3	标高	4
4	截面尺寸	45
5	平面水平度	15
6	表面平整度	75
7	预埋设施中心位置	1
8	预留空洞中心位置	1

表 6.15　不合格点项目频数频率统计表

序号	项目	频数	频率(%)	累计频率(%)
1	表面平整度	75	50.0	50.0
2	截面尺寸	45	30.0	80.0
3	平面水平度	15	10.0	90.0
4	垂直度	8	5.3	95.3
5	标高	4	2.7	98.0
6	其他	3	2.0	100.0
7		150	100	

(2) 排列图的绘制

①画横坐标。将横坐标按项目数等分,并按项目频数由大到小的顺序从左至右排列,该例中横坐标分为六等份。

②画纵坐标。左侧的纵坐标表示项目不合格点数即频数,右侧纵坐标表示累计频率。要求总频数对应累计频率 100%。该例中 150 应与 100%在一条水平线上。

③画频数直方形。以频数为高画出各项目的直方形。

④画累计频率曲线。从横坐标左端点开始,依次连接各项目直方形右边线及所对应的累计频率值的交点,所得的曲线即为累计频率曲线。

⑤记录必要的事项。如标题、收集数据的方法和时间等。

(3) 排列图的观察与分析

①观察直方形,大致可看出各项目的影响程度。排列图中的每个直方形都表示一个质量问题或影响因素,影响程度与各直方形的高度成正比。

②利用 ABC 分类法,确定主次因素。将累计频率曲线按(0%～80%)、(80%～90%)、(90%～100%)分为三部分,各曲线下面所对应的影响因素分别为 A、B、C 三类因素,该例中 A 类即主要因素是表面平整度(2 m 长度)、截面尺寸(梁、柱、墙板、其他构件),B 类即次要因素是平面水平度,C 类即一般因素有垂直度、标高和其他项目,如图 6.2 所示。综上分析结果,下面应重点解决 A 类等质量问题。

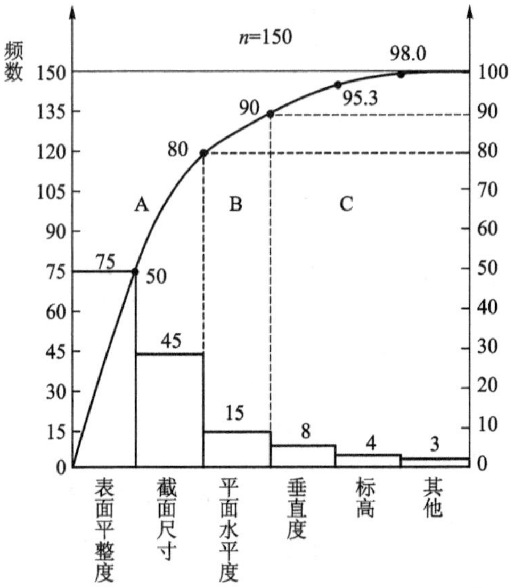

图 6.2　混凝土构件尺寸不合格点排列图

(4) 排列图的应用

排列图可以形象、直观地反映主次因素。其主要应用有:

①按不合格点的内容分类,可以分析出造成质量问题的薄弱环节。

②按生产作业分类,可以找出生产不合格品最多的关键过程。

③按生产班组或单位分类,可以分析比较各单位技术水平和质量管理水平。

④将采取提高质量措施前后的排列图对比,可以分析措施是否有效。

⑤此外，还可以用于成本费用分析、安全问题分析等。

4. 因果分析图法

因果分析图法是利用因果分析图来系统整理分析某个质量问题（结果）与其产生原因之间关系的有效工具。因果分析图也称特性要因图，又因其形状常被称为树枝图或鱼刺图。

因果分析图如图 6.3 所示。

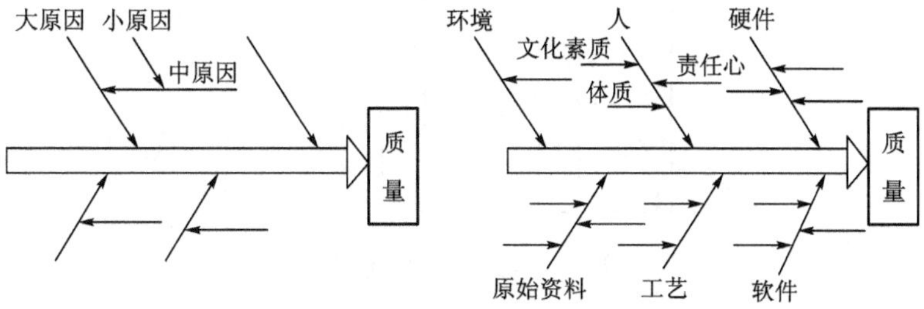

图 6.3　因果分析图基本形式

这是一种类似树枝和鱼骨状的图表，如图 6.3 所示。在这个图内，将影响质量特征的原因和由此产生的主要结果用图表形式简要地说明（如原材料、方法、人员、机器、环境等），这些问题的主要因素用从鱼脊骨处画出的斜箭头标出并加以阐述，次要因素再用从主要因素处画出的小箭头标出，并加以表述。所有有关的因素标出后，再由有首脑参加的会议上鉴定出原因。这样的一览表将会帮助人们找出系统产生问题的根源。

图中的原因是对质量有影响的因素。根据因素所在的层次不同，通常把原因分为大原因、中原因、小原因和更小的原因等。原因一般写在箭尾。枝干是表示因果关系的箭线。箭头由原因指向结果，最中间的粗箭线称为主干，从主干向两边依次展开的称为大枝、中枝、小枝和细枝等。

因果分析图形象地表示了探讨问题的思维过程，利用它分析问题能取得逐渐深入的效果。即从影响质量问题的大原因入手，然后寻找到大原因背后的中原因，再从中原因找到小原因和更小的原因，最终查明主要的直接原因。

绘制和使用因果分析时应注意的问题，主要有以下几点：

①集思广益。绘制时要求绘制者熟悉专业施工方法技术，调查、了解施工现场实际条件和操作的具体情况。要以各种形式，广泛收集现场工人、班组长、质量检查员、工程技术人员的意见，集思广益，相互启发、相互补充，使因果分析更符合实际。

②制定对策。绘制因果分析图不是目的，而是要根据图中所反映的主要原因，制订改进的措施和对策，限期解决问题，保证产品质量。具体实施时，一般应编制一个对策计划表。

5. 直方图法

直方图是研究工序质量分布所常用的一种统计工具。所谓的直方图就是将工序中随机抽样得到的质量数据整理后分成若干组，以组距为底边，以频数（组内数据的个数）为高度做直方块所绘制出的图。通过直方图可以认识产品质量分布状况，判断工序质量的好坏，预测制造质量的发展趋势，及时掌握工序质量变化规律。

在生产正常情况下，直方图呈正态分布状，分布在公差范围之内（见图 6.4）。如果根据实际资料绘出的图不是正态分布状直方图，说明工序质量不稳定，易于出现不合格品。常见的异常直方图有：锯齿形、孤岛形、偏向形、平顶形、双峰形等五种（见图 6.5）。对每种异常直方图，要找出原因，采取措施及时予以纠正。

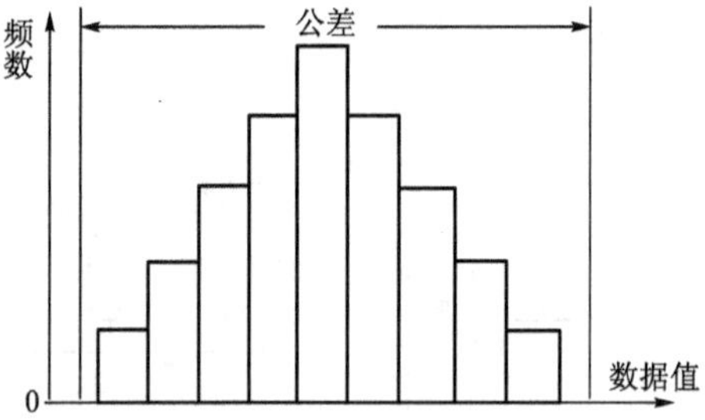

图 6.4　正态分布状直方图

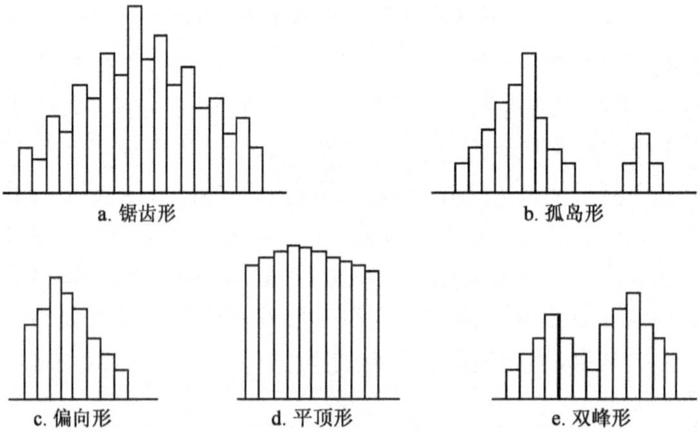

图 6.5　常见的异常直方图

异常直方图产生的原因：

①锯齿形：作直方图时如果数据太少，而分组又过多，或者组距没有取数据最小表示单位的整数倍时，常会出现这种情况，一般不是工序本身的原因。

②孤岛形：这种图形表示工序有异常原因，可能是加工条件有变化，如：部分材料的改变，短时间内不熟练的工人顶班等。

③偏向形：图形的峰点偏于一侧，这种分布常常是由操作者的习惯造成的，例如加工孔时峰偏向小的一侧，加工轴时，其峰又偏向大的一侧。另外，对一些形位公差，如圆度、同心度、跳动等，这种分布则属于正常分布状态。

④平顶形：平顶形分布是由某些缓慢变化的系统原因造成的。

⑤双峰形：出现这种图形的原因，多数是数据分层不当，使得两个不同分布的数据混在一起造成的。

6. 控制图法

(1) 控制图的基本形式

控制图又称管理图。它是在直角坐标系内画有控制界限,描述生产过程中产品质量波动状态的图形。利用控制图区分质量波动原因,判明生产过程是否处于稳定状态的方法称为控制图法。

在生产过程中通过抽样取得数据,把样本统计量描在图上来分析判断生产过程状态。如果点子随机地落在上、下控制界限内,则表明生产过程正常,处于稳定状态,不会产生不合格品;如果点子超出控制界限,或点子排列有缺陷,则表明生产条件发生了异常变化,生产过程处于失控状态。

(2) 控制图的用途

控制图是用样本数据来分析判断生产过程是否处于稳定状态的有效工具。它的用途主要有两个:

①过程分析,即分析生产过程是否稳定。为此,应随机连续收集数据,绘制控制图,观察数据点分布情况并判定生产过程状态。

②过程控制,即控制生产过程质量状态。为此,要定时抽样取得数据,将其变为点子描在图上,发现并及时消除生产过程中的失调现象,预防不合格品的产生。

前述排列图法、直方图法是质量控制的静态分析法,反映的是质量在某一段时间里的静止状态。然而产品都是在动态的生产过程中形成的,因此,在质量控制中单用静态分析法显然是不够的,还必须有动态分析法。只有动态分析法,才能随时了解生产过程中质量的变化情况,及时采取措施,使生产处于稳定状态,起到预防出现废品的作用。控制图法就是典型的动态分析法。

(3) 控制图的原理

影响生产过程和产品质量的原因,可分为系统性原因和偶然性原因。在生产过程中,如果仅仅存在偶然性原因影响,而不存在系统性原因,这时生产过程处于稳定状态,或称为控制状态。其产品质量特性值的波动是有一定规律的,即质量特性值分布服从正态分布。控制图就是利用这个规律来识别生产过程中的异常原因,控制系统性原因造成的质量波动,保证生产过程处于控制状态。

如何衡量生产过程是否处于稳定状态呢?我们知道:一定状态下生产的产品质量是具有一定分布的,过程状态发生变化,产品质量分布也随之改变。

综上所述,我们可依据描述产品质量分布的集中位置和离散程度的统计特征值,随时间(生产进程)的变化情况来分析生产过程是否处于稳定状态。在控制图中,只要样本质量数据的特征值是随机地落在上、下控制界限之内,就表明产品质量分布的参数 μ 和 σ 基本保持不变,生产中只存在偶然原因,生产过程是稳定的。而一旦发生了质量数据点飞出控制界限之外,或排列有缺陷,则说明生产过程中存在系统原因,使 μ 和 σ 发生了改变,生产过程出现异常情况。

(4) 控制图的种类

①按用途分类。

分析用控制图。主要是用来调查分析生产过程是否处于控制状态。绘制分析用控制图时,一般需连续抽取 20～25 组样本数据,计算控制界限。

管理(或控制)用控制图。主要用来控制生产过程,使之经常保持在稳定状态下。当根据分析用控制图判明生产处于稳定状态时，一般都是把分析用控制图的控制界限延长作为管理用控制图的控制界限，并按一定的时间间隔取样、计算、打点，根据点子分布情况，判断生产过程是否有异常原因影响。

②按质量数据特点分类。

计量值控制图。主要适用于质量特性值属于计量值的控制，如时间、长度、重量、强度、成分等连续型变量。计量值性质的质量特性值服从正态分布规律。

计数值控制图。通常用于控制质量数据中的计数值，如不合格品数、疵点数、不合格品率、单位面积上的疵点数等离散型变量。根据计数值的不同又可分为计件值控制图和计点值控制图。计件值控制图有不合格品数 P_n 控制图和不合格品率 P 控制图。计点值控制图有缺陷数 C 控制图和单位"产品"中缺陷数 μ 控制图。

(5) 控制图的观察与分析

绘制控制图的目的是分析判断生产过程是否处于稳定状态。这主要是通过对控制图上点子的分布情况的观察与分析进行的。因为控制图上点子作为随机抽样的样本，可以反映出生产过程(总体)的质量分布状态。

当控制图同时满足以下两个条件：一是点子几乎全部落在控制界限之内；二是控制界限内的点子排列没有缺陷，我们就可以认为生产过程基本上处于稳定状态。如果点子的分布不满足其中任何一条，都应判断生产过程为异常。

7. 相关图法

(1) 相关图法的用途

相关图又称散布图。在质量控制中它是用来显示两种质量数据之间关系的一种图形。质量数据之间的关系多属相关关系。一般有三种类型：一是质量特性和影响因素之间的关系；二是质量特性和质量特性之间的关系；三是影响因素和影响因素之间的关系。

我们可以用 y 和 x 分别表示质量特性值和影响因素，通过绘制散布图，计算相关系数等，分析研究两个变量之间是否存在相关关系，以及这种关系密切程度如何，进而对相关程度密切的两个变量，通过对其中一个变量的观察控制，去估计控制另一个变量的数值，以达到保证产品质量的目的。这种统计分析方法，称为相关图法。

①收集数据。

要成对地收集两种质量数据，数据不得过少。

②绘制相关图。

在直角坐标系中，一般 x 轴用来代表原因的量或较易控制的量，y 轴用来代表结果的量或不易控制的量。

(2) 相关图的绘制方法

①点子几乎全部落在控制界线内，是指应符合下述三个要求：

一是连续 25 点以上处于控制界限内；

二是连续 35 点中仅有 1 点超出控制界限；

三是连续 100 点中不多于 2 点超出控制界限。

②点子排列没有缺陷，是指点子的排列是随机的，而没有出现异常现象。这里的异常现象是指点子排列出现了"链""多次同侧""趋势或倾向""周期性变动""接近控制界限"等

情况。

一是链。是指点子连续出现在中心线一侧的现象。出现五点链，应注意生产过程发展状况；出现六点链，应开始调查原因；出现七点链，应判定工序异常，需采取处理措施。

二是多次同侧。是指点子在中心线一侧多次出现的现象，或称偏离。

三是趋势或倾向。是指点子连续上升或连续下降的现象。

四是周期性变动。即点子的排列显示周期性变化的现象。这样即使所有点子都在控制界限内，也应认为生产过程为异常。

（二）新的七种质量控制工具

1972 年，日本科技联盟的纳谷嘉信教授，由许多推行全面质量管理建立体系的手法中，研究归纳出一套有效的品管手法，这个方法恰巧有七项，为有别于原有的 QC 七大手法，所以就称之为新 QC 七大手法。主要运用于全面质量管理 PDCA 循环的 P(计划)阶段，用系统科学的理论和技术方法，整理和分析数据资料，进行质量管理。常用的质量控制方法主要运用于生产过程质量的控制和预防，新的七种质量控制工具与其相互补充。

1. 箭线图法 (Arrow Diagram Method，ADM)

箭线图法，又称矢线图法，是网络图在质量管理中的应用。箭线图法是制订某项质量工作的最佳日程计划和有效地进行进度管理的一种方法，效率高，特别是运用于工序繁多、复杂、衔接紧密的一次性生产项目上。

2. 关联图法 (Inter－relationship Diagraph)

关联图法，是指用一系列的箭线来表示影响某一质量问题的各种因素之间的因果关系的连线图。质量管理中运用关联图要达到以下几个目的：

①制订 TQC 活动计划。

②制订 QC 小组活动计划。

③制订质量管理方针。

④制订生产过程的质量保证措施。

⑤制订全过程质量保证措施。

通常，在绘制关联图时，将问题与原因用“○”框起，其中，要达到的目标和重点项目用“○”圈起，箭头表示因果关系，箭头指向结果，其基本图形如图 6.6 所示。

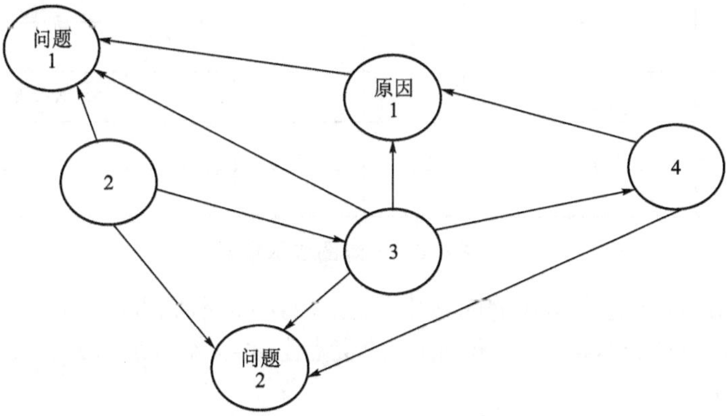

图 6.6　关联图法示意

3. 系统图法(Tree Diagrams)

系统图法，是指系统寻找达到目的的手段的一种方法，它的具体做法是把要达到目的所需要的手段逐级深入，如图 6.7 所示。

系统图法可以系统地掌握问题，寻找到实现目的的最佳手段，广泛应用于质量管理中，如质量管理因果图的分析、质量保证体系的建立、各种质量管理措施的开展等。

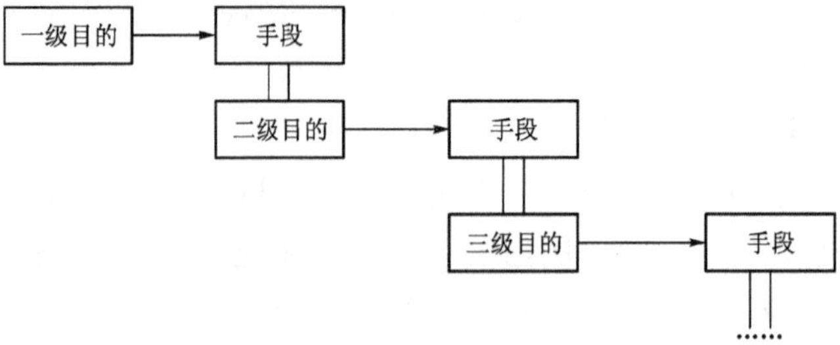

图 6.7　系统图法示意

4. KJ 法 (Affinity Diagrams)

KJ 法是日本专家川喜田二郎创造的，KJ 是他的名字打头的英文字母缩写。KJ 法针对某一问题广泛收集资料，按照资料近似程度、内在联系进行分类整理，抓住事物的本质，找出结论性的解决办法。这种方法是开拓思路、集中集体智慧的好办法，尤其针对未来和未知的问题可以进行不受限制的预见、构思，对质量管理方针计划的制订、新产品新工艺的开发决策和质量保证都有积极的意义。

5. 矩阵图法 (Matrix Diagrams)

矩阵图法运用二维、三维等多维矩阵表格，通过多元因素分析找出问题和造成问题的原因。矩阵图的基本形式如图 6.8 所示。

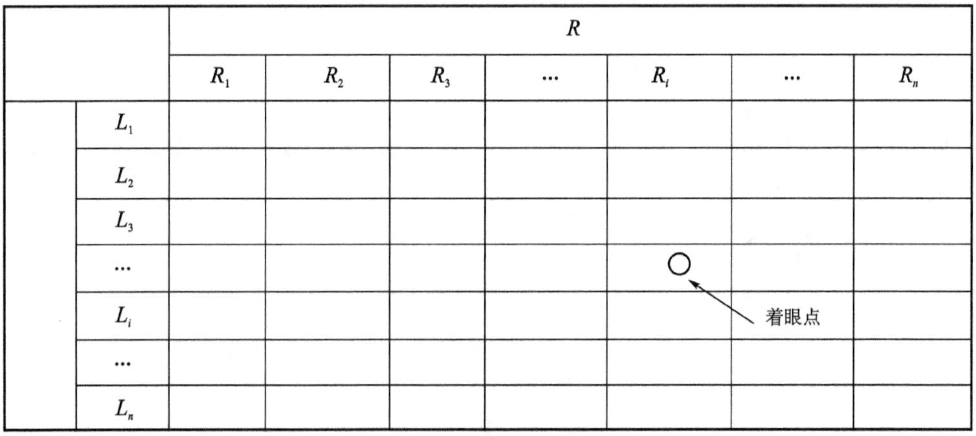

图 6.8　矩阵图法示意

二维矩阵图中，从造成问题的因素中找出对的因素形成 $R(R_1, R_2, R_3, \cdots)$ 和 $L(L_1, L_2, L_3, \cdots)$ 一列一行因素，在列 R_i 和行 L_i 的交点上表示各因素的关联程度，从而找出解决问题的着眼点。

矩阵图主要运用于寻找改进老产品的着眼点和研制新产品、开发市场的战略，以及寻找产品质量问题产生的原因、确立质量保证体系的关键环节等质量管理工作。

6. 矩阵数据分析法(Matrix Data Analysis)

当矩阵图中各对应因素之间的关系能够定量表示时,矩阵数据分析法是对矩阵图的数据进行整理和分析的一种方法。这种方法主要用于影响产品质量的多因素分析、复杂的质量评价。

7. PDPC 法(Process Decision Program Chart)

PDPC 法,又称过程决策程序图法,将运筹学中所运用的过程决策程序图应用于质量管理。PDPC 法是指在制订达到目标的实施计划时,加以全面分析,对于事态进展中可以设想的各种结果的问题,设想和制订相应的处置方案和应变措施,确定其达到最佳结果的方法。PDPC 法可以在一种预计方案不可行或效率不高出现质量问题时采用第二、第三……方案,确保最佳效果。PDPC 法适用制订质量管理的实施计划以及预测系统可能发生的问题,并预先制定措施控制质量管理的全过程。

使用新 QC 七大工具的益处:

①迅速掌握重点——即时掌握问题重心,不似无头苍蝇般地找不到重点。

②学习重视企划——有效解析问题,透过手法的运用,寻求解决之道。

③重视解决过程——重视问题解决的过程,不只是要求成果。

④了解重点目标——拥有正确的方向,不会顾此失彼。

⑤全员系统导向——强化全员参与的重要性,进而产生参与感与认同感。

任务评价

质量控制七种工具关系

质量控制七种工具关系详见图 6.9 所示。

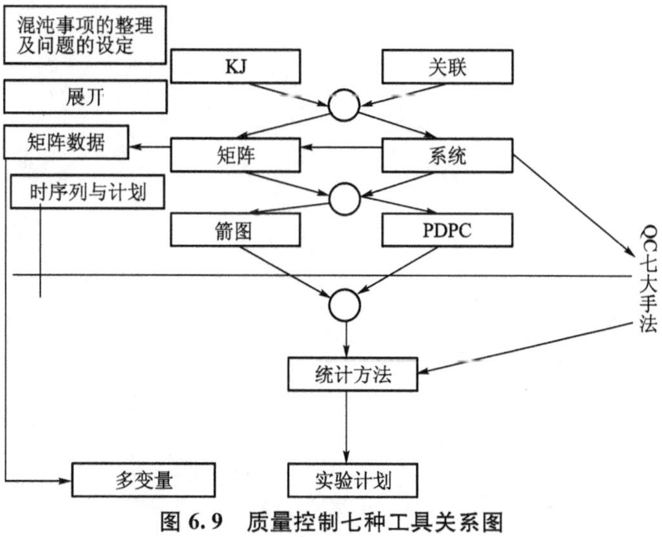

图 6.9　质量控制七种工具关系图

项目小结

建设工程项目质量控制是建设工程项目管理的重要任务之一,它贯穿于建设项目决策阶段和实施阶段的全过程。施工质量控制是建设工程项目全过程质量控制的关键阶段。本项目的主要知识点包括:

①施工质量预控和过程控制的主要途径与方法。

②施工质量控制的依据及验收方法。

③施工质量事故的处理方法。

思考与练习

1. 阐述项目质量和质量控制的定义。
2. 阐述施工过程质量控制的主要途径和方法。
3. 单位工程施工质量验收的要求是什么?
4. 施工质量事故处理的方式有哪些?
5. 分项工程质量验收合格应符合哪些规定?
6. 施工质量验收的依据有哪些?
7. 控制图用于项目质量控制的基本思路是什么?
8. 新的七种质量控制工具有哪些?
9. 阐述 ABC 分类法的主要步骤。
10. 数据离散趋势的特征值有哪些?

项目七　工程项目职业健康安全与环境管理

项目需求

工程项目职业健康安全与环境管理是工程项目管理的重要组成部分，工程项目职业健康安全与环境管理主要包括工程项目施工安全控制、建设工程职业健康安全事故的分类和处理、文明施工与现场环境保护要求等。

项目工作场景

实训基地(有与项目实际相符的项目管理资源等)

方案设计

首先学习工程项目施工安全控制知识，然后进行建设工程职业健康安全事故的分类和处理的介绍，最后进行文明施工与现场环境保护要求的学习。

相关知识和技能

(1) 具备工程项目施工安全控制基本能力；能进行建筑工程职业健康安全事故的分类和处理；能进行文明施工和现场环境保护方案的编制。

(2) 通过本项目的学习，理解工程项目职业健康与环境管理的基本概念，掌握工程项目施工安全控制的程序及措施方法，了解安全事故的分类及处理，掌握现场文明施工与环境保护方案的编制方法。

任务描述

首先进行施工安全控制的学习，然后进行职业健康安全事故的分类和处理的学习，最后进行文明施工与现场环境保护要求的学习。

知识准备

一、职业健康安全与环境管理的概念

职业健康安全是指影响工作场所内员工、临时工作人员、合同方人员、访问者和其他人员健康安全的条件和因素。

职业健康安全管理体系是工程项目管理体系的组成部分，是组织对与其业务相关的职业健康风险的管理，它包括为制定、实施、实现、评审和保持职业健康安全方针所需的组织结构、计划活动、职责、惯例、程序、过程和资源。

环境是指组织运行活动的外部存在，包括空气、水、土地、自然资源、植物、动物、人，以及它们之间的相互关系。环境管理体系是整个管理体系的一个组成部分，包括为制定、实施、实现、评审和保持环境方针所需的组织结构、计划活动、职责、惯例、程序、过程和资源。

二、职业健康安全与环境管理的目的

建设工程项目的职业健康安全管理的目的是保护产品生产者和使用者的健康与安全。要控制影响工作场所内员工、临时工作人员、合同方人员、访问者和其他人员健康和安全的条件和因素，考虑和避免因使用不当对使用者造成的健康和安全的危害。

建设工程项目环境管理的目的是保护生态环境，使社会的经济发展与人类的生存环境相协调。要控制作业现场的各种粉尘、废水、废气、固体废弃物，以及噪声、振动对环境的污染和危害，节约能源，避免资源的浪费。

三、职业健康安全与环境管理的任务

职业健康安全与环境管理的任务是，建筑生产组织（企业）为达到建筑工程职业健康安全与环境管理的目的而进行的组织、计划、控制、领导和协调的活动，包括制定、实施、实现、评审和保持职业健康安全与环境方针所需的组织结构、计划活动、职责、惯例、程序、过程和资源，并为此建立职业健康安全与环境管理体系。

四、建设工程职业健康安全与环境管理的特点

①建筑产品的固定性和生产的流动性及外部环境影响因素多，决定了职业健康安全与环境管理的复杂性。

②产品的多样性和生产的单件性决定了职业健康安全与环境管理的多变性。

③产品生产过程的连续性和分工性决定了职业健康安全与环境管理的协调性。

④产品的委托性决定了职业健康安全与环境管理的不符合性。

⑤产品生产的阶段性决定了职业健康安全与环境管理的持续性。

⑥产品的时代性和社会性决定了职业健康安全与环境管理的经济性。

任务实施

工程项目施工安全控制

（一）工程项目施工安全控制概述

安全是指免除不可接受的损害风险的状态。安全生产是指使生产过程处于避免人身伤害、设备损坏及其他不可接受的损害风险（危险）的状态。

（1）施工安全控制的特点

①控制面广。由于建设工程规模较大，生产工艺复杂、工序多，在建造过程中流动作业多，高处作业多，作业位置多变，遇到的不确定因素多，安全控制工作涉及范围大，控制面广。

②控制的动态性。建设工程项目的单件性，使得每项工程所处的条件不同，所面临的危险因素和防范措施也会有所改变；员工转移工地后，熟悉一个新的工作环境需要一定的时间，有些工作制度和安全技术措施也会有所调整，员工同样有个熟悉的过程。

③控制系统交叉性。建设工程项目是开放系统，受自然环境和社会环境影响很大，安全控制需要把工程系统与环境系统及社会系统相结合。

④控制的严谨性。安全状态具有触发性，其控制措施必须严谨，一旦失控，就会造成损失和伤害。

（2）施工安全控制的程序

建设工程项目施工安全控制程序如图 7.1 所示。

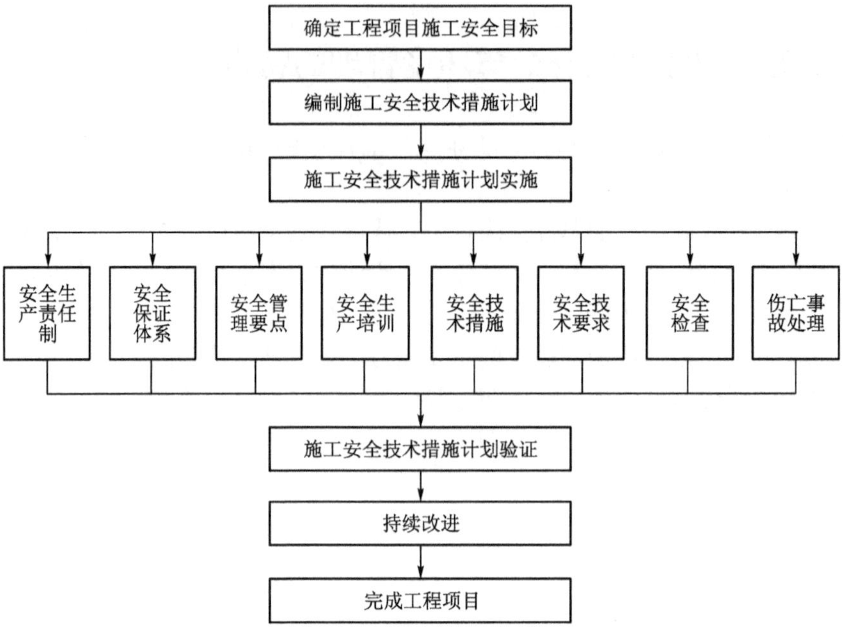

图 7.1　建设工程项目施工安全控制程序

①确定建设工程项目施工的安全目标。按“目标管理”方法，在以项目经理为首的项目管理系统内进行分解，从而确定每个岗位的安全目标，实现全员安全控制。

②编制建设工程项目施工安全技术措施计划。对生产过程中的安全风险进行识别和评价，对其不安全因素用技术手段加以消除和控制，并形成文件。施工安全技术措施计划是进行工程项目施工安全控制的指导性文件。

③施工安全技术措施计划的实施。包括建立健全安全生产责任制，设置安全生产设施，进行安全教育和培训，沟通和交流信息，通过安全控制使生产作业的安全状况处于受控状态。

④施工安全技术措施计划的验证。包括安全检查、纠正不符合要求的情况，并做好检查记录工作。根据实际情况补充和修改安全技术措施。

⑤持续改进，直至完成建设工程项目的所有工作。由于建设工程项目的开放性，在项目实施过程中，各种条件可能有所变化，以致造成对安全风险评价的结果失真，使得安全技术措施与变化的条件不相适应，此时应考虑是否对安全风险重新评价和是否有必要更改安全技术措施计划。

(3) 工程施工安全控制的基本要求

①施工单位在取得安全行政主管部门颁发的“安全施工许可证”后才可开工。

②总承包单位和每一个分包单位都应经过安全资格审查认可。

③各类作业人员和管理人员必须具备相应的执业资格才能上岗。

④所有新员工必须经过三级安全教育，即进厂、进车间和进班组的安全教育。

⑤特殊工种作业人员必须持有特种作业操作证，并严格按规定定期进行复查。

⑥对查出的安全隐患要做到“五定”，即定整改责任人、定整改措施、定整改完成时间、

定整改完成人、定整改验收人。

⑦必须把好安全生产“六关”，即措施关、交底关、教育关、防护关、检查关、改进关。

⑧施工现场安全设施齐全，并符合国家及地方有关规定。

⑨施工机械(特别是现场安设的起重设备等)必须经安全检查合格后方可使用。

⑩保证安全技术措施费用的落实，不得挪作他用。

(二) 施工安全技术措施计划及其实施

1. 工程项目安全计划的内容

①项目概况。包括项目的基本情况、可能存在的不安全因素等。

②安全控制和管理目标。应明确安全控制和管理的总目标和子目标，目标要具体化。

③安全控制和管理程序。主要应明确安全控制和管理的工作过程和安全事故的处理过程。

④安全组织机构。包括安全组织机构形式和安全组织机构的组成。

⑤职责权限。根据组织机构状况，明确不同组织层次、各相关人员的职责和权限，进行责任分配。

⑥规章制度。包括安全管理制度、操作规程、岗位职责等，规章制度的建立应遵循的法律、法规和标准等。

⑦资源配置。针对项目特点，提出安全管理和控制所必需的材料、设施等资源的要求和具体的配置方案。

⑧安全措施。针对不安全因素确定相应措施。

⑨检查评价。明确检查评价方法和评价标准。

⑩奖惩制度。明确奖惩标准和方法。

2. 施工方案中安全措施的主要内容

①从建筑或安装工程整体考虑施工期内对周围道路、行人及邻近居民、设施的影响，采取相应的防护措施(全封闭防护或部分封闭防护)；平面布置应考虑施工区与生活区分隔，以及自己的施工排水、安全通道、高处作业对下部和地面人员的影响；临时用电线路的整体布置、架设方法；安装工程中的设备、构配件吊运，起重设备的选择和确定，起重半径以外安全防护范围等，复杂的吊装工程还应考虑视角、信号、步骤等细节。

②对深基坑、基槽的土方开挖，应了解土壤种类，选择土方开挖方法、放坡坡度或固壁支撑的具体做法，总的要求是防坍塌。人工挖孔桩基础工程还须有测毒设备和防中毒措施。

③30 m以上脚手架或设置的挑架、大型混凝土模板工程，还应进行架体和模板承重强度、荷载计算，以保证施工过程中的安全；安全平网、立网的架设要求，架设层次段落，做好严密的随层安全防护；龙门、井架等垂直运输设备的拉结、固定方法及防护措施。

④施工过程中的“四口”(即楼梯口、电梯口、通道口、预留洞口)应有防护措施。

⑤“临边”防护措施。施工中未安装栏杆的阳台(走台)周边，无外架防护的屋面(或平台)周边，框架工程楼层周边，跑道(斜道)两侧边，卸料平台外侧边等均属于临边危险地域，应采取预防人员和物料下落的措施。

⑥当外用电线路与在建工程(含脚手架具)的外侧边缘之间达到最小安全操作距离

时，必须采取屏障、保护网等措施；当小于最小安全距离时，还应设置绝缘屏障，并悬挂醒目的警示标志。

3. 安全计划的实施

(1) 建立安全生产责任制

项目经理部必须建立安全生产责任制，把安全责任目标分解到岗，落实到人。

①项目经理安全职责。

认真贯彻安全生产方针、政策、法规和各项规章制度；制定安全生产管理办法；严格执行安全考核指标和安全生产管理办法；严格执行安全生产奖惩办法；严格执行安全技术措施审查制度和施工项目安全交底制度，组织安全生产定期检查分析；针对施工中存在的安全隐患制订预防和纠正措施；发生安全事故后，按事故处理的规章上报、处置，制订预防事故再发生的措施。

②作业队长安全职责。

进行安全技术交底；组织实施安全技术措施；对施工现场安全防护装置和设施应组织验收，合格后方可使用；组织学习安全操作规程；认真消除安全隐患；发生工伤事故时，应立即上报并保护好现场，参加事故调查处理。

③班组长安全职责。

安排生产任务时进行安全措施交底；严格执行本工种安全操作规程，拒绝违章指挥；岗前应对所有使用的机具、设备、防护用具及作业环境进行安全检查，发现问题及时采取改进措施，以消除安全隐患；检查安全标牌是否按规定设置，标识方法和内容是否完整；组织班组开展安全活动，开好岗前安全生产会；做好收工前的安全检查；组织一周的安全讲评工作；发生工伤事故时应组织抢救，保护现场并立即上报。

④操作工人安全职责。

认真学习并严格执行安全技术操作规程；自觉遵守安全生产规章制度；积极参加安全活动，执行安全技术交底和有关安全生产的规定，不违章作业；服从安全监督人员的指导，爱护安全设施和防护用具，做到正确使用；对不安全作业提出意见。

⑤承包人对分包人的安全生产责任。

审查分包人的安全资质和安全生产保证体系，不具备安全生产条件的不准其分包工程。

在分包合同中明确分包人安全生产责任和义务；对分包人提出安全要求并认真监督检查；对违反安全规定冒险蛮干的分包人，应令其停工整改。承包人应统计上报分包人的伤亡事故并按分包合同约定，协调处理分包的伤亡事故。

⑥分包人安全生产责任。

分包人对本单位现场的安全工作负责，认真履行分包合同规定的安全生产责任，服从承包人的安全生产管理，执行承包人的有关安全生产制度，及时向承包人报告伤亡事故并调查处理善后事宜。

(2) 安全教育培训

①项目经理部的安全教育内容：国家和当地政府的安全生产方针、政策，安全生产法律、法规，部门规章制度和安全纪律，安全事故分析和处理案例。

②作业队安全教育培训内容：承担施工任务的特点、施工安全基本知识、安全生产制度；相关工种的安全技术操作规程；机械设备、电气、高空作业等安全基本知识；防火、防毒、防爆、防洪、防雷击、防触电、防高空坠落、防物体打击、防坍塌、防机械车辆伤害等及紧急安全处理知识；安全防护用品发放标准；防护用具、用品使用基本知识。

③班组安全教育培训内容：作业特点及安全操作规程；班组安全生产制度及纪律；爱护和正确使用安全防护装置（设施）及个人劳动防护用品知识；本岗位的不安全因素及防范对策；本岗位的作业环境、使用机具的安全要求。

④对从事电工、压力容器操作、爆破作业、金属焊接、井下检验、机动车驾驶、机动船舶驾驶、高空作业等特殊工种的作业人员，必须经国家认可的具有资质的单位进行安全技术培训，考试合格并取得上岗证书后方可上岗作业。

(3) 安全技术交底

安全技术交底的基本要求是：

①项目经理部必须实行逐级安全技术交底制度，纵向延伸到班组全体作业人员。

②技术交底必须具体、明确、针对性强。

③技术交底的内容应针对分部分项工程施工中给作业人员带来的潜在危害和存在问题。

④应优先采用新的安全技术措施。

⑤应将工程概况、施工方法、施工程序、安全技术措施等向工长、班组长进行详细交底。

⑥定期向由两个以上作业队和多工种进行交叉施工的作业队伍进行书面交底。

⑦保持书面安全技术交底签字记录。

安全技术交底主要内容包括：本工程项目的施工作业特点和危险点；针对危险点的具体预防措施；应注意的安全事项；相应的安全操作规程和标准；发生事故后应及时采取的避难和急救措施。

(4) 施工现场安全管理规定

①施工单位应在施工现场入口处、施工起重机械、临时用电设施、脚手架、出入通道口、楼梯口、电梯井口、孔洞口、桥梁口、隧道口、基坑边沿、爆破物及有害危险气体和液体存放处等危险部位，设置明显的安全警示标志。安全警示标志必须符合国家标准。

②现场的办公、生活区与作业区分开设置，并保持安全距离；办公、生活区的选址应当符合安全性要求。职工的膳食、饮水、休息场所等应当符合卫生标准。施工单位不得在尚未竣工的建筑物内设置员工集体宿舍。

③施工单位应在施工现场建立消防安全责任制度，确定消防安全责任人，制定用火、用电、使用易燃易爆材料等各项消防安全管理制度和操作规程，设置消防通道、消防水源，配备消防设施和足够的、有效的灭火器材，指定专门人员定期维护保持设备良好，并在施工现场入口处设置明显标志，建立消防安全组织，坚持对员工进行防火安全教育。

④施工现场安全用电规定：

a. 施工现场内一般不得架设裸导线。

b. 各种绝缘导线应架空敷设，没有条件架设的应采用护套缆线，缆线易损线段要加以保护。

c. 各种配电线路禁止敷设在树上。

d. 高层建筑的施工动力线路和照明线路，垂直敷设时应采用护套电缆。

e. 所有电气设备的金属外壳以及电气设备连接的金属架，必须采取保护接地或保护接零措施。

f. 施工现场和生活区的下列设施应装设防雷保护设施：高度在 20 m 以上的井字架、高大架子、正在施工的高大建筑工程，塔吊及高大机具，高烟囱，水塔等。

g. 凡移动式设备及手持电动工具，必须装设漏电保护装置。

h. 各种电动工具使用前均应进行严格检查，其电源线不应有破损、老化等现象；其自身附带的开关必须安装牢固，动作灵活可靠。禁止使用金属丝绑扎开关或有明露的带电体。

i. 施工现场及临时设施的照明灯线路的架设，除护套缆线外，应分开设置或穿管敷设。

j. 凡未经检查合格的设备，不得安装和使用。

k. 非专业电气工作人员，严禁在施工现场架设线路、安装灯具、手持电动工具等作业。

l. 凡露天使用的电气设备，应有良好的防雨性能或妥善的防雨措施。

⑤施工现场安全纪律：

a. 不戴安全帽不准进入施工现场。

b. 不准带无关人员进入施工现场。

c. 不准赤脚或穿拖鞋、高跟鞋进入施工现场。

d. 作业前和作业中不准饮用含酒精的饮料。

e. 不准违章指挥和违章作业。

f. 特种作业人员无操作证不准独立从事特种作业。

g. 无安全防护措施不准进行危险作业。

h. 不准在易燃易爆场所吸烟。

i. 不准在施工现场嬉戏打闹。

j. 不准破坏和污染环境。

⑥个人劳动保护和安全防护用品的使用规定：

a. 进入施工工地必须戴安全帽。

b. 高处作业人员必须系安全带。

c. 电焊工必须穿阻燃和防辐射工作服，焊接时必须戴电焊面罩。

d. 电工作业时必须穿绝缘鞋、戴绝缘手套。

e. 用砂轮机切(磨)金属时应戴护目镜。

f. 从事粉尘作业时应戴防尘口罩、护目镜和带披肩的防尘帽。

g. 从事有毒有害作业应戴护目镜、防毒口罩或防毒面具。

h. 在噪声环境中作业应戴耳塞。

i. 射线检测时应穿铅防护服或使用铅防护板。

j. 不得在尘毒作业场所吸烟、饮水、吃食物，班后、饭前必须洗漱。

(5) 施工安全检查

工程项目安全检查的目的是清除隐患、防止事故、改善劳动条件及提高员工安全生产意识。安全检查是安全控制工作的一项重要内容。通过安全检查,可以发现工程中的危险因素,以便有计划地采取措施,保证安全生产。施工项目的安全检查由项目经理组织,定期进行。

①安全检查的分类。

安全检查可分为日常性检查、专业性检查、季节性检查、节假日前后的检查和不定期检查。

日常性检查,即经常的、普遍的检查。

专业性检查是针对特种作业、特种设备、特殊场所进行的检查,如电焊、气焊、起重设备、运输车辆、锅炉压力容器、易燃易爆场所等。

季节性检查是指根据季节特点,为保障安全生产的特殊要求所进行的检查。

节假日前后的检查是针对节假日期间容易产生麻痹思想的特点而进行的安全检查,包括节日前进行安全生产综合检查,节日后进行遵章守纪的检查等。

不定期检查是指在工程或设备开工和停工前、检修中、工程或设备竣工及试运转时进行的安全检查。

②安全检查的主要内容。

a. 查思想。

b. 查管理。

c. 查隐患。

d. 查整改。

e. 查事故处理。

安全检查的重点是违章指挥和违章作业。在安全检查过程中,应编制安全检查报告,说明已达标项目、未达标项目、存在问题、原因分析、纠正和预防措施。

③安全检查的注意事项。

a. 建立检查的组织领导机构,配备适当的检查力量,挑选具有较高业务水平的专业人员参加。

b. 安全检查要深入基层,紧紧依靠职工,坚持领导与群众相结合的原则,组织好检查工作。

c. 做好检查的各项准备工作,包括思想、业务知识、法规政策和物质、奖金准备。

d. 明确检查的目的和要求。

e. 把自查与互查有机结合起来。

f. 坚持查改结合。

g. 建立检查档案。

任务评价

一、建设工程职业健康安全事故的分类和处理

（一）建设工程职业健康安全事故的分类

事故即造成死亡、疾病、伤害、损坏或其他损失的意外情况。职业健康安全事故分两大类，即职业伤害事故与职业病。职业伤害事故是指因生产过程及工作原因或与其相关的其他原因造成的伤亡事故。

(1) 按事故发生的原因分类

按照我国《企业伤亡事故分类》(GB 6441—1986)的规定，职业伤害事故分为20类：

①物体打击。

②车辆伤害。

③机械伤害。

④起重伤害。

⑤触电

⑥淹溺。

⑦灼烫。

⑧火灾。

⑨高处坠落。

⑩坍塌。

⑪冒顶片帮。

⑫透水。

⑬放炮。

⑭爆炸。

⑮瓦斯爆炸。

⑯锅炉爆炸。

⑰容器爆炸。

⑱其他爆炸。

⑲中毒和窒息。

⑳其他伤害。

(2) 按事故后果的严重程度分类

①轻伤事故。

②重伤事故。

③死亡事故。

④重大伤亡事故。

⑤特大伤亡事故。

⑥急性中毒事故。

(3) 职业病

经诊断因从事接触有毒有害物质或不良环境的工作而造成急慢性疾病，属职业病。

2013 年国家卫生计生委会同人力资源社会保障部、安全监督总局、全国总工会发布的《职业病分类和目录》列出的法定职业病有 10 大类，共 132 种。该目录中所列的 10 大类职业病如下：

①尘肺病。包括矽肺、石棉肺、滑石尘肺、水泥尘肺、陶工尘肺、电焊工尘肺、其他尘肺等 13 种。

②职业性放射性疾病。包括外照射放射病、内照射放射病、放射性皮肤疾病、放射性肿瘤、放射性骨损伤等 11 种。

③职业性化学中毒。包括铅、汞、锰、镉及其化合物，苯，一氧化碳，二硫化碳等 60 种。

④物理因素所致职业病。包括中暑、减压病、高原病、航空病、手臂振动病等 7 种。

⑤职业性传染病。包括炭疽、森林脑炎、布氏杆菌病等 5 种。

⑥职业性皮肤病。包括接触性皮炎、光接触性皮炎、电光性皮炎、黑变病、痤疮、溃疡、化学性皮肤灼伤、白斑等 9 种。

⑦职业性眼病。包括化学性眼部灼伤、电光性眼炎、白内障等 3 种。

⑧职业性耳鼻喉口腔疾病。包括噪声聋、铬鼻病、牙酸蚀病、爆震聋等 4 种。

⑨职业性肿瘤。包括石棉所致肺癌、间皮瘤，苯所致白血病，砷所致肺癌、皮肤癌，氯乙烯所致肝血管肉瘤，铬酸盐制造业工人肺癌等。

⑩其他职业病。包括金属烟热、煤矿井下工人滑囊炎等 3 种。

(二) 建设工程职业健康安全事故的处理

1. 安全事故处理的原则

安全事故处理应遵循"四不放过"的原则，即事故原因不清楚不放过；事故责任者和员工没有受到教育不放过；事故责任者没有处理不放过；没有制定防范措施不放过。

2. 安全事故处理的程序

(1) 迅速抢救伤员并保护好事故现场

事故发生后，现场人员不要惊慌失措，要有组织、听指挥首先抢救伤员和排除险情，制止事故蔓延扩大。同时，为了事故调查分析需要，应该保护好事故现场。确因抢救伤员和排险而必须移动现场物品时，应做出标识，并且要求各种物件的位置、颜色、形状及其物理、化学性质等尽可能保持事故结束时的原来状态，必须采取一切可能的措施防止人为或自然因素的破坏。

(2) 组织调查组

接到事故报告后，单位领导应立即赶赴现场组织抢救，并迅速组织调查组开展调查。轻伤、重伤事故由企业负责人或其指定人员组织生产、技术、安全等部门及工会组成事故调查组进行调查；死亡事故由企业主管部门会同企业所在地区的行政安全部门、公安部门、工会组成事故调查组进行调查；重大死亡事故，按照企业的隶属关系，由省、自治区、直辖市企业主管部门或者国务院有关主管部门会同同级行政安全管理部门、公安部门、监察部门、工会组成事故调查组进行调查。死亡和重大死亡事故调查组应邀请人民检察院参加，还可邀请有关专业技术人员参加。与发生事故有直接利害关系的人员不得参加调查组。

(3) 现场勘察

现场勘察是技术性很强的工作，涉及广泛的科技知识和实践经验，对事故的现场勘察必须及时、全面、准确、客观。现场勘察的主要内容有：

①现场笔录。

a. 发生事故的时间、地点、气象等；b. 现场勘察人员姓名、单位、职务；c. 现场勘察起止时间、勘察过程；d. 能量失散所造成的破坏情况、状态、程度等；e. 设备损坏或异常情况及事故前后的位置；f. 事故发生前劳动组合、现场人员的位置和行动；g. 散落情况；h. 重要物证的特征、位置及检验情况等。

②现场拍照。

a. 方位拍照，能反映事故现场在周围环境中的位置；b. 全面拍照，能反映事故现场各部分之间的联系；c. 中心拍照，反映事故现场中心情况；d. 细目拍照，提示事故直接原因的痕迹物、致害物等；e. 人体拍照，反映伤亡者主要受伤和造成死亡伤害部位。

③现场绘图。

根据事故类别、规模及调查工作的需要应绘出下列示意图：a. 建筑物平面图、剖面图；b. 事故时人员位置及活动图；c. 破坏物立体图或展开图；d. 涉及范围图；e. 设备或工、器具构造简图等。

(4) 分析事故原因

通过全面的调查来查明事故经过，弄清造成事故的原因，包括人、物、生产管理和技术管理等方面的问题，经过认真、客观、全面、细致、准确的分析，确定事故的性质和责任。

事故分析步骤：首先整理和仔细阅读调查材料，按 GB 6441—86 标准附录 A 中规定的受伤部位、受伤性质、起因物、致害物、伤害方法、不安全状态和不安全行为七项内容进行分析，确定直接原因、间接原因和事故责任者。

分析事故原因时，应根据调查所确认事实，从直接原因入手逐步深入到间接原因。

(5) 事故性质

①责任事故。人的过失造成的事故。

②非责任事故。由于人们不能预见的自然条件变化或不可抗力所造成的事故，或是在技术改造、发明创造、科学试验活动中，由于科学技术条件的限制而发生的无法预料的事故。但是，对于能够预见并可以采取措施加以避免的伤亡事故或没有经过认真研究解决技术问题而造成的事故，不能包括在内。

③破坏性事故。为达到既定目的而故意制造的事故。对已确定为破坏性事故的，应由公安机关认真追查破案，依法处理。

(6) 制定预防措施

根据对事故原因的分析，制订防止类似事故再次发生的预防措施。同时，根据事故后果和事故责任者应负的责任提出处理意见。对于重大未遂事故不可掉以轻心，也应认真按上述要求查找原因，分清责任，严肃处理。

(7) 写出调查报告

调查组应着重把事故发生的经过、原因,责任分析,处理意见及本次事故的教训和改进工作的建议等写成报告,经调查组全体人员签字后报批。如调查组内部意见有分歧,应在弄清事实的基础上,对照法律、法规进行研究,统一认识,对于个别同志仍持有不同意见的允许保留,并在签字时写明自己的意见。

(8) 事故审理和结案

①事故调查处理结论应经有关机关审批后方可结案。伤亡事故处理工作应当在 90 d 内结案,特殊情况不得超过 180 d。

②事故案件的审批权限同企业的隶属关系及人事管理权限一致。

③对事故责任者的处理应根据其情节轻重和损失大小来判断。

④事故调查处理的文件、图纸、照片、资料等记录应妥善地保存起来。

(9) 员工伤亡事故登记

①员工重伤、死亡事故调查报告书,现场勘察资料(记录、图纸、照片)。

②技术鉴定和试验资料。

③物证、人证调查材料。

④医疗部门对伤亡者的诊断结论及影印件。

⑤事故调查组人员的姓名、职务并应逐个签字。

⑥企业或其主管部门对该事故所做的结案报告。

⑦受处理人员的检查材料。

⑧有关部门对事故的结案批复等。

3. 工伤认定

国务院颁布的《工伤保险条例》划定了工伤的认定原则。职工有下列情形之一的,应当认定为工伤:

①在工作时间和工作场所内,因工作原因受到事故伤害的。

②工作时间前后在工作场所内,从事与工作有关的预备性或者收尾性工作受到事故伤害的。

③在工作时间和工作场所内,因履行工作职责受到暴力等意外伤害的。

④患职业病的。

⑤因工外出期间,由于工作原因受到伤害或者发生事故下落不明的。

⑥在上下班途中,受到机动车事故伤害的。

⑦法律、行政法规规定应当认定为工伤的其他情形。

职工有下列情形之一的,视同工伤:

①在工作时间和工作岗位,突发疾病死亡或者在 48 h 之内经抢救无效死亡的。

②在抢险救灾等维护国家利益、公共利益活动中受到伤害的。

③职工原在军队服役,因战、因公负伤致残,已取得革命伤残军人证,到用人单位后旧伤复发的。

职工有下列情形之一的,不得认定为工伤或者视同工伤:

①因犯罪或者违反治安管理条例伤亡的。

②醉酒导致伤亡的。

③自残或者自杀的。

4. 职业病的处理

(1) 职业病报告

职业病报告实行以地方为主,逐级上报的办法。地方各级卫生行政部门指定相应的职业病防治机构或卫生防疫机构负责职业病统计和报告工作。

一切企业、事业单位发生的职业病,都应按规定要求向当地卫生监督机构报告,由卫生监督机构统一汇总上报。

(2) 职业病处理

①职工被确诊患有职业病后,其所在单位应根据职业病诊断机构的意见,安排其医治或疗养。

②在医治或疗养后被确认不宜继续从事原有害作业或工作的,应自确认之日起的两个月内将其调离原工作岗位,另行安排工作;对于因工作需要暂不能调离的生产、工作的技术骨干,调离期限最长不得超过半年。

③患有职业病的职工变动工作单位时,其职业病待遇应由原单位负责或两个单位协调处理,双方商妥后方可办理调转手续,并将其健康档案、职业病诊断证明及职业病处理情况等材料全部移交新单位。调出、调入单位都应将情况报告所在地的劳动卫生职业病防治机构备案。

④职工到新单位后,新发生的职业病不论与现工作有无关系,其职业病待遇由新单位负责。劳动合同制工人、临时工终止或解除劳动合同后,在待业期间新发现的职业病,与上一个劳动合同期工作有关时,其职业病待遇由原终止或解除劳动合同的单位负责。如原单位已与其他单位合并,由合并后的单位负责;如原单位已撤销,应由原单位的上级主管机关负责。

二、文明施工与现场环境保护要求

(一) 文明施工的要求

(1) 文明施工的意义

文明施工是指保持施工现场良好的作业环境、卫生环境和工作秩序。

主要包括:规范施工现场的场容,保持作业环境的整洁卫生;科学组织施工,使生产有序进行;减少施工对周围居民和环境的影响;遵守施工现场文明施工的规定和要求,保证职工的安全和身体健康。

文明施工的重要意义体现在:

①文明施工能促进企业综合管理水平的提高。

②文明施工适应现代化施工的客观要求。

③文明施工代表企业的形象。

④文明施工有利于员工的身心健康,有利于培养和提高施工队伍的整体素质。

(2) 文明施工的管理组织和管理制度

①管理组织。

施工现场应成立以项目经理为第一责任人的文明施工管理组织。分包单位应服从总包单位的文明施工管理组织的统一管理，并接受监督检查。

②管理制度。

各项施工现场管理制度应有文明施工的规定，包括个人岗位责任制、经济责任制、安全检查制度、持证上岗制度、奖惩制度、竞赛制度和各项专业管理制度等。

③文明施工的检查。

加强和落实现场文明施工的检查、考核及奖惩管理，以促进文明施工管理工作。检查范围和内容应全面周到，包括生产区、生活区、场容场貌、周边环境及制度落实等内容，检查中发现的问题应采取整改措施。

(3) 保存文明施工的文件和资料

①上级关于文明施工的标准、规定、法律、法规等。

②施工组织设计(方案)中对文明施工的管理规定，各阶段施工现场文明施工的措施。

③文明施工自检资料。

④文明施工教育、培训、考核计划的资料。

⑤文明施工活动各项记录资料。

(4) 现场文明施工的基本要求

①施工现场必须设置明显的标牌，标明工程项目名称、建设单位、设计单位、施工单位、项目经理和施工现场总代表人的姓名、开工和竣工日期、施工许可证批准文号等。施工单位负责现场标牌的保护工作。

②施工现场的管理人员应佩戴证明其身份的证卡。

③应当按照施工总平面布置图设置各项临时设施。现场堆放的大宗材料、成品、半成品和机具设备不得侵占场内道路及安全防护等设施。

④施工现场的用电线路、用电设施的安装和使用必须符合安装规范和安全操作规程，并按照施工组织设计进行架设，严禁任意拉线接电。

⑤施工机械应当按照施工总平面布置图规定的位置和线路设置，不得任意侵占场内道路。

⑥应保证施工现场道路畅通，排水系统处于良好的使用状态；保持场容场貌的整洁，随时清理建筑垃圾。

⑦施工现场的各种安全设施和劳动保护器具必须定期检查和维护，及时消除隐患，保证其安全有效。

⑧施工现场应当设置各类必要的职工生活设施，并符合卫生、通风、照明等要求。

⑨应当做好施工现场安全保卫工作，采取必要的防盗措施，在现场周边设立围护设施。

⑩应当严格依照《中华人民共和国消防条例》的规定，在施工现场建立和执行防火管理制度，设置符合消防要求的消防设施，并保持完好的备用状态。在容易发生火灾的地区施工，或者储存、使用易燃易爆器材时，应当采取特殊的消防安全措施。

⑪施工现场发生的工程建设重大事故的处理，依照《工程建设重大事故报告和调查程

序规定》执行。

(二) 施工现场环境保护的措施

施工现场环境保护是按照法律、法规、各级主管部门和企业的要求,保护和改善作业现场的环境,控制现场的各种粉尘、废水、废气、固体废弃物、噪声、振动等对环境的污染和危害。环境保护也是文明施工的重要内容之一。

(1) 大气污染的防治

①气体状态污染物。如二氧化硫、氮氧化物、一氧化碳、苯、苯酚、汽油等。

②粒子状态污染物。包括降尘和飘尘。飘尘又称为可吸入颗粒物,易随呼吸进入人体肺脏,危害人体健康。

③工程施工工地对大气产生的主要污染物有锅炉、熔化炉、厨房烧煤产生的烟尘,建材破碎、筛分、碾磨、加料过程、装卸运输过程产生的粉尘,施工动力机械尾气排放等。

施工现场空气污染的防治措施是:

①严格控制施工现场和施工运输过程中的降尘和飘尘对周围大气的污染,可采用清扫、洒水、遮盖、密封等措施降低污染。

②严格控制有毒有害气体的产生和排放,如禁止随意焚烧油毡、橡胶、塑料、皮革、树叶、枯草、各种包装物等废弃物品,尽量不使用有毒有害的涂料等化学物质。

③所有机动车的尾气排放应符合国家现行标准。

(2) 水污染的防治

水体的主要污染源和污染物包括:

①水体污染源。包括工业污染源、生活污染源、农业污染源等。

②水体的主要污染物。包括各种有机和无机有毒物质以及热温等。有毒有机物质包括挥发酚、有机氯农药、多氯联苯等。有毒无机物质包括汞、镉、铬、铅等重金属以及氰化物等。

③施工现场废水和固体废物随水流流入水体部分,包括泥浆、水泥、油漆、各种油类、混凝土添加剂、有机溶剂、重金属、酸碱盐等。

防止水体污染的措施是:

①控制污水的排放。

②改革施工工艺,减少污水的产生。

③综合利用废水。

(3) 建设工程施工现场的噪声控制

①噪声的分类。

噪声按照振动性质可分为气体动力噪声、机械噪声、电磁性噪声。噪声按来源可分为交通噪声(如汽车、火车等)、工业噪声(如鼓风机、汽轮机等)、建筑施工的噪声(如打桩机、混凝土搅拌机等)、社会生活噪声(如高音喇叭、收音机等)。

②施工现场噪声的控制措施。

噪声控制技术可从声源、传播途径、接收者防护等方面来考虑。从声源上降低噪声是防止噪声污染的最根本的措施。

具体做法是:

a. 尽量采用低噪声设备和工艺代替高噪声设备与工艺，如采用低噪声振捣器、风机、电动空压机、电锯等。

b. 在声源处安装消声器消声，即在通风机、鼓风机、压缩机、燃气机、内燃机及各类排气放空装置等进出风管的适当位置设置消声器。

c. 严格控制人为噪声。

从传播途径上控制噪声的方法主要有：

a. 吸声。利用吸声材料(大多由多孔材料制成)或由吸声结构形成的共振结构(金属或木质薄板钻孔制成的空腔体)吸收声能，降低噪声。

b. 隔声。应用隔声结构阻碍噪声向空间传播，将接收者与噪声声源分隔。

c. 消声。利用消声器阻止噪声传播。允许气流通过的消声降噪装置是防治空气动力性噪声(如空气压缩机、内燃机产生的噪声等)的主要装置。

d. 减振降噪。对由振动引起的噪声，可通过降低机械振动减小噪声，如将阻尼材料涂在振动源上，或改变振动源与其他刚性结构的连接方式等。

此外，让处于噪声环境下的人员使用耳塞、耳罩等防护用品，减少相关人员在噪声环境中的暴露时间，以减轻噪声对人体的危害。

(4) 建设工程施工现场固体废物处理

固体废物是生产、建设、日常生活和其他活动中产生的固态、半固态废弃物质。

施工工地上常见的固体废物包括：

①建筑渣土。

②废弃的散装建筑材料。

③生活垃圾。

④设备、材料等的包装材料。

⑤粪便。

固体废物处理的基本思想是采取资源化、减量化和无害化的处理，对固体废物进行综合利用，建立固体废物回收体系。

固体废物的主要处理和处置方法有：

①物理处理。

②化学处理。

③生物处理。

④热处理。

⑤固化处理。

⑥回收利用。

⑦处置。

三、案例分析

某公司承接了某小区 7 号楼的施工任务。2016 年 8 月 16 日，电焊工张某在工地 9 层楼梯间进行配电箱避雷跨接作业。电焊机原来放在 11 层，他本应从楼内将电焊机移到 9

层或从内拉线进行作业，但张某图省事，欲将电焊机从 11 层通廊外扔向 8 层通廊，结果焊把线落到了 8 层通廊顶槽内；王某从 9 层窗口去够焊把线，因重心失稳，不幸从 9 层窗口坠到首层采光井顶板上，坠落高度 20 m，当场死亡。

经调查，电焊工张某是刚刚从农村来此做工不久的农民，虽然经过了培训，考核合格，但还未拿到特种作业上岗证。该项目安全管理工作涣散，制度执行不力，缺乏对职工进行安全生产有关法律、法规知识的培训教育，造成施工人员在法律知识和安全意识上淡漠、违章、冒险、蛮干。

【问题】

（1）分析造成这起事故的原因。

（2）分部工程安全技术交底的要求和主要内容是什么？

（3）简述建立安全管理体系的要求。

项目小结

职业健康安全与环境管理作为建设工程项目管理的主要内容之一，是时代的要求。因此，正确理解职业健康安全与环境管理的内涵，明确其基本任务、掌握建设工程职业健康安全与环境管理的特点是管理者的工作内容之一。

工程项目施工安全控制事关生命安全和工程成本，“安全第一，预防为主”是我国安全生产的方针，切实可行的安全技术措施计划和有效实施是安全控制的重点。

思考与练习

1. 建设工程职业健康安全与环境管理的特点是什么？
2. 施工安全控制的特点是什么？
3. 阐述施工方案中安全措施的主要内容。
4. 安全计划的实施有哪些方面？
5. 施工现场安全纪律有哪些？
6. 阐述安全检查的分类。
7. 建设工程职业健康安全事故的分类有哪些？
8. 安全事故处理程序是怎样的？
9. 保持文明施工的文件和资料有哪些？
10. 施工现场空气污染的防治措施有哪些？

项目八　工程项目成本管理

项目需求

工程项目成本管理是工程项目管理的重要组成部分，工程项目成本管理主要包括工程项目成本计划、工程项目成本控制、工程项目成本核算和工程项目成本分析等。

项目工作场景

实训基地(有与项目实际相符的项目管理资源等)

方案设计

首先学习工程项目成本计划知识，然后进行工程项目成本控制的介绍，最后进行工程项目成本核算和工程项目成本分析的学习。

相关知识和技能

(1) 通过本项目的学习，使学生初步具备工程项目成本管理的技能，逐步培养学生对建筑工程进行成本控制的能力。

(2) 了解工程成本的概念、构成及形式；熟悉成本计划的制订、成本考核的内容、成本分析的内容及方法；掌握成本控制的方法及成本核算对象、原则及方法。

任务描述

首先学习工程项目成本计划知识，然后进行工程项目成本控制的介绍，最后进行工程项目成本核算和工程项目的成本分析的学习。

知识准备

工程项目成本管理概述

工程项目成本是指工程项目在实施过程中所发生的全部生产费用的总和，其中包括支付给生产工人的工资、奖金，所消耗的主、辅材料及构配件，周转材料的摊销费或租赁费、机械费，以及现场进行组织与管理所发生的全部费用支出。

工程项目的成本控制是指在项目成本的形成过程中，对生产经营所消耗的人力资源、物质资源和费用开支进行指导、监督、调节和限制，及时纠正将要发生和已经发生的偏差，把各项生产费用控制在计划成本的范围之内，以保证成本目标的实现。

（一）工程项目成本的构成与形式

（1）工程项目成本的构成

工程项目实施过程中所发生的各项费用支出计入成本费用。按成本的经济性质和国家的规定，项目成本由直接成本和间接成本组成。

①直接成本。

直接成本是指在实施过程中耗费的构成工程实体或有助于工程实体形成的各项费用支出，具体包括人工费、材料费、机械使用费及其他直接费。

②间接成本。

间接成本是指企业内各项目经理部为实施准备、组织和管理工程的全部费用的支出，具体包括工作人员薪金、劳动保护费、职工福利费、办公费、差旅交通费、固定资产使用费、工具用具使用费、保险费、工程保修费、工程排污费及其他费用。

（2）工程项目成本的形式

①按成本管理要求来划分。

a. 承包成本。它根据工程量清单计算出来的工程量，企业的建筑、安装工程基础定额和各地区的市场劳务价格、材料价格信息，并按有关取费的指导性费率进行计算。承包成本是反映企业竞争水平的成本，是确定工程造价的基础，也是编制计划成本和评价实际成本的依据。

b. 计划成本。工程项目计划成本是指项目经理部根据计划期的有关资料（如工程的具体条件和企业为实施该项目的各项技术组织措施），在实际成本发生前预先计算的成本。它反映了企业在计划期内应达到的成本水平。

c. 实际成本。实际成本是项目在报告期内实际发生的各项生产费用的总和。把实际成本与计划成本相比较，可揭示成本的节约和超支，考核企业技术水平及技术组织措施的贯彻执行情况和企业的经营效果。实际成本与承包成本比较，可以反映工程盈亏情况。

以上三种成本的关系可用图 8.1 来说明。

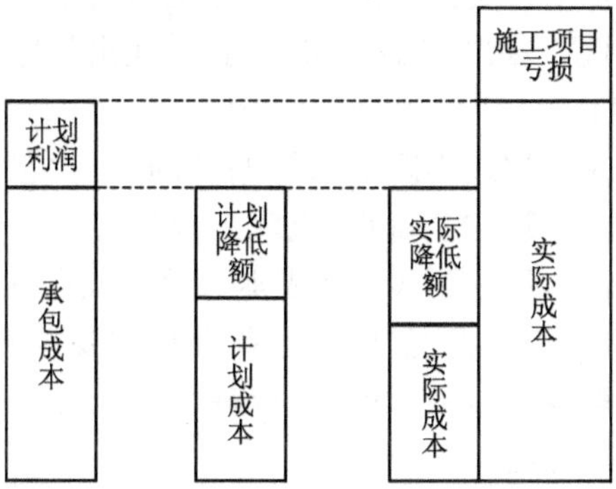

图 8.1　工程项目成本关系示意

②按生产费用计入成本的方法来划分。

a. 直接成本。直接成本是指直接用于并能直接计入工程对象的费用。

b. 间接成本。间接成本是指非直接用于也无法直接计入工程对象，但为进行工程施工所必须发生的费用，通常是按照直接成本的比例来计算。

③按生产费用与工程量关系来划分。

a. 固定成本。固定成本是指在一定期间和一定的工程量范围内，其发生的成本额不受工程量增减变动的影响而相对固定的成本。

一般来说，固定成本每年基本相同，但是，当工程量超过一定范围则需要增添机械设备和管理人员，此时固定成本将会发生变动。

b. 变动成本。变动成本是指发生总额随着工程量的增减变动而成正比例变动的费用，如直接用于工程的材料费、实行计划工资制的人工费等。

（二）工程项目成本控制的系统过程

项目成本控制应按以下程序进行：企业进行项目成本预测；项目经理部编制成本计划；项目经理部实施成本计划；项目经理部进行成本核算；项目经理部进行成本分析；工程项目成本考核。

(1) 工程项目成本预测

工程项目成本预测是通过成本信息和工程项目的具体情况，并运用一定的专门方法，对未来的成本水平及其可能发展趋势做出科学的估计。它是企业在工程项目实施以前对成本所进行的核算。

(2) 工程项目成本计划

工程项目成本计划是项目经理部对项目成本进行计划管理的工具。它是以货币形式编制工程项目在计划期内的生产费用、成本水平、成本降低率及为降低成本所采取的主要措施和规划的书面方案，是建立工程项目成本管理责任制、开展成本控制和核算的基础。

(3) 实际工程项目成本的形成控制

工程项目成本的形成控制主要指项目经理部对工程项目成本的实施控制,包括制度控制、定额或指标控制、合同控制等。

(4) 工程项目成本核算

工程项目成本核算是指项目实施过程中所发生的各种费用和形成工程项目成本与计划目标成本,在保持统计口径一致的前提下进行对比,找出差异。

(5) 工程项目成本分析

工程项目成本分析是在工程成本跟踪核算的基础上,动态分析各成本项目的节超原因。它贯穿于工程项目成本管理的全过程,也就是说工程项目成本分析主要利用项目的成本核算资料(成本信息),与目标成本(计划成本)、承包成本以及类似的工程项目的实际成本等进行比较,了解成本的变动情况,同时也要分析主要技术经济指标对成本的影响,系统地研究成本变动的因素,检查成本计划的合理性,并通过成本分析,揭示成本变动的规律,寻找降低施工项目成本的途径。

(6) 工程项目成本考核

所谓成本考核,就是工程项目完成后,对工程项目成本形成中的各责任者,按工程项目成本目标责任制的有关规定,将成本的实际指标与计划、定额、预算进行对比和考核,评定施工项目成本计划的完成情况和各责任者的业绩,并据此给予相应的奖励和处罚。

(三) 工程项目成本控制的任务

(1) 工程前期的成本控制(事前控制)

成本的事前控制是通过成本预测和决策,落实降低成本措施,编制目标成本计划而层层展开的。

①工程投标阶段。在投标阶段,成本控制的主要任务是编制适合本企业施工管理水平、施工能力的报价。即根据工程概况和招标文件,联系建筑市场和竞争对手的情况进行成本预测,提出投标决策意见;中标以后,应根据项目的建设规模,组建与之相适应的项目经理部,同时以标书为依据确定项目的成本目标,并下达给项目经理部。

②施工准备阶段。根据设计图纸和有关技术资料,对施工方法、施工顺序、作业组织形式、机械设备选型、技术组织措施等进行认真的研究分析,制定科学先进、经济合理的施工方案;根据企业下达的成本目标,以分部分项工程实物工程量为基础,联系劳动定额、材料消耗定额和技术组织措施的节约计划,在优化的施工方案的指导下,编制明细而具体的成本计划,并按照部门、施工队和班组的分工进行分解,作为部门、施工队和班组的责任成本落实下去,为今后的成本控制做好准备;根据项目建设时间的长短和参加建设人数的多少,编制间接费用预算,并对上述预算进行明细分解,以项目经理部有关部门责任成本的形式落实下去,为今后的成本控制和绩效考评提供依据。

(2) 实施期间的成本控制(事中控制)

实施期间成本控制的任务是建立成本管理体系。项目经理部应将各项费用指标进行分解,以确定各个部门的成本控制指标,加强成本的过程控制。事中控制要以工程合同造价为依据,从预算成本和实际成本两方面控制项目成本。实际成本控制应包括对主要工料的数量和单价、分包成本和各项费用等影响成本的主要因素进行控制。

①加强施工任务单和限额领料单的管理，特别是要做好每一个分部分项工程完成后的验收，包括实际工程量的验收和工作内容、工程质量、文明施工的验收，以及实耗材料的数量、实耗人工的核对，以保证施工任务单和限额领料单的结算资料绝对正确，为成本控制提供真实可靠的数据。

②将施工任务单和限额领料单的结算资料与施工预算进行核对，计算分部分项工程的成本差异，分析差异产生的原因，并采取有效的纠偏措施。

③做好月度成本原始资料的收集和整理，正确计算月度成本，分析月度预算成本与实际成本的差异。

④在月度成本核算的基础上，实行责任成本核算。也就是利用原有会计核算的资料，重新按责任部门或责任者归集成本费用，每月结算一次，并与责任成本进行对比，由责任部门或责任者自行分析成本差异和产生差异的原因，自行采取措施纠正差异，为全面实现责任成本创造条件。

⑤经常检查对外经济合同的履约情况，为顺利施工提供物质保证。

⑥定期检查各责任部门和责任者的成本控制情况，检查成本控制责权利的落实情况（一般为每月一次）。

(3) 竣工验收阶段的成本控制（事后控制）

事后控制主要是重视竣工验收工作，对照合同结算价的变化，将实际成本与目标成本之间的差距加以分析，进一步挖掘降低成本的潜力，落实成本责任制。

①精心安排，完成工程竣工扫尾工作，把时间缩短到最低限度。

②重视竣工验收工作，顺利交付使用。对验收中甲方提出的意见，应根据设计要求和合同内容认真处理，如果涉及费用，应请甲方签证，列入工程结算。

③及时办理工程结算。一般来说，工程结算造价＝原清单报价±增减账。但在施工过程中，有些按实结算的经济业务是由财务部门直接支付的，项目预算员不掌握资料，往往在工程结算时遗漏。

④在工程保修期间，应由项目经理指定保修工作的责任者，并责成保修责任者根据实际情况提出保修计划（包括费用计划），以此作为控制保修费用的依据。

⑤掌握成本的实际情况，将实际成本与计划成本进行比较，计算成本差异，明确是节约还是浪费。

⑥分析成本节约或超支的原因和责任归属。对于计划标准脱离实际的部分，要在下一期计划制订前加以修正。同时，要根据计划成本的实际完成情况，对成本责任部门的成绩进行评价和考核，对于降低成本效果较大者给予奖励，对于造成损失浪费的责任者给予一定的经济制裁。

（四）工程项目成本控制的内容

(1) 材料费的控制

材料费的控制按照“量价分离”的原则，一是材料用量的控制，二是材料价格的控制。

①材料用量的控制。

在保证符合设计规格和质量标准的前提下，合理使用材料和节约使用材料，通过定额管理、计量管理等手段及施工质量控制，避免返工等，有效控制材料物资的消耗。

②材料价格的控制。

由于材料价格是由买价、运杂费、运输中的合理损耗等所组成，因此，控制材料价格主要是通过市场信息、询价、应用竞争机制和经济合同手段等控制材料、设备、工程用品的采购价格，包括买价、运费和损耗等。

（2）人工费的控制

人工费的控制同样实行“量价分离”的原则。人工用工数通过项目经理与施工劳务承包人的承包合同，按照内部施工预算、钢筋翻样单或模板量计算出定额人工工日，并将安全生产、文明施工及零星用工按定额工日的一定比例（一般为 15%～25%）一起发包。

（3）机械费的控制

机械费由台班数量和台班单价两方面决定，主要从以下方面控制台班费的有效支出：

①合理安排施工生产，加强设备租赁计划管理，减少因安排不当引起的设备闲置。

②加强机械设备的调度工作，尽量避免窝工，提高现场设备利用率。

③加强现场设备的维修保养，避免因不正当使用造成机械设备的停置。

④做好上机人员与辅助生产人员的协调与配合，提高机械台班产量。

（4）管理费的控制

现场施工管理费在项目成本中占有一定比例，项目在使用和开支时弹性较大，控制与核算都较难把握，主要采取以下控制措施：

①根据现场施工管理费占工程项目计划总成本的比重，确定项目经理部施工管理费总额。

②在项目经理的领导下，编制项目经理部施工管理费总额预算和各管理部门的施工管理费预算，作为现场施工管理费的控制依据。

③制定项目管理开支标准和范围，落实各部门和各岗位的控制责任。

④制定并严格执行项目经理部的施工管理费使用的审批、报销程序。

任务实施

一、工程项目成本计划

（一）制订工程项目成本计划的原则

（1）从实际情况出发

根据国家的方针政策，从企业的实际情况出发，充分挖掘企业内部潜力，使降低成本指标既积极可靠，又切实可行。

（2）与其他目标计划结合

制订工程项目成本计划，必须与项目的其他各项计划如施工方案、生产进度、财务计划、材料供应及耗费计划等密切结合，保持平衡。一方面，工程项目成本计划要根据项目的生产、技术组织措施，劳动工资，材料供应等计划来编制；另一方面，工程项目成本计划又影响着其他各种计划指标适应降低成本的要求。

(3) 采用先进的技术经济定额的原则

必须以各种先进的技术经济定额为依据，并针对工程的具体特点，采取切实可行的技术组织措施做保证。

(4) 统一领导、分级管理的原则

在项目经理的领导下，以财务和计划部门为中心，发动全体职工共同总结降低成本的经验，找出降低成本的正确途径，使目标成本的制订和执行具有广泛的群众基础。

(5) 弹性原则

应留有充分余地，保持目标成本的一定弹性。

（二）量本利分析法

(1) 量本利分析法的基本原理

量本利分析法是研究企业经营中一定时期的成本、业务量(生产量或销售量)和利润之间的变化规律，从而对利润进行规划的一种技术方法。量本利分析法的基本数学模型为：

设某企业生产产品的本期固定成本总额为 C_1，单位售价为 P，单位变动成本为 C_2；销售量为 Q，销售收入为 Y，总成本为 C，利润为 TP。

则成本、收入、利润之间存在如下关系(见图 8.2)：

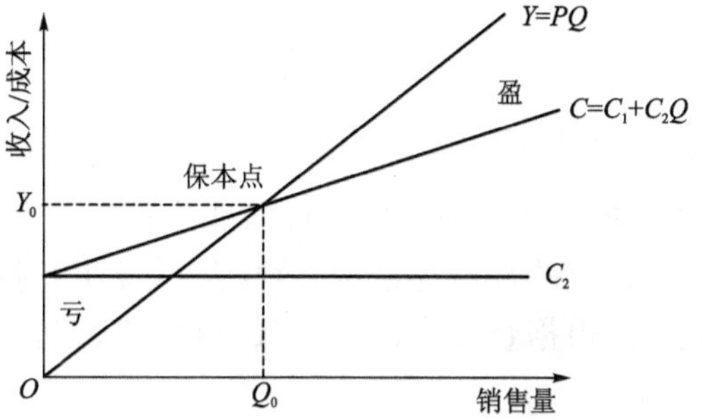

图 8.2　盈亏分析图

以横轴表示销售量，纵轴表示收入与成本，建立坐标图，并分别在图上画出成本线和收入线，则

$$C=C_1+C_2Q \tag{8.1}$$

$$Y=PQ \tag{8.2}$$

$$TP=Y-C=(P-C_2)Q-C_1 \tag{8.3}$$

从图 8.2 可以看出，收入线与成本线交于一点，该点称为盈亏平衡点或损益平衡点。在该点上，企业该产品收入与成本正好相等，即处于不亏不盈或损益平衡状态，也称为保本状态。该图称为盈亏分析图。

(2) 保本销售量和保本销售收入

保本销售量和保本销售收入,就是对应盈亏平衡点的销售量 Q 和销售收入 Y 的值,分别以 Q_0 和 Y_0 表示。在保本状态下,销售收入与生产成本相等,即

$$Y_0=C_1+C_2Q_0 \tag{8.4}$$

因此

$$PQ_0=C_1+C_2Q_0 \tag{8.5}$$

$$Y_0=\frac{PC_1}{P-C_2}=\frac{C_1}{(P-C_2)/P} \tag{8.6}$$

式中:$(P-C_2)$——边际利润;

$(P-C_2)/P$——边际利润率。

(3) 量本利分析法在工程项目管理中的应用

假设项目的建筑面积(或体积)为 S,合同单位造价为 P,施工项目的固定成本为 C_1,单位变动成本为 C_2,项目合同总价为 Y,项目总成本为 C,则盈亏分析如图 8.2 所示。项目保本规模

$$S_0=\frac{C_1}{P-C_2} \tag{8.7}$$

项目保本合同价

$$Y_0=\frac{PC_1}{P-C_2} \tag{8.8}$$

(三) 工程投标阶段的成本估算

投标报价是企业采取投标方式承揽项目时,以业主招标文件中的合同条件、技术规范、设计图纸与工程量表和工程的性质与范围、价格条件说明和投标须知等为基础,结合调研和现场考察所得的情况,根据企业自己的定额、市场价格信息和有关规定,计算和确定承包该项工程的投标报价。

工程项目成本估算的步骤为:

(1) 熟悉和研究招标文件

广泛搜集、熟悉各种资料和工程技术文件,包括招标文件、施工图纸、市场价格信息等。在掌握资料的同时,要审核其是否齐全和有无错误等。

(2) 进行施工方案策划

施工方案是决定施工成本的基础。要根据拟投标项目,对项目的施工组织进行策划,拟定管理组织结构形式、管理工作流程;对项目的施工流程、施工顺序、施工方法进行策划,确定施工方案。

(3) 确定工程项目分解结构

对整个项目按子项或分部分项进行施工任务分解,分解时应结合施工方法的要求,全面、系统,不出现重复项目和遗漏项目。

(4) 计算工程量,编制投标书报价表

根据项目施工图纸、有关技术资料和工程量规则进行工程量的计算。为了准确地估算项目施工成本,应充分考虑项目施工方案的技术组织措施。

(四) 项目经理部的责任目标成本

责任目标成本是企业对项目经理部提出的指令性成本目标,是以设计预算为依据对项目经理部进行详细施工组织设计、优化施工方案、制订降低成本对策和管理措施提出的要求。

责任目标成本确定的过程和方法为:

①在投标报价时所编制的工程估价单中,各项单价由企业内部价格构成,形成直接费中材料费、人工费的目标成本。

②以施工组织设计为依据,确定机械台班和周转设备材料的使用量。

③其他直接费中的各子项目均按具体情况或内部价格来确定。

④现场施工管理费,也按各子项目视项目的具体情况加以确定。

⑤投标中压价让利的部分,原则上由企业统一承担,不列入施工项目责任目标成本。

(五) 项目经理部的计划目标成本

项目经理部在接受企业法定代表人委托之后,应通过主持编制项目管理实施规划,寻求降低成本的途径,组织编制施工预算,确定项目的计划目标成本。

施工预算是项目经理部根据企业下达的责任成本目标,在详细编制施工组织设计过程中,不断优化施工技术方案和合理配置生产要素的基础上,通过工料消耗分析和制订节约成本措施之后确定的计划成本,也称现场目标成本。

一般情况下,施工预算总额应控制在责任成本目标的范围内,并留有一定余地。在特殊情况下,若项目经理部经过反复挖潜,仍不能把施工预算总额控制在责任成本目标范围内时,则应与企业进一步协商、修正责任成本目标或共同探索进一步降低成本的措施,以使施工预算建立在切实可行的基础上。

(六) 计划目标成本的分解与责任体系的建立

施工项目的成本控制,不仅仅是专业成本员的责任,所有的项目管理人员特别是项目经理,都要按照自己的业务分工各负其责。为了保证项目成本控制工作的顺利进行,需要把所有参加项目建设的人员组织起来,将计划目标成本进行分解与交底,使项目经理部的所有成员和各个单位、部门明确自己的成本责任,并按照自己的分工开展工作。

具体成本管理责任为:

(1) 合同预算员的成本管理责任

①根据合同条件、预算定额和有关规定,充分利用有利因素,编好施工图预算,为企业正确确定责任目标成本提供依据。

②深入研究合同规定的“开口”项目,在有关项目管理人员(如项目工程师、材料员等)的配合下,努力增加工程收入。

③收集工程变更资料(包括工程变更通知单、技术核定单和按实结算的资料等),及时办理增加账,保证工程收入,及时收回垫付的资金。

④参与对外经济合同的谈判和决策，以施工图预算和增加账为依据，严格控制分包、采购等施工所必需的经济合同的数量、单价和金额，切实做到“以收定支”。

(2) 工程技术人员的成本管理责任

①根据施工现场的实际情况，合理规划施工现场平面布置(包括机械布置，材料、构件的堆放场地，车辆进出现场的运输道路，临时设施的搭建数量和标准等)，为文明施工、减少浪费创造条件。

②严格执行工程技术规范和以预防为主的方针，确保工程质量，减少零星修补，消灭质量事故，不断降低质量成本。

③根据工程特点和设计要求，运用自身的技术优势，采取实用、有效的技术组织措施和合理化建议，走技术与经济相结合的道路，为提高项目经济效益开辟新的途径。

④严格执行安全操作规程，减少一般安全事故，消灭重大人身伤亡事故和设备事故，确保安全生产，将事故损失降低到最低限度。

(3) 材料人员的成本管理责任

①材料采购和构件加工，要选择质优、价低、运距短的供应(加工)单位。对到场的材料、构件要正确计量、认真验收，如遇质量差、量不足的情况，要进行索赔。

切实做到：降低材料、构件的采购(加工)成本，减少采购(加工)过程中的管理损耗，为降低材料成本走好第一步。

②根据项目施工的计划进度，及时组织材料、构件的供应，保证项目施工的顺利进行，防止因停工待料造成损失。在构件加工的过程中，要按照施工顺序组织配套供应，以免因规格不齐形成施工间隙，浪费时间，浪费人力。

③在施工过程中，严格执行限额领料制度，控制材料消耗；同时，还要做好余料的回收和利用，为考核材料的实际消耗水平提供正确的数据。

④钢管脚手架和钢模板等周转材料，进出现场都要认真清点，正确核实以减少缺损数量；使用以后，要及时回收、整理、堆放，并及时退场，既可节省租金，又有利于场地整洁，还可加速周转，提高利用效率。

⑤根据施工生产的需要，合理安排材料储备，减少资金占用，提高资金使用效率。

(4) 机械管理人员的成本管理责任

①根据工程特点和施工方案，合理选择机械的型号、规格和数量。

②根据施工需要，合理安排机械施工，充分发挥机械的效能，降低机械使用成本。

③严格执行机械维修保养制度，加强平时的机械维修保养，保证机械完好和在施工中正常运转。

(5) 行政管理人员的成本管理责任

①根据施工生产的需要和项目经理的意图，合理安排项目管理人员和后勤服务人员，节约工资性支出。

②具体执行费用开支标准和有关财务制度，控制非生产性开支。

③管好用好行政办公用财产、物资，防止损坏和流失。

④安排好生活后勤服务，在勤俭节约的前提下，满足职工的生活需要，使他们安心为前方生产出力。

(6) 财务成本人员的成本管理责任

①按照成本开支范围、费用开支标准和有关财务制度，严格审核各项成本费用，控制成本支出。

②建立月度财务收支计划制度，根据施工生产的需要，平衡调度资金，通过控制资金使用，达到控制成本的目的。

③建立辅助记录，及时向项目经理和有关项目管理人员反馈信息，以便对资源消耗进行有效的控制。

④开展成本分析，特别是分部分项工程成本分析、月度成本综合分析和针对特定问题的专题分析，要做到及时向项目经理和有关项目管理人员反映情况，提出建议，以便采取有针对性的措施来纠正项目成本的偏差。

⑤在项目经理的领导下，协助项目经理检查和考核各部门、各单位、各班组责任成本的执行情况，落实责权利相结合的有关规定。

二、工程项目成本控制

（一）工程项目成本控制的基本方法

(1) 施工图预算控制成本支出

①人工费的控制。项目经理部与作业队签订劳务合同时，应该将人工费单价定低一些，其余部分可用于定额外人工费和关键工序的奖励费。

②材料费的控制。按“量价分离”方法计算工程造价时，水泥、钢材、木材“三材”的价格随行就市，实行高进高出；地方材料的预算价格为：基准价×(1＋材差系数)。由于材料市场价格变动频繁，往往会发生预算价格与市场价格严重背离而使采购成本失去控制的情况。

③周转设备使用费的控制。施工图预算中的周转设备使用费等于耗用数乘以市场价格，而实际发生的周转设备使用费等于使用数乘以企业内部的租赁单价或摊销率。

④施工机械使用费的控制。施工图预算中的机械使用费等于工程量乘以定额台班单价。由于项目施工的特殊性，实际的机械利用率不可能达到预算定额的取定水平；再加上预算定额所设定的施工机械原值和折旧率又有较大的滞后性，因而使施工图预算的机械使用费往往小于实际发生的机械使用费，形成机械使用费超支。

⑤构件加工费和分包工程费的控制。在市场经济体制下，钢门窗、木制成品、混凝土构件、金属构件和成型钢筋的加工，以及打桩、土方、吊装、安装、装饰和其他专项工程的分包，都要通过经济合同来明确双方的权利和义务。在签订这些经济合同时，要坚持“以施工图预算控制合同金额”的原则，绝不允许合同金额超过施工图预算。

(2) 施工预算控制资源消耗

以施工预算控制资源消耗的实施步骤和方法是：

①项目开工以前，编制整个工程项目的施工预算，作为指导和管理施工的依据。

②对生产班组的任务安排，必须签发施工任务单和限额领料单，并向生产班组进行技

术交底。

③在施工任务单和限额领料单的执行过程中,要求生产班组根据实际完成的工程量和实耗人工、实耗材料做好原始记录,作为施工任务单和限额领料单结算的依据。

④任务完成后,根据回收的施工任务单和限额领料单进行结算,并按照结算内容支付报酬(包括奖金)。

(3) 成本与进度同步跟踪,控制分部分项工程成本

①横道图计划的进度与成本的同步控制。

在横道图计划中,表示作业进度的横线有两条,一条为计划线,一条为实际线;计划线上的"C"表示与计划进度相对应的计划成本;实际线下的"C"表示与实际进度相对应的实际成本。由此得到以下信息:

a. 每个分项工程的进度与成本的同步关系,即施工到什么阶段,就将发生多少成本。

b. 每个分项工程的计划施工时间与实际施工时间(从开始到结束)之比(提前或拖期),以及对后道工序的影响。

c. 每个分项工程的计划成本与实际成本之比(节约或超支),以及对完成某一时期责任成本的影响。

d. 每个分项工程施工进度的提前或拖期对成本的影响程度。

e. 整个施工阶段的进度和成本情况。

通过进度与成本同步跟踪的横道图,要求实现:以计划进度控制实际进度;以计划成本控制实际成本;随着每道工序进度的提前或拖期,对每个分项工程的成本实行动态控制,以保证项目成本目标的实现。

②网络图计划的进度与成本的同步控制。

网络图计划的进度与成本的同步控制,与横道图计划基本相同。所不同的是,网络计划在施工进度的安排上更具逻辑性,而且可在破网后随时进行优化和调整,因而对每道工序的成本控制也更有效。

网络图的表示方法为:箭杆的上方用"C"后面的数字表示工作的计划成本,实际施工的时间和成本则在箭杆附近的方格中按实填写,这样就能从网络图中看到每项工作的计划进度与实际进度、计划成本与实际成本的对比情况,同时也可以清楚地看出今后控制进度、控制成本的方向。

(4) 建立月度财务收支计划,控制成本费用支出

①以月度施工作业计划为龙头,并以月度计划产值为当月财务收入计划,同时由项目各部门根据月度施工作业计划的具体内容编制本部门的用款计划。

②将各部门的月度用款计划进行汇总,并按照用途的轻重缓急平衡调度,同时提出具体的实施意见,经项目经理审批后执行。

③在月度财务收支计划的执行过程中,项目财务成本员应该根据各部门的实际情况做好记录,并于下月初反馈给相关部门,由各部门自行检查分析节超原因,吸取经验教训。对于节超幅度较大的部门,应以书面分析报告分送项目经理和财务部门,以便项目经理和财务部门采取有针对性的措施。

(5) 加强质量管理,控制质量成本

质量成本是指项目为保证和提高产品质量而支出的一切费用,以及为达到质量指标而发生的一切损失费用。质量成本包括控制成本和故障成本。

控制成本包括预防成本和鉴定成本,属于质量成本保证费用,与质量水平成正比关系;故障成本包括内部故障成本和外部故障成本,属于损失性费用,与质量水平成反比关系。

质量成本的组成如图 8.3 所示。

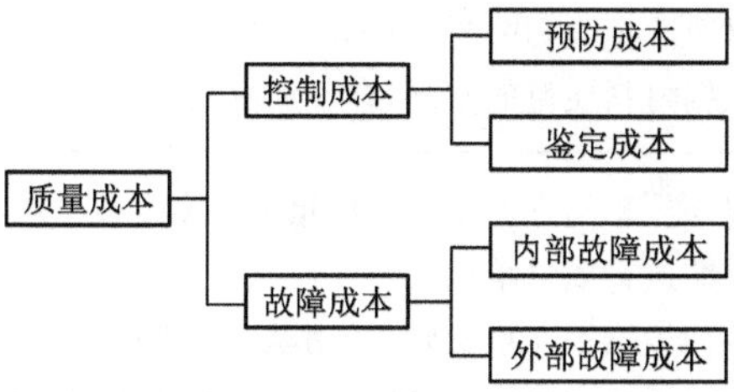

图 8.3　质量成本的组成

①质量成本核算。

将施工过程中发生的质量成本费用,按照预防成本、鉴定成本、内部故障成本和外部故障成本的明细科目归集,然后计算各个时期各项质量成本的发生情况。

a. 预防成本。

b. 鉴定成本。

c. 内部故障成本。

d. 外部故障成本。

②质量成本分析

a. 质量成本总额的构成内容分析。

b. 质量成本总额的构成比例分析。

c. 质量成本各要素之间的比例关系分析。

d. 质量成本占预算成本的比例分析。

③质量成本控制

根据分析资料,对影响质量成本较大的关键因素采取有效措施,进行质量成本控制。表 8.1 为质量成本控制表。

表 8.1　质量成本控制表

关键因素	措　施	执行人、检查人
降低返工、停工损失,将其控制在预算成本的 1%以内	(1) 对每道工序事先进行技术质量交底; (2) 加强班组技术培训; (3) 设置班组质量干事,把好第一道关; (4) 设置作业队技监点,负责对每道工序进行质量复检和验收; (5) 建立严格的质量奖罚制度,调动班组积极性	

续表

关键因素	措　　施	执行人、检查人
减少质量过剩支出	(1) 施工员要严格掌握定额标准，力求在保证质量的前提下，使人工和材料消耗不超过定额水平； (2) 施工员和材料员要根据设计要求和质量标准，合理使用人工和材料	
健全材料验收制度，控制劣质材料额外损失	(1) 材料员在对现场材料和构配件进行验收时，若发现劣质材料要拒收，并向供应单位索赔； (2) 根据材料质量的不同，合理加以利用，以减少损失	
增加预防成本，强化质量意识	(1) 建立从班组到施工队的质量 QC 攻关小组； (2) 定期进行质量培训； (3) 合理地增加质量奖励，调动职工积极性	

(6) 坚持现场管理标准化，减少浪费

在项目管理中，降低施工成本有硬手段和软手段两个途径。

所谓硬手段主要是指优化施工技术方案，应用价值工程方法，结合施工对设计提出改进意见，以及合理配置施工现场临时设施，控制施工规模，降低固定成本的开支；软手段主要是指通过加强管理、克服浪费、提高效率等来降低单位建筑产品物化劳动和活劳动的消耗。

(7) 开展“三同步”检查，防止成本盈亏异常

项目经济核算的“三同步”，是指统计核算、业务核算和会计核算的同步。统计核算即产值统计，业务核算即人力资源和物质资源的消耗统计，会计核算即成本会计核算。根据项目经济活动的规律，这三者之间有着必然的同步关系。

这种规律性的同步关系具体表现为：完成多少产值，消耗多少资源，发生多少成本，三者应该同步。否则，项目成本就会出现盈亏异常情况。

(二) 降低工程项目成本的途径和措施

降低工程项目成本的途径，应该是既开源又节流，或者说既增收又节支。只开源不节流，或者只节流不开源，都不可能达到降低成本的目的。

(1) 认真会审图纸，积极提出修改意见

施工单位应该在满足用户要求和保证工程质量的前提下，联系项目施工的主客观条件，对设计图纸进行认真会审，并提出积极的修改意见，在取得用户和设计单位的同意后，修改设计图纸，同时办理增减账。

(2) 加强合同预算管理，增加工程预算收入

①深入研究招标文件、合同内容，正确编制施工图预算。

②把合同规定的“开口”项目作为增加预算收入的重要方面。“开口”项目的取费有比较大的潜力，是项目创收的关键。

③根据工程变更资料，及时办理增减账。

项目承包方应就工程变更对既定施工方法、机械设备使用、材料供应、劳动力调配和工期目标等的影响程度，以及为实施变更内容所需要的各种资源进行合理估价，及时办理增减账手续，并通过工程款结算从建设单位取得补偿。

（3）制定先进的、经济合理的施工方案

施工方案不同，工期就会不同，所需机具也不同，因而发生的费用也会不同。因此，正确选择施工方案是降低成本的关键所在。制定施工方案要以合同工期和上级要求为依据，联系项目的规模、性质、复杂程度、现场条件、装备情况、人员素质等因素综合考虑。

（4）组织均衡施工，加快施工进度

凡是按时间计算的成本费用，如项目管理人员的工资和办公费、现场临时设施费和水电费，以及施工机械和周转设备的租赁费等，在加快施工进度、缩短施工周期的情况下，都会有明显的节约。除此之外，还可从用户那里得到一笔相当可观的提前竣工奖。因此，加快施工进度也是降低项目成本的有效途径之一。

（5）降低材料成本

材料成本在整个项目成本中的比重最大，一般可达 70%左右，而且有较大的节约潜力，往往在其他成本项目（如人工费、机械费等）出现亏损时，要靠材料成本的节约来弥补。因此，材料成本的节约，也是降低项目成本的关键。

（6）提高机械利用率

①结合施工方案的制订，从机械性能、操作运行和台班成本等因素综合考虑，选择最适合项目施工特点的施工机械，要求做到既实用又经济。

②做好工序、工种机械施工的组织工作，最大限度地发挥机械效能；同时，对机械操作人员的技能也要有一定的要求，防止因不规范操作或操作不熟练影响正常施工，降低机械利用率。

③做好平时的机械维修保养工作，使机械始终保持完好状态，随时都能正常运转。严禁在机械维修时将零部件拆东补西，人为地损坏机械。

（7）落实技术组织措施

一般情况下，应在项目开工以前根据工程情况制订技术组织措施计划，作为降低成本计划的内容之一列入施工组织设计；在编制月度施工作业计划的同时，也可以按照作业计划的内容编制月度技术组织措施计划。为了保证技术组织措施计划的落实，应在项目经理的领导下明确分工：由工程技术人员订措施，材料人员供材料，现场管理人员和班组负责执行，财务成本员结算节约效果，最后由项目经理根据措施执行情况和节约效果对有关人员进行奖励，形成落实技术组织措施的一条龙。

（8）用好用活激励机制，调动职工增产节约的积极性

①对关键工序施工的关键班组要实行重奖。

②对材料操作损耗特别大的工序，可由生产班组直接承包。

③实行钢模零件和脚手螺栓有偿回收。

④实行班组“落手清”承包。

三、工程项目成本核算

（一）概述

（1）工程项目成本核算的对象

成本核算对象的确定，是设立工程成本明细分类账户，归集和分配生产费用及正确计算工程成本的前提。成本核算对象，是指在计算工程成本中确定归集和分配生产费用的具体对象，即生产费用承担的客体。

一般来说，成本核算对象的划分有以下方法：

①一个单位工程由几个施工单位共同施工，各施工单位都应以同一单位工程为成本核算对象，各自核算自行完成的部分。

②规模大、工期长的单位工程可以划分为若干部位，以分部位的工程作为成本核算对象。

③同一建设项目，由同一施工单位施工，并在同一地点施工，属同一结构类型，开竣工时间相近的若干单位工程可以合并作为一个成本核算对象。

④改建、扩建的零星工程，可以将开竣工时间相接近、属于同一建设项目的各单位工程合并作为一个成本核算对象。

⑤土石方工程、打桩工程可以根据实际情况和管理需要，以一个单项工程为成本核算对象，或将同一施工地点的若干个工程量较少的单项工程合并作为一个成本核算对象。

（2）工程项目成本核算的任务

①成本核算的前提和首要任务。执行国家有关成本开支范围、费用开支标准、工程预算定额和企业施工预算、成本计划的有关规定；控制费用，促使项目合理、节约地使用人力、物力和财力。

②成本核算的主体和中心任务。正确及时地核算施工过程中发生的各项费用，计算施工项目的实际成本。

③成本核算的根本目的。反映和监督工程项目成本计划的完成情况，为项目成本预测，为参与项目施工生产、技术和经营决策提供可靠的成本报告和有关资料，促使项目改善经营管理，降低成本，提高经济效益。

（二）工程项目成本核算的基本框架

（1）人工费核算

①内包人工费。指企业与项目两层分离后，企业所属的劳务分公司依据与项目经理部签订的劳务合同结算的全部工程价款。内包人工费按月结算，计入项目单位工程成本。适用于类似外包工式的合同定额结算支付办法。

②外包人工费。按项目经理部与劳务基地或直接与单位施工队伍签订的包清工合同，以当月验收完成的工程实物量计算人工费，并按月凭项目经济员提供的“包清工工程款月度成本汇总表”预提，计入项目单位工程成本。

（2）材料费核算

工程耗用的材料，根据限额领料单、退料单、报损报耗单、大堆材料耗用计算单等，由项目料具员按单位工程编制“材料耗用汇总表”，据以计入项目成本。

（3）周转材料费核算

①周转材料实行内部租赁制，以租费的形式反映其消耗情况，按“谁租用谁负担”的原则，核算其项目成本。

②按周转材料租赁办法和租赁合同，由出租方与项目经理部按月结算租赁费。租赁费按租用的数量、时间和内部租赁单价计算，计入项目成本。

③周转材料在调入移出时，项目经理部都必须加强计量验收制度，如有短缺、损坏，一律按原价赔偿，计入项目成本（缺损数＝进场数－退场数）。

④租用周转材料的进退场运费，按其实际发生数，由调入项目负担。

⑤对U形卡、脚手扣件等零件，除执行项目租赁制外，考虑到其比较容易散失的因素，按规定实行定额预提摊耗，摊耗数计入项目成本，但相应减少次月租赁基数及租赁费。单位工程竣工必须进行盘点，盘点后的实物数与前期逐月按控制定额摊耗后的数量差，按实调整清算计入成本。

⑥实行租赁制的周转材料，一般不再分配负担周转材料差价。退场后发生的修复整理费用，应由出租单位进行出租成本核算，不再向项目另行收费。

（4）结构件费核算

①项目结构件的使用必须要有领发手续，并根据这些手续，按照单位工程使用对象编制“结构件耗用月报表”。

②项目结构件的单价以项目经理部与外加工单位签订的合同为准，计算耗用金额并计入成本。

③根据实际施工形象进度、已完施工产值的统计及各类实际成本消耗三者在月度时点上的三同步原则（配比原则的引申与应用），结构件耗用的品种和数量应与施工产值相对应；结构件数量金额账的结存数，应与项目成本员的账面余额相符。

④结构件的高进高出价差核算同材料费的高进高出价差核算一致。结构件内三材数量、单价、金额均按报价书核定，或按竣工结算单的数量按实结算。报价内的节约或超支由项目自负盈亏。

⑤如发生结构件的一般价差，可计入当月项目成本。

⑥部位分项分包，如铝合金门窗、卷帘门等，按照企业通常采用的类似结构件管理和核算方法，项目经济员必须做好月度已完工程部分验收记录，正确计报部位分项分包产值，并书面通知项目成本员及时、正确、足额计入成本。

预算成本的折算、归类可与实际成本的出账保持同口径。分包合同价可包括制作费和安装费等有关费用，工程竣工时根据分包合同结算书，按实调整成本。

⑦在结构件外加工和部位分包施工过程中，项目经理部通过自身努力获取的经营利益或转嫁压价让利风险所产生的利益，均受益于施工项目。

（5）机械使用费核算

①机械设备实行内部租赁制，以租赁费形式反映其消耗情况，按“谁租用谁负担”的原则，核算其项目成本。

②按机械设备租赁办法和租赁合同，由企业内部机械设备租赁市场与项目经理部按

月结算租赁费。租赁费根据机械使用台班、停置台班和内部租赁单价计算，计入项目成本。

③机械进出场费，按规定由承租项目负担。

④项目经理部租赁的各类大中小型机械，其租赁费全额计入项目机械费成本。

⑤根据内部机械设备租赁市场运行规则要求，结算原始凭证由项目指定专人签证开班和停班数，据以结算费用。现场机、电、修等操作工奖金由项目考核支付，计入项目机械费成本并分配到有关单位工程。

⑥向外单位租赁机械，按当月租赁费用金额计入项目机械费成本。

(6) 其他直接费核算

①材料二次搬运费。按项目经理部租用汽车的包天或包月租费结算，或以运输公司的汽车运费计算。

②临时设施摊销费。按项目经理部搭建的临时设施总价除以项目合同工期，求出每月应摊销额，临时设施使用一个月摊销一个月，摊完为止。

③生产工具用具使用费。大型机动工具、用具等可以套用类似内部机械租赁办法以租费形式计入成本，也可按购置费用一次摊销法计入项目成本，并做好在用工具实物借用记录，以便反复利用。工用具的修理费按实际发生数计入成本。

④除上述以外的其他直接费内容，均应按实际发生的有效结算凭证计入项目成本。

(7) 分包工程成本核算

①包清工工程。纳入“人工费—外包人工费”内核算。

②部位分项分包工程。纳入结构件费内核算。

③双包工程。指将整幢建筑物以包工包料的形式分包给外单位施工的工程。对双包工程，可根据承包合同取费情况和发包合同支付情况，即上下合同差，测定目标赢利率。

④机械作业分包工程。指利用分包单位专业化施工优势，将打桩、吊装、大型土方、深基础等施工项目分包给专业单位施工的形式。

⑤由于上述双包工程和机械作业分包工程的收入和支出较易辨认(计算)，项目经理部也可以对这两类分包工程采用竣工点交办法，即月度不结盈亏。

⑥项目经理部应增设“分建成本”项目，核算双包工程、机械作业分包工程成本状况。

⑦各类分包形式(特别是双包)对分包单位领用、租用、借用本企业物资、工具、设备、人工等费用，必须根据项目经理部管理人员开具的，且经分包单位指定专人签字认可的专用结算单据，如“分包单位领用物资结算单”及“分包单位租用工器具设备结算单”等结算依据入账，抵作已付分包工程款。

(三) 项目成本核算的基础工作

(1) 健全企业和项目两个层次的核算组织体制

为了科学有序地开展施工项目成本核算，分清责任，合理考核，应做好以下工作：

①建立健全原始记录制度。

②建立健全各种财产物资的收发、领退、转移、保管、清查、盘点、索赔制度。

③制定先进合理的企业成本定额。

④建立企业内部结算体系。

⑤对成本核算人员进行培训。

(2) 规范以项目核算为基点的企业成本会计账表

①工程施工账。

②施工间接费账表。

③其他直接费账表。

④项目工程成本表。

(3) 建立项目成本核算的辅助记录台账

施工项目成本是生产耗费的货币表现,而不是生产耗费的原始实物形态,这往往使项目经理和项目管理人员难以掌握,并会有一种“模糊”的感觉。

为了避免项目管理人员的重复劳动,原则上应做如下分工:由项目有关业务人员记录各项经济业务的过程,项目成本员记录各项经济业务的结果,并要求按时按质完成。各种台账的原始资料来源及设置要求如表 8.2 所示。

表 8.2　项目成本核算的辅助记录台账表

序号	台账名称	责任人	原始资料来源	设置要求
1	人工费台账	预算员	劳务合同结算单	分部分项工程的工日数,实物量金额
2	机械使用费台账	核算员	机械租赁结算单	各机械使用台班金额
3	主要材料收发存台账	材料员	入库单,限额领料单	反映月度分部分项收、发、存的数量和金额
4	周转材料使用台账	材料员	周转材料租赁结算单	反映月度租用数量、动态
5	设备材料台账	材料员	设备租赁结算单	反映月度租用数量、动态
6	钢筋、钢结构件、门窗、预埋件台账	技术员	入库单进场数、领用单	反映进场、耗用、余料数量和金额、动态
7	商品混凝土专用台账	材料员	商品混凝土结算单	反映月度收、发、存的数量和金额
8	其他直接费台账	核算员	与各子目相应的单据	反映月度耗费的金额
9	施工管理费台账	核算员	与各子目相应的单据	反映月度耗费的金额
10	预算增减账台账	预算员	技术核定单,返工记录,施工图预算定额,实际报耗资料,调整账单,签证单	施工图预算增减账内容、金额,预算增减账与技术核定单内容一致,同步进行

续表

序号	台账名称	责任人	原始资料来源	设置要求
11	索赔记录台账	成本员	向有关单位收取的索赔单据	反映及时,便于收取
12	资金台账	成本员 预算员	工程量,预算增减账,工程账单,收款凭证,支付凭证	反映工程价款支付及拖欠款情况
13	资料文件收发台账	资料员	工程合同,与各部门来往的各类文件、纪要、信函、图纸、通知等资料	内容、日期、处理人意见、收发人签字等,反映全面
14	工程进度台账	统计员	工程实际进展情况	按各分部分项工程据实记录
15	产值构成台账	统计员	施工预算,工程形象进度	按“三同步”要求,正确反映每月的施工产值
16	预算成本构成台账	预算员	施工预算,施工图预算	按分部分项单列各项成本种类、金额、占总成本的比重
17	质量成本科目台账	技术员	用于技术措施项目的报耗实物量费用原始单据	便于结算费用
18	成本台账	成本员	汇集记录有关成本费用资料	反映“三同步”
19	甲方供料台账	核算员 材料员	建设单位提供的各种材料构件验收、领用单据(包括“三材”交料情况)	反映供料实际数量、规格、损坏情况

(四)项目成本实际数据的收集

为使项目成本核算坚持施工形象进度、施工产值统计、实际成本归集的“三同步”原则,施工产值及实际成本的归集,宜按照下列方法进行:

①应按照统计人员提供的当月完成工程量的价值及有关规定,扣减各项上缴税费后,作为当期工程结算收入。

②人工费应按照劳动管理人员提供的用工分析和受益对象进行财务处理,计入工程成本。

③材料费应根据当月项目材料消耗和实际价格,计算当期消耗,计入工程成本;周转材料应实行内部调配制,按照当月使用时间、数量、单价计算,计入工程成本。

④机械使用费按照项目当月使用台班和单价计算,计入工程成本。

⑤其他直接费应根据有关核算资料进行财务处理,计入工程成本。

⑥间接成本应根据现场发生的间接成本项目的有关资料进行财务处理,计入工程成本。

(五)项目月度成本报告

(1) 人工费用周报表

人工费用周报表应该每周编制一份。项目经理部必须掌握人工费用的详细情况,了解该周某工程施工中的每个分项工程的人工单位成本和总成本,以及与之对应的预算数据。有了这些资料,就不难发现哪些分项工程的单位成本或总成本与预算存在差异,从而进一步找出症结所在。

(2) 工程成本月报表

工程成本月报表包括工程的全部费用,是针对每一个施工项目设立的。该报表的资料数据很多都来自工程成本分类账。工程成本月报表有助于项目经理评价本工程中各个分项工程的成本支出情况。

(3) 工程成本分析月报表

工程成本分析月报表将施工项目的分部分项工程成本资料和结算资料汇于一表,使得项目经理能够纵观全局。该报表一月一编报,也可以一季编报一次。工程成本分析月报表的资料来源于施工项目的成本日记账、成本分类账及应收账款分类账,起到报告工程成本现状的作用。

工程项目的成本分析,就是根据统计核算、业务核算和会计核算提供的资料,对项目成本的形成过程和影响成本升降的因素进行分析,以寻求进一步降低成本的途径,包括项目成本中的有利偏差的挖掘和不利偏差的纠正;另一方面,通过成本分析,可以从账簿、报表反映的成本现象看清成本的实质,从而增强项目成本的透明度和可控性,为加强成本控制、实现项目成本目标创造条件。

四、工程项目成本分析

(一) 成本分析的内容和原则

(1) 成本分析的内容

成本分析的内容就是对项目成本变动因素的分析。

影响项目成本变动的因素有两个方面:一是外部的属于市场经济的因素,二是内部的属于企业经营管理的因素。

工程项目成本分析的重点应放在影响工程项目成本升降的内部因素上。即:

①材料、能源利用的效果。

②机械设备的利用效果。

③施工质量水平的高低。

④人工费用水平的合理性。

⑤其他影响施工项目成本变动的因素。

(2) 成本分析的原则

①实事求是。

②用数据说话。

③注重时效。

④为生产经营服务。

(二) 工程项目成本分析的方法

(1) 成本分析的基本方法

①比较法。

比较法就是通过技术经济指标的对比，检查目标的完成情况，分析产生差异的原因，进而挖掘内部潜力的方法。

比较法通常有下列形式：

a. 将实际指标与目标指标对比，以此检查目标的完成情况，分析完成目标任务的积极因素和影响目标完成的因素，以便及时采取措施，保证成本目标的实现。

b. 本期实际指标与上期实际指标对比。

c. 与本行业平均水平、先进水平对比。

②因素分析法。

因素分析法，又称连锁置换法或连环替代法。这种方法可用来分析各种因素对成本形成的影响程度。在分析时，首先要假定众多因素中的一个因素发生了变化，而其他因素不变，然后逐个替换，并分别比较其计算结果，以确定各个因素的变化对成本的影响程度。

③差额计算法。

差额计算法是因素分析法的一种简化形式，它利用各个因素的目标与实际的差额来计算其对成本的影响程度。

④比率法。

比率法是指用两个以上的指标的比例进行分析的方法。它的基本特点是：先把对比分析的数值变成相对数，再观察其相互之间的关系。

常用的比率法有以下几种：

a. 相关比率。项目经济活动的各个方面是互相联系、互相依存、互相影响的，因而可将两个性质不同而又相关的指标加以对比，求出比率，并以此来考查经营成果的好坏。

b. 构成比率。通过构成比率，可以考查成本总量的构成情况及各成本项目占成本总量的比重，同时也可看出量、本、利的比例关系（即承包成本、实际成本和降低成本的比例关系），从而为寻求降低成本的途径指明方向。

c. 动态比率。就是将同类指标不同时期的数值进行对比，求出比率，以分析该项指标的发展方向和发展速度。

(2) 项目成本偏差的数量分析

工程成本偏差的数量分析，就是对工程项目施工成本偏差进行分析，从承包成本、计划成本和实际成本的相互对比中找差距、找原因，从而推动工程成本分析，促进成本管理，提高成本降低水平。

$$\text{计划偏差}=\text{承包成本}-\text{计划成本} \tag{8.9}$$

$$\text{实际偏差}=\text{计划成本}-\text{实际成本} \tag{8.10}$$

这里的承包成本可分别指施工图承包成本、投标书合同承包成本和项目管理责任目标成本三个层次的预算成本。

计划成本是指现场目标成本，即施工预算。承包成本与计划成本的计划偏差反映了计划成本与社会平均成本的差异、计划成本与竞争性标价成本的差异以及计划成本与企业预期目标成本的差异。

实际偏差即计划成本与实际成本相比较的差额，反映施工项目成本控制的实绩，也是反映和考核项目成本控制水平的依据。分析实际偏差的目的在于检查计划成本的执行情况。

①人工费偏差分析。

人工费偏差分析包括人工费量差与人工费价差，其计算公式如下：

$$人工费量差=(定额工日数-实际工日数)\times 预算人工单价 \tag{8.11}$$

$$人工费价差=实际耗用工日数\times(预算人工日单价-实际人工单价) \tag{8.12}$$

实行项目管理以后，工程施工的用工一般采用发包形式，其特点是：

a. 按承包的实物工程量和预算定额计算定额人工，作为计算劳务费用的基础。

b. 人工费单价由承发包双方协商确定，一般按技工和普工或技术等级分别规定工资单价。

c. 定额人工以外的估点工，有的按定额人工的一定比例一次包死，有的按实计算；估点工单价由双方协商确定。

d. 对在进度、质量上做出特殊贡献的班组和个人，进行随机奖励，由项目经理根据实际情况具体掌握。

②材料费分析。

A. 主要材料费的分析

量差对材料费影响的计算公式为：(定额用量－实际用量)×市场指导价。

价差对材料费影响的计算公式为：(市场指导价－实际采购价)×消耗数量。

a. 材料采购价格分析：材料采购价格是决定材料采购成本和材料费升降的重要因素。分析材料采购获利情况的计算公式如下：

$$材料采购收益=(市场指导价-实际采购价)\times 采购数量 \tag{8.13}$$

b. 材料采购管理费分析：材料采购保管费也是材料采购成本的组成部分。

一般情况下，材料采购保管费与材料采购数量同步增减，即材料采购数量越多，材料采购保管费也越多。材料采购保管费支用率的计算公式如下：

$$材料采购保管费支用率=\frac{计算期实际发生的材料采购保管费}{计算期实际采购的材料总值}\times 100\% \tag{8.14}$$

c. 材料计量验收分析：材料进场(入库)，需要计量验收。在计量验收中，有可能发生数量不足或质量、规格不符合要求等情况，要分析因数量不足和质量、规格不符合要求对成本的影响。

d. 材料消耗分析：材料消耗包括材料的生产耗用、操作损耗、管理损耗和盘盈盘亏，是构成材料费的主要因素。

e. 现场材料管理效益分析：现场的工程材料要按照平面布置的规定堆放有序，防止材料浪费与丢失。

f. 储备资金分析：根据施工需要合理储备材料，减少资金占用，减少利息支出。

B. 结构件分析

a. 结构件损耗分析：包括结构件的运输损耗、堆放损耗、操作损耗等的分析。

b. 结构件规格串换分析：包括钢筋规格串换分析；设计变更等原因造成某些构件的规格(型号)发生变化的分析；由于自身原因造成的加工规格与实际规格不符(包括加工数量超过实际需要)的分析等。

C. 周转材料分析

a. 周转材料的周转利用率分析：周转材料的特点是在施工中反复周转使用，周转次数越多，利用效率越高，经济效益也越好。对周转材料的租用单位来说，周转利用率是影响周转材料使用费的直接因素。

b. 周转材料赔损率分析：周转材料的缺损要按原价赔偿，对企业经济效益影响很大。周转材料赔损率的计算公式为：

$$\text{周转材料赔损率}=\frac{\text{进场数}-\text{退场数}}{\text{进场数}}\times 100\% \tag{8.15}$$

③机械使用费分析

影响机械使用费的主要因素是机械利用率；造成机械利用率不高的因素，则是机械调度不当和机械完好率不高。

机械完好率与机械利用率的计算公式如下：

$$\text{机械完好率}=\frac{\text{报告期机械完好台班数}-\text{加班台数}}{\text{报告期制度台班数}+\text{加班台数}}\times 100\% \tag{8.16}$$

$$\text{机械利用率}=\frac{\text{报告期机械实际工作台班数}-\text{加班台数}}{\text{报告期制度台班数}+\text{加班台数}}\times 100\% \tag{8.17}$$

完好台班数是指机械处于完好状态下的台班数，它包括修理不满一天的机械，但不包括待修、在修、送修在途的机械。

制度台班数是指本期内全部机械台班数与制度工作天的乘积，不考虑机械的技术状态和是否工作。

④施工间接费分析

施工间接费就是施工项目经理部为管理施工而发生的现场经费。进行施工间接费分析，需要应用计划与实际对比的方法。施工间接费实际发生数的资料来源为工程项目的施工间接费明细账。在具体核算中，如果是以单位工程作为成本核算对象的群体工程项目，应将所发生的施工间接费采取“先集合、后分配”的方法，合理分配给有关单位工程。

(3) 项目成本纠偏的对策措施

成本偏差的控制，分析是关键，纠偏是核心。需要强调的是，由于偏差已经发生，纠偏的重点应放在今后的施工过程中。

成本纠偏的措施包括组织措施、技术措施、经济措施及合同措施。

①组织措施。成本控制是全企业的活动，为使项目成本消耗保持在最低限度，实现对项目成本的有效控制，项目经理部应将成本责任分解落实到各个岗位、落实到专人，对成本进行全过程控制、全员控制、动态控制，形成一个分工明确、责任到人的成本控制责任体

系。进行成本控制的另一个组织措施是确定合理的工作流程。

②技术措施。施工准备阶段应多做不同施工方案的技术经济比较，选择最优施工方案，以降低成本。

③经济措施。包括认真做好成本的预测和各种计划成本；对各种支出，应认真做好资金的使用计划，并在施工中严格控制各项开支；及时准确地记录、收集、整理、核算实际发生的成本；对各种变更，做好增减账并及时找业主签证等。

④合同措施。选用合适的合同结构对项目的合同管理至关重要。首先，在使用时，必须对其分析、比较，要选用适合于工程规模、性质和特点的合同结构模式；其次，在合同的条文中应细致地考虑一切影响成本、效益的因素，特别是潜在的风险因素，通过对引起成本变动的风险因素的识别和分析，采取必要的风险对策。在合同执行期间，合同管理部门要进行合同文本的审查、合同风险分析。在这个时间范围内，合同管理的任务是既要密切注视对方执行合同的情况，寻求向对方索赔的机会，也要密切注意我方是否履行合同的规定，防止被对方索赔。

项目小结

本项目介绍了工程项目成本概念、构成与形式；分析了工程项目成本预测的方法；论述了工程项目成本控制和成本分析的方法；深入浅出地介绍了工程项目成本核算对象及基础工作；简述了工程项目成本考核的内容及实施。通过案例分析，可以了解和掌握成本控制和成本分析方法的实际应用。

思考与练习

1. 设 C_1=50 000 元，C_2=10 元/件，P=15 元/件，求保本销售量和保本销售收入。
2. 工程项目成本的形式有哪些？
3. 阐述工程项目成本控制的任务。
4. 阐述制订工程项目成本计划的原则。
5. 量本利分析法的基本原理是什么？
6. 工程项目成本控制的基本方法有哪些？
7. 工程项目成本核算的任务有哪些？
8. 项目成本核算的基础工作有哪些？
9. 工程项目成本分析的方法有哪些？
10. 项目成本纠偏的对策措施有哪些？

项目九　工程项目资源与信息管理

项目需求

工程项目资源与信息管理是工程项目管理的重要组成部分，工程项目资源与信息管理主要包括工程项目资源管理、项目信息管理等。

项目工作场景

实训基地(有与项目实际相符的项目管理资源等)

方案设计

首先学习工程项目资源管理的知识，然后进行工程项目信息管理的学习。

相关知识和技能

(1) 具备根据工程项目资源的特点编制资源管理计划的能力；具备根据每种资源的特性进行动态配置、控制及处置的能力；具备工程项目信息收集及加工整理的能力。

(2) 通过本项目的学习，使学生熟悉工程项目资源管理的内容及程序，掌握项目资源管理计划的编制和控制的方法，了解工程项目资源管理考核的内容及方法；使学生熟悉工程项目信息管理的概念、任务及原则，掌握工程项目报告系统的种类、作用、要求、内容，工程项目信息收集及加工整理，了解工程项目文档管理和项目管理中的软信息。

任务描述

首先学习工程项目资源管理的知识，然后进行工程项目信息管理的学习。

知识准备

工程项目资源管理

（一）工程项目资源管理概述

1. 工程项目资源管理的概念

工程项目资源是项目中使用的人力资源、材料、机械设备、技术、资金和基础设施等的总称。

工程项目资源管理是指对项目所需人力、材料、机械设备、技术、资金和基础设施所进行的计划、组织、指挥、协调和控制等活动。

工程项目资源管理的特点主要表现为：工程所需资源的种类多、需求量大；工程项目建设过程的不均衡性；资源供应受外界影响大，具有复杂性和不确定性，资源经常需要在多个项目中协调；资源对项目成本的影响大。

2. 工程项目资源管理的内容

（1）人力资源管理

人力资源是指能够推动经济和社会发展的体力和脑力劳动者。在项目中，人力资源包括不同层次的管理人员和参与项目的各种工人。

项目人力资源管理是指项目组织对该项目的人力资源所进行的科学的计划、适当的培训、合理的配置、准确的评估和有效的激励等一系列管理工作。

工程项目人力资源管理的任务是根据项目目标，不断获取项目所需人员，并将其整合到项目团队之中，使之与项目组织融为一体。项目中人力资源的使用，关键是要明确责任，提高效率。

项目人力资源的来源包括建筑企业内部选派、建筑企业劳务市场、外部招聘、劳务承包等。

（2）材料管理

建筑材料成本占整个建筑工程造价的比重为2/3～3/4。加强项目的材料管理，对于提高工程质量、降低工程成本都将起到积极的作用。建筑材料分为主要材料、辅助材料和周转材料。

（3）机械设备管理

机械设备往往实行集中管理与分散管理相结合的办法，主要任务在于正确选择机械设备，保证机械设备在使用中处于良好状态，减少机械设备闲置、损坏，提高施工机械化水平，提高完好率、利用率和效率。

机械设备的供应来自四种渠道，即企业自有设备、市场租赁设备、企业为项目专购设备及分包机械施工任务。

(4) 技术管理

技术管理是指项目实施的过程中对各项技术活动和技术工作的各种资源进行科学管理的总称。

技术管理主要内容包括技术管理基础性工作、项目实施过程中的技术管理工作、技术开发管理工作、技术经济分析与评价。

(5) 资金管理

项目资金管理应以保证收入、节约支出、防范风险和提高经济效益为目的。通过对资金的预测和对比及项目奖金计划等方法，不断地进行分析和对比、计划调整和考核，以达到降低成本、提高效益的目的。

项目资金管理主要环节包括：资金收入、支出预测，资金收入对比，资金筹措，资金使用管理等。

3. 工程项目资源管理的作用

工程项目资源管理的作用在于：在满足需要的前提下，以尽量少的消耗获得产出，达到减少支出、节约物化劳动和活劳动的目的。

具体表现在以下方面：

①进行生产要素优化配置，即适时、适量、比例适宜、位置适宜地配备或投入生产要素，以满足施工需要。

②进行生产要素的优化组合，即投入项目的各种生产要素在使用过程中要协调发挥作用，有效地形成生产力。

③在项目的实施过程中要进行动态管理。

管理的基本内容是按照项目的内在规律，有效地计划、配置、控制和处置各种资源，使之在项目中合理流动，在动态中寻求平衡。

④在项目运行过程中，合理地节约使用资源。

4. 工程项目资源管理的全过程及程序

(1) 工程项目资源管理的全过程

①计划。编制资源管理计划是优化配置和组合的手段，目的是对资源投入量、投入时间、投入步骤做出合理安排，以满足项目实施的需要。

②配置。资源配置是指按照编制的计划，从资源的供应到投入项目实施，保证项目需要。资源优化是资源管理目标的计划预控，通过项目管理实施规划和施工组织设计予以实现。它包括资源的合理选择、供应和使用，既包括市场资源，也包括内部资源。配置要遵循资源配置自身经济规律和价值规律，更好地发挥资源的效能，降低成本。

③控制。资源控制是指根据每种资源的特性，设计合理的控制措施，并进行动态配置和组合，协调投入，合理使用，不断纠正偏差，以尽可能少的资源满足项目要求，达到节约资源的目的。资源动态控制是资源管理目标的过程控制，包括对资源利用率和使用效率的监督、闲置资源的清退、资源随项目实施任务的增减变化及时调度等，通过管理活动予

以实现。

④处置。资源处置是在各种资源投入、使用与产出核算的基础上，进行使用效果分析，一方面进行管理效果的总结，找出经验和问题，评价管理活动；另一方面为管理提供储备和反馈信息，以指导下一阶段的管理工作，并持续改进。

(2) 工程项目资源管理的程序

工程项目资源管理应按程序实现资源的优化配置和动态控制，其目的是为了降低项目成本，提高效益。资源管理应遵循下列程序：

①按合同要求，编制项目资源配置计划，确定投入资源的数量与时间。

②根据项目资源配置计划，做好各种资源的供应工作。

③根据各种资源的特性，采取科学的措施，进行有效组合，合理投入，动态调控。

④对资源投入和使用情况定期分析，找出问题，总结经验并持续改进。

5. 工程项目资源管理的责任分配

工程项目资源管理的责任分配将人员配备工作与项目工作分解结构相联系，明确表示出工作分解结构中的每个工作单元由谁负责、由谁参与，并表明了每个人在项目中的地位。常用责任分配矩阵来表示，如表 9.1 所示。

表 9.1　责任分配矩阵

WBS	项目经理	总工程师	工程技术部	人力资源部	质量管理部	安全监督部	合同预算部	物资供应部
管理规划	D	M	C	A	A	A	A	A
进度管理	D	M	C	A	A	A	A	A
质量管理	D	M	A	A	C	A	A	A
成本管理	DM	A	A	A	A	A	A	A
安全管理	D	M	A	A	A	C	A	A
资源管理	DM	A	A	C	A	A	A	C
现场管理	D	M	C	A	A	A	A	A
合同管理	DM	M	A	A	A	A	C	A
沟通管理	D	A	C	A	A	A	A	A

（二）工程项目人力资源管理

1. 人力资源管理概述

(1) 人力资源的概念

从广义上讲，人力资源是指在一定社会范围或领域内人口总体所具有的劳动能力（包括体力劳动和脑力劳动）的总和。

从狭义上讲，如果是一个人本身，则人力资源是指该人可用于生产产品或提供各种服务的能力、技能和知识；如果是一个企业组织，则人力资源是指企业组织的全部成员所能够提供的服务与有利于企业经营活动的能力的总和。

从项目经理部对施工项目实施过程管理的角度讲，人力资源是指一个施工项目的实施过程中需要投入人的劳动的总和。其量的多少、是否高效，反映了项目经理部项目管理的整体水平和效果。

人力资源管理工作的主要内容包括施工项目的人力资源管理计划、人力资源控制及人力资源考核。

(2) 人力资源的基本特点

人力资源以人的身体和劳动为载体，是一种"活"的资源，并与人的自身生理特征相联系。这一特点决定了人力资源在使用过程中需要考虑工作的环境、工作风险、时间弹性等非经济和非货币因素。

①人力资源具有再生性；

②人力资源在经济活动中是居于主导地位的能动性资源；

③人力资源是具有时效性的资源。

2. 人力资源计划

人力资源计划是从项目目标出发，根据内外部环境的变化，通过对项目未来人力资源需求的预测，确定完成项目所需人力资源的数量和质量、各自的工作任务及其相互关系的过程。

人力资源计划分三个步骤：

①对现有人力资源进行评价。

②预测项目未来所需要的人力资源。

③制定人力资源总计划及各项管理政策。

项目人力资源计划的工具和方法包括：

①人力资源综合平衡，包括总量平衡和结构平衡。

②职务分析，即确定项目所需的各项职务或岗位以及任职条件和具体要求。职务分析的具体方法包括问卷调查法、面谈法、文献资料分析法、观察法和关键事件法等。

项目人力资源计划的结果表现为：

①角色和责任分配，采用责任分配矩阵表示。

②人员配备计划，采用人力资源直方图表示。

(1) 人力资源需求计划

人力资源需求计划是为了实现目标而对所需人力资源进行预测，并为满足这些需要而预先进行系统安排的过程。

编制项目人力资源计划应符合国家有关劳动法律、法规以及行政规章制度，并结合项目建设规模、生产运营复杂程度及自动化水平、人员素质与劳动生产率要求、组织机构设置与生产管理制度进行。

其编制依据和要求是：

a. 项目目标分析。

b. 工作分解结构。

c. 项目进度计划。

d. 制约因素。

e. 历史资料。

f. 组织理论。

①项目管理人员需求的确定。

项目管理人员需求应根据岗位编制计划，使用合理的预测方法进行预测。

②综合劳动力和主要工种劳动力需求的确定。

劳动力综合需要量计划是确定暂设工程规模和组织劳动力进场的依据。

③劳动力需要量计划表。

劳动力需要量计划表是根据施工方案、施工进度和预算，依次确定专业工种、进场时间、劳动量和工人数，然后汇集成表格形式，它可作为现场劳动力调配的依据。

表 9.2 为劳动力需要量计划表。

表 9.2　劳动力需要量计划表

序号	专业工种		劳动量	需要时间									备注
	名称	级别		×月			×月			×月			
				Ⅰ	Ⅱ	Ⅲ	Ⅰ	Ⅱ	Ⅲ	Ⅰ	Ⅱ	Ⅲ	

④劳务人员的优化配置。

对于劳务人员的优化配置，应根据承包项目的施工进度计划和工种需要数量进行。

⑤项目经理的配备。

在整个项目进行过程中，除特殊情况外，项目经理是固定不变的。

（2）人力资源配置计划

人力资源配置的内容包括：

①研究制定合理的工作制度与运营班次，即根据生产过程特点，提出工作时间、工作制度和工作班次方案。

②研究员工配置数量，即根据精减、高效的原则和劳动定额，提出配备各岗位所需人员的数量。

③研究确定各类人员应具备的劳动技能和文化素质。

④研究测算职工工资和福利费用。

⑤研究测算劳动生产率。

⑥研究提出员工选聘方案，特别是高层次管理人员和技术人员的来源和选聘方案。

人力资源配置计划编制的依据是：

①人力资源配备计划。人力资源计划主要阐述人力资源在何时、以何种方式加入和

离开项目组。人员计划可能是正式的，也可能是非正式的，可能是十分详细的，也可能是框架概括型的，皆依项目的需要而定。

②资源库说明。即可供项目使用的人力资源情况。

③制约因素。指外部获取时的招聘惯例、招聘原则和程序。

人力资源配置的方法是：

①按设备计算定员。

②按劳动定额定员。

③按岗位计算定员。

④按比例计算定员。

⑤按劳动效率计算定员。

⑥按组织机构职责范围、业务分工计算管理人员的人数。

(3) 人力资源培训计划

为适应发展的需要，要对员工进行培训，包括新员工的上岗培训和老员工的继续教育，以及各种专业培训等。

人力资源培训是提高人员综合素质的重要途径，有助于提高团队士气，降低员工流失率，有利于迎接新技术革命的挑战，有利于大幅度提高生产力。

培训计划涉及培训政策、培训需求分析、培训目标的建立、培训内容、选择适当的培训方式(包括在职、脱产)。培训内容包括规章制度、安全施工、操作技术和文明教育四个方面。

3. 人力资源控制

人力资源控制应包括人力资源的选择、订立施工分包合同、人力资源培训等内容。

(1) 人力资源的选择

要根据项目需求确定人力资源的性质、数量、标准及组织中工作岗位的需求，提出人员补充计划；对有资格的求职人员提供均等的就业机会；根据岗位要求和条件允许来确定合适人选。

(2) 项目管理人员招聘的原则

①公开原则。

②平等原则。

③竞争原则，即制定科学的考核程序、录用标准。

④全面原则，包括德、才、能。

⑤量才原则。

(3) 签订施工分包合同

施工分包合同有专业工程分包合同与劳务作业分包合同之分。

施工分包合同承包方式有两种：一是按施工预算或投标价承包；二是按施工预算中的清单工程量承包。

劳务分包合同的内容应包括：工程名称，工作内容及范围，提供劳务人员的数量，合同工期，合同价款及确定原则，合同价款的结算和支付，安全施工，重大伤亡及其他安全事故处理，工程质量、验收与保修，工期延误，文明施工，材料机具供应，文物保护，发包人、承包人的权利和义务，违约责任等。同时还应考虑劳务人员的各种保险的合同管理。

(4) 人力资源培训

人力资源培训包括培训岗位、人数，培训内容、目标、方法、地点和培训费用等，应重点培训生产线关键岗位的操作运行人员和管理人员。

人力资源培训包括管理人员的培训和工人的培训。

①管理人员的培训。

岗位培训，是对一切从业人员，根据岗位或者职务对其具备的全面素质的不同需要，按照不同的劳动规范，本着干什么学什么，缺什么补什么的原则进行的培训活动。其宗旨是提高职工的本职工作能力，使其成为合格的劳动者，并根据生产力发展和技术进步的需要，不断提高其适应能力。包括对项目经理的培训，对基层管理人员和土建、装饰、水暖、电气工程师的培训以及其他岗位的业务、技术干部的培训等。

继续教育，包括建立以“三总师”为主的技术、业务人员继续教育体系，采取按系统、分层次、多形式的方法，对具有中专以上学历的处级以上职务的管理人员进行继续教育。

学历教育，主要是有计划地选派部分管理人员到高等院校深造，为企业培养高层次专门管理人才和技术人才，毕业后回本企业继续工作。

②工人的培训。

班组长培训，是指按照国家建设行政主管部门制定的班组长岗位规范对班组长进行培训。通过培训，最终达到班组长100%持证上岗。

技术工人等级培训，是指按照建设部颁发的《工人技术等级标准》和劳动部颁发的有关技师评聘条例，开展中、高级工人应知应会考评和工人技师的评聘。

特种作业人员的培训，是指根据国家有关特种作业人员必须单独培训、持证上岗的规定，对从事电工、塔式起重机驾驶员等工种的特种作业人员进行培训，保证100%持证上岗。

对外埠施工队伍的培训，是指按照省、市有关外地务工人员必须进行岗前培训的规定，对所使用的外地务工人员进行培训，颁发省、市统一制发的外地务工经商人员就业专业训练证书。

4. 人力资源考核

项目人力资源考核是指对项目组织人员的工作做出评价。绩效考核是一个动态的过程，受到各种因素的影响，具有过程性与非人为性特点。

(1) 管理人员的考核

管理人员考核应考虑的几个因素：

①技能。这一项含有技术水平和工作能力两方面的表现。

②激励。激励是指通过各种有效的手段，激发人的需要、动机、欲望，形成某一特定目标并在追求这一目标的过程中保持高昂的情绪和持续的积极状态，发挥潜能，达到预期的目标。

③环境。包括社会环境、法律法规、工资福利、消费水平等。

④机会。

管理人员绩效考核的内容包括：

①工作成绩。重点考核工作的实际成果，以员工工作岗位的责任范围和工作要求为标准，相同职位的职工以同一个标准考核。

②工作态度。重点考核员工在工作中的表现，如责任心、职业道德、工作积极性等。

③工作能力。

管理人员绩效考核的方法：

①主观评价法。指依据一定的标准对被考核者进行主观评价。

②客观评价法。指依据工作指标的完成情况进行客观评价。工作指标主要包括：生产指标，如产量、销售量、废次品率、原材料消耗量、能源率等；个人工作指标，如出勤率、事故率、违规违纪次数等指标。

③工作成果评价法。指为员工设定一个最低的工作成绩标准，将员工的工作结果与这一标准进行比较。重点考核被考核者的产出和贡献。

为保持员工的正常状况，通过奖惩、解聘、晋升、调动等方法，使员工技能水平和工作效率达到岗位要求。

(2) 作业人员的考核

作业人员的考核应以劳务分包合同等为依据，由项目经理部对进场的劳务队伍进行评价。在施工过程中，项目经理部的管理人员应加强对劳务分包队伍的管理，重点考核是否按照组织有关规定进行施工，是否严格执行合同条款，是否符合质量标准和技术规范操作要求等。工程结束后，由项目经理对分包队伍进行评价，并将评价结果报组织有关管理部门，为以后选择分包队伍提供依据。

（三）项目材料管理

1. 材料计划

(1) 材料需求计划

项目经理部所需要的主要材料、大宗材料应编制材料需求计划，由组织的物资部门负责采购。

材料计划必须计算准确(设计预算材料分析、施工预算材料分析)，对材料“两算”存在的问题有明确的说明。材料供应必须满足项目进度要求。

材料需求计划应包括以下内容：

①单位工程材料需求计划。根据施工组织设计和施工图预算，在开工前提出，作为备料依据。

②工程材料需求计划。根据施工预算、生产进度及现场条件，按工程计划期提出，作为备料依据。

③材料需求计划表。应包括使用单位，材料品名、规格、计量单位、数量，交货地点，材料的技术标准等，必要时还要提供图纸和实样。表 9.3 为材料需求计划表。

表 9.3　材料需求计划表

序号	材料名称	规格	需要量		需要时间									备注
			单位	数量	×月			×月			×月			
					Ⅰ	Ⅱ	Ⅲ	Ⅰ	Ⅱ	Ⅲ	Ⅰ	Ⅱ	Ⅲ	

(2) 材料使用计划

在材料需求计划的基础上，根据项目总进度计划表，大致估计出某些建筑材料在某季度的需要量，从而按照时间、地点要求编制出建筑材料需要量计划。材料使用计划是材料和构件等落实组织货源、签订供应合同、确定运输方式、编制运输计划、组织进场、确定建设工程规模的依据。

(3) 分阶段材料计划

大型、复杂、工期长的项目要实行分段编制计划的方法，对不同阶段、不同时期提出相应的分阶段材料需求及使用计划，以保持项目的顺利实施。

2. 材料控制

材料控制应包括材料供应单位的选择、订立采购供应合同、出厂或进场验收、储存管理、使用管理及不合格品处置等。

材料控制应坚持实事求是的原则，加强物资计划管理，提高计划的准确性，不得粗估冒算，防止因计划不周造成积压、浪费；要坚持计划的严肃性与灵活性相结合的原则，计划一经订立或批准，无意外变化，不得随意改变，应严格执行。

(1) 材料供应单位的选择

为保证供应材料的合格，确保工程质量，要对生产厂家及供货单位进行资格审查，内容包括：要有营业执照，生产许可证，生产产品允许等级标准，产品鉴定证书，产品获奖情况；应有完善的检测手段、手续和试验机构，可提供产品合格证及材质证明；应对其产品质量和生产历史情况进行调查和评估，了解其他用户使用情况与意见，生产厂方(或供货单位)的经济实力、赔偿能力、有无担保及包装储运能力等。

(2) 材料采购供应合同

材料的供应一般需要经过订货、生产、运输、储存、使用等各个环节，经历一个非常复杂的过程。

建筑材料采购合同，其合同当事人为供方和需采购供应合同的内容主要应包括：采买和采卖双方的责任、权利和义务，以及采购对象的规格、性能指标、数量、单价、总价、附加条件和必要的相关说明等。

(3) 材料出厂或进场验收

现场材料验收包括验收准备、质量验收和数量验收。

验收准备工作包括：

①材料进场前，根据平面布置图进行存料场地及设施的准备。应平整、夯实存料场地，并按需要建棚、建库。对露天存放的材料，需围挡的，应准备好充足的围挡物品。

②办理验收材料前，必须根据用料计划、送料凭证、质量保证书或产品合格证等，对所进材料进行质量和数量验收，严把质量和数量关。

质量验收工作包括：

①一般材料外观检验，主要检验料具的规格、型号、尺寸、色彩、方正及完整性。

②专用、特殊加工制品外观检验，应根据加工合同、图纸及翻样资料，由合同技术部门进行质量验收。

③内在质量验收，由专业技术人员负责，按规定比例抽样后，送专业检验部门检测力学性能、工艺性能、化学成分等技术指标。

④对不符合计划要求或质量不合格的材料应拒绝接收，不能满足设计要求和无质量证明的材料、构件、器材，一律不得进场。

数量验收工作包括：

①大堆材料、砂石按计量换算验收，抽查率不得低于10%。

②水泥等袋装的材料按袋点数，袋重抽查率不得低于10%。散装水泥除采取措施卸净外，按磅单抽查。

③三大构件实行点件、点根、点数和验尺的验收方法。

④对有包装的材料，除按包装件数实行全数验收外，属于重要的、专用的易燃易爆、有毒物品等应逐项逐件点数、验尺和过磅。属于一般通用的可进行抽查，抽查率不得低于10%。

⑤应配备必要的计量器具，对进场、入库、出库材料严格计量把关，并做好相应的验收记录和发放记录。

(4) 材料储存管理

材料仓库的选址应有利于材料的进出和存放，符合防火、防雨、防盗、防风、防变质的要求。

材料储存应满足下列要求：

①入库的材料，应按型号、品种分区堆放，并分别编号，做好标识。

②易燃易爆的材料，应专门存放、专人负责保管，并有严格的防火、防爆措施。

③有防湿、防潮要求的材料，应采取防湿、防潮措施，并做好标识。

④有保质期的库存材料，应定期检查，防止过期，并做好标识。

⑤易损坏的材料，应保护好包装，防止损坏。

(5) 材料使用管理及不合格品处置

①材料领发。

凡有定额的材料，应限额领发。超限额的用量，用料前办理手续，填写领料单，注明超耗原因，并经签发批准后实施。

限额领料是指：

a.实行限额领料的品种是根据企业的管理水平和实际情况制定的，一般有钢材、水泥、砌块、砖以及装修材料和贵重材料等。

b.限额领料的依据包括：各地区的预算定额和本企业制定的材料消耗定额；企业预算部门编制的施工图预算和变更预算；企业技术部门提供的混凝土、砂浆配合比，技术节约措施和各种翻样、配料表等技术资料；企业生产、计划部门提供的分部位的施工计划和实际竣工验收的工程量；企业质量部门提供的在工程中造成的质量偏差和超额用料的签署意见。

c.限额领料的程序是：材料定额员根据生产计划签发和下达限额领料单；生产班组持领料单到仓库领取限定的品种、规格、数量，双方办理出库手续，材料员要做好记录；材料领出后，由班组负责材料保管并合理使用，材料员按保管要求对班组进行监督，负责月末库存盘点和退料手续；因各种原因造成的超额用料，班组应填写限额领料单，说明超额原因，并经主管批准；材料定额员根据验收和工程量计算班组实际用量和实际消耗量，对结果进行节超分析，审核无误后，进行奖罚兑现。

②材料使用监督。

项目材料管理责任者应就合理用料，严格按设计参数用料，严格执行领发手续，按规定进行用料交底和工序交接，合理堆放材料，按要求保管材料等材料使用问题进行监督。监督的常用手段是检查。检查应做到：情况有记录，原因有分析，责任要明确，处理有结果。

③材料回收。

余料应回收，并及时办理退料手续，建立台账，处理好经济关系。

④不合格品处置。

验收质量不合格，不能点收时，可以拒收，并及时通知上级供应部门(或供货单位)。如与供货单位协商做代保管处理时，则应有书面协议，并应单独存放，在来料凭证上写明质量情况和暂行处理意见。已进场的材料，发现质量问题或技术资料不齐时，材料管理人员应及时填报“材料质量验收报告单”报上一级主管部门，以便及时处理；且进场材料暂不发料，不使用，原封妥善保管。

3. 材料管理评价

材料管理评价就是对企业的材料管理情况进行分析，发现材料供应、库存、使用中存在的问题，找出原因，采取相应的措施对策，以达到改进材料管理工作的目的。

材料管理考核应坚持计划管理、跟踪检查、总量控制、节奖超罚的原则。

材料管理常用的考核指标有：

①材料供应情况分析：

$$\text{进货品种齐备率}=\frac{\text{实际进货品种数}}{\text{计划进货品种数}}\times 100\% \tag{9.1}$$

②材料库存情况分析：

$$\text{年度材料周转次数}=12\times\frac{\text{库存材料月需用量}}{\text{月末库存量}} \tag{9.2}$$

$$\text{库存材料资金占用率}=\frac{\text{材料平均库存总值}}{\text{年度施工产值}}\times 100\% \tag{9.3}$$

③材料消耗情况分析：

材料成本节约或超支额＝材料预算成本－材料实际成本

＝材料计划用量×材料预算单价－材料实际用量×材料实际单价 (9.4)

分析式(9.4)可知，降低材料成本的主要途径是，降低材料的实际耗用量和降低材料的实际价格。

（四）项目机械设备管理

1. 机械设备计划

(1) 机械设备需求计划

机械设备选择的依据是项目的现场条件、工程特点、工程量及工期。

对于主要施工机械，如挖土机、起重机等的需要量，要根据施工进度计划、主要建筑物施工方案和工程量，并套用机械产量定额求得；对于辅助机械，可以根据建筑安装工程每10万元扩大概算指标求得；对于运输机械的需要量，应根据运输量计算。

项目所需要的机械设备可由四种方式提供：从本企业专业租赁公司租用、从社会上的机械设备租赁市场租用设备、分包队伍自有设备、企业新购买设备。

表9.4为机械设备需要量计划表。

表9.4 机械设备需要量计划表

序号	机械设备名称	型号	规格	功率(kW)	需要量(台)	使用时间	备注

(2) 机械设备使用计划

机械设备使用一般由项目经理部机械管理员或施工准备员负责编制。中、小型设备机械一般由项目经理部主管经理审批；大型设备经主管项目经理审批，并报组织有关职能部门审批后，方可实施运作。租赁大型起重机械设备，主要考虑机械设备配置的合理性（是否符合使用、安全要求）以及是否符合资质要求，包括租赁企业、安装设备组织的资质要求，设备本身在本地区的注册情况及年检情况，操作设备人员的资格情况等。

(3) 机械设备保养与维修计划

机械设备保养的目的是保持机械设备的良好技术状态，提高设备运转的可靠性和安全性，减少零件的磨损，延长使用寿命，降低消耗，提高经济效益。

保养分为例行保养和强制保养。

例行保养属于正常使用管理工作，不占用设备的运转时间，由操作人员在机械运转间隙进行。其主要内容是保持机械的清洁，检查运转情况，补充燃油与润滑油，补充冷却水，防止机械腐蚀，按技术要求检查润滑、转向与制动系统是否灵活可靠等。

强制保养是隔一定的周期，需要占用机械设备正常运转时间而停工进行的保养。强制保养是按照一定周期和内容分级进行的。保养周期根据各类机械设备的磨损规律、作业条件、维护水平及经济性四个主要因素确定。强制保养根据工作和复杂程度分为一级保养、二级保养、三级保养和四级保养，级数越高，保养工作量越大。

机械设备的修理，是对机械设备的自然损耗进行修复，排除机械运行的故障，对损坏的零部件进行更换、修复，以保证机械的使用效率，延长使用寿命。机械设备的修理分为大修、中修和零星小修。大修和中修由组织安排机械设备预检修计划后进行检修。

2. 机械设备管理控制

机械设备管理控制包括机械设备购置与租赁管理、使用管理、操作人员管理、报废和出场管理等。

机械设备管理控制任务是：正确选择机械；保证机械设备在使用中处于良好状态；减少闲置、损坏；提高机械设备使用效率及产出水平；机械设备的维护和保养。

（1）机械设备购置管理

实施项目需要新购买的机械设备时，大型机械设备以及特殊设备应在调研的基础上写出经济技术可行性分析报告，经有关领导和专业管理部门审批后，方可购买；中、小型机械应在调研的基础上，选择性价比较高的产品。机械设备的选择原则是：适用于项目要求，使用安全可靠，技术先进，经济合理。

在有多台同类机械设备可供选择时，要综合考虑它们的技术特性。机械设备技术特性如表 9.5 所示。

表 9.5　机械设备技术特性

序号	内容	序号	内容
1	工作效率	8	运输、安装、拆卸及操作的难易程度
2	工作质量	9	灵活性
3	使用费和维修费	10	在同一现场服务项目的数量
4	能源消耗费	11	机械的完好性
5	占用的操作人员和辅助工作人员	12	维修难易程度
6	安全性	13	对气候的适应性
7	稳定性	14	对环境保护的影响程度

（2）机械设备租赁管理

①计划申请与签订合同。

a. 租用单位对新开工工程按施工组织设计（或施工方案）编制单位工程一次性备料计划，上报公司材料管理部门负责组织备料。

b. 租用单位根据施工进度，提前一个月申报月份使用租赁计划（包括使用时间、数量、配套规格等），由材料管理部门下达到租赁站。

c. 公司材料管理部门根据申请计划，组织租用单位与租赁站签订合同。

②提料、退料、验收与结算。

a. 提料。由租用单位专职租赁业务人员按租赁合同的数量、规格、型号，组织提料到现场，材料人员验收。

b. 退料。租用单位材料人员应携带合同，租赁站业务人员按合同品名、规格、数量、质量情况组织验收。

c. 验收与结算。连续租用应按月办理结算手续；退料后的结算应根据验收结果进行，租赁费、赔偿费和维修费一并结算收取。

③根据租赁协议明确双方赔偿与罚款的责任。

④周转工具的管理。

周转工具实行租赁管理，要做好周转工具的调度平衡和自购部分配件的申报、采购工作；建立健全各种收发存台账，按月结清凭证手续及月报表工作；制定周转工具配备定额、扣耗定额，组织做好周转工具清产检查、监督实施过程中的管理，办理退租、回收、修理及租赁费用结算等工作。

（3）机械设备使用管理

机械设备的合理使用，就是处理好管、养、修、用之间的关系，不能违背机械设备使用的技术规律和经济规律，有效使用就是充分发挥机械的技术性能和效率。为确保机械设备的合理有效使用，应遵循下列制度：

①建立健全机械使用责任制，包括：实行定人定机定岗制度，要求操作人员必须遵守操作规程；提高机械设备工作质量，将机械的使用效益与个人经济利益联系起来；爱护机械设备，管好原机零部件、附属设备和随机工具，执行保养规程。

②实行操作证制度。对操作人员进行培训、考试，确认合格者发给操作证，持证上岗。

③严格执行技术规定，包括：遵守试验规定，凡进入施工现场的机械设备，必须测定其技术性能、工作性能和安全性能，确认合格后才能验收、投产使用；遵守磨合期的使用规定，防止机件早期磨损，延长机械使用寿命和修理周期。

④合理组织机械施工，包括：根据需要和实际可能，经济合理地配备机械设备；安排好机械施工计划，充分考虑机械设备维修时间，合理组织实施、调配；组织机械设备流水施工和综合利用，提高单机效率；创造良好的现场环境，施工平面布置要适合机械操作要求；加强机械设备安全作业，作业前须向操作人员进行安全操作交底，严禁违章作业和机械设备带病作业。

⑤实行单组或机组核算，即以定额为基础，确定单机或机组生产率、消耗费用和保修费用；加强班组核算，按标准进行考核和奖惩。

⑥建立机械设备档案，包括原始技术文件，交接、运转和维修记录，事故分析和技术改造资料等。

⑦培养机务队伍，即提高机械设备管理人员的技术业务能力和操作保修技术。

（4）机械设备操作人员管理

机械设备操作人员必须持证上岗，即通过专业培训考核合格后，经有关部门注册，操作证年审合格，在有效期内，且所操作的机种与所持证上允许操作机种吻合。此外，机械操作人员还必须明确机组人员责任制，并建立考核制度，奖优罚劣，使机组人员严格按规范作业，并在本岗位上发挥出最优的工作业绩。责任制应对机长、机员分别制定责任内容，对机组人员应做到责、权、利三者相结合，定期考核，奖罚明确到位，以激励机组人员努力做好本职工作，使其操作的设备在一定条件下发挥出最大效能。

(5) 机械设备报废和出场管理

机械设备属于下列情况之一的应当更新：

①设备损耗严重，大修理后性能、精度仍不能满足规定要求的。

②设备在技术上已经落后，耗能超过标准的20%以上的。

③设备使用年限长，已经经过四次以上大修或者一次大修费用超过正常大修费用一倍的。

(6) 机械设备管理中常见的问题

①项目的一次性特点，很难根据自身特点对设备寿命周期进行管理，削弱了设备的基础工作。

②由于项目的一次性特点，项目经理部往往从本项目经理部利益考虑，不愿拿出资金维护设备，造成部分设备带病作业，甚至拼设备，致使下一个项目不得不花大量的时间和资金去恢复设备，影响公司的持续发展和整体利益，使项目核算成本不真实。

③施工项目接替不上时，会出现设备管理、维修脱节。

④施工中，由于机械设备分散在各施工项目上，项目经理部很难合理储存零部件，使备件供应不及时。同时，配件的多头采购也难以保证备件质量。

3. 机械设备管理考核

机械设备管理考核应对项目机械设备的配置、使用、维护以及技术安全措施、设备使用效率和使用成本等进行分析和评价，应着重考核机械设备的完好率和利用率指标。

机械设备的配置要做到机械配套，一是一个工种的全部过程和环节配套，二是主导机械与辅助机械在规格、数量和生产能力上配套。

合理使用机械设备，应贯彻人机固定原则，实行定机、定人、定岗位责任的“三定”制度。

为了保持机械设备的良好状态，提高设备运转的可靠性和安全性，减少零件的磨损，延长使用寿命，降低消耗，提高机械施工的经济效益，应做好机械设备的保养。另外，对机械设备的维修可以保证机械的使用效率，延长使用寿命。

(五) 项目技术管理

1. 技术管理计划

(1) 技术开发计划

技术开发的依据有：国家的技术政策，包括科学技术的专利政策、技术成果有偿转让；产品生产发展的需要，是指未来对建筑产品的种类、规模、质量以及功能等的需要；组织的实际情况，指企业的人力、物力、财力以及外部协作条件等。

(2) 设计技术计划

设计技术计划主要是涉及技术方案的确立、设计文件的形成以及有关指导意见和措施的计划。

(3) 工艺技术计划

施工工艺上存在客观规律和相互制约关系，一般是不能违背的。如基坑未挖完土方，后序工作垫层就不能施工，浇筑混凝土必须在模板安装和钢筋绑扎完成后才能施工。因此，要对工艺技术进行科学周密的计划和安排。

2. 技术管理控制

(1) 技术开发管理

①确立技术开发方向和方式。

②加大技术开发的投入。

③加大科技推广和转化力度。

④增大技术装备投入。

⑤强化应用计算机和网络技术。

⑥加强科技开发信息的管理。

(2) 新产品、新材料、新工艺的应用管理

应有权威的技术检验部门关于新产品、新材料、新工艺的技术性能的鉴定书，制定出质量标准及操作规程后，才能在工程上使用，加大推广力度。

(3) 施工组织设计管理

施工组织设计是以施工项目为对象编制的，用以指导施工全过程各项施工活动的技术、经济、组织、协调和控制的综合性文件。

施工组织设计是企业实现科学管理、提高施工水平和保证工程质量的主要手段，也是贯穿设计、规范、规程等技术标准组织施工，纠正施工盲目性的有力措施。

(4) 技术档案管理

技术档案是按照一定的原则、要求，经过移交、整理、归档后保管起来的技术文件材料。它既记录了各建筑物、构筑物的真实历史，更是技术人员、管理人员和操作人员智慧的结晶。技术档案实行统一领导、分专业管理。资料收集应做到及时、准确、完整，分类正确，传递及时，符合地方法规要求，无遗留问题。

①做好技术档案工作的作用：

a. 为建筑物使用、维修、改造、扩建提供技术依据。

b. 证明工程质量的优劣、结构的安全可靠程度，认定工程质量等级的重要依据。

c. 为工程结算提供证据，减少经济纠纷。

d. 督促施工人员按规范、规程组织施工，考核工程施工管理的水平。

e. 便于系统积累施工技术经济资料，为今后施工建设提供参考，为工程技术人员了解、熟悉与掌握本行业专业技术，为建筑工程领导、技术负责人进行生产、技术上的决策、指挥和组织工作提供依据。

②文件归档基本规定：

a. 建设、勘察、设计、施工、监理等单位应将工程文件的形成和积累纳入工程建设管理的各个环节和有关人员的职责范围。

b. 工程勘察、设计、施工、监理等单位应将本单位形成的工程文件立卷后向建设单位移交。

c. 建设工程项目实行总承包的，总包单位负责收集、汇总各分包单位形成的工程档

案，并应及时向建设单位移交；各分包单位应将本单位形成的工程文件整理、立卷后及时移交总包单位。

d. 建设工程项目由几个单位承包的，各个承包单位负责收集、整理、立卷其承包项目的工程文件，并应及时向建设单位移交。

③归档范围：

对与工程建设有关的重要活动、记载工程建设主要过程和现状、具有保存价值的各种载体的文件，均应收集齐全，整理、立卷后归档。

单位工程竣工，施工技术资料项目包括：主要原材料、成品、半成品、构配件、设备出厂质量证明和试验报告；施工试验记录；施工记录；预检记录；隐蔽工程验收记录；基础、结构验收记录；设备安装工程记录；施工组织设计；技术交底；工程质量检验评定；竣工验收资料；设计变更、洽商记录；竣工图。

3. 项目技术管理考核

项目技术管理考核包括对技术管理工作计划的执行，施工方案的实施，技术措施的实施，技术问题的处置，技术资料收集、整理和归档，以及技术开发、新技术和新工艺应用等情况进行的分析和评价。

施工项目的主要技术管理制度包括：

①建立施工项目部技术责任制。

②建立施工图纸、勘测、设计文件管理制度。

③建立图纸会审制度。

④建立技术交底制度。

⑤建立隐、预验工作管理制度。

⑥建立工程洽商、设计变更管理制度。

⑦建立施工项目实施规划与季节性施工方案管理制度。

⑧建立技术信息和技术资料管理制度。

⑨建立质量与安全问题处理制度。

⑩建立计量、测量工作管理制度。

⑪建立原材料、成品、半成品检验和施工试验制度。

建立健全施工项目技术管理的各项制度，首先是要求各项制度互相配套协调、形成系统，既互不矛盾，也不留漏洞，还要有针对性和可操作性；其次是要求项目经理部所属各单位、各部门和人员，在施工活动中必须遵照所制定的有关技术管理制度的规定和程序安排工作和生产，保证施工生产安全顺利地进行。

（六）项目资金管理

1. 资金管理计划

（1）项目资金流动计划

项目资金流动包括项目资金的收入与支出。项目收入与支出计划管理是项目资金管理的重要内容，要做到收入有规定，支出有计划，追加按程序；做到在计划范围内一切开支有审批，主要工料大宗支出有合同，使项目资金运营在受控状态。

项目经理主持此项工作，由有关业务部门分别编制，财务部门汇总平衡。

①项目资金收支计划的内容：

项目资金收支计划包括收入方和支出方两部分。

收入方包括项目本期工程款等收入项目、向公司内部银行借款，以及月初项目银行存款。支出方包括项目本期支付的各项工料费用、上缴利税基金和管理费、归还公司内部银行借款，以及月末项目银行存款。

编制资金收支计划。资金收入，要与发包方协调，使其履行合同按期拨款。资金支出，既要考虑本期的工料及费用支出，也要考虑前期按合同或协议延期付款的各项负债的偿还。

②资金收入测算工作应注意的问题：

a. 在项目经理的主持下，由职能部门人员参加，共同分工负责完成。

b. 加强管理，确保按合同工期要求完成，以免延期罚款造成损失。

c. 严格按合同规定的结算办法测算每月实际应收的工程进度款数额，同时注意收款滞后的时间因素。

③项目资金支出预测应注意的问题：

a. 项目资金支出预测的依据是成本费用控制计划，施工组织设计，材料、物资储备计划。

b. 从实际出发，将原报价中估计的不确定因素加以调整，使资金支出预测更符合实际情况。

c. 重视资金的支出时间价值。时间价值是指不同时间发生的等额资金在价值上的差别。

d. 资金支出的预算是从筹措资金和合理安排调度资金考虑的，一定要反映出资金支出的时间价值，以及合同实施过程中不同阶段的资金需要。

(2) 财务用款计划

项目资金收支计划的编制，是项目经理部在资金管理工作中首先要完成的工作，一方面需要上报企业管理层审批，另一方面项目资金收支计划是实现项目资金管理目标的重要手段。

某公司项目经理部门用款计划见表 9.6 所示。

表 9.6　部门用款计划表

用款部门：　　　　　　　　　　　　　　　　　　　　　单位：元

支出内容	计划余额	审批金额
合计		

项目经理签字：　　　　　　　　　　　　　　　　　　用款部门负责人签字：

(3) 编制年、季、月度资金管理计划

项目经理部应编制年、季、月度资金收支计划，有条件的可以考虑编制旬、周、日的资金收支计划，上报组织主管部门审批。

①年度资金收支计划的编制，要根据施工合同工程款支付的条款和年度生产计划安排，预测年内可能达到的资金收入；要参照施工方案，安排工、料、机费用等资金分阶段投入，做好收入与支出在时间上的平衡。

②季度、月度资金收支计划的编制，是年度资金收支计划的落实和调整，要结合生产计划的变化，安排好季、月度资金收支。

例如，某公司项目经理部资金收支计划见表 9.7 所示；某公司项目经理部资金收支计划执行情况见表 9.8 所示。

表 9.7　资金收支计划表

编制单位：　　　　年　月　日　　　　单位：万元

内容	档次	金额
1. 期初银行存款额	1 栏	
2. 本月收入货币资金	2 栏	
其中：工程款收入		
其他收入		
公司贷款		
3. 货币资金合计	3 栏(=1 栏+2 栏)	
4. 本月计划支出	4 栏	
其中：项目工资、资金		
自有劳务队费用		
外包劳务队费用		
材料费支出		
机械设备费支出		
其他生产支出		
分包单位款		
项目现场经费		
上缴税金		
上缴管理费等		
归还内部银行贷款		

表 9.8　资金收支计划执行情况表

编制单位：　　　　　　　　年　月　日　　　　　　　　单位：万元

内容	档次	计划数	实际数
1. 期初银行存款额	1栏		
2. 本月收入货币资金	2栏		
其中：工程款收入			
其他收入			
公司贷款			
3. 货币资金合计	3栏(＝1栏＋2栏)		
4. 本月计划支出	4栏		
其中：项目工资、资金			
自有劳务队费用			
外包劳务队费用			
材料费支出			
机械设备费支出			
其他生产支出			
分包单位款			
项目现场经费			
上缴税金			
上缴管理费等			
归还内部银行贷款			
5. 计划银行存款余额	5栏(＝3栏－4栏)		

2. 资金控制

(1) 资金收入与支出管理

①保证资金收入。

生产的正常进行需要一定的资金保证，项目部的资金来源包括：组织（公司）拨付资金，向发包人收取的工程款和备料款，以及通过组织（公司）获得的银行贷款等。对工程项目来讲，收取工程款和备料款是项目资金的主要来源，重点是工程款收入。

收款工作从承揽工程、签订合同时开始，直到工程竣工验收、预算结算确定收入，以及保修一年期满收回工程尾款。收款工作包括：

a. 新开工项目按工程施工合同收取预付费或开办费。

b. 根据月度统计表编制“工程进度款结算单”或“中期付款单”，于规定日期报送监理工程师审批结算。

c. 根据工程变更记录和证明发包人违约的材料，及时计算索赔金额，列入工程进度款结算。

d. 合同造价之外，由原发包单位负责的工程设备或材料，如发包人委托项目经理部代购，必须签订代购合同，应收取设备订货预付款或代购款及采购管理费。

e. 工程材料单价实行市场价时，合同中属暂估价的，施工中实际发生材料价差应按规定计算，及时请发包人确认，与进度款一起收取。

f. 工期奖、质量奖、技术措施费、不可预见费及索赔款，应根据施工合同规定，与工程进度款同时收取。

g. 工程尾款应根据发包人认可的工程结算金额，于保修期完成时取得保修完成单，及时回收工程款。

②控制资金支出。

控制资金支出主要是控制项目资金的出口。施工生产直接或间接的生产费用投入需要耗费大量资金，要精心计划、节省使用资金，以保证项目部的资金支付能力。

要抓好开源节流，组织好工料款回收，控制好生产费用支出，保证项目资金正常运转。在资金周转中使投入能得到补偿，得到增值，才能保证生产继续进行。

(2) 项目资金的使用管理

①资金的使用原则。

项目资金的使用管理应本着促进生产、节省投入、量入为出、适度负债的原则，要本着国家、企业、员工三者利益兼顾的原则，优先考虑上缴国家的税金和应上缴的各项管理费。要依法办事，按照《劳动法》，保证员工工资按时发放；按照劳务分包合同，保证外包工劳务费按合同规定结算和支付；按材料采购合同，按期支付货款；按分包合同支付分包款。

②节约资金的办法。

项目资金的使用管理反映了项目施工管理的水平。在施工计划安排、施工组织设计、施工方案的选择方面，要用先进的施工技术提高效率、保证质量、降低消耗，努力做到以较少的资金投入创造较大的经济价值。

③资金的管理方式。

资金的管理方式讲究经济手段，合理控制材料占用资金。

抓报量、抓结算，随时办理增减账索赔。根据生产进度，随时做好分部位和整个工程的预算结算，及时回收工程价款，减少应收账款占用。要抓好月度中期付款结算及报量，减少未完工程占用资金。

④项目资金的使用。

a. 按用款计划控制资金使用。项目经理部各部门领用支票或现金，要填写用款申请表，由项目经理部部门负责人具体控制该部门支出。

财务要根据实际用款，做好记录，每周末编制银行存款情况快报，反映当期银行存款收入、支出和报告日结存数。各部门对原计划支出数不足部分，应书面报项目经理审批追加，审批单交财务，做到支出有计划，追加按程序。

b. 设立财务台账，记录资金支出。为控制资金，项目经理部需要设立财务台账，作为会计核算的补充记录，进行债权债务的明细核算。

不属于以上工料生产费用资金投入范围的分包工程、机械租赁作业、商品混凝土，应分别建立分包工程、产品作业供应等往来账户，并按合同单位逐一设立，反映应付款和已付款。

项目经理部的财务台账可以由财务人员登账，也可在财务人员指导下由项目经理部有关业务部门登台账。明细台账要定期与财务账核对，做到账账相符；还要与仓库保管员的收、发、存实物账及其他业务结算账核对，做到账实相符。总之，要做到财务总体控制，以利于发挥财务资金管理作用。

c. 加强财务核算，及时盘点盈亏。

一般来说，项目经理部期末资产等于负债加上级拨付资金加待结算利润，说明利润有潜力；资产加待结算亏损等于负债加上级拨付资金，说明利润有潜亏。

(3) 资金风险管理

要注意发包方资金到位情况，签好施工合同，明确工程款支付办法和发包方供料范围。在发包方资金不足的情况下，尽量要求发包方供应部分材料，防止发包方把属于甲方供料、甲方分包范围的转给组织支付。

要关注发包方资金动态，在已经发生垫资施工的情况下，要适当掌握施工进度，以利回收资金。如果出现工程垫资超出原计划控制幅度，要考虑调整施工方案，压缩规模，甚至暂缓施工，并积极与发包方协调，保证开发项目的资金回收。

任务实施

项目信息管理

（一）项目信息管理概述

1. 信息管理的概念

信息管理是指对信息的收集、整理、处理、储存、传递与应用等一系列工作的总称。信息管理的目的就是通过有组织的信息流通，使决策者能及时、准确地获得相应的信息。为了达到信息管理的目的，就要把握好信息管理的各个环节，并要做到：

①了解和掌握信息来源，对信息进行分类。

②掌握和正确运用信息管理的手段，如计算机。

③掌握信息流程的不同环节，建立信息管理系统。

2. 工程项目信息管理的基本任务

①组织项目基本情况信息的收集并系统化，编制项目手册。

②遵循项目报告及各类资料的规定，例如资料的格式、内容、数据结构要求。

③按照项目实施、项目组织、项目管理工作过程建立项目管理信息系统，在实际工作中保证系统正常运行，并控制信息流。

④文件档案管理工作。有效的项目管理需要更多的工程项目信息，信息管理影响项目组织和整个项目管理系统的运行效率，是人们沟通的桥梁，项目管理人员应引起足够的重视。

3. 工程项目信息管理工作的原则

(1) 标准化原则

要求在项目的实施过程中对有关信息的分类进行统一，对信息流程进行规范，产生的控制报表力求做到格式化和标准化，通过建立健全信息管理制度，从组织上保证信息生产过程的效率。

(2) 有效性原则

项目管理人员所提供的信息应根据不同层次管理者的要求进行适当加工，针对不同管理层提供不同要求和不同浓缩程度的信息。

(3) 定量化原则

建设工程产生的信息不是项目实施过程中产生数据的简单记录，而是经过信息处理人员的比较与分析的结果。采用定量工具对有关数据进行分析和比较是十分必要的。

(4) 时效性原则

考虑到工程项目决策过程的时效性，建设工程的成果也应具有相应的时效性。建设工程的信息都有一定的生产周期，如月报表、季度报表、年度报表等，这都是为了保证信息产品能够及时服务于决策。

(5) 高效处理原则

通过采用高性能的信息处理工具(如建设工程信息管理系统)，尽量缩短信息在处理过程中的延迟，项目管理人员的主要精力应放在对处理结果的分析和控制措施的制定上。

(6) 可预见原则

建设工程产生的信息作为项目实施的历史数据，可以用于预测未来的情况，项目管理者应通过采用先进的方法和工具为决策者制定未来目标和行动规划提供必要的信息。如通过对以往投资执行情况的分析，可以对未来可能发生的投资进行预测，作为采取事前控制措施的依据，这在工程项目管理中也是十分重要的。

4. 实施工程项目信息管理的基本条件

为了更好地进行工程项目信息管理，必须利用计算机技术。项目经理部要配备必要的计算机硬件和软件，应设项目信息管理员，使用和开发项目信息管理系统。项目信息管理员必须经有资质的培训单位培训并考核合格，方可上岗。

项目经理部负责收集、整理、管理本项目范围内的信息。

随着工程的进展，按照施工项目信息管理的要求，及时整理、录入施工项目信息。信息资料必须真实、准确，收集到的信息应经项目经理部有关负责人审核签字后方可录入计算机信息系统，以确保信息的真实性。

5. 工程项目基本信息

项目的信息包括项目经理部在项目管理过程中的各种数据、表格、图纸、文字、音像资料等。

项目实施过程中应积累以下项目基本信息：

①公共信息。包括法规和部门规章制度、市场信息、自然条件信息。

②单位工程信息。包括工程概况、施工记录、施工技术资料、工程协调、工程进度计划及资源计划、成本、商务、质量检查、安全文明施工及行政管理、交工验收等信息。

6. 项目信息的目录结构

为了方便计算机项目管理，可采用如图 9.1 所示的施工项目信息结构。

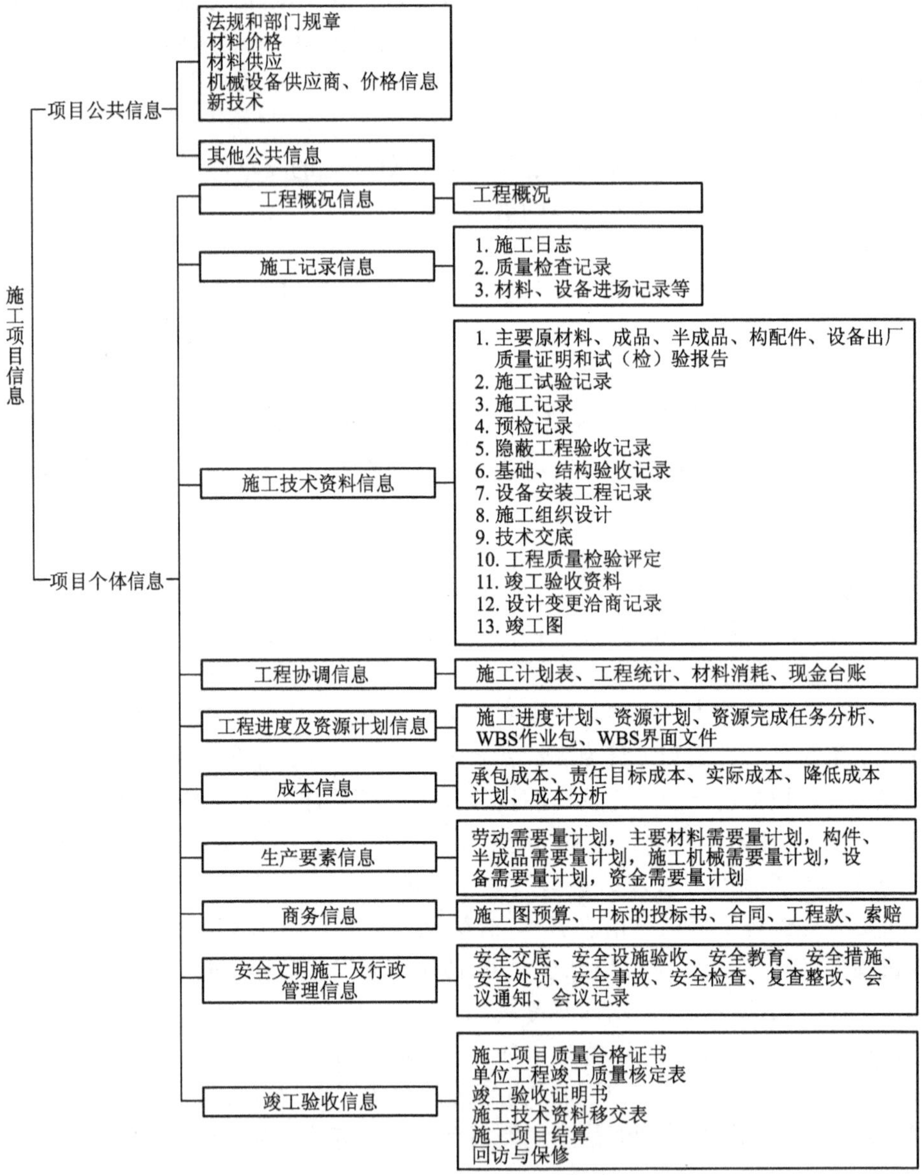

图 9.1 项目信息的目录结构

（二）工程项目报告系统

1. 工程项目报告的种类

工程项目报告的形式和种类很多，按时间可分为日报、周报、月报、年报；针对项目结构的报告有分部分项工程报告、单位工程报告、单项工程报告、整个项目报告；专门内容的报告有质量报告、成本报告、工期报告；特殊情况的报告有风险分析报告、总结报告、特别事件报告；此外，还有状态报告、比较报告等。

2. 工程项目报告的作用

①作为决策的依据。通过报告所反映的内容，可以使人们对项目计划和实施状况、目标完成程度等有比较清楚的了解，从而使决策简单化，提高准确度。

②用来评价项目，评价过去的工作及阶段成果。

③总结经验，分析项目中的问题。每个项目结束时都应有一个内容详细的分析报告。

④通过报告去激励各参加者，让大家了解项目的成就。

⑤提出问题，解决问题，安排后期的工作。

⑥预测将来情况，提供预警信息。

⑦作为证据和工程资料。工程项目报告便于保存，能提供工程的永久记录。

3. 工程项目报告的要求

①与目标一致。

②符合特定的要求。

③规范化、系统化。

④处理简单化，内容清楚，所有人都能理解。

⑤报告要有侧重点。

4. 工程项目报告系统

项目初期，在建立项目管理系统时必须包括项目的报告系统。

主要要解决以下两个问题：

①罗列项目实施过程中应有的各种报告，并系统化。

②确定各种报告的形式、结构、内容、数据、采撷和处理方式，并标准化。建立如表 9.9 所示的报告目录。

表 9.9　报告目录表

报告名称	报告时间	提供者	接受者			
			A	B	C	D

项目月报是最重要的项目总体情况报告，其内容通常包括：

(1) 工程项目概况

①简要说明本报告期中工程项目及主要活动的状况，如设计工作、批准过程、招标、施工及验收状况等。

②计划总工期与实际总工期的对比，可以采用不同颜色的图例，或采用前锋线方法。

③总的趋向分析。

④成本状况和成本曲线，包括整个项目总结报告、各专业范围或各合同、各主要部门等层次。

⑤项目形象进度。用图示的方法描述建筑和安装工程的进度。

⑥对质量问题、工程量偏差、成本偏差、工期偏差的主要原因进行说明。

⑦说明下一报告期的关键活动。

⑧下一报告期必须完成的工作包。

⑨工程状况照片。

(2) 项目进度详细说明

①按分部工程列出成本状况、实际和计划进度曲线的对比。

②按每个单项工程列出：控制性工期实际和计划工期对比，其中关键性活动的实际和计划工期对比，实际和计划成本状况对比，工程状态，各种界面的状态，目前关键问题及解决的办法，特别事件说明等。

(3) 预计工期计划

它包括下阶段控制性工期计划，下阶段关键活动范围内详细的工期计划，以后几个月内关键工程活动表。

(4) 按部分工程列出各施工单位

(5) 项目组织状况说明

（三）工程项目信息管理系统

1. 工程项目信息管理系统的含义

工程项目信息管理系统也称项目规划和控制信息系统，是一个针对工程项目的计算应用软件系统，通过及时地提供工程项目的有关信息，支持项目管理人员确定项目规划，在项目实现过程中控制项目目标，即费用目标、进度目标、质量目标和安全目标。

工程项目信息管理系统是以工程项目为目标系统，利用计算机辅助工程项目管理的信息系统。

2. 工程项目信息管理系统的功能要求

(1) 工程项目信息管理系统的特点

工程项目信息管理系统是以计算机技术为主要手段，以项目管理为对象，通过收集、存储和处理有关数据为项目管理人员提供信息，作为项目管理规划、决策、控制和检查的依据，保证项目管理工作顺利实施，是项目管理系统的重要组成部分。

通常，该系统应具有如下特点：

①可靠性。

②安全性。

③及时性。

④适用性。

⑤界面友好，操作方便。

(2) 工程项目信息管理系统的功能要求

①方便项目信息输入、整理与存储。

②有利于用户提取信息。

③及时调整数据、表格与文档。

④能灵活补充、修改与删除数据。

⑤信息种类与数量应能满足项目管理的全部需要。

⑥能使设计信息、施工准备阶段的管理信息、施工过程项目管理各专业的信息、项目结算信息、项目统计信息等有良好的接口。

⑦能连接项目经理部各职能部门、项目经理与各职能部门、项目经理与作业层、项目经理部与企业各职能部门、项目经理与企业法定代表人、项目经理部与发包人和分包人、项目经理部与监理机构等，使项目管理层与企业管理层及作业层信息收集渠道畅通、信息资源共享。

3. 工程项目信息管理系统的开发

工程项目信息管理系统的开发是一项非常复杂的工作，它的开发周期长，耗资巨大，投入高，风险大。它以工程项目的管理系统为环境，所涉及的相关专业多，且专业需求程度高，所以项目管理专业人员在研制过程中起着重要的作用。

工程项目信息管理系统的开发由系统规划、系统分析、系统设计、系统实施与系统评价等阶段组成。

(1) 系统规划。系统规划需要提出系统开发的需求，通过实地现场调查和可行性研究，确定项目管理信息系统的目标及系统的主要结构，制订系统开发的整体计划，由此来指导信息管理系统研制的实施工作。

(2) 系统分析。系统分析包括对项目任务的详细了解和分析，在此基础上，收集数据、分析数据、确定系统数据流程图等，制定最优的系统方案。

(3) 系统设计。系统设计包括确定系统总体结构、系统流程图和系统配置，进行模块设计、系统编码设计、数据库设计、输入输出设计、文件设计和程序设计等。

(4) 系统实施。系统实施包括机器的购置、安装，程序的调试，基础数据的准备，系统文档的准备，各类人员的培训及系统的运行与维护等。

(5) 系统评价。系统建成及投入运行以后，必须对系统进行评价，估计系统的工作性能和技术性能，检查是否达到预期目标，其功能是否符合设计要求，进而对系统的应用价值、经济效益和社会效益做出综合评价。

4. 工程项目信息流

工程项目信息流反映了各参加部门、各单位及各施工阶段之间的关系。

(1) 自上而下的信息流

自上而下的信息流，是指主管单位、主管部门、业主、工程项目负责人、检查员、班组工人之间由上级向其下级逐级流动的信息，即信息源在上，接收信息者是其下属。这些信息主要是指建设目标、工作条例、命令、办法及规定、业务指导意见等。

(2) 自下而上的信息流

自下而上的信息流，是指由下级向上级流动的信息，即信息源在下，接收信息者在上。主要指项目实施中有关目标的完成量、进度、成本、质量、安全、消耗、效率等情况，此外，还包括上级部门关注的意见和建议等。

(3) 横向间的信息流

横向流动的信息指项目管理工作中，同一层次的工作部门或工作人员之间相互提供和接收的信息。这种信息一般是由不同工作部门各自产生的，但为了共同的目标又需要相互协作、互通有无或相互补充，以及特殊、紧急情况下为节省信息流动时间而需要横向提供的信息。

(4) 以信息管理部门为集散中心的信息流

信息管理部门是汇总信息、分析信息、分散信息的部门，必须帮助工作部门进行信息管理规划、任务检查，对有关专业技术问题进行咨询。

(5) 工程项目内部与外部环境之间的信息流

工程项目的业主、承建商、监理单位、设计单位、建设银行、质量监督主管部门、有关国家管理部门和业务部门，都不同程度地需要信息交流，既要满足自身的需要，又要满足与环境的协作要求，或按国家规定的要求相互提供信息。

5. 工程项目信息的收集

(1) 工程项目建设前期的信息收集

①收集可行性研究报告及其有关资料。

②设计文件及有关资料的收集。收集这方面资料通常包括：

a. 社会调查。

b. 工程技术勘测调查。

c. 技术经济勘测调查。

③招标投标合同文件及其有关资料的收集。招投标文件中包含了大量的信息，包括甲方的全部“要约”条件，乙方的全部“承诺”条件；甲方所提供的材料供应、设备供应、水电供应、施工道路、临时房屋、征地情况、通信条件等，乙方投入的人力、机械方面的情况，工期保证，质量保证，投资保证，施工措施，安全保证等。

项目建设前期除以上各个阶段产生的各种资料外，上级关于项目的批文和有关指示，有关征用土地、迁建赔偿等协议式批准文件等，均是十分重要的资料。

(2) 施工期间的信息收集

①收集业主提供的信息。业主作为工程项目建设的组织者，要按照合同文件规定提供相应的条件，要不时表达对工程各方面的意见和看法，下达某些指令，因此，应及时收集业主提供的信息。

②收集承建商的信息。现场发生的各种情况承建商必须掌握和收集，工程项目负责人也必须掌握和收集，并汇集成相应的信息资料。

③建设项目的施工现场记录。此记录是驻地工程师的记录，主要包括工程施工历史记录、工程质量记录、工程计量、工程款记录和竣工记录等。

a. 现场管理人员的日报。

b. 驻施工现场管理负责人的日记。

c. 驻施工现场管理负责人的月报。

d. 驻施工现场管理负责人对施工单位的指示。

e. 补充图纸。

f. 工地质量记录。

④收集工地会议记录。工地会议是工程项目管理的一种重要方法，会议中包含着大量的信息，要求项目管理工程师必须重视工地会议，并建立一套完善的会议制度，以便于会议信息的收集。会议制度包括会议的名称、主持人、参加人，举行会议的时间、会议地点等，每次工地会议都应有专人记录，会后应有工作会议纪要等。

a. 第一次工地会议。

b. 经常性工地会议。

(3) 工程竣工阶段的信息收集

工程竣工并按要求进行竣工验收时，需要大量与竣工验收有关的各种资料信息。这些信息一部分是在整个施工过程中长期积累形成的，一部分是在竣工验收期间，根据积累的资料整理分析而形成的。完整的竣工资料应由承建商编制，经工程项目负责人和有关方面审查后，移交业主并通过业主移交管理部门。

6. 收集信息的加工整理

对收集的信息进行加工，是信息处理的基本内容。其中包括对信息进行分析、归纳、分类、计算比较、选择及建立信息之间的关系等工作。

(1) 信息处理的要求和方法

①信息处理的要求。要使信息能有效地发挥作用，在信息处理的过程中就必须符合及时、准确、适用、经济的要求。

②信息处理的方法。从收集的大量信息中，找出信息与信息之间的关系和运算公式；从收集的少量信息中，得到大量的输出信息。

(2) 收集信息的分类

①对资料和数据进行简单整理和滤波；

②对信息进行分析、概括综合后能产生辅助决策的信息；

③通过应用数学模型统计推断可以产生决策的信息。

(四) 工程项目文档管理

工程项目文档资料是有形的，是信息或数据的载体，它以记录的方式存在，具有集中、归档的性质。对项目文档资料进行科学系统的管理，能使项目实施过程规范化、正规化，提高项目管理的工作效率，确保项目归档文件材料的完整性和可靠性。项目文档资料管理是具体的，它的工作主要包括文档资料传递流程的确定，文档资料登录和编码系统的建立，文档资料的收集积累、加工整理、检索保管、归档保存和提供利用服务等。

工程项目文档资料包括各类文件、项目信件、设计图纸、合同书、会议纪要，各种报告、通知、记录、鉴证、单据、证明、书函等文字、数值、图表、图片及音像资料。

1. 项目文档资料的传递流程

确定项目文档资料的传递流程是指要研究文档资料的流转通道及方向，研究资料的来源、使用者和保存节点，规定传输方向和目标。

项目管理班子中的信息管理人员是文档资料传递渠道的中枢，所有文档资料都应统一归口传递至信息管理者，进行集中收发和管理，以避免散落和遗失。信息管理人员将接收到的文档资料经加工整理、归类保存后，再按信息规划规定的传递渠道传递给文档资料的接收者。同时,信息管理人员也应按照文档资料的内容,有目的地把有关信息传递给其他相关的接收者。当然,项目管理人员根据需要随时都可自行查阅经整理、分类后的文档资料。

2. 项目文档资料的登录和编码

对文档资料进行登录,把它们列为项目管理单位的正式资源和财产,可以有据可查,便于归类、加工和整理,并通过登录掌握归档资料及其变化情况,有利于文档资料的清点和补缺。

为文档资料赋予独特的识别符号如字符和数字等,就可给出信息资料的编码,而编码结构则表示文档资料的组成方式和相互间的关系。

对项目信息进行编码的基本原则是:

(1) 唯一性。

(2) 合理性。

(3) 可扩充性。

(4) 简单性。

(5) 适用性。

(6) 规范性。

3. 项目文档资料的存放

随着工程建设的进程,信息资料的逐步积累,数量会越来越多,如果随意存放,需要时必然查找困难,且极易丢失。存放与排列可以以编码结构的层次编码作为标识,将文档资料一件件、一本本地排列在书架上,位置应明显,易于查找。

工程项目信息资料经过科学系统地组合与排列,才能成为系统的、完整的文档,为项目管理服务,同时作为归档保存的项目文件。

(五) 项目管理中的软信息

(1) 软信息的概念

前面所述的在项目系统中运行的一般都是可定量化的、可量度的信息,如工期、成本、质量、人员投入、材料消耗、工程完成程度等,它们可以用数据表示,可以写入报告中,通过报告和数据即可获得信息,了解情况。但另有许多信息是很难用上述信息形式表达和通过正规的信息渠道沟通的,这主要是反映项目参加者的心理行为、项目组织状况的信息。

这些情况无法或很难定量化,甚至很难用具体的语言表达,但它同样作为信息反映着项目的情况,对工程项目实施、决策及更好地帮助项目管理者研究和把握项目组织,对项目组织实施激励等起到积极作用。

(2) 软信息的特点

①软信息尚不能在报告中反映或完全正确地反映,缺少表达方式和正常的沟通渠道,只有管理人员亲临现场,参与实际操作和小组会议时才能发现并收集到。

②由于软信息无法准确地描述和传递,所以它的状况只能由人领会,仁者见仁,智者见智,不确定性很大,这便会导致决策的不确定性。

③由于很难表达,不能传递,很难进入信息系统沟通,所以软信息的使用是局部的。

④软信息目前主要通过非正式沟通来影响人们的行为。

⑤软信息只能通过人们的模糊判断，通过人们的思考来做信息处理，常规的信息处理方式是不适用的。

（3）软信息的获取

①观察。通过观察现场及人们的举止、行为、态度，分析他们的动机，分析组织状况。

②正规的询问，征求意见。

③闲谈、非正式沟通。

④要求下层提交的报告中必须包括软信息内容并定义说明范围，这样上层管理者才能获得软信息，同时让各级管理人员建立软信息的概念并重视它。

任务评价

工程项目资源是对项目中使用的人力资源、材料、机械设备、技术、资金和基础设施等的总称。工程项目资源管理是指对项目所需人力、材料、机械设备、技术、资金和基础设施所进行的计划、组织、指挥、协调和控制等活动。资源管理的内容主要包括人力资源管理、材料管理、机械设备管理、技术管理和资金管理五个方面。

人力资源管理包括施工项目的人力资源管理计划、人力资源控制、人力资源考核。

项目材料管理包括材料管理计划、材料控制、材料管理评价。

思考与练习

1. 工程项目资源管理的内容有哪些？
2. 工程项目资源管理的作用是什么？
3. 阐述工程项目资源管理的全过程及程序。
4. 人力资源的基本特点有哪些？
5. 人力资源配置的方法有哪些？
6. 阐述项目技术管理。
7. 施工项目的主要技术管理制度包括哪些？
8. 项目资金收支计划的内容有哪些？
9. 工程项目信息管理工作的原则有哪些？
10. 工程项目信息管理系统的功能要求有哪些？

项目十　工程项目风险与沟通管理

项目需求

工程项目风险与沟通管理是工程项目管理的重要组成部分，工程项目风险与沟通管理主要包括工程项目风险管理、项目沟通管理、工程项目冲突管理等。

项目工作场景

实训基地（有与项目实际相符的项目管理资源等）

方案设计

首先学习工程项目风险管理，然后进行项目沟通管理、工程项目冲突管理的学习。

相关知识和技能

(1) 具备工程项目风险识别、风险评估的能力；能根据工程项目的特点选择适当的风险对策、进行风险控制；具备信息提取、收集、分发、储存、处理的能力；具备项目沟通的能力及技巧。

(2) 通过本项目的学习，使学生能够熟悉风险、工程项目风险管理的概念、分类及性质，掌握风险识别与风险评估的方法，能充分理解、应用风险对策与控制方法。使学生掌握项目沟通的程序与方式；熟悉项目沟通计划；了解沟通的途径、沟通的障碍；了解冲突管理的基本知识。

任务描述

首先学习工程项目风险管理，然后进行项目沟通管理、工程项目冲突管理的学习。

知识准备

工程项目风险管理

（一）项目风险管理概述

1．工程项目中的风险

（1）风险的含义

根据对风险定义的角度不同，因而有不同的解释，但较为通用的是：

①风险是损失发生的不确定性。即风险由不确定性和损失两个要素构成。

②风险是在一定条件下一定时期内，某一事件的预期结果与实际结果间的变动程度。变动程度越大，风险越大；反之，则越小。

风险因素是指能够引起或增加风险事件发生的机会或影响损失的严重程度的因素，是造成损失的内在或间接原因。

根据其性质的不同，可将风险因素分为实质性风险因素、道德风险因素和心理风险因素。实质性风险因素是指能直接引起或增加损失发生机会或损失严重程度的因素，如环境污染就是影响人身体健康的实质性因素；道德风险因素是指由于人的品德、素质不良，促使风险事件发生的因素，如诈骗、偷工减料等行为；心理风险因素是指由于人主观上的疏忽或过失而导致风险事件发生的因素，如遗忘、侥幸导致损失的发生等。

风险事件又称风险事故，是指直接导致损失发生的偶发事件，它可能引起损失和人身伤亡。

（2）项目风险

《建设工程项目管理规范》中对项目风险的解释是："在企业经营和项目施工过程中存在大量的风险因素，如自然风险、政治风险、经济风险、技术风险、社会风险、国际风险、内部决策与管理风险等。风险具有客观存在性、不确定性、可预测性、结果双重性等特征。

项目的一次性特征使其不确定性要比一般的经济活动大许多，也决定了其不具有重复性项目所具有的风险补偿机会，一旦出现问题则很难补救。项目多种多样，每一个项目都有各自的具体问题，但有些问题却是很多项目所共有的。

①对于项目各组成部分之间的复杂关系，任何人都不可能了如指掌。

②项目各组成部分之间不是简单的线性关系。

③项目处于不断变化之中，难得出现平衡，即使偶尔出现，也只能短时间维持。

④虽然项目管理班子只想处理技术和经济问题，但找上门来的却经常是不同方面互

相冲突的希望或者难以满足的要求，以及其他非常复杂、不确定性极高的非技术和非经济问题，如政治因素、文物保护、领导意图等，都使得最后完成的项目是互相冲突的希望和要求的一种折中，而非项目计划的实现。

(3) 风险分类

①按风险后果划分：

a. 纯粹风险。纯粹风险导致的结果只有两种，即没有损失或有损失。

b. 投机风险。投机风险导致的结果有三种，即没有损失、有损失或获得利益。

②按风险来源划分：

a. 自然风险。自然风险是指由于自然力的不规则变化导致财产毁损或人员伤亡，如风暴、地震等。

b. 人为风险。人为风险是指由于人类活动导致的风险。人为风险又可细分为行为风险、政治风险、经济风险、技术风险和组织风险等。

③按风险的形态划分：

a. 静态风险。静态风险是由于自然力的不规则变化或人的行为失误导致的风险。从发生的后果来看，静态风险多属于纯粹风险。

b. 动态风险。动态风险是由于人类需求的改变、制度的改进和政治、经济、社会、科技等环境的变迁导致的风险。从发生的后果来看，动态风险既可属于纯粹风险，又可属于投机风险。

④按风险可否管理划分：

a. 可管理风险。可管理风险是指用人的智慧、知识等可以预测、控制的风险。

b. 不可管理风险。不可管理风险是指用人的智慧、知识等无法预测和无法控制的风险。风险可否管理取决于所收集资料的多少和掌握管理技术的水平。

⑤按风险影响范围划分：

a. 局部风险。局部风险是指由于某个特定因素导致的风险，其损失的影响范围较小。

b. 总体风险。总体风险影响的范围大，其风险因素往往无法加以控制，如经济、政治等因素。

⑥按风险后果的承担者划分：

按风险后果的承担者可分为政府风险、投资方风险、业主风险、承包商风险、供应商风险、担保方风险等。

2. 风险的基本性质

(1) 风险的客观性

风险的客观性，首先表现在它的存在是不以人的意志为转移的。从根本上说，这是因为决定风险的各种因素对风险主体是独立存在的，不管风险主体是否意识到风险的存在，在一定的条件下仍有可能变为现实。其次，还表现在风险是无时不有、无所不在的，它存在于人类社会的发展过程之中，潜藏于人类从事的各种活动之中。

(2) 风险的不确定性

风险的不确定性是指风险的发生是不确定的。即风险的程度有多大、风险何时何地有可能转变为现实均是不确定的。这是由于人们对客观世界的认识受到各种条件的限制，不可能准确预测风险的发生。

风险的不确定性并不代表风险就完全不可测度。有的风险可以测度，有的风险不可测度。

风险的不确定性要求人们运用各种方法，尽可能地对风险进行测度，以便采取相应的对策规避风险。

(3) 风险的不利性

风险一旦产生，就会使风险主体产生挫折、损失，甚至失败，这对风险主体是极为不利的。风险的不利性要求人们在承认风险、认识风险的基础上，做好决策，尽可能地避免风险，将风险的不利性降至最低。

(4) 风险的可变性

风险的可变性是指在一定条件下风险可以转化。

风险的可变性包括以下内容：

①风险性质的变化。

②风险量的变化。

③某些风险在一定空间和时间范围内被消除。

④新的风险产生。

(5) 风险的相对性

风险的相对性是针对风险主体而言的，即使在相同的风险情况下，不同的风险主体对风险的承受能力也是不同的。风险主体收益的多少、投入的大小和风险主体的地位与拥有的资源的差异，决定了其风险承受能力的差异。

(6) 风险同利益的对称性

风险同利益的对称性是指对风险主体来说风险和利益必然同时存在，即风险是利益的代价，利益是风险的报酬。如果没有利益而只有风险，那么谁也不会去承担这种风险；另一方面，为了实现一定的利益目标，必须以承担一定的风险为前提。

3. 项目风险管理

(1) 项目风险管理的定义

《建设工程项目管理规范》中，对项目风险管理的定义是：项目风险管理是企业项目管理的一项重要管理过程，它包括对风险的预测、辨识、分析、判断、评估及采取相应的对策，如风险回避、控制、分隔、分散、转移、自留及利用等活动。

风险管理水平是衡量企业素质的重要标准，风险控制能力则是判定项目管理者生命力的重要依据。因此，项目管理者必须建立风险管理制度和方法体系。

风险管理的目标可综合归纳为：维持生存；安定局面；降低成本，提高利润；稳定收入；避免经营中断；不断发展壮大；树立信誉，扩大影响；应付特殊事故等。

风险管理的责任一般包括：确定和评估风险，识别潜在损失因素及估算损失大小；制定风险的财务对策；采取应付措施；制订保护措施，提出保护方案；落实安全措施；管理索赔；负责保险会计、分配保费、统计损失；完成有关风险管理的预算等。

(2) 风险管理与项目管理的关系

风险管理是整个项目管理的一个部分，其目的是保证项目总目标的实现。

①从项目的时间、质量和成本目标来看，风险管理与项目管理的目标是一致的。

②从项目范围管理来看，项目范围管理的主要内容包括界定项目范围和对项目范围变动的控制。

③从项目计划的职能来看，风险管理为项目计划的制订提供了依据。项目计划考虑的是未来，而未来必然存在着不确定因素。风险管理的职能之一是减少项目整个过程中的不确定性，这有利于计划的准确执行。

④从项目沟通控制的职能来看，项目沟通控制主要是对沟通体系进行监控，特别要注意经常出现误解和矛盾的职能和组织间的接口，这些可为风险管理提供信息。反过来，风险管理中的信息又可通过沟通体系传输给相应的部门和人员。

⑤从项目实施过程来看，不少风险都是在项目实施过程中由潜在变为现实的。风险管理就是在风险分析的基础上，拟定出具体应对措施，以消除、缓和、转移风险，利用有利机会避免产生新的风险。

（二）风险识别

在项目的早期阶段，风险信号大都非常微弱，极易被人们忽视。再者，风险并不都是显露于外表，多数情况下是隐蔽于项目的各个环节，难以发现。风险有时甚至存在于种种假象之中，具有迷惑性。

风险识别是风险管理的基础。风险识别是指风险管理人员在收集资料和调查研究之后，运用各种方法对尚未发生的潜在风险及客观存在的各种风险进行系统归类和全面识别。

风险识别的主要内容是：识别引起风险的主要因素，识别风险的性质，识别风险可能引起的后果。

1. 风险识别的方法与工具

（1）文件资料审核

从项目整体和详细的范围两个层次对项目计划、项目假设条件和约束因素、以往项目的文件资料审核中识别风险因素。

（2）信息收集整理

①头脑风暴法。

头脑风暴(Brain Storming，简称 BS)法，是美国的奥斯本(Alex F. Osborn)于 1939 年首创的，是最常用的风险识别方法。其实质就是一种特殊形式的小组会。

它规定了一定的特殊规则和方法技巧，从而形成了一种有益于激励创造力的环境气氛，使与会者能自由畅想，无拘无束地提出自己的各种构想、新主意，并因相互启发、联想而引起创新设想的连锁反应，通过会议方式去分析和识别项目风险。

其基本要求如下：

a. 参加者 6～12 人，最好有不同的背景，可从不同的角度分析观察问题，但最好是同一层次的人；

b. 鼓励参加者提出疯狂的(野性化的)、别出心裁的和极端的想法，甚至是想入非非的主张；

c. 鼓励修改、补充并结合他人的想法提出新建议；

d. 严禁对他人的想法提出批评；

e. 数量也是一个追求的目标，提议多多益善。

②德尔菲法。

德尔菲法(Delphi 法)是邀请专家匿名参加项目风险分析识别的一种方法。概括地说，Delphi 法是采用函询调查，对与所分析和识别的项目风险问题有关的专家分别提出问题，而后将他们回答的意见综合、整理、归纳，匿名反馈给各个专家，再征求意见，然后再加以综合、反馈。如此反复循环，直至得到一个比较一致且可靠性较大的意见。

Delphi 法的特点是：

a. 匿名性，亦即背靠背。可以消除面对面带来的诸如权威人士或领导的影响。

b. 信息反馈、沟通比较好。

c. 预测的结果具有统计特性。

应用德尔菲法时应注意：

a. 专家人数不宜太少，一般以 10～50 人为宜。

b. 对风险的分析往往受组织者、参加者的主观因素影响，因此有可能发生偏差。

c. 预测分析的时间不宜过长，时间越长准确性越差。

③访谈法。

访谈法是通过对资深项目经理或相关领域的专家进行访谈来识别风险。

负责访谈的人员首先要选择合适的访谈对象；其次，应向访谈对象提供项目内外部环境、假设条件和约束条件的信息。访谈对象依据自己的丰富经验和掌握的项目信息，对项目风险进行识别。

④SWOT 技术。

SWOT 技术是综合运用项目的优势与劣势、机会与威胁各方面，从多视角对项目风险进行识别，也就是企业内外情况对照分析法。它是将外部环境中的有利条件(机会 Opportunities)和不利条件(威胁 Threats)，以及企业内部条件中的优势(Strengths)和劣势(Weaknesses)分别记入一个“田”字形的表格，然后对照利弊优劣，进行经营决策，如表 10.1 所示。

表 10.1　企业内外环境对照表

外部条件 / 内部条件	优势(S)	劣势(W)
机会(O)	SO 战略方案(依靠内部优势，利用外部机会)	OW 战略方案(利用外部机会，克服内部劣势)
威胁(T)	ST 战略方案(利用内部优势，避开外部威胁)	WT 战略方案(减少内部劣势，回避外部威胁)

⑤检查表(核对表)。

检查表是有关人员利用他们所掌握的丰富知识设计而成的。

检查表可以包括多种内容，如以前项目成功或失败的原因、项目其他方面规划的结果

(范围、成本、质量、进度、采购与合同、人力资源与沟通等计划成果)、项目班子成员的技能、项目可用的资源、项目产品或服务的说明书等,这些内容能够提醒人们还有哪些风险尚未考虑到。

使用检查表的优点是:它使人们能按照系统化、规范化的要求去识别风险,且简单易行。其不足之处是:专业人员不可能编制一个包罗万象的检查表,因而使检查表具有一定的局限性。

⑥流程图法。

流程图法是将施工项目的全过程,按其内在的逻辑关系制成流程,针对流程中的关键环节和薄弱环节进行调查和分析,找出风险存在的原因,发现潜在的风险威胁,分析风险发生后可能造成的损失和对施工项目全过程造成的影响有多大等。

运用流程图分析,项目人员可以明确地发现项目所面临的风险,但流程图分析仅着重于流程本身,而无法显示发生问题时间阶段的损失值或损失发生的概率。

⑦因果分析图。

因果分析图又称鱼刺图,它通过带箭头的线将风险问题与风险因素之间的关系表示出来。

⑧项目工作分解结构。

风险识别要减少项目的结构不确定性,就要弄清项目的组成、各个组成部分的性质及它们之间的关系、项目同环境之间的关系等。项目工作分解结构是完成这项任务的有力工具。

如图 10.1 所示是一个污水处理项目按其组成而得到的项目工作分解结构。

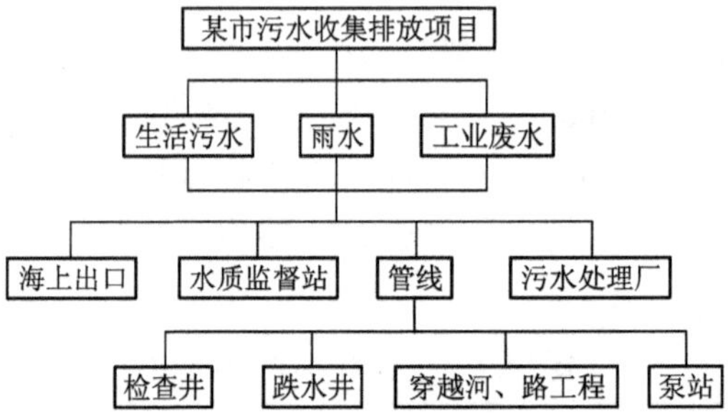

图 10.1　城市污水收集、处理排放系统工作分解结构图

2. 风险识别的结果

(1) 项目风险表

项目风险表又称项目风险清单,可将已识别出的项目风险列入表内,其内容应该包括:

①已识别项目风险发生概率大小的估计。

②项目风险发生的可能时间、范围。

③项目风险事件带来的损失。

④项目风险可能影响的范围。

项目风险表还可以按照项目风险的紧迫程度、项目费用风险、进度风险和质量风险等类别单独做出风险排序和评价。

(2) 风险的分类或分组

找出风险因素后，为了在采取控制措施时能分清轻重缓急，需要对风险进行分类或分组。

通常，按事故发生后果的严重程度划分风险等级。

一级：后果轻微，可以忽略，可不采取措施。

二级：后果较轻微，暂时还不会造成人员伤亡和系统损坏，应考虑采取控制措施。

三级：后果严重，会造成人员伤亡和系统损坏，需立即采取控制措施。

四级：灾难性后果，必须立即予以排除。

(3) 风险征兆

风险征兆又称风险预警信号、风险触发器，它表示风险即将发生。

一般来说，施工项目的风险可能有费用超支风险、工期拖延风险、质量风险、技术风险、资源风险、自然灾害和意外事故风险、财务风险等。

（三）风险评估

1. 概述

风险评估是项目风险管理的第二步。项目风险评估包括风险估计和风险评价两个内容。

风险估计的对象是项目的各单个风险，非项目整体风险。

风险估计有如下几方面的目的：加深对项目自身和环境的理解；进一步寻找实现项目目标的可行方案；务必使项目所有的不确定性和风险都经过充分、系统而又有条理的考虑，明确不确定性对项目其他各个方面的影响；估计和比较项目各种方案或行动路线的风险大小，从中选择出威胁最小、机会最大的方案或行动路线。

风险评价把注意力转向包括项目所有阶段的整体风险，各风险之间的相互影响、相互作用及对项目的总体影响，项目主体对风险的承受能力上。

风险评价有四个目的：

①对项目诸风险进行比较和评价，确定它们的先后顺序。

②表面上看起来不相干的多个风险事件常常是由一个共同的风险来源所造成的。

③考虑各种不同风险之间相互转化的条件，研究如何才能化威胁为机会。

④进一步量化已识别风险的发生概率和后果，减小风险发生概率和后果估计中的不确定性。

风险评价可分三步：

①确定风险评价基准。风险评价基准就是项目主体针对每一种风险后果确定的可接受水平。单个风险和整体风险都要确定评价基准，可分别称为单个评价基准和整体评价基准。风险的可接受水平可以是绝对的，也可以是相对的。

②确定项目整体风险水平。项日整体风险水平是综合了所有的个别风险之后确定的。

③将单个风险与单个评价基准、项目整体风险水平与整体评价基准对比，确认项目风险是否在可接受的范围之内，进而确定该项目是停止还是继续进行。

2. 风险分析方法

风险分析方法包括风险估计方法与风险评价方法。这些方法又可分为定量方法与定性方法，现分述如下：

(1) 定性方法

定性风险分析要求使用已有的定性分析方法和工具来评估风险的概率和后果。

①风险概率及后果。

风险概率是指某一风险发生的可能性。风险后果是指某一风险事件发生对项目目标产生的影响。

风险估计的首要工作是确定风险事件的概率分布。常用方法有：

a. 历史资料法。

b. 理论概率分布法。

常用的风险概率分布是正态分布。

除此之外，在风险评估中常用的理论概率分布还有离散分布、等概率分布、阶梯形分布、三角形分布和对数正态分布等。

c. 主观概率。

d. 风险事件后果的估计。

事故造成的损失要从三个方面来衡量：风险损失的性质、风险损失范围的大小和风险损失的时间分布。

风险损失的性质是指损失是属于政治性的，还是经济性的、技术性的。

风险损失的时间分布是指项目风险事件是突发的，还是随时间的推移逐渐致损的；风险损失是在项目风险事件发生后马上就感受到，还是需要随时间推移而逐渐显露出来，以及这些损失可能发生的时间等。

②效用和效用函数。

a. 效用。在西方经济学中，效用是指消费者在消费商品时所感受到的满足程度。效用在这里代表着决策人对待特定风险事件的态度，是决策人对待特定风险事件的期望收益或期望损失所持的独特的兴趣、感觉或取舍反应。

b. 效用函数。若风险事件后果能量化，则可换算成一定的金额，用变量 x 来表示。不同数额的收益或损失在同一个人的心目中有不同的效用值，因此，效用值是收益或损失大小 x 的函数，叫效用函数，可用变量 $U(x)$ 来表示。但是，效用值 $U(x)$ 并不与收益或损失呈简单的线性关系，且因人而异。经济学家和管理人员将效用作为指标，衡量人们对风险以及其他事物的主观评价、态度、偏好和倾向等。由于效用值是相对的，所以一般可规定：决策者最愿意接受的收益对应的效用值为 1，而最不愿意接受的损失对应的效用值为 0。

c. 效用曲线。在直角坐标系里，以横坐标表示收益或损失的大小，纵坐标表示效用函数值，所得曲线叫做效用曲线。图 10.2 中画出了三类决策者的效用曲线，反映了他们对待风险的不同态度。一般可分为保守型、中间型和冒险型三种。

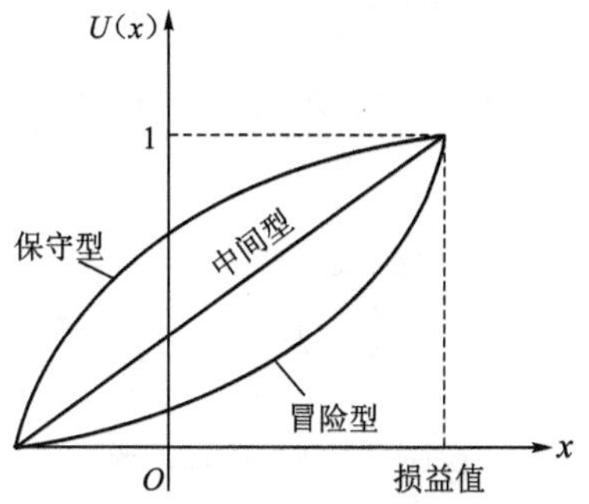

图 10.2　效用曲线

具有中间型效用曲线的决策者对待风险后果的态度，即收益或损失的效用值是与收益或损失的大小成正比的。

具有保守型效用曲线的决策者对待风险不利后果的态度，即损失的效用值特别敏感，也就是说，损失稍微增加一点，效用值就下降很多；相反，他对有利后果所抱的态度，即收益的效用值比较迟钝，也就是说，当收益增加很多时，效用值才增加一点。

具有冒险型效用曲线的决策者对待风险损失的效用值比较迟钝，也就是说，损失尽管已增加了很多，但效用值却减少不多；相反，他对待有利后果的态度，即收益的效用值特别敏感，也就是说，当收益仅仅增加一点时，效用值就增加了很多。冒险型的决策者可以接受风险的不利后果，愿意追求高的收益。

(2) 定量方法

①盈亏平衡分析。

盈亏平衡分析又称量本利分析或保本分析，也称 VCPA（Volume Cost Profit Analysis），其基础是成本形态分析。

②敏感性分析。

广义上讲，对于函数 $y=f(x_1,x_2,K)$，任一自变量的变化都会使因变量 y 发生变化，但各自变量变动一定的幅度，引起 y 变动的程度不同。对各自变量变动引起因变量变动及其变动程度的分析即敏感性分析。

项目风险评估中的敏感分析是通过分析预测有关投资规模、建设工期、经营期、产销期、产销量、市场价格和成本水平等主要因素的变动对评价指标的影响及影响程度。

通过敏感性分析，项目班子还可以知道是否需要用其他方法做进一步的风险分析。

③决策树分析。

决策树法因解决问题的工具是“树”而得名。其分析程序一般是：

a. 绘制决策树图。决策树结构如图 10.3 所示。从图中可以看出，决策树的要素有五点：决策节点、方案枝、自然状态节点、概率枝和损益值。从决策节点引出的都是方案枝；从自然状态节点引出的都是状态枝（或称概率枝）。

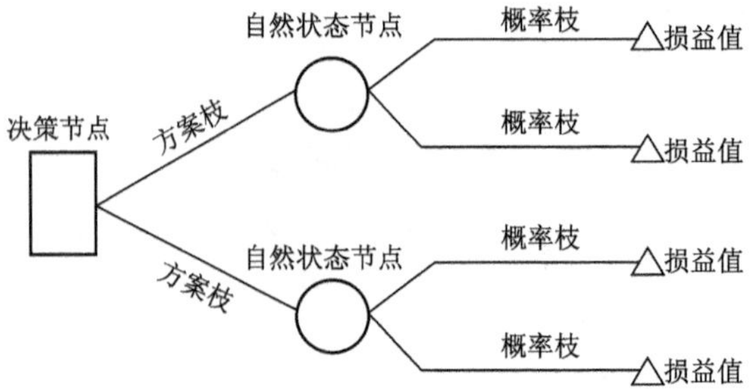

图 10.3 决策树结构图

b. 预计未来各种情况可能发生的概率。概率数值可以根据经验数据来估计或依靠过去的历史资料来推算，还可以采用先进的预测方法和手段进行。

c. 计算每个状态节点的综合损益值。综合损益值也叫综合期望值(MV)，是用来比较各种抉择方案结果的一个准则。损益值只是对今后情况的估计，并不代表一定要出现的数值。根据决策问题的要求，可采用最小损失值，如成本最小、费用最低等，也可采用最大收益值，如利润最大、节约额最大等。

计算公式：

$$\sum MC(i) = \sum (\text{损益值} \times \text{概率值}) \times \text{经营年限} - \text{投资额} \tag{10.1}$$

d. 择优决策。比较不同方案的综合损益期望值，进行择优，确定决策方案。将决策树形图上舍弃的方案枝画上删除号，剪掉。

（四）风险对策与控制

1. 回避风险

回避风险是指项目组织在决策中回避高风险的领域、项目和方案，进行低风险选择。

回避风险具有简单、易行、全面、彻底的优点，能将风险的概率保持为零，从而保证项目的安全运行。

(1) 回避风险的方法

回避风险的具体方法有：放弃或终止某项活动；改变某项活动的性质。一般来说，回避风险有方向回避、项目回避和方案回避三个层次。

在采取回避风险时，应注意以下几点：

①当风险可能导致损失频率和损失幅度极高，且对此风险有足够的认识时，这种策略才有意义。

②当采用其他风险策略的成本和效益的预期值不理想时，可采用回避风险的策略。

③不是所有的风险都可以采取回避策略的，如地震、洪灾、台风等。

④由于回避风险只是在特定范围内及特定的角度上才有效，因此，避免了某种风险，又可能产生另一种新的风险。

(2) 回避风险的原则

①回避不必要承担的风险。

②回避那些远远超过企业承受能力，可能对企业造成致命打击的风险。

③回避那些不可控性、不可转移性、不可分散性较强的风险。

④在主观风险和客观风险并存的情况下，以回避客观风险为主。

⑤在存在技术风险、生产风险和市场风险时，一般以回避市场风险为主。

2. 转移风险

转移风险是指将组织或个人项目的部分风险或全部风险转移给其他组织或个人。

风险转移一般分为两种形式：

①项目风险的财务转移，即项目组织将项目风险损失转移给其他企业或组织。

②项目客体转移，即项目组织将项目的一部分或全部转移给其他企业或组织。

从另外一个角度看，转移风险有控制型非保险转移、财务型非保险转移和保险三种形式。

(1) 控制型非保险转移

控制型非保险转移，转移的是损失的法律责任，它通过合同或协议，消除或减少转让人对受让人的损失责任和对第三者的损失责任。

有三种形式：

①出售。

②分包。

③开脱责任合同。

(2) 财务型非保险转移

财务型非保险转移是转让人通过合同或协议寻求外来资金补偿其损失。

有两种形式：

①免责约定。

②保证合同。

(3) 保险

保险是通过专门的机构，根据有关法律，运用大数法则，签订保险合同，当风险事故发生时，就可以获得保险公司的补偿，从而将风险转移给保险公司。如建筑工程一切险、安装工程一切险和建筑安装工程第三者责任险等。

在一般情况下，当技术风险、市场风险不大而财务风险较大时，可采用财务转移的风险转移方式；当技术风险或生产风险较大时，可以采用客体转移的风险转移方式。

3. 损失控制

损失控制是指损失发生前消除损失可能发生的根源，并减小损失事件的发生频率，在风险事件发生后减轻损失的程度。损失控制的基本点在于消除风险因素和减小风险损失。

(1) 损失预防

损失预防是指损失发生前为了消除或减少可能引起损失的各种因素而采取的各种具体措施，也就是设法消除或减少各种风险因素，以降低损失发生的频率。

①工程法。以工程技术为手段，通过对物质因素的处理来达到控制损失的目的。具体的措施包括：预防风险因素的产生，减少已存在的风险因素，改变风险因素的基本性质，改善风险因素的空间分布，加强风险单位的防护能力等。

②教育法。通过安全教育培训，消除人为的风险因素，防止不安全行为的出现，从而达到控制损失的目的。

③程序法。以制度化的程序作业方式进行损失控制，其实质是通过加强管理，从根本上对风险因素进行处理。

(2) 损失抑制

损失抑制是指损失发生时或损失发生后，为了缩小损失幅度所采取的各项措施。

①分割。将某一风险单位分割成许多独立的、较小的单位，以达到减小损失幅度的目的。

②储备。例如，储存某项备用财产或人员，以及复制另一套资料或拟定另一套备用计划等，当原有财产、人员、资料及计划失效时，这些备用的人、财、物、资料可立即使用。

③拟定减小损失幅度的规章制度。

4. 自留风险

自留风险又称承担风险，是一种由项目组织自己承担风险事故所致损失的措施。

(1) 自留风险的类型

①主动自留风险与被动自留风险。

主动自留风险又称计划性承担，是指经合理判断、慎重研究后，将风险承担下来。被动自留风险是指由于疏忽未探究风险的存在而承担下来。

②全部自留风险和部分自留风险。

全部自留风险是对那些损失频率高，损失幅度小，且当最大损失额发生时项目组织有足够的财力来承担而采取的方法。部分自留风险是依靠自己的财力处理一定数量的风险。

(2) 自留风险的资金筹措

①建立内部意外损失基金。建立内部意外损失专项基金，当损失发生时，由该基金补偿。

②从外部取得应急贷款或特别贷款。应急贷款是在损失发生之前，通过谈判达成应急贷款协议，一旦损失发生，项目组织就可立即获得必要的资金，并按已商定的条件偿还贷款。特别贷款是在事故发生后，以高利率或其他苛刻条件接受贷款，以弥补损失。

5. 分散风险

项目风险的分散是指项目组织通过选择合适的项目组合，进行组合开发创新，使整体风险降低。在项目组合中，不同的项目之间的相互独立性越强或具有负相关性时，将有利于技术组合整体风险的降低。

在项目风险的分散中，还应当注意以下两点：一是高风险项目和低风险项目适当搭配，以便在高风险项目失败时，通过低风险项目来弥补部分损失；二是项目组合的数量要适当。项目数量太少时，风险分散作用不明显，而项目数量过多时，会加大项目组织的难度，以及导致资源分散，影响技术项目组合的整体效果。

任务实施

项目沟通管理

（一）项目沟通管理概述

1. 基本概念

(1) 沟通的定义

沟通就是信息的交流。在项目的实施过程中，信息交流主要是人与人之间和组织之间的交流。人与人之间的沟通是将信息由一个人传递到另一个人，如下级人员与项目经理之间，这主要是人们带着一定的动机、目的、态度通过各种途径传递信息、情感、态度、思想、观点等。在这个过程中，可能会有阻碍有效沟通的因素，如不同的人对同一信息的理解程度受其知识结构、经历、职业、价值观的不同影响，从而产生不同的看法和不同的理解。组织之间的沟通是指组织之间的信息传递。

(2) 沟通的作用

对于项目来说，要科学地组织、指挥、协调和控制项目的实施过程，就必须进行项目的信息沟通，好的信息沟通对项目的发展和人际关系的改善都有促进作用。

具体来说，沟通的作用如下：

①为项目决策和计划提供依据。

②为组织和控制管理过程提供依据和手段。

③有利于建立和改善人际关系。

④为项目经理的成功领导提供重要手段。

2. 项目沟通的内容和要求

(1) 沟通的内容

沟通应分为内部关系的沟通与协调、近外层关系的沟通与协调、远外层关系的沟通与协调。

内部关系指企业内部(含项目经理部)的各种关系；近外层关系指企业与发包人签有合同的单位的关系；远外层关系是指与企业及项目管理有关但无合同约束的单位的关系。

沟通应能排除障碍、解决矛盾、保证项目目标的顺利实现。沟通内容应根据施工项目运行的不同阶段中出现的主要矛盾做动态调整。

一般应包括下列内容：

①人际关系应包括施工项目组织内部的人际关系和施工项目组织与关联单位的人际关系。沟通与协调对象应是相关工作结合部人与人之间在管理工作中的联系和矛盾。

②组织机构关系应包括沟通与协调项目经理部与企业管理层及劳务作业层之间的关系。

③供求关系应包括企业物资供应部门与项目经理部及生产要素供需单位之间的

关系。

④协作配合关系应包括近外层单位的协作配合，内部各部门、上下级、管理层与作业层之间的关系。

（2）沟通的要求

沟通应坚持动态工作原则。

①内部关系的沟通：

a. 内部人际关系的沟通与协调应依靠各项规章制度，通过做好思想工作，加强教育培训，提高人员素质等方法实现。

b. 项目经理部与企业管理层关系的沟通与协调应依靠严格执行"项目管理目标责任书"；项目经理部与作业层关系的沟通与协调应依靠履行劳务合同及执行"项目管理实施规划"。

c. 项目经理部进行内部供求关系的沟通与协调时，要做好需求计划的编制、平衡，并认真执行计划；充分发挥调度系统和调度人员的作用，加强调度工作，排除障碍。

②近外层关系和远外层关系的沟通：

a. 项目经理部进行近外层关系和远外层关系的沟通必须在企业法定代表人的授权范围内实施。

b. 项目经理部与发包人之间的关系沟通与协调应贯穿于施工项目管理的全过程。沟通与协调的目的是搞好协作，沟通与协调的方法是执行合同，沟通与协调的重点是资金问题、质量问题和进度问题。

c. 项目经理部在施工准备阶段应要求发包人按规定的时间履行合同约定的义务，保证工程顺利开工。项目经理部应在规定时间内承担合同约定的义务，为开工后连续施工创造条件。

d. 项目经理部应及时向发包人或监理机构提供有关的生产计划、统计资料、工程事故报告等。发包人应按规定时间向项目经理部提交技术资料。

e. 项目经理部应按《建设工程监理规范》的规定和施工合同的要求，接受监理单位的监督和管理，搞好协作配合。

f. 项目经理部应在设计交底、图纸会审、设计洽商变更、地基处理、隐蔽工程验收和交工验收等环节与设计单位密切配合，同时应接受发包人和监理工程师对双方的沟通与协调。

g. 项目经理部与材料供应人应依据供应合同，充分运用价格机制、竞争机制和供求机制搞好协作配合。

h. 项目经理部与公用部门有关单位的关系应通过加强计划性和通过发包人或监理工程师进行沟通与协调。

i. 项目经理部与分包人关系的沟通与协调应按分包合同执行，正确处理技术关系、经济关系，正确处理项目进度控制、质量控制、安全控制、成本控制、生产要素管理和现场管理中的协作关系。项目经理部还应对分包单位的工作进行监督和支持。

j. 处理远外层关系必须严格守法，遵守公共道德，并充分利用中介组织和社会管理机构的力量。

（二）项目中几种重要的沟通

沟通是一种手段，是解决组织成员间障碍的基本方法。沟通的效果常常依赖于各项目参加者之间沟通的程度。通过沟通，不但可以解决各种问题，而且可以解决各参加者心理和行为的障碍与争执。

1．内部人际关系的沟通与协调

（1）项目经理与技术专家的沟通

技术专家往往对基层的具体施工了解较少，只注意技术方案的优化，注重数字，对技术的可行性过于乐观，而不注重社会和心理方面的影响。项目经理应积极引导，发挥技术人员的作用，同时注重全局、综合和方案实施的可行性。

（2）建立完善、实用的项目管理系统，明确划分各自的工作职责

许多项目经理对管理程序寄予很大的希望，认为只要建立科学的管理程序，要求大家按程序工作，职责明确，就可以比较好地解决组织沟通问题。实践证明，这是不全面的。因为：

①管理程序过细并过于依赖它容易使组织僵化。

②项目具有特殊性，实际情况千变万化，项目管理工作很难定量评价，它的成就还主要依靠管理者的能力、职业道德、工作热情和积极性。

③过于程序化容易造成组织效率低下、组织摩擦大、管理成本高、工期长。

（3）建立项目激励机制

由于项目的特点，项目经理更应注意从心理学、行为科学的角度激励各个成员的积极性。虽然项目工作富有创造性，有吸引力，但也应有自己的激励措施。

①采用民主的工作作风，不独断专行。

②改进工作关系，关心各个成员，礼貌待人。

③公开、公平、公正地处理事务。

④在向上级和职能部门提交的报告中，应包括对项目组织成员的评价和鉴定意见，项目结束时应对成绩显著的成员进行表彰。

（4）形成比较稳定的项目管理队伍

以项目作为经营对象的企业，如承包公司、监理公司等，应形成比较稳定的项目管理队伍。尽管项目是一次性的、常新的，但项目小组却相对稳定，各成员之间相互熟悉，彼此了解，可大大减小组织摩擦。

（5）职能人员应双重忠诚

项目经理部是一个临时性的管理组织，特别在矩阵式的组织中，项目成员在原职能部门保持其专业职位，可能同时为许多项目提供管理服务。所以，应鼓励项目组织成员对项目和职能部门都忠诚，这是项目成功的必要条件。

（6）考核评价工作

建立公平、公正的考评工作业绩的方法、标准，并定期客观、慎重地对成员进行业绩考评，在其中排除偶然、不可控制和不可预见等因素。

2．项目经理部与企业管理层关系的沟通与协调

项目经理部与企业管理层关系的沟通与协调应依靠严格执行“项目管理目标责任书”，在党务、行政和生产管理上，根据企业党委和经理的指令以及企业管理制度来

进行。项目经理部受企业有关职能部、室的指导，二者既是上下级行政关系，又是服务与服从、监督与执行的关系，即企业层次生产要素的调控体系要服务于项目层次生产要素的优化配置，同时项目生产要素的动态管理要服从于企业主管部门的宏观调控。

企业要对项目管理全过程进行必要的监督与调控，项目经理部要按照与企业签订的责任状，尽职尽责、全力以赴地抓好项目的具体实施。在经济往来上，根据企业法定代表人与项目经理签订的“项目管理目标责任书”，严格履约，按实结算，建立双方平等的经济责任关系；在业务管理上，项目经理部作为企业内部项目的管理层，接受企业职能部、室的业务指导和服务。一切统计报表，包括技术、质量、预算、定额、工资、外包队的使用计划及各种资料都要按系统管理和有关规定准时报送主管部门。

其主要业务管理关系如下：

①计划统计。项目管理的全过程、目标管理与经济活动，必须纳入计划管理。

②财务核算。项目经理部作为公司内部一个相对独立的核算单位，负责整个项目的财务收支和成本核算工作。

③材料供应。工程项目所需三大主材、地材、钢木门窗及构配件、机电设备，由项目经理部按单位工程用料计划报公司供应部门，实行加工、采购、供应、服务一条龙。

④周转料具供应。工程所需机械设备及周转材料，由项目经理部上报计划，公司组织供应。

⑤预算及经济洽商签证。预算合同经营管理部门负责项目全部设计预算的编制和报批，选聘到项目经理部工作的预算人员负责所有工程施工预算的编制，包括经济洽商签证和增减账预算的编制报批。

⑥质量、安全、行政管理、测试计量等工作，均通过业务系统管理，实行从决策到贯彻实施，从检测控制到信息反馈全过程的监控、检查、考核、评比和严格管理。

⑦项目经理部与水电、运输、吊装分公司之间的关系，是总包与分包的关系。

3. 项目经理部内部供求关系的沟通与协调

项目经理部进行内部供求关系的沟通与协调应做好以下工作：

①做好供求计划的编制平衡，并认真执行计划。项目经理部进行内部劳务、原材料、设备等资源供求的沟通与协调是比较重要的一环，如果供求关系不畅或供求失调，将直接影响项目的实施进度和技术质量，影响项目总体目标的实现。

项目经理部与作业层供求关系的沟通与协调应依靠履行劳务合同及执行“项目管理实施规划”。

②充分发挥调度系统和调度人员的作用，加强调度工作，排除障碍。在供求关系的沟通与协调工作中，调度工作是关键环节。供求关系出现问题时，对供和求的合理调整与平衡工作由调度人员来进行。调度人员应充分了解使用环节的必需性和可缓性，认真分析施工作业的关键因素，提前做好预测，及时准备。另外，调度人员也应充分了解市场，预测市场的波动，对计划供求的资源提前做好准备；如果由企业内部市场供应，则应提前与市场管理部门联系，做好准备。

4. 项目经理部与发包人之间的沟通与协调

①项目经理首先要理解总目标和发包人的意图,反复阅读合同或项目任务文件。对于未能参加项目决策过程的项目经理,必须了解项目构思的基础、起因及出发点,了解目标设计和决策背景,否则可能对目标及完成任务有不完整的甚至无效的理解,会给工作造成很大的困难。如果项目管理和实施状况与最高管理层或发包人的预期要求不同,发包人将会干预,将要改变这种状态。所以,项目经理必须花很大气力来研究发包人的意图,研究项目目标。

②让发包人一起投入到项目全过程,而不仅仅是给他一个结果(竣工的工程)。

发包人通常是其他专业或领域的人,可能对项目懂得很少,解决这个问题比较好的办法是:

a. 使发包人理解项目和项目实施的过程,减少非程序干预。

b. 项目经理做出决策时要考虑到发包人的期望,经常了解发包人所面临的压力,以及发包人对项目关注的焦点。

c. 尊重发包人,随时向发包人报告情况。

③发包人在委托项目管理任务后,应将项目前期策划和决策过程向项目经理做全面的说明和解释,提供详细的资料。

④项目经理有时会遇到发包人所属的其他部门或合资者各方同时来指导项目的情况,这是非常棘手的。项目经理应很好地倾听这些人的忠告,对他们做耐心的解释和说明,但不应当让他们直接指导实施和指挥项目组织成员。否则,会有严重损害整个工程实施效果的危险。

项目经理部协调与发包人之间关系的有效方法是执行合同。

5. 项目经理部与监理机构关系的沟通与协调

项目经理部应及时向监理机构提供有关生产计划、统计资料、工程事故报告等,应按《建设工程监理规范》的规定和施工合同的要求,接受监理单位的监督和管理,搞好协作配合。项目经理部应充分了解监理工作的性质、原则,尊重监理人员,对其工作积极配合,始终坚持双方目标一致的原则,并积极主动地工作。

在合作过程中,项目经理部应注意现场签证工作,遇到设计变更、材料改变或特殊工艺以及隐蔽工程等情况时应及时取得监理人员的认可,并形成书面材料,尽量减少与监理人员的摩擦。项目经理部应严格地组织施工,避免在施工中出现敏感问题。与监理意见不一致时,双方应以进一步合作为前提,在相互理解、相互配合的原则下进行协商,项目经理部应尊重监理人员或监理机构的最后决定。

6. 项目经理部与设计单位关系的沟通与协调

项目经理部应在设计交底、图纸会审、设计洽商与变更、地基处理、隐蔽工程验收和交工验收等环节与设计单位密切配合,同时应接受发包人和监理工程师对双方的沟通与协调。项目经理部应注重与设计单位的沟通,对设计中存在的问题应主动与设计单位磋商,积极支持设计单位的工作,同时也要争取设计单位的支持。项目经理部在设计交底和图纸会审工作中,应与设计单位进行深层次交流,准确把握设计,对设计与施工不吻合或设计中的隐含问题应及时予以澄清和落实;对于一些争议性问题,应巧妙地利用发包人和监理工程师的职能，避免正面冲突。

7. 项目经理部与材料供应人关系的沟通与协调

项目经理部与材料供应人应依据供应合同，充分利用价格招标制、竞争机制和供求机制搞好协作配合。项目经理部应在项目管理实施规划的指导下，认真做好材料需求计划，认真调查市场，在确保材料质量和供应的前提下选择供应人。为了保证双方的顺利合作，项目经理部应与材料供应人签订供应合同，并力争使得供应合同具体、明确。为了降低资源采购风险，提高资源利用效率，供应合同应就供应数量、规格、质量、时间和配套服务等事项进行明确。项目经理部应有效利用价格机制和竞争机制与材料供应人建立可靠的供求关系，确保材料质量和使用服务。

8. 项目经理部与分包人关系的沟通与协调

项目经理部与分包人关系的沟通与协调应按分包合同执行，正确处理技术关系、经济关系，正确处理项目进度控制、质量控制、安全控制、成本控制、生产要素管理和现场管理中的协作关系。项目经理部还应对分包单位的工作进行监督和支持。项目经理部应加强与分包人的沟通，及时了解分包人的情况，发现问题及时处理，并以平等的合同双方的关系支持承包人的活动，同时加强监管力度，避免问题的复杂化和扩大化。

9. 项目经理部与其他单位关系的沟通与协调

①项目经理部要求作业队伍到建设行政主管部门办理分包队伍施工许可证，到劳动管理部门办理劳务人员就业证。

②隶属于项目经理部的安全监察部门应办理企业安全资格认可证、安全施工许可证、项目经理安全生产资格证等手续。

③隶属于项目经理部的安全保卫部门应办理施工现场消防安全资格认可证，到交通管理部门办理通行证。

④项目经理部应到当地户籍部门办理劳务人员暂住手续。

⑤项目经理部应到当地城市管理部门办理街道临建审批手续。

⑥项目经理部应到当地政府质量监督管理部门办理建设工程质量监督通知单等手续。

⑦项目经理部应到市容监察部门审批运输不遗洒、污水不外流、垃圾清运、场容与场貌等的保证措施方案和通行路线图。

⑧项目经理部应配合环保部门做好施工现场的噪声检测工作，及时报送厕所、化粪池、道路等有关环节的现场平面布置图、管理措施及方案。

⑨项目经理部因建设需要砍伐树木时，必须提出申请，报市园林主管部门审批。

⑩现有城市公共绿地和城市总体规划中确定的城市绿地及道路两侧的绿化带，如有特殊原因确需临时占用时，需经城市园林部门、城市规划管理部门及公安部门同意并报当地政府批准。

⑪大型项目施工或者在文物较密集地区进行施工，项目经理部应事先与市文物部门联系，在施工范围内有可能埋藏文物的地方进行文物调查或者勘探工作，若发现文物，应共同商定处理办法。

⑫项目经理部持建设项目批准文件、地形图、建筑总平面图、用电量资料等到城市供

电管理部门办理施工用电报装手续。委托供电部门进行方案设计的应办理书面委托手续。

⑬供电方案经城市规划管理部门批准后即可进行供电施工设计。外部供电图一般由供电部门设计，内部供电设计主要指变配电室和控制室的设计，可由供电部门设计，也可由具备资格的设计人设计，并报供电管理部门审批。

⑭项目经理部在建设地点确定并对项目的用水量进行计算后，即应委托自来水管理部门进行供水方案设计，同时应提供项目批准文件、标明建筑红线和建筑物位置的地形图、建设地点周围自来水管网情况、建设项目的用水量等资料。

⑮自来水供水方案经城市规划管理部门审查通过后，应在自来水管理部门办理报装手续，并委托其进行相关的施工图设计。同时，应准备建设用地许可证、地形图、总平面图、基础平面图、施工许可证、供水方案批准文件等资料。由其他设计人员进行的自来水工程施工图设计，应送自来水管理部门审查批准。

任务评价

一、项目沟通中的问题及原因

（一）项目沟通中的问题

①项目组织或项目经理部中出现混乱，总体目标不明，不同部门和单位的兴趣与目标不同，各人有各人的打算和做法，甚至尖锐对立，而项目经理无法调解争执或无法解释。

②项目经理部经常讨论不重要的事务性问题，沟通与协调会议经常被一些职能部门的领导打断、干扰或偏离了议题。

③信息未能在正确的时间内以正确的内容和一定的详细程度传达到正确位置，人们抱怨信息不够，或太多，或不及时，或不着要领。

④项目经理部中没有应有的争执，但它在潜意识中存在，人们不敢或不习惯将争执提出来公开讨论。

⑤项目经理部中存在或散布着不安全、绝望等气氛，特别是在项目遇到危机、上层系统准备对项目做重大变更、对项目组织做调整或项目即将结束时更显突出。

⑥项目实施中出现混乱，人们对合同、指令、责任书理解不一致或不能理解，特别在国际工程以及国际合作项目中，由于不同语言的翻译造成理解的混乱。

⑦项目得不到职能部门的支持，无法获得资源和管理服务，项目经理花大量的时间和精力周旋于职能部门之间，与外界不能进行正常的信息交流。

（二）通病产生的原因

①项目开始时或当某些参加者介入项目组织时，缺少对目标、责任、组织规则和过程统一的认识和理解。在项目制订计划方案、做决策时未听取基层实施者的意见，项目经理自认为经验丰富，武断决策，不了解实施者的具体能力和情况等，致使计划不符合实际。

在制订计划时及制订计划后，项目经理没有与相关职能部门协商，就指令技术人员执行。此外，项目经理与发包人之间缺乏了解，对目标和项目任务有不完整的甚至无效的理解。项目前期沟通太少，如在招标阶段给承包商编制投标文件的时间太短。

②目标之间存在矛盾或表达上有矛盾，而各参加者又从自己的利益出发加以解释，由此导致混乱。项目管理者没能及时做出统一解释，使目标透明。项目存在许多投资者进行非程序干预，形成实质上的多业主状况。参加者来自不同的国度、不同的专业领域、不同的部门，有不同的习惯、不同的概念和理解，甚至不同的法律参照系，而在项目初期没有统一解释文本。

③缺乏对项目组织成员工作的明确结构划分和定义，人们不清楚他们的职责范围。项目经理部内工作含混不清，职责冲突，缺乏授权。在企业中，同期的项目之间优先等级不明确，导致项目之间资源争执。

④管理信息系统设计功能不全，信息渠道、信息处理有故障，没有按层次、分级、分专业进行信息优化和浓缩。

⑤项目经理的领导风格和项目组织的运行风气不正，发包人或项目经理独裁，不允许提出不同意见和批评，内部言路堵塞；由于信息封锁，信息不畅，上层或职能部门人员故弄玄虚或存在幕后问题；项目经理部中有强烈的人际关系冲突，项目经理和职能经理之间互不信任，互不接受；不愿意向上司汇报坏消息，不愿意听那些与自己事先形成的观点不同的意见，采用封锁的办法处理争执和问题，相信问题会自行解决；项目成员兴趣转移，不愿承担义务；将项目管理看做是办公室的工作，做计划和决策仅依靠报表和数据，不注重与实施者直接面对面地沟通；经常以领导者的居高临下的姿态出现在成员面前，不愿多做说明和解释，喜欢强迫命令，对承包商经常动用合同处罚或以合同处罚相威胁。

⑥沟通与协调会议主题不明，项目经理权威性不强，或不能正确引导；与会者不守纪律，使沟通与协调会议成为聊天会；有些职能部门领导过强（年龄过大、工龄长、经验丰富、资格老）或个性放纵，存在不守纪律、没有组织观念的现象，甚至拒绝任何批评和干预，而项目经理无力指责和干预。

⑦有人滥用分权和计划的灵活性原则，下层单位或子项目随便扩大它的自由处置权，过于注重发挥自己的创造性，这些均违背或不符合总体目标，并容易与其他同级部门造成摩擦，与上级领导产生权力争执。

⑧使用矩阵式组织，但人们并没有从直线式组织的运作方式上转变过来。由于组织运作规则设计得不好，项目经理与企业职能经理的权力、责任界限不明确。一个新的项目经理要很长时间才能被企业、管理部门和项目组织接受和认可。

⑨项目经理缺乏管理技能、技术判断力或缺少与项目相应的经验，没有威信。

⑩发包人或企业经理不断改变项目的范围、目标、资源条件和项目的优先等级（即顺序）。

（三）组织争执

沟通不顺利或沟通与协调工作不成功常常会导致组织争执。项目组织是多争执的组织，这是由项目和项目组织的特殊性决定的。争执在项目中普遍存在，常见的争执有：

①目标争执。

②专业争执。

③角色争执。

④过程的争执。

⑤项目组织间的争执。

（四）组织争执的解决措施

组织争执是一个复杂的问题，它会导致关系紧张和意见分歧。通常，争吵是争执的表现形式。若产生激烈的争执，以致形成尖锐的对立，就会造成组织摩擦、能量的损耗和低效率。

正确的处理方法不是宣布不许争执或让争执自己消亡，而是通过争执发现问题，暴露矛盾，从而获得新的信息，然后通过积极的引导和沟通达成一致，化解矛盾。

对争执的处理首先取决于项目管理者的性格及对争执的认识程度。领导者要有效地管理争执，有意识地引起争执，通过争执引起讨论和沟通；通过详细的协商，以求平衡和满足各方面的利益，寻求项目目标的最优解决方案。

二、项目沟通方式与渠道

（一）沟通的方式

（1）正式沟通与非正式沟通

正式沟通是组织内部的规章制度所规定的沟通方法，主要包括组织系统正式发布的命令、指示、文件，组织召开的正式会议，组织正式颁布的法令规章、手册、简报、通知、公告，组织内部上下级之间和同事之间因工作需要而进行的正式接触。正式沟通的优点是沟通效果好，比较严肃而且约束力强，易于保密，可以使信息沟通保持权威性；缺点是沟通速度慢。

非正式沟通是指在正式沟通渠道之外进行的信息传递和交流，是一类以社会关系为基础，与组织内部的规章制度无关的沟通方式。它的沟通对象、时间及内容等都是未经计划和难以辨别的。因为非正式沟通是由于组织成员的感情和动机上的需要而形成的，所以其沟通渠道是组织内的各种社会关系，这种社会关系超越了部门、单位及层次。非正式沟通的优点是沟通方便，沟通速度快，且能提供一些正式沟通中难以获得的信息；缺点是容易失真。

（2）上行沟通、下行沟通、平行沟通和斜向沟通

上行沟通是指下级的意见向上级反映，即自下而上的沟通。

上行沟通有两种形式：一是层层传递，即依据一定的组织原则和组织程序逐级向上反映；二是越级反映，它指的是减少中间层次，让项目的最高决策者与一般员工直接沟通，信息技术的发展为越级反映提供了条件。

下行沟通是指领导者对员工进行的自上而下的信息沟通。一般以命令方式传达上级组织或上级所决定的政策、计划等。这种沟通方式的目的是明确项目的目标，传达工作方面的指示，提供项目进展情况，反馈其本身工作的绩效。

平行沟通是指组织中部门之间的信息交流。斜向沟通是指信息在不同层次的不同部门之间流动时的沟通。这两种沟通都跨越了部门，脱离了正式的指挥系统，但只要在沟通前得到直接领导者的允许，并在沟通后把任何值得肯定的结果及时向直接领导汇报，这种沟通便值得积极提倡。

(3) 单向沟通与双向沟通

单向沟通是指发送者和接收者之间的地位不变(单向传递)，一方只发送信息，另一方只接收信息。双方无论是在情感上还是在语言上都不需要信息反馈，如做报告、发布指令等。这种沟通的速度快，信息发送者的压力小，但是接收者没有反馈意见的机会，不能产生平等感和参与感，不利于增强接收者的自信心和责任心，不利于建立双方的感情。

双向沟通中发送者和接收者之间的位置不断交换，且发送者是以协商和讨论的姿态面对接收者，信息发出以后还需及时听取反馈意见，必要时双方可进行多次重复商谈，直到双方共同明确和满意为止，如交谈、谈判等。双向沟通的优点是沟通信息准确性较高，接收者有反馈意见的机会，能产生平等感和参与感，增强自信心和责任心，有助于建立双方的感情。但是，沟通的速度较慢。

(4) 书面沟通和口头沟通

书面沟通是指用通知、文件、报刊、备忘录等书面形式进行的信息传递和交流。其优点是可以作为资料长期保存，反复查阅，沟通显得正式和严肃。

口头沟通就是运用口头表达，如谈话、游说、演讲等进行信息交流的活动。其优点是传递消息较为准确，沟通比较灵活、速度快，双方可以自由交换意见。

(5) 言语沟通和体语沟通

言语沟通是利用语言、文字、图画、表格等形式进行的。体语沟通是利用动作、表情、姿态等非语言方式(形体)进行的。一个动作、一个表情、一个姿势都可以向对方传递某种信息，不同形式、丰富多彩的“身体语言”也在一定程度上起着沟通的作用。

(二) 沟通的渠道

(1) 正式沟通渠道

正式沟通的渠道通常分为以下五种：

①链式沟通渠道。

②轮式沟通渠道。

③环式沟通渠道。

④Y 式沟通模式。

⑤全通道式沟通模式。

(2) 非正式沟通渠道

在一个组织中，除了正式沟通渠道，还存在着非正式的沟通渠道，有些消息往往是通过非正式渠道传播的，其中包括小道消息的传播。

国外一些管理专家(如戴维斯)经过调查研究，把非正式沟通渠道分为四种形式：

①单线式。

②饶舌式，又叫闲谈传播式。

③随机式，又称机遇传播式。

④集束式，又称群集传播式。

三、工程项目冲突管理

（一）冲突的产生与发展

（1）冲突的产生

冲突的产生有几个重要的来源，它们是：

①人力资源。

②成本费用。

③技术冲突。

④管理程序。

⑤项目优先权。

⑥项目进度的冲突。

⑦项目成员个性。

（2）冲突的发展过程

冲突是一个能动的、互相影响的过程，其发展过程一般包括潜伏、被认可、被感觉、出现及结局五个阶段。

第一阶段不存在公然的冲突，只是产生了冲突的条件，使冲突成为可能；第二阶段是冲突被认知的阶段，冲突各方开始注意到对冲突问题的争议；第三阶段，冲突被感知，当一个或更多的当事人对存在的差异有情绪上的反应时，冲突就达到了被感觉的阶段；第四阶段是冲突的出现，冲突由认识上的发觉转化为行动，冲突的当事人选择对冲突进行处理；第五阶段形成了冲突的结局，通过分析冲突可能出现的结局可以为决策提供正确的信息。

（二）冲突管理

冲突管理，就是以不同的知识和技术为依托，以不同的策略为手段，全面正确地协调各组织、各部门之间的关系，设计有效的宏观层面战略，尽量减少冲突的功能障碍，并加强冲突的建设性职能，从而提高组织绩效，保证组织目标的顺利实现。

管理者进行冲突管理时，既要依靠个人的经验、阅历、技巧，也要有相应的科学理论作为指导。

也就是说，冲突的解决和消除与冲突管理是完全不同的概念，前者是针对某一具体的冲突事件而言，后者是一系列的管理过程。一起冲突事件的解决和消除，只能说明这一具体冲突事件得到了解决和处理，但并不意味着冲突管理过程的完成或结束。冲突管理不应该是一种“头痛医头、脚痛医脚”的冲突解决和消除行为，而应该是一种针对冲突及其相关对象、因素的全面的管理活动。

1．工程项目冲突管理的特点和分类

（1）工程项目冲突管理的特点

①管理的客体具有两面性、过程性和多样性：

冲突的两面性表现在对工程项目目标实现所起到的积极作用和消极作用。

积极作用是一种有力的建设性冲突，可以增强组织内部的凝聚力、团结性，对工程项目组织目标的实现具有巨大的推动作用。

消极作用是对组织目标的实现有害的冲突，可能造成组织资源的浪费、凝聚力的降低、信任度的下降、士气的低落等妨碍目标实现的消极影响。

冲突的过程性表现在冲突的形成要经过五个阶段的持续变化，即潜在的冲突、知觉的冲突、感觉的冲突、显现的冲突及冲突结果。冲突的多样性表现在冲突产生的过程中由于来源、主体、环境、发展状态及阶段、严重程度等方面的差异导致冲突的表现形式多种多样。

②管理的过程具有系统性：

工程项目的整体性决定了冲突管理需要进行系统思考，即从全局出发，追求全局最优，而不是局部最优。

③管理的主体需要具有公平性：

无论管理什么样的冲突，要求管理者以对事不对人的原则为准绳，对待冲突双方一定要公正，不能有偏袒。偏袒只会使冲突激化，还可能产生冲突移位，冲突的一方很可能会将冲突移向协调人，使人际矛盾扩大，冲突趋于复杂。

④管理的结果力求双赢：

冲突导致的结果无非是四种情况：赢—赢、输—赢、输—输、不赢—不赢。这几种结果中，只有双赢才是富有建设性的解决之道，也是进行冲突管理力求达到的目标。

(2) 工程项目实施阶段冲突管理的分类

①按参与主体不同分类：

各参与主体有着不同的利益目标和思维方式，其间难免会发生冲突。按参与主体不同，工程项目冲突可分为承包商与业主之间的冲突、承包商与监理单位之间的冲突、业主与监理单位之间的冲突等。在各参与主体之间的冲突中，承包商与其他参与主体之间的冲突最多。

②按管理要素不同分类：

根据工程项目的管理要素，可以将工程项目冲突分为人际或组织管理的冲突、资源管理的冲突、合同管理的冲突、安全及环境管理的冲突。

2. 工程项目冲突管理的程序和内容

工程项目冲突的种类繁多、成因复杂，对于项目管理者而言，需要通过有效地识别、分析、监控来管理冲突，采取恰当的方法稳健地处理冲突，以保障工程项目的顺利实施，并对冲突管理成效及时进行总结评价，为后续工程项目积累经验。工程项目冲突管理流程如图 10.5 所示。

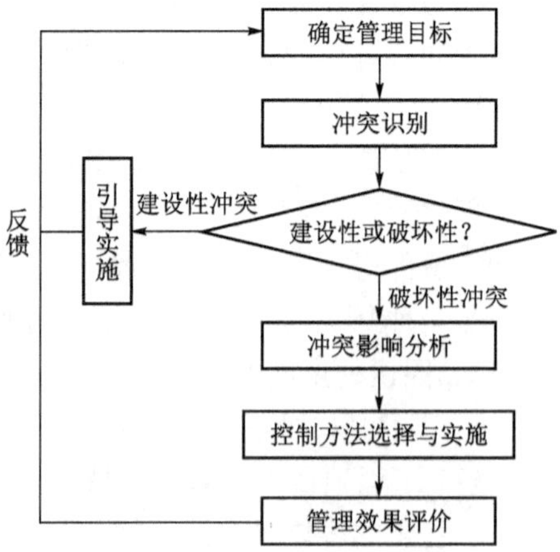

图 10.5　工程项目冲突管理流程

(1) 工程项目冲突识别

冲突识别主要是结合工程项目实施的阶段，分析各利益相关方及其所处的环境，找出可能导致工程项目冲突的潜在因素，确定引起冲突的来源和相互关联，并区分引发的是建设性冲突还是破坏性冲突。

冲突识别要求项目管理者具有丰富的工程项目管理经验，能够结合工程项目的主要目标，客观地认知冲突的本质，发现冲突各方潜在的对立、差异和相互依赖性。

冲突不可避免，但冲突并不都是阻碍工程项目管理工作的开展。

冲突识别是项目管理者对冲突性质的一个定性判断，需要充分挖掘其本质及其对项目成员、组织和目标的影响，具体识别冲突的积极影响和消极影响，为后续冲突管理工作的开展奠定良好基础。冲突识别模型见表10.3所示。

表10.3 建设性冲突和破坏性冲突识别模型

识别指标	建设性冲突	破坏性冲突
是否会损害冲突主体利益	否	是
是否对工程项目目标不利	否	是
是否导致冲突双方信任度、满意度下降	否	是
是否会使组织决策失误	否	是
是否提高组织工作能力	是	否
冲突发生是基于项目整体利益还是个人利益	整体利益	个人利益

冲突双方注重的不是短期利益，而是长期利益；不只是经济利益，还包括无形的利益，并且积极保证管理目标的实现。

与之相反，破坏性冲突使组织产生过度的非理性情绪，冲突双方的成员在情感和行为上相互排斥，使冲突主体之间互相猜疑，并产生不信任。

(2) 工程项目冲突分析

冲突分析主要是利用已识别冲突发生的概率、类型及其对工程项目本身和各参与方所产生的影响，对已识别冲突的优先级进行比较分析和原因分析，由此建立起冲突的基本因果关系，找到对冲突进行管理的思路和要点。

在工程项目的整个寿命期内，冲突分析应当与工程项目冲突的变化保持同步。

冲突分析的主要内容应包括以下几个方面：

①特定的冲突诱因与冲突的数量、结构、方式及影响幅度的关系。

②针对发生的冲突，可以尝试采用各种方法来解决，以积累相关的经验。

③确定一定的指标来衡量冲突破坏性的大小。

④从定性研究角度，冲突发生的概率和后果影响评价要通过访谈来完成，访谈的对象可以包括：冲突管理领域的专家，项目组织成员，曾经参与过某类冲突管理的其他项目成员等。

⑤通过调查表方式收集整理所需资料，对不同阶段可能存在的冲突按发生的概率及影响程度进行优先排序，从而提醒项目经理在何时注意哪些冲突的发生，是否有必要进行干预，常用的处理方式是什么。

(3) 工程项目冲突控制

冲突控制的主要任务是根据冲突识别和分析的结果，确定是否控制冲突以及采用何种策略和方式来控制冲突。

在冲突逐渐升级的过程中，项目经理也不应立即阻止或以武断的方式去解决，可以设法提供必要的信息对冲突双方进行引导，使冲突朝有利于工程项目的方向发展。对于那些破坏性冲突，应立即给予干预和控制。

冲突控制应从人员干预和结构控制两个方面着手：

①人员干预。

通过对冲突各方的人员进行引导和再教育，使其提高对冲突的认识，承认和接受双方共同冲突的存在，并且要站在工程项目整体利益的角度指出冲突的危害，必须尽快结束冲突。要从实质上提高冲突双方的认识水平和认识能力，即在冲突中没有绝对的赢家和输家，这种方法对于工程项目有利，也易被冲突双方接受，不会伤和气。

②结构控制。

从长远角度看，可以从根本上解决冲突问题。工程项目的参与方很多，如业主、勘察单位、设计单位、施工单位、监理单位等，同一主体内部又有着复杂组织结构，如果某一环节的结构设置不合理，就可能会引起冲突。经验表明，没有任何组织结构适应于所有工程项目。因此，解决工程项目冲突最可行的办法是采取有效的结构设计方法，考虑工程项目的任务、技术、环境、各参与主体诸要素，寻求最适合的组织结构。

（4）工程项目冲突的解决

①协商。

协商是争论双方在一定程度上都能得到满意结果的方法。

②妥协。

妥协的实质就是通过协商，参与各方都做出一点让步，都愿意放弃自己一部分观点和利益，寻求在一定程度上参与各方都满意的处理结果。

③让步。

让步是让冲突的双方其中的一方从冲突的状态中撤离出来，从而避免发生实质的或潜在的争端。

④缓和或调停。

缓和方式通常的做法是忽视差异，在冲突中找到一致的地方，即求同存异。

⑤强制。

强制的实质是“非赢即输”，认为在冲突中获胜比保持人际关系更为重要。这是积极解决冲突的方式，但是应该看到这种解决方式的极端性。

⑥回避或撤出。

回避或撤出就是让发生冲突的参与各方从这种状态中撤离出来，从而避免发生实质性的或潜在的争端。

⑦正视。

正视冲突是克服分歧、解决冲突的有效途径，要求工程项目参与各方都必须以积极的态度对待冲突，并愿意就面临的问题和冲突广泛地交换意见。这是一种积极的冲突解决途径，但需要一个良好的工程项目环境，有意识地营造合作氛围。

（5）工程项目冲突管理效果后评价

工程项目冲突管理效果后评价是指工程项目在实施冲突识别、评价、控制和处理后的一段时间内，考察冲突管理措施实施后绩效的变化，并对冲突管理的全过程进行系统、客观地分析，通过检查与总结，评估工程项目管理组织实施的冲突管理的有效性，并分析成败的原因，总结经验教训，最后通过及时有效的信息反馈，为未来冲突管理规划和提高冲突管理水平提供借鉴。

冲突管理的效果一般表现为三种情况：

一是冲突得到合理解决，即冲突各方就某种冲突结果达成共识，各方利益都得到相应的满足并比较均衡，这种结果的稳定性比较高；

二是冲突只是得到暂时处理，即冲突的水平或者破坏性暂时得到控制，处于适当的水平，但这种状态不具有稳定性；

三是冲突管理失败，导致冲突升级。

工程项目冲突管理有效性的高低直接影响工程项目管理的绩效。如果从有效性角度评价工程项目冲突管理绩效，应包含以下三个方面指标：

①目标的实现程度。即是否实现管理目标，或者在多大程度上实现了目标。

②投入的成本。即在冲突管理实施过程中投入的各种人力、物力、财力、时间等资源消耗的总和。

③冲突管理效果的质量。即冲突是否得到彻底合理的解决。

项目小结

风险由不确定性和损失两个要素构成。风险因素分为实质性风险因素、道德风险因素和心理风险因素。风险的基本性质包括风险的客观性、风险的不确定性、风险的不利性、风险的可变性、风险的相对性及风险同利益的对称性。风险识别是风险管理的基础。

风险识别的主要内容是：识别引起风险的主要因素，识别风险的性质，识别风险可能引起的后果。风险识别的方法有头脑风暴法、德尔菲法、访谈法、SWOT 技术、检查表（核对表）、流程图法、因果分析图、项目工作分解结构等。

思考与练习

1. 阐述风险的含义。
2. 风险的基本性质有哪些？
3. 阐述风险识别的方法与工具。
4. 回避风险的原则有哪些？
5. 损失控制的方法有哪些？
6. 解释沟通的含义。
7. 阐述项目沟通的内容和要求。
8. 冲突产生的来源有哪些？
9. 工程项目冲突的解决办法有哪些？
10. 冲突管理的效果一般表现为哪几种情况？

项目十一　工程项目收尾管理

项目需求

工程项目收尾管理是工程项目管理的重要组成部分，工程项目收尾管理主要包括工程项目竣工验收阶段管理、工程项目考核评价、工程项目产品回访与保修等。

项目工作场景

实训基地(有与项目实际相符的项目管理资源等)

方案设计

首先学习工程项目竣工验收阶段管理，然后进行工程项目考核评价、工程项目产品回访与保修的学习。

相关知识和技能

(1) 具有参与工程竣工验收的能力；具有初步整理竣工资料的能力；具有初步考核评价项目的能力；具有参与产品回访保修的能力。

(2) 通过本项目内容的学习，要求学生掌握竣工验收的概念，竣工验收具备的条件和标准，竣工验收的程序，以及竣工资料的内容；掌握工程项目产品保修范围、保修期、保修期责任，以及常见的回访实务。

任务描述

首先学习工程项目竣工验收阶段管理，然后进行工程项目考核评价、工程项目产品回访与保修的学习。

知识准备

一、工程项目竣工验收阶段管理

竣工验收阶段是工程项目建设全过程的终结阶段，当工程项目按设计文件及工程合同的规定内容全部施工完毕后，便可组织验收。通过竣工验收，移交工程项目产品，对项目成果进行总结、评价，交接工程档案资料，进行竣工结算，终止工程施工合同，结束工程项目实施活动及过程，完成工程项目管理的全部任务。

（一）竣工验收的概念

（1）项目竣工

工程项目竣工是指工程项目经过承建单位的准备和实施活动，已完成了项目承包合同规定的全部内容，并符合发包单位的意图、达到了使用的要求，它标志着工程项目建设任务的全面完成。

（2）竣工验收

竣工验收是工程项目建设环节的最后一道程序，是全面检验工程项目是否符合设计要求和工程质量检验标准的重要环节，也是检查工程承包合同执行情况、促进建设项目交付使用的必然途径。

我国《建设工程项目管理规范》对施工项目竣工验收的解释为“施工项目竣工验收是承包人按照施工合同的约定，完成设计文件和施工图纸规定的工程内容，经发包人组织竣工验收及工程移交的过程”。

（3）竣工验收的主体与客体

工程项目竣工验收的主体有交工主体和验收主体两方面，交工主体是承包人，验收主体是发包人，二者均是竣工验收行为的实施者，是互相依附而存在的。工程项目竣工验收的客体应是设计文件规定、施工合同约定的特定工程对象，即工程项目本身。在竣工验收过程中，应严格规范竣工验收双方主体的行为，对工程项目实行竣工验收制度是确保我国基本建设项目顺利投入使用的法律要求。

（二）竣工验收的条件和标准

1. 竣工验收的条件

竣工验收的工程项目必须具备规定的交付竣工验收条件。

（1）设计文件和合同约定的各项施工内容已经施工完毕。

①民用建筑工程完工后，承包人按照施工及验收规范和质量检验标准进行自检，不合格品已自行返修或整改，达到验收标准。

②生产性工程、辅助设施及生活设施，按合同约定全部施工完毕，室内工程和室外工程全部完成，建筑物、构筑物周围 2 m 以内的场地平整，障碍物已清除，给排水、动力、照明、通信畅通，达到竣工条件。

③工业项目的各种管道设备、电气、空调、仪表、通信等专业施工内容已全部安装结束，已做完清洁、试压、吹扫、油漆、保温等，经过试运转，全部符合工业设备安装施工及验收规范和质量标准的要求。

④其他专业工程按照合同的规定和施工图规定的工程内容全部施工完毕，已达到相关专业技术标准，质量验收合格，达到了交工的条件。

(2) 有完整并经核定的工程竣工资料，符合验收规定。

(3) 有勘察、设计、施工、监理等单位签署确认的工程质量合格文件。

工程施工完毕，勘察、设计、施工、监理单位已按各自的质量责任和义务，签署了工程质量合格文件。

(4) 有工程使用的主要建筑材料、构配件、设备进场的证明及试验报告。

①现场使用的主要建筑材料（水泥、钢材、砖、砂、沥青等）应有材质合格证，必须有符合国家标准、规范要求的抽样试验报告。

②混凝土预制构件、钢构件、木构件等应有生产单位的出厂合格证。

③混凝土、砂浆等施工试验报告，应按施工及验收规范和设计规定的要求取样。

④设备进场必须开箱检验，并有出厂质量合格证，检验完毕要如实做好各种进场设备的检查验收记录。

(5) 有施工单位签署的工程质量保修书。

2. 竣工验收的标准

(1) 达到合同约定的工程质量标准

建设工程合同一经签订，即具有法律效力，对承发包双方都具有约束作用。合同约定的质量标准具有强制性，合同的约束作用规范了承发包双方的质量责任和义务，承包人必须确保工程质量达到双方约定的质量标准，不合格不得交付验收和使用。

(2) 符合单位工程质量竣工验收的合格标准

国家标准《建筑工程施工质量验收统一标准》(GB 50300—2013) 对单位（子单位）工程质量验收合格规定如下：

①单位（子单位）工程所含分部（子分部）工程的质量均应验收合格。

②质量控制资料应完整。

③单位（子单位）工程所含分部工程有关安全和功能的检测资料应完整。

④主要功能项目的抽查结果应符合相关专业质量验收规范的规定。

⑤观感质量验收应符合要求。

其他专业工程的竣工验收标准，也必须符合各专业工程质量验收标准的规定。合格标准是工程验收的最低标准，不合格一律不允许交付使用。

(3) 单项工程达到使用条件或满足生产要求

组成单项工程的各单位工程都已竣工，单项工程按设计要求完成，民用建筑达到使用条件或工业建筑能满足生产要求，工程质量经检验合格，竣工资料整理符合规定。

(4) 建设项目能满足建成投入使用或生产的各项要求

组成建设项目的全部单项工程均已完成，符合交工验收的要求，建设项目能满足使用或生产要求，并应达到以下标准：

①生产性工程和辅助公用设施，已按设计要求建成，能满足生产使用要求。

②主要工艺设备、配套设施经试运行合格，形成生产能力，能生产出设计文件规定的产品。

③必要的设施已按设计要求建成。

④生产准备工作能适应投产的需要。

⑤其他环保设施、劳动安全卫生、消防系统已按设计要求配套建成。

(三) 竣工验收的管理程序和准备

1. 竣工验收的管理程序

(1) 竣工验收准备

工程交付竣工验收前的各项准备工作由项目经理部具体操作实施，项目经理全面负责，要建立竣工收尾小组，搞好工程实体的自检，收集、汇总、整理完整的工程竣工资料，扎扎实实做好工程竣工验收前的各项竣工收尾及管理基础工作。

(2) 编制竣工验收计划

计划是行动的指南。项目经理部应认真编制竣工验收计划，并纳入企业施工生产计划进行实施和管理。项目经理部按计划完工并经自检合格的工程项目应填写工程竣工报告和工程竣工报验单，提交工程监理机构签署意见。

(3) 组织现场验收

首先由工程监理机构依据施工图纸、施工及验收规范和质量检验标准、施工合同等对工程进行竣工预验收，提出工程竣工验收评估报告；然后由发包人对承包人提交的工程竣工报告进行审定，组织有关单位进行正式竣工验收。

(4) 进行竣工结算

工程竣工结算要与竣工验收工作同步进行。工程竣工验收报告完成后，承包人应在规定的时间内向发包人递交工程竣工结算报告及完整的结算资料。承发包双方依据工程合同和工程变更等资料，最终确定工程价款。

(5) 移交竣工资料

整理和移交竣工资料是工程项目竣工验收阶段必不可少且非常细致的一项工作。承包人向发包人移交的工程竣工资料应齐全、完整、准确，要符合国家城市建设档案管理、基本建设项目(工程)档案资料管理和建设工程文件归档整理规范的有关规定。

(6) 办理交工手续

工程已正式组织竣工验收，建设、设计、施工、监理和其他有关单位已在工程竣工验收报告上签认，工程竣工结算办完，承包人应与发包人办理工程移交手续，签署工程质量保修书，撤离施工现场，正式解除现场管理责任。

2. 竣工验收准备

(1) 建立竣工收尾班子

项目经理是项目管理的总负责人，全面负责工程项目竣工验收前的各项收尾工作，加强项目竣工验收前的组织与管理是项目经理应尽的基本职责。为此，项目经理要亲自挂帅建立竣工收尾班子，成员包括技术负责人、生产负责人、质量负责人、材料负责人、班组负责人等多方面的人员，要明确分工，责任到人，做到因事设岗、以岗定责、以责考核、限期完成工作任务，收尾项目完工要有验证手续，形成完善的收尾工作制度。

(2) 制订、落实项目竣工收尾计划

项目经理要根据工作特点、项目进展情况及施工现场的具体条件，负责编制、落实有针对性的竣工收尾计划，并纳入统一的施工生产计划进行管理，以正式计划下达并作为项目管理层和作业层岗位业绩考核的依据之一。竣工收尾计划的内容要准确而全面，应包括收尾项目的施工情况和竣工资料整理，两部分内容缺一不可。竣工收尾计划要明确各项工作内容的起止时间、负责班组及人员。

项目经理和技术负责人要把计划的内容层层落实，全面交底，一定要保证竣工收尾计划的完善和可行。竣工收尾计划可参照表 11.1 的格式编制。

表 11.1　施工项目竣工收尾计划

序号	收尾项目名称	工作内容	起止时间	作业对组	负责人	竣工资料	整理人	验证人

项目经理：　　　　　　　　　　技术负责人：　　　　　　　　　　编制人：

(3) 竣工收尾计划的检查

项目经理和技术负责人应定期和不定期地对竣工收尾计划的执行情况进行严格的检查，重要部位要做好详细的检查记录。检查中，各有关方面人员要积极协作配合，对列入竣工收尾计划的各项工作内容要逐项检查，认真核对，要以国家有关法律、行政法规和强制性标准为检查依据，发现偏差要及时纠正，发现问题要及时整改。竣工收尾项目按计划完成一项，则按标准验证一项，消除一项，直至全部完成计划内容。

(4) 工程项目竣工自检

具体来说，如果工程项目是承包人一家独立承包，应由企业技术负责人组织项目经理部的项目经理、技术负责人、施工管理人员和企业的生产、质检等部门对工程质量进行检验评定，并做好质量检验记录；如果工程项目实行的是总分包管理模式，则首先由分包人按质量验收标准对工程进行自检，并将验收结论及资料交总包人，总包人据此对分包工程进行复检和验收，并进行验收情况汇总。无论采用总包还是分包方式，自检合格后，总包人都要向工程监理机构递交工程竣工报验单，监理机构据此按《建设工程监理规范》(GB 50319—2013)的规定对工程是否符合竣工验收条件进行审查，符合竣工验收条件的予以签认。

(5) 竣工验收预约

承包人全面完成工程竣工验收前的各项准备工作，经监理机构审查验收合格后，承包人向发包人递交预约竣工验收的书面通知，说明竣工验收前的各项工作已准备就绪，满足竣工验收条件。

预约竣工验收的通知书应表达两个含义：一是承包人按施工合同的约定已全面完成建设工程施工内容，预验收合格；二是请发包人按合同的约定和有关规定，组织工程项目的正式竣工验收。"交付竣工验收通知书"的内容格式如下：

交付竣工验收通知书

××××(发包单位名称)：

根据施工合同的约定，由我单位承建的××××工程，已于××××年××月××日竣工，经自检合格，监理单位审查签认，可以正式组织竣工验收，请贵单位接到通知后，尽快洽商，组织有关单位和人员于××××年××月××日前进行竣工验收。

附件：1. 工程竣工报验单；

2. 工程竣工报告。

××××(单位公章)

××××年××月××日

(四) 工程项目竣工资料

工程项目竣工资料是工程项目承包人按工程档案管理及竣工验收条件的有关规定，在工程施工过程中按时收集，认真整理，竣工验收后移交发包人汇总归档的技术与管理文件，是记录和反映工程项目实施全过程的工程技术与管理活动的档案。

在工程项目的使用过程中，竣工资料有着其他任何资料都无法替代的作用，它是建设单位在使用中对工程项目进行维修、加固、改建、扩建的重要依据，也是对工程项目的建设过程进行复查、对建设投资进行审计的重要依据。

1. 竣工资料的内容

工程竣工资料必须真实记录和反映项目管理全过程的实际，它的内容必须齐全、完整。按照我国《建设工程项目管理规范》的规定，工程竣工资料的内容应包括工程施工技术资料、工程质量保证资料、工程检验评定资料、竣工图和规定的其他应交资料。

(1) 工程施工技术资料

工程施工技术资料是建设工程施工全过程的真实记录，是在施工全过程的各环节客观产生的工程施工技术文件，它的主要内容有：工程开工报告(包括复工报告)；项目经理部及人员名单、聘任文件；施工组织设计(施工方案)；图纸会审记录(纪要)；技术交底记录；设计变更通知；技术核定单；地质勘察报告；工程定位测量资料及复核记录；基槽开挖测量资料；地基钎探记录和钎探平面布置图；验槽记录和地基处理记录；桩基施工记录；试桩记录和补桩记录;沉降观测记录;防水工程抗渗试验记录;混凝土浇灌令;商品混凝土供应记录;工程复核抄测记录;工程质量事故报告;工程质量事故处理记录;施工日志;建设工程施工合同,补充协议;工程竣工报告;工程竣工验收报告;工程质量保修书;工程预(结)算书;竣工项目一览表;施工项目总结。

(2) 工程质量保证资料

工程质量保证资料是建设工程施工全过程中全面反映工程质量控制和保证的依据性证明资料,应包括原材料、构配件、器具及设备等的质量证明、合格证明、进场材料试验报告等。各专业工程质量保证资料的主要内容是:

①土建工程主要质量保证资料:

a. 钢材出厂合格证、试验报告。

b. 焊接试(检)验报告、焊条(剂)合格证。

c. 水泥出厂合格证或试验报告。

d. 砖出厂合格证或试验报告。

e. 防水材料合格证或试验报告。

f. 构件合格证。

g. 混凝土试块试验报告。

h. 砂浆试块试验报告。

i. 土壤试验、打(试)桩记录。

j. 地基验槽记录。

k. 结构吊装、结构验收记录。

l. 隐蔽工程验收记录。

m. 中间交接验收记录等。

②建筑采暖卫生与煤气工程主要质量保证资料:

a. 材料、设备出厂合格证。

b. 管道、设备强度、焊口检查和严密性试验记录。

c. 系统清洗记录。

d. 排水管灌水、通水、通球试验记录。

e. 卫生洁具盛水试验记录。

f. 锅炉、烘炉、煮炉设备试运转记录等。

③建筑电气安装主要质量保证资料:

a. 主要电气设备、材料合格证。

b. 电气设备试验、调整记录。

c. 绝缘、接地电阻测试记录。

d. 隐蔽工程验收记录等。

④通风与空调工程主要质量保证资料:

a. 材料、设备出厂合格证。

b. 空调调试报告。

c. 制冷系统检验、试验记录。

d. 隐蔽工程验收记录等。

⑤电梯安装工程主要质量保证资料：

a. 电梯及附件、材料合格证。

b. 绝缘、接地电阻测试记录。

c. 空、满、超载运行记录。

d. 调整试验报告等。

⑥建筑智能化工程主要质量保证资料：

a. 材料、设备出厂合格证、试验报告。

b. 隐蔽工程验收记录。

c. 系统功能与设备调试记录。

(3) 工程检验评定资料

工程检验评定资料是建设工程施工全过程中按照国家现行工程质量检验标准，对工程项目进行单位工程、分部工程、分项工程的划分，再由分项工程、分部工程、单位工程逐级对工程质量做出综合评定的资料。

工程检验评定资料的主要内容有：

①施工现场质量管理检查记录。

②检验批质量验收记录。

③分项工程质量验收记录。

④分部(子分部)工程质量验收记录。

⑤单位(子单位)工程质量竣工验收记录。

⑥单位(子单位)工程质量控制资料核查记录。

⑦单位(子单位)工程安全和功能检验资料核查及主要功能抽查记录。

⑧单位(子单位)工程观感质量检查记录等。

具体情况如下：

①没有变更的施工图，可由承包人(包括总包和分包)在原施工图上加盖"竣工图"章标志，即作为竣工图。

②在施工中虽有一般性设计变更，但能将原施工图加以修改补充作为竣工图的，可不再重新绘制，由承包人负责在原施工图(必须是新蓝图)上注明修改的部分，并附设计变更通知和施工说明，加盖"竣工图"章标志后可作为竣工图。

③工程项目结构形式改变、工艺改变、平面布置改变、项目改变及其他重大改变，不宜在原施工图上修改、补充的，由责任单位重新绘制改变后的竣工图。承包人负责在新图上加盖"竣工图"章标志作为竣工图。变更责任单位如果是设计人，由设计人负责重新绘制；责任单位若是承包人，由承包人重新绘制；责任单位若是发包人，则由发包人自行绘制或委托设计人绘制。

(4) 规定的其他应交资料

①施工合同约定的其他应交资料。

②地方行政法规、技术标准已有规定的应交资料等。

2. 竣工资料的收集整理

(1) 竣工资料的收集整理要求

①工程竣工资料，必须真实反映工程项目建设全过程，资料的形成应符合其规律性和完整性，填写时做到字迹清楚、数据准确、签字手续完备、齐全可靠。

②工程竣工资料的收集和整理，应建立制度，根据专业分工的原则实行科学收集，定向移交，归口管理，要做到竣工资料不损坏、不变质和不丢失，组卷时符合规定。

③工程竣工资料应随施工进度进行及时收集和整理，发现问题及时处理、整改，不留尾巴。

④整理工程竣工资料的依据：

一是国家有关法律、法规、规范对工程档案和竣工资料的规定。

二是现行建设工程施工及验收规范和质量评定标准对资料内容的要求。

三是国家和地方档案管理部门和工程竣工备案部门对工程竣工资料移交的规定。

(2) 竣工资料的分类组卷

①一般单位工程，文件资料不多时，可将文字资料与图纸资料组成若干盒，分六个案卷，即立项文件卷、设计文件卷、施工文件卷、竣工文件卷、声像材料卷、竣工图卷。

②综合性大型工程，文件资料比较多，则各部分根据需要可组成一卷或多卷。

③文件材料和图纸材料原则上不能混装在一个装具内，如果文件材料较少需装在一个装具内时，文件材料必须用软卷皮装订，图纸不装订，然后装入硬档案盒内。

④卷内文件材料排列顺序要依据卷内的材料构成而定，一般顺序为封面、目录、文件材料部分、备考表、封底，组成的案卷力求美观、整齐。

⑤填写目录应与卷内材料内容相符；编写页号以独立卷为单位，单面书写的文字材料页号编在右下角，双面书写的文字材料页号，正面编写在右下角，背面编写在左下角，图纸一律编写在右下角，按卷内文件排列先后用阿拉伯数字从“1”开始依次标注。

⑥图纸折叠方式采用图面朝里、图签外露(右下角)的国标技术制图复制折叠方法。

⑦案卷采用中华人民共和国国家标准，装具一律用国标制定的硬壳卷夹或卷盒，外装尺寸为 300 mm(高)×220 mm(宽)，卷盒厚度尺寸分别为 60 mm、50 mm、40 mm、30 mm、20 mm 五种。

3. 竣工资料的移交验收

(1) 竣工资料的归档范围

竣工资料的归档范围应符合《建设工程文件归档整理规范》(GB/T 50328—2001)的规定。凡是列入归档范围的竣工资料，承包人都必须按规定将自己责任范围内的竣工资料按分类组卷的要求移交给发包人，发包人对竣工资料验收合格后，将全部竣工资料整理汇总，按规定向档案主管部门移交备案。

(2) 竣工资料的交接要求

总包人必须对竣工资料的质量负全面责任，对各分包人做到“开工前有交底，施工中有检查，竣工时有预检”，确保竣工资料达到一次交验合格。总包人根据总分包合同的约定，负责对分包人的竣工资料进行中检和预检，有整改的待整改完成后再进行整理汇总，一并移交发包人。承包人根据建设工程施工合同的约定，在建设工程竣工验收后，按规定和约定的时间，将全部应移交的竣工资料交给发包人，并应符合城建档案管理的要求。

(3) 竣工资料的移交验收

竣工资料的移交验收是工程项目交付竣工验收的重要内容。发包人接到竣工资料后，应根据竣工资料移交验收办法和国家及地方有关标准的规定，组织有关单位的项目负责人、技术负责人对资料的质量进行检查，验证手续是否完备、应移交的资料项目是否齐全，所有资料符合要求后，承发包双方按编制的移交清单签字、盖章，按资料归档要求双方交接，竣工资料交接验收完成。

任务实施

一、工程项目竣工验收管理

1. 竣工验收管理

(1) 单位工程(或专业工程)竣工验收

它又叫中间验收，是指承包人以单位工程或某专业工程内容为对象，独立签订建设工程施工合同，达到竣工条件后，承包人可单独进行交工，发包人根据竣工验收的依据和标准，按施工合同约定的工程内容组织竣工验收。

(2) 单项工程竣工验收

它又称交工验收，即在一个总体建设项目中，一个单项工程已按设计图纸规定的工程内容完成，能满足生产要求或具备使用条件，承包人向监理人提交“工程竣工报告”和“工程竣工报验单”，经签认后应向发包人发出“交付竣工验收通知书”，说明工程完工情况、竣工验收准备情况、设备无负荷单机试车情况，具体约定交付竣工验收的有关事宜。发包人按照约定的程序，依照国家颁布的有关技术标准和施工承包合同，组织有关单位和部门对工程进行竣工验收。验收合格的单项工程，在全部工程验收时，原则上不再办理验收手续。

(3) 全部工程的竣工验收

它又称动用验收，指建设项目已按设计规定全部建成、达到竣工验收条件，由发包人组织设计、施工、监理等单位和档案部门进行全部工程的竣工验收。对一个建设项目的全部工程竣工验收而言，大量的竣工验收基础工作已在单位工程或单项工程竣工验收中进行。对已经交付竣工验收的单位工程(中间交工)或单项工程并已办理了移交手续的，原则上不再重复办理验收手续，但应将单位工程或单项工程竣工验收报告作为全部工程竣工验收的附件加以说明。

2. 竣工验收的依据

①上级主管部门对该项目批准的各种文件。包括设计任务书或可行性研究报告，用地、征地、拆迁文件，初步设计文件等。

②工程设计文件。包括施工图纸及有关说明。

③双方签订的施工合同。

④设备技术说明书。它是进行设备安装调试、检验、试车、验收和处理设备质量、技术等问题的重要依据。

⑤设计变更通知书。它是对施工图纸的修改和补充。

⑥国家颁布的各种标准和规范。包括现行的《工程施工及验收规范》《工程质量检验评定标准》等。

⑦外资工程应依据我国有关规定提交竣工验收文件。国家规定，凡有引进技术和引进设备的建设项目，要做好引进技术和引进设备的图纸、文件的收集、整理工作，并交档案部门统一管理。

3. 工程竣工验收报验

承包人完成工程设计和施工合同以及其他文件约定的各项内容，工程质量经自检合格，各项竣工资料准备齐全，确认具备工程竣工报验的条件，承包人即可填写并递交“工程竣工报告”和“工程竣工报验单”。表格内容要按规定要求填写，自检意见应表述清楚，项目经理、企业技术负责人、企业法定代表人应签字，并加盖企业公章。报验单的附件应齐全，足以证明工程已符合竣工验收要求。

4. 工程竣工验收组织

发包人收到承包人递交的“交付竣工验收通知书”后，应及时组织勘察、设计、施工、监理等单位，按照竣工验收程序对工程进行验收核查。

(1) 成立竣工验收委员会或验收小组

大型项目、重点工程、技术复杂的工程，根据需要应组成验收委员会；一般工程项目，组成验收小组即可。竣工验收工作由发包人组织，主要参加人员有发包方，勘察、设计、总承包及分包单位的负责人，发包单位的工地代表，建设主管部门、备案部门的代表等。

(2) 竣工验收委员会或验收小组的职责

①审查项目建设的各个环节，听取各单位的情况汇报。

②审阅工程竣工资料。

③实地考察建筑工程及设备安装工程情况。

④全面评价项目的勘察、设计、施工和设备质量以及监理情况，对工程质量进行综合评估。

⑤对遗留问题做出处理决定。

⑥形成工程竣工验收会议纪要。

⑦签署工程竣工验收报告。

(3) 建设单位组织竣工验收

①由建设单位组织，建设、勘察、设计、施工、监理单位分别汇报工程合同履约情况和工程建设各个环节执行法律、法规和工程建设强制性标准的情况。

②验收组人员审阅各种竣工资料。验收组人员应对照资料目录清单，逐项进行检查，看其内容是否齐全，符合要求。

③实地查验工程质量。参加验收各方，应对竣工项目实体进行目测检查。

④对工程勘察、设计、施工、监理单位各管理环节和工程实物质量等方面做出全面评

价，形成经验收组人员签署的工程竣工验收意见。

⑤参与工程竣工验收的建设、勘察、设计、施工、监理单位等各方不能形成一致意见时，应当协商提出解决的方法，待意见一致后，重新组织竣工验收；当不能协商解决时，由建设行政主管部门或者其委托的建设工程质量监督机构裁决。

⑥签署工程竣工验收报告。工程竣工验收合格后，建设单位应当及时提出签署“工程竣工验收报告”，由参加竣工验收的各单位代表签名，并加盖竣工验收各单位的公章。

5. 办理工程移交手续

承包人在收到工程竣工结算款后，应在规定期限内向发包人办理工程移交手续。具体内容如下：

①按竣工项目一览表在现场移交工程实体。

②按竣工资料目录交接工程竣工资料。

③按工程质量保修制度签署工程质量保修书。

④承包人在规定时间内按要求撤出施工现场，解除施工现场全部管理责任。

⑤工程交接的其他事宜。

二、工程竣工结算

1. 工程竣工结算的概念

工程竣工结算是指施工单位所承包的工程按照合同规定的内容全部竣工并经建设单位和有关部门验收点交后，由施工单位根据施工过程中实际发生的变更情况对原施工图预算或工程合同造价进行增减调整修正，再经建设单位审查，重新确定工程造价并作为施工单位向建设单位办理工程价款清算的技术经济文件。

在工程项目的生命周期中，施工图预算或工程合同价是在开工之前编制或确定的。

工程竣工结算一般是由施工单位编制，经建设单位审核同意后，按合同规定签章认可。最后，建设单位通过经办银行将清算后的工程价款拨付给施工单位，完成双方的合同关系和经济责任。

2. 工程竣工结算的作用

①竣工结算是施工单位与建设单位结算工程价款的依据。

②竣工结算是核定施工企业生产成果，考核工程实际成本的依据。

③竣工结算是建设单位编制竣工决算的主要依据。

④竣工结算是建设单位、设计单位及施工单位进行技术经济分析和总结工作，以便不断提高设计水平与施工管理水平的依据。

⑤竣工结算工作的完成，标志着施工单位和建设单位双方权利和义务的结束，即双方合同关系的解除。

3. 工程竣工结算的编制依据

①工程竣工报告及工程竣工验收单。

②经审查的施工图预算或中标价格。

③施工图纸及设计变更通知单、施工现场工程变更记录、技术经济签证。

④建设工程施工合同或协议书。

⑤现行预算定额、取费定额及调价规定。

⑥有关施工技术资料。

⑦工程质量保修书。

⑧其他有关资料。

4. 工程竣工结算的编制原则

(1) 具备结算条件的项目，才能编制竣工结算

首先，结算的工程项目必须是已经完成的项目，对于未完成的工程不能办理竣工结算。其次，结算的项目必须是质量合格的项目，也就是说并不是对承包商已完成的工程全部支付，而是支付其中质量合格的部分，对于工程质量不合格的部分应返工，待质量合格后才能结算。返工消耗的工程费用，不能列入工程结算。

(2) 应实事求是地确定竣工结算

工程竣工结算一般是在施工图预算或工程合同价的基础上，根据施工中所发生更改变动的实际情况，调整、修改预算或合同价进行编制的。所以，在工程结算中要坚持实事求是的原则，施工中发生并经有关人员签认的变更，才可以计算变更的费用，该调增的调增，该调减的调减。

(3) 严格遵守国家和地区的各项有关规定，严格履行合同条款

工程竣工结算要符合国家或地区的法律、法规及定额、费用的要求，严格禁止在竣工结算中弄虚作假。

5. 工程价款结算的方式

①按月结算。

②竣工后一次结算。

③分段结算。

④承发包双方约定的其他结算方式。

6. 工程竣工结算的有关规定

住建部和国家工商行政管理局制定的《建设工程施工合同(示范文本)》通用条款中对竣工结算做了详细规定，这些规定对于规范工程竣工结算行为具有一定的意义。

①工程竣工验收报告经发包人认可后的 28 d 内，承包人向发包人递交竣工结算报告及完整的结算资料，双方按照协议书约定的合同价款及专用条款约定的合同价款的调整内容，进行工程竣工结算。

②发包人收到承包人递交的竣工结算报告及结算资料后，28 d 内进行核实，给予确认或者提出修改意见。发包人确认竣工结算报告后通知经办银行向承包人支付工程竣工结算价款。承包人收到竣工结算价款后 14 d 内将竣工工程交付发包人。

③发包人收到竣工结算报告及结算资料后，28 d 内无正当理由不支付工程竣工结算价款，从第 29 天起按承包人同期向银行贷款利率支付拖欠价款的利息，并承担违约责任。

④发包人收到竣工结算报告及结算资料后 28 d 内不支付工程竣工结算价款，承包人可以催告发包人支付结算价款。发包人在收到竣工结算报告及结算资料后 56 d 内仍不支

付的，承包人可以与发包人协议将该工程折价，也可以由承包人申请人民法院将该工程依法拍卖，承包人就该工程折价或者拍卖的价款优先受偿。

⑤工程竣工验收报告经发包人认可后 28 d 内，承包人未能向发包人递交竣工结算报告及完整的结算资料，造成工程竣工结算不能正常进行或工程竣工结算价款不能及时支付，发包人要求交付工程的，承包人应当交付；发包人不要求交付工程的，承包人承担保管责任。

⑥发包人、承包人对工程竣工结算价款发生争议时，按关于约定的争议处理。

⑦办完竣工结算手续后，承包人和发包人应按国家和当地建设行政主管部门的规定，将竣工结算报告及结算资料按分类管理的要求纳入工程竣工资料汇总。承包人将其作为工程施工技术资料归档，发包人则作为编制工程竣工决算的依据，并按规定及时向有关部门移交进行竣工备案。

7. 工程竣工结算的编制与检查

(1) 工程竣工结算的编制内容

①单位工程竣工结算书

单位工程竣工结算书是工程结算中最基本的内容，如果合同约定的工程项目就是单位工程，则单位工程竣工结算书要求的内容即为工程竣工结算编制的内容，一般包括以下几项：

a. 封面。

b. 编制说明。

c. 工程结算总值计算表。

d. 工程结算表。

e. 工程量增减计算表。

f. 材料价差计算表。

②单项工程综合结算书

如果工程项目是由多个单位工程构成的，则将各单位工程竣工结算书汇总，即可得出单项工程竣工综合结算书。

③项目总结算书

由多个单项工程构成的建设项目，将各单项工程综合结算书按规定格式汇总，即为建设项目总结算书。

④竣工结算说明书

(2) 工程竣工结算的编制方法

编制工程竣工结算，应按承发包双方约定的方法进行。一般来说是在原工程预算或合同价的基础上，根据所收集、整理的各种结算资料，如设计变更、技术核定、现场签证、工程量核定单等，先进行工程量的增减调整计算，再进行相应的直接费的增减调整计算，然后按取费标准的规定计算各项费用，最后汇总为单位工程结算造价。根据工程具体情况汇总即可得出单项工程结算或建设项目总结算。总的来说：

竣工结算工程价款＝工程预算或合同价＋工程变更及签证调整数额－预付及已结算工程价款　(11.1)

(3) 工程竣工结算的检查

检查要有针对性，重点检查以下方面：

①设计变更和现场签证等结算资料是否齐全。

②项目设置是否完整，有无漏项或重项。

③工程量的数量是否准确，有无少算、多算或计算错误。

④定额单价的套用及各项费率的选用是否合理，有无套错定额或重复套价。

⑤结算造价的计算程序是否正确，如果计算程序选错了，结果会有较大的出入。

任务评价

一、工程项目考核评价

(一) 工程项目管理全面分析

1. 工程项目管理分析的概念与作用

(1) 工程项目管理分析的概念

工程项目管理分析是在综合考虑项目管理的内、外部因素的基础上，按照实事求是的原则对项目管理结果进行判别、验证，以便发现问题、肯定成绩，从而正确、客观地反映项目管理绩效的工作。根据工程项目管理分析范围的大小不同，工程项目管理分析可分为全面分析和单项分析两类。

(2) 工程项目管理分析的作用

①明确工程项目管理目标的实现水平。

②确认工程项目管理目标实现的准确性、真实性。

③正确识别客观因素对项目管理目标实现的影响及其程度。

④为工程项目管理考核、审计及评价工作提供切实可靠的事实依据。

⑤准确反映工程项目管理工作的客观实际，避免考核评价工作的失真。

⑥通过分析，找出工程项目管理工作的成绩、问题及差距，以便在今后的项目管理工作中借鉴。

2. 工程项目管理全面分析的内容

所谓全面分析，是指以工程项目管理实施目标为依据，对工程项目实施效果的各个方面都做对比分析，从而综合评价施工项目的经济效益和管理效果。

全面分析的评价指标有：

①质量指标：分析单位工程的质量等级。

②工期指标：分析实际工期与合同工期及定额工期的差异。

③利润：分析承包价格与实际成本的差异。

④产值利润率：分析利润与承包价格的比值。

⑤劳动生产率：

$$劳动生产率=\frac{工程承包价格}{工程实际耗用工日数} \tag{11.2}$$

⑥劳动消耗指标:包括单方用工、劳动效率及节约工日。

$$单方用工=\frac{实际用工(工日)}{建筑面积(m^2)} \tag{11.3}$$

$$劳动效率=\frac{预算用工(工日)}{实际用工(工日)}\times 100\% \tag{11.4}$$

$$节约用工=预算用工-实际用工 \tag{11.5}$$

⑦材料消耗指标:包括主要材料(钢材、木材、水泥等)的节约量及材料成本降低率。

$$主要材料节约量=预算用量-实际用量 \tag{11.6}$$

$$材料成本降低率=\frac{承包价中的材料成本-实际材料成本}{承包价中的材料成本}\times 100\% \tag{11.7}$$

⑧机械消耗指标:包括某种主要机械利用率和机械成本降低率。

$$某种机械利用率=\frac{预算台班数}{实际台班数}\times 100\% \tag{11.8}$$

$$机械成本降低率=\frac{预算机械成本-实际机械成本}{预算机械成本}\times 100\% \tag{11.9}$$

⑨成本指标:包括降低成本额和降低成本率。

$$降低成本额=承包成本-实际成本 \tag{11.10}$$

$$降低成本率=\frac{承包成本-实际成本}{承包成本}\times 100\% \tag{11.11}$$

(二)工程项目管理单项分析

1. 工程质量分析

工程质量分析是对照工程项目的设计文件和国家规定的工程质量检验评定标准,分析工程项目是否达到了合同约定的质量等级。要具体分析地基基础工程、主体结构工程、装修工程、屋面工程及水、暖、电、卫等各分部分项工程的质量情况。分析施工中出现的质量问题、发生的重大质量事故,分析施工质量控制计划的执行情况、各项保证工程质量措施的实施情况、质量管理责任制的落实情况等。

2. 工期分析

工期分析是将工程项目的实际工期与计划工期及合同工期进行对比分析,看实际工期是否符合计划工期的要求,如果实际工期超出计划工期的范围,则看是否在合同工期范围内。根据实际工期、计划工期、合同工期的对比情况,确定工期是提前了还是拖后了。

进一步分析影响工期的原因:施工方案与施工方法是否先进合理,工期计划是否最优,劳动力的安排是否均衡,各种材料、半成品的供应能否保证,各项技术组织措施是否落实到位,施工中各有关单位是否协作配合等。

3. 工程成本分析

工程成本分析应在成本核算的基础上进行，主要是结合工程成本的形成过程和影响成本的因素，检查项目成本目标的完成情况，并做出实事求是的评价。

成本分析可按成本项目的构成进行，如人工费收支分析、材料费收支分析、机械使用费收支分析、其他各种费用收支情况分析、总收入与总支出对比分析、计划成本与实际成本对比分析等。成本分析是对项目成本管理工作的一次总检验，也是对项目管理经济效益的提前考查。

4. 安全分析

安全工作贯穿于施工生产的全过程，生产必须保证安全是任何一个建筑企业必须遵守的原则，安全是项目管理各项目标实现的根本保证。对项目管理的安全工作进行分析，就是针对项目实施过程中所发生的机械设备及人员的伤亡事故，检查项目安全生产责任制、安全教育、安全技术、安全检查等安全管理工作的执行情况，分析项目安全管理的效果。

（三）工程项目管理考核与评价

1. 考核与评价的目的

项目管理考核与评价是项目管理活动中很重要的一个环节，它是规范项目管理行为，确认项目管理成果，鉴定项目管理水平及检验项目管理目标实现程度的基本工作，是公平、公正地反映项目管理工作的基础。

通过考核评价工作，使得项目管理人员能够正确地认识自己的工作水平和业绩，能够进一步地总结经验、找出差距、吸取教训，从而提高企业的项目管理水平和管理人员素质。

2. 项目管理考核评价的主体和对象

项目管理考核评价的主体是派出项目经理的单位。由于工程项目的责任主体是承包企业，项目经理是承包企业法定代表人在工程项目上的全权委托代理人，项目经理要对企业法定代表人负责，所以企业法定代表人有权力也有责任对项目经理的行为进行监督，对项目经理的工作进行评价。

项目管理考核评价的对象应是项目经理部，其中应突出对项目经理的管理工作进行考核评价。

3. 项目管理考核评价的依据

项目管理考核评价的依据是项目经理与承包人签订的“项目管理目标责任书”，内容应包括完成工程施工合同、经济效益、回收工程款、执行承包人各项管理制度、各种资料归档等情况，以及“项目管理目标责任书”中其他要求内容的完成情况。也就是说，“项目管理目标责任书”中的各项目标指标和目标规定即为考核评价工作的依据和标准。

4. 项目管理考核评价的方式

项目管理考核评价的方式很多，具体应根据项目的特征、项目管理的方式、队伍的素质等综合因素确定。

一般分为年度考核评价、阶段考核评价和终结性考核评价三种方式。

工期超过两年以上的大型项目，可以实行年度考核评价。为了加强过程控制，避免考核评价期过长，应当在年度考核评价之中加入阶段考核评价。阶段的划分可以按用网络计划表示的工程进度计划的关键节点进行，也可以同时按自然时间划分阶段进行季度、年度考核评价。

项目终结性考核评价的内容应包括确认阶段考核评价的结果，确认项目管理的最终结果，确认该项目经理部是否具备“解体”的条件等工作。经考核评价后，兑现“项目管理目标责任书”确定的奖励和处罚。终结性考核评价不仅要注重项目后期工作的情况，而且应该全面考虑到项目前期、中期的阶段考核评价工作，应认真分析因果关系，使得考核评价工作形成一个完整的体系，从而对项目管理工作有一个整体性和全面性的结论。

5. 项目管理考核评价组织的建立

工程项目完成以后，企业应成立项目考核评价委员会。考核评价委员会应由企业主管领导和企业有关业务部门从事项目管理工作的人员组成，必要时也可聘请社团组织或大专院校的专家、学者参加，一般由 5～7 人组成，可以是企业的常设机构，也可以是一次性机构，由企业主管领导负责。在考核评价前，要明确组织分工，制定组织制度，熟悉考核评价工作标准，统一思想认识。

6. 项目管理考核评价程序

①制定考核评价方案，并报送企业法定代表人审核批准，然后才能执行。

②听取项目经理汇报。主要汇报项目管理工作的情况和项目目标实现的结果，并介绍所提供的资料。

③查看项目经理部的有关资料。

④对项目管理层和劳务作业层进行调查。

⑤考察已完工程。主要是考察工程质量和现场管理，进度与计划工期是否吻合，阶段性目标是否完成。

⑥对项目管理的实际运作水平进行考核评价。

⑦提出考核评价报告。考核评价报告内容应全面、具体、实事求是，考核评价结论要明确，具有说服力，必要时对一些敏感性问题要补充说明。

⑧向被考核评价的项目经理部公布评价意见。

7. 项目管理考核评价资料

资料是进行项目考核评价的直接材料，为了使考核评价工作能够客观公正、顺利高效地进行，参与项目管理考核评价的双方都要积极配合，互相支持，及时主动地向考评对方提供必要的工作资料。

(1) 项目经理部应向考核评价委员会提供的资料

①“项目管理实施规划”，各种计划、方案及其完成情况。

②项目实施过程中所发生的全部来往文件、函件、签证、记录、鉴定、证明。

③各项技术经济指标的完成情况及分析资料。

④项目管理的总结报告，包括技术、质量、成本、安全、分配、物资、设备、合同履约及思想政治工作等各项管理的总结。

⑤项目实施过程中使用的各种合同、管理制度及工资奖金的发放标准。

(2) 项目考核评价委员会应向项目经理部提供的资料

①考核评价方案和程序。目的是让项目经理部对考核评价工作的总体安排做到心中

有数。

②考核评价指标、计分办法及有关说明。目的是让项目经理部清楚考核评价采用的定性与定量指标及评价方法，使考核评价工作公开透明。

③考核评价依据。说明考核评价工作所依据的规定、标准等。

④考核评价结果。考核评价结果应以结论报告的形式提供给项目经理部，为企业奖评或项目奖评提供依据，也为项目经理部今后的工作提供借鉴经验。

8. 项目管理考核评价指标

(1) 考核评价的定量指标

考核评价的定量指标包括四项目标控制指标。

①工程质量指标。应按《建筑工程施工质量验收统一标准》和《建筑工程施工质量验收规范》的具体要求和规定，进行项目的检查验收，根据验收情况评定分数。

②工程成本指标。通常用成本降低额和成本降低率来表示。

成本降低额是指工程实际成本比工程预算成本降低的绝对数额，是一个绝对评价指标；成本降低率是指工程成本降低额与工程预算成本的相对比率，是一个相对评价指标。这里的预算成本是指项目经理与承包人签订的责任成本。用成本降低率能够直观地反映成本降低的幅度，准确反映项目管理的实际效果。

③工期指标。通常用实际工期与工期提前率来表示。实际工期是指工程项目从开工至竣工验收交付使用所经历的日历天数；工期提前量是指实际工期比合同工期提前的绝对天数；工期提前率是工期提前量与合同工期的比率。

④安全指标。工程项目的安全问题是工程项目实施过程中的第一要务，在许多承包单位对工程项目效果的考核要求中，都有安全一票否决的内容。建设部 1999 年颁发的《建筑施工安全检查标准》将工程安全标准分为优良、合格、不合格三个等级。

(2) 考核评价的定性指标

定性指标反映了项目管理的全面水平，虽然没有定量，但却应该比定量指标占有较大权数，且必须有可靠的数据，有合理可行的办法并形成分数值，以便用数据说话。

其主要包括下列内容：

①执行企业各项制度的情况。

②项目管理资料的收集、整理情况。

③思想工作方法与效果。

④发包人及用户的评价。

⑤在项目管理中应用的新技术、新材料、新设备、新工艺的情况。

⑥在项目管理中采用的现代化管理方法和手段。

⑦环境保护。

工程项目竣工验收交接后，工程项目的承包人应按照法律的规定和施工合同的约定，认真履行工程项目产品的回访与保修义务，以确保工程项目产品使用人的合理利益。回访工作应纳入承包人的生产计划及日常工作计划中。在双方约定的质量保修期内，承包人应向使用人提供“工程质量保修书”中承诺的保修服务，并按照谁造成的质量问题由谁承担经济责任的原则处理经济问题。

二、工程项目产品回访与保修

（一）工程项目产品回访与保修的意义

1. 工程项目产品回访与保修的概念

建设工程质量保修是指建设工程项目在办理竣工验收手续后，在规定的保修期限内，因勘察、设计、施工、材料等原因造成的质量缺陷，应当由施工承包单位负责维修、返工或更换，由责任单位负责赔偿损失。这里的质量缺陷，是指工程不符合国家或行业现行的有关技术标准、设计文件及合同中对质量的要求等。

回访是一种产品售后服务的方式，工程项目回访广义上来讲是指工程项目的设计、施工、设备及材料供应等单位，在工程竣工验收交付使用后，自签署工程质量保修书起的一定期限内，主动去了解项目的使用情况和设计质量、施工质量、设备运行状态及用户对维修方面的要求，从而发现产品使用中的问题并及时地去处理，使建筑产品能够正常地发挥其使用功能，使建筑工程的质量保修工作真正地落到实处。

2. 工程项目产品回访与保修的意义

施工单位进行工程回访与保修有以下重要意义：

①有利于项目经理部重视项目管理，提高工程质量。

②有利于承包人及时听取用户意见，发现工程质量问题，及时采取相应的措施，保证建筑工程使用功能的正常发挥，同时也履行了回访与保修的承诺。

③有利于加强施工单位同建设单位和用户的联系与沟通，增强了建设单位和用户对施工单位的信任感，提高了施工单位的社会信誉。

3. 工程项目产品回访与保修的依据

(1)《中华人民共和国建筑法》

《中华人民共和国建筑法》第六十二条规定，建筑工程实行质量保修制度。具体的保修范围和最低保修期限由国务院规定。

(2)《中华人民共和国合同法》

《中华人民共和国合同法》第二百七十五条规定，建设工程施工合同的内容包括质量保修范围和质量保证期。第二百八十一条规定："因施工人的原因致使建设工程质量不符合约定的，发包人有权要求施工人在合理期限内无偿修理或者返工、改建。"

(3) 建设工程质量管理条例

《建设工程质量管理条例》第三十九条规定："建设工程实行质量保修制度。建设工程承包单位在向建设单位提交工程竣工验收报告时，应当向建设单位出具质量保修书。质量保修书中应当明确建设工程的保修范围、保修期限和保修责任等。"

(4) 建设工程项目管理规范

《建设工程项目管理规范》第 18.1.1 条规定："回访保修的责任应由承包人承担，承包人应建立施工项目交工后的回访与保修制度，听取用户意见，提高服务质量，改进服务方式。"第 18.1.2 条规定："承包人应建立与发包人及用户的服务联系网络，及时取得信息，并按计划、实施、验证、报告的程序，搞好回访与保修工作。"

（二）工程项目产品保修范围与保修期

1. 保修范围

一般来说，各种类型的建筑工程及建筑工程的各个部位都应该实行保修。我国在《建筑法》中规定：建筑工程的保修范围应当包括地基基础工程、主体结构工程、屋面防水工程和其他土建工程，以及电气管线、上下水管线的安装工程，供热、供冷系统工程等项目。

2. 保修期

保修期的长短，直接关系到承包人、发包人及使用人的经济责任大小。根据《建筑工程质量管理条例》规定：建筑工程保修期为自竣工验收合格之日起计算，在正常使用条件下的最低保修期限。

《建设工程质量管理条例》规定，在正常使用条件下建设工程的最低保修期限为：

①基础设施工程、房屋建筑的地基基础工程和主体结构工程，为设计文件规定的该工程的合理使用年限。

②屋面防水工程，有防水要求的卫生间、房间和外墙面的防渗漏，为5年。

③供热与供冷系统，为2个采暖期、供冷期。

④电器管线、给排水管道、设备安装和装修工程，为2年。

⑤其他项目的保修期限由发包方与承包方在“工程质量保修书”中具体约定。

（三）保修期责任与做法

1. 保修期的经济责任

进行工程质量保修，必须澄清经济责任，由产生质量问题的责任方承担工程的保修经济责任。

一般有以下情况：

①属于承包人的原因。

②属于设计人的原因。

③属于发包人的原因。

④属于使用人的原因。

⑤其他原因。

一般来说，对在保修期内和保修范围内发生的质量问题，应先由建设单位组织勘察、设计、施工等单位分析质量问题的原因，确定保修方案，由施工单位负责保修。但当问题严重和紧急时，不管是什么原因造成的，均先由施工单位履行保修义务，不得推诿和扯皮。对引起质量问题的原因则实事求是，科学分析，分清责任，按责任大小由责任方承担不同比例的经济赔偿。这里的损失，既包括因工程质量造成的直接损失，即用于返修的费用，也包括间接损失，如给使用人或第三人造成的财产或非财产损失等。

在保修期后的建筑物合理使用寿命内，因建设工程使用功能的缺陷造成的工程使用损害，由建设单位负责维修，并承担责任方的赔偿责任。不属于承包人保修范围的工程，但发包人或使用人有意委托承包人修理、维护时，承包人应提供服务，并在双方签订的协议中明确服务的内容和质量要求，费用由发包人或使用人按协议约定的方式承担。

有的项目经发包人和承包人协商，根据工程的合理使用年限，采用保修保险方式。该方式不需要扣保留金，保险费由发包人支付，承包人应按约定的保修承诺，履行其保修职责和义务。推行保修保险可以有效地转移和规避工程的风险，符合国际惯例做法，对承发包双方都有利。

2. 保修做法

保修做法一般包括以下步骤：

(1) 发送保修书

在工程竣工验收的同时，施工单位应向建设单位发送《房屋建筑工程质量保修书》。工程质量保修书属于工程竣工资料的范围，它是承包人对工程质量保修的承诺。其内容主要包括保修范围和内容、保修时间、保修责任、保修费用等。具体格式见建设部与国家工商行政管理局2000年8月联合发布的《房屋建筑工程质量保修书(示范文本)》。

房屋建筑工程质量保修书(示范文本)

发包人(全称)：________________

承包人(全称)：________________

发包人、承包人根据《中华人民共和国建筑法》、《建设工程质量管理条例》和《房屋建筑工程质量保修办法》，经协商一致，对__________(工程全称)签定工程质量保修书。

一、工程质量保修范围和内容

承包人在质量保修期内，按照有关法律、法规、规章的管理规定和双方约定，承担本工程质量保修责任。

质量保修范围包括地基基础工程，主体结构工程，屋面防水工程，有防水要求的卫生间、房间和外墙面的防渗漏，供热与供冷系统，电气管线、给排水管道、设备安装和装修工程，以及双方约定的其他项目。具体保修的内容，双方约定如下：______________。

二、质量保修期

双方根据《建设工程质量管理条例》及有关规定，约定本工程的质量保修期如下：

1. 地基基础工程和主体结构工程为设计文件规定的该工程合理使用年限；
2. 屋面防水工程、有防水要求的卫生间、房间和外墙面的防渗漏为________年；
3. 装修工程为________年；
4. 电气管线、给排水管道、设备安装工程为________年；
5. 供热与供冷系统为________个采暖期、供冷期；
6. 住宅小区内的给排水设施、道路等配套工程为______年；
7. 其他项目保修期限约定如下：______________________。

质量保修期自工程竣工验收合格之日起计算。

三、质量保修责任

1. 属于保修范围、内容的项目，承包人应当在接到保修通知之日起7天内派人保修。承包人不在约定期限内派人保修的，发包人可以委托他人修理。

2. 发生紧急抢修事故的，承包人在接到事故通知后，应当立即到达事故现场抢修。

3. 对于涉及结构安全的质量问题，应当按照《房屋建筑工程质量保修办法》的规定，立即向当地建设行政主管部门报告，采取安全防范措施；由原设计单位或者具有相应资质等级的设计单位提出保修方案，承包人实施保修。

4. 质量保修完成后，由发包人组织验收。

四、保修费用

保修费用由造成质量缺陷的责任方承担。

五、其他

双方约定的其他工程质量保修事项：________________。

本工程质量保修书，由施工合同发包人、承包人双方在竣工验收前共同签署，作为施工合同附件，其有效期限至保修期满。

发包人(公章)：　　　　　　　　　　承包人(公章)：

法定代表人(签字)：　　　　　　　　法定代表人(签字)：

年　月　日　　　　　　　　　　　　年　月　日

(2) 填写“工程质量修理通知书”

在保修期内，工程项目出现质量问题影响使用时，使用人应填写“工程质量修理通知书”告知承包人，注明质量问题及部位、联系维修方式，要求承包人派人前往检查修理。修理通知书发出日期为约定起始日期，承包人应在 7 d 内派出人员执行保修任务。

(3) 实施保修服务

承包人接到“工程质量修理通知书”后，必须尽快派人前往检查，并会同有关单位和人员共同做出鉴定，提出修理方案，明确经济责任，组织人力、物力进行修理，履行工程质量保修的承诺。

(4) 验收

承包人将发生的质量问题处理完毕后，要在保修证书的“保修记录”栏内做好记录，并经建设单位验收签认，以表示修理工作完结。涉及结构安全问题的应当报当地建设行政主管部门备案。涉及经济责任为其他人的，应尽快办理。

(四) 回访实务

1. 回访工作计划

①主管回访保修业务的部门。

②回访保修的执行单位。

③回访的对象(发包人或使用人)及其工程名称。

④回访时间安排和主要内容。

⑤回访工程的保修期限。

回访工作计划的一般格式如表 11.2 所示。

表 11.2　回访工作计划

（年度）

序号	建设单位	工程名称	保修期限	回访时间安排	参加回访部门	执行单位

单位负责人：　　　　　　　　　　　　　归口部门：　　　　　　　　　　　　　编制人：

2. 回访工作记录

每一次回访工作结束以后，回访保修的执行单位都应填写“回访工作记录”。

“回访工作记录”主要内容包括：参与回访人员；回访发现的质量问题；发包人或使用人的意见；对质量问题的处理意见等。在全部回访工作结束后，应编写“回访服务报告”，全面总结回访工作的经验和教训。

“回访服务报告”的内容应包括：回访建设单位和工程项目的概况；使用单位或用户对交工工程的意见；对回访工作的分析和总结；提出质量改进的措施对策等。

回访归口主管部门应依据回访记录对回访服务的实施效果进行检查验证。“回访工作记录”的一般格式如表 11.3 所示。

表 11.3　回访工作记录

建设单位		使用单位	
工程名称		建筑面积	
施工单位		保修期限	
项目组织		回访日期	
回访工作情况			
回访负责人		回访记录人	

3. 回访的工作方式

(1) 例行性回访

根据回访年度工作计划的安排，对已交付竣工验收并在保修期内的工程，统一组织例行性回访，收集用户对工程质量的意见。回访可用电话询问、召开座谈会及登门拜访等行之有效的方式，一般半年或一年进行一次。

(2) 季节性回访

主要是针对随季节变化容易产生质量问题的工程部位进行回访，所以这种回访具有季节性特点，如雨季回访基础工程、屋面工程和墙面工程的防水和渗漏情况，冬季回访采暖系统的使用情况，夏季回访通风空调工程等。了解有无施工质量缺陷或使用不当造成的损坏等问题，发现问题应立即采取有效措施，及时加以解决。

(3) 技术性回访

主要了解在工程施工过程中所采用的新材料、新技术、新工艺、新设备等的技术性能和使用后的效果，以及设备安装后的技术状态，从用户那里获取使用后的第一手资料，发现问题及时补救和解决，这样也便于总结经验和教训，为进一步完善和推广创造条件。

(4) 特殊性回访

主要是对一些特殊工程、重点工程或有影响的工程进行专访。由于工程的特殊性，可将服务工作往前延伸，包括交工前的访问和交工后的回访，可以定期或不定期进行，目的是听取发包人或使用人的合理化意见或建议，及时解决出现的质量问题，不断积累特殊工程施工及管理经验。

项目小结

工程项目收尾管理的内容包括工程项目竣工验收阶段管理、工程项目考核评价和工程项目产品回访与保修。

竣工验收是承包人向发包人交付项目产品的过程。本章从竣工验收的概念入手，详细介绍了竣工验收应具备的条件和符合的标准，竣工验收的管理程序和准备工作，工程项目竣工资料，工程项目竣工验收管理及工程竣工结算等内容。

工程项目考核评价是对工程项目管理绩效的分析和评定。本章从工程项目全面分析、工程项目单项分析、工程项目管理考核与评价三个方面分别介绍了工程项目分析的内容与指标、考核评价的方法与程序及考核评价资料等内容。

工程项目产品回访与保修是我国法律规定的基本制度。本章分别介绍了工程项目产品回访与保修的意义、工程项目产品保修范围与保修期、保修期的责任与保修做法，以及回访工作计划、回访工作记录、回访工作方式等工程回访实务。

思考与练习

1. 阐述竣工验收的概念。
2. 阐述竣工验收的条件和标准。
3. 单位(子单位)工程质量验收合格规定有哪些?
4. 阐述竣工验收的管理程序和准备。
5. 什么是工程项目竣工自检?
6. 竣工资料的内容有哪些?
7. 工程质量保证资料有哪些?
8. 阐述工程竣工结算的概念。
9. 工程项目管理分析的作用有哪些?
10. 项目管理考核评价的依据是什么?
11. 项目管理考核评价程序是什么?
12. 项目管理考核评价指标有哪些?
13. 工程项目产品回访与保修的意义是什么?
14. 回访的工作方式有哪些?
15. 什么是技术性回访?

参 考 文 献

[1] 丛培经. 工程项目管理 [M]. 4 版. 北京:中国建筑工业出版社,2012.
[2] 李先君. 工程项目管理[M]. 武汉:武汉理工大学出版社,2009.
[3] 成虎. 工程项目管理[M]. 北京:中国建筑工业出版社,2015.
[4] 丁士昭. 工程项目管理[M]. 北京:中国建筑工业出版社,2014.
[5] 罗远洲. 工程项目管理[M]. 北京:中国建筑工业出版社,2016.
[6] 余胜光,窦如令. 建筑施工技术[M]. 武汉:武汉理工大学出版社,2015.
[7] 邓铁军. 工程建设项目管理[M]. 武汉:武汉理工大学出版社,2013.
[8] 窦如令. 建筑施工技术[M]. 南京:东南大学出版社,2017.
[9] 全国一级建造师执业资格考试用书编写委员会. 建筑工程管理与实务[M]. 3 版. 北京:中国建筑工业出版社,2012.
[10] 危道军. 工程项目管理[M]. 武汉:武汉理工大学出版社,2015.

内容提要

《工程项目管理》按照全国高职高专教育土建专业教学指导委员会土建施工类专业指导分委员会编制的建筑工程技术专业教育标准、培养方案及工程项目管理课程教学大纲编写，本着突出职业教育的针对性和实用性，使学生实现"零距离"上岗的目标，并以国家现行的建设工程标准、规范、规程为依据，根据编者多年工程实践经验和教学经验编写而成。《工程项目管理》以培养学生具有工程项目管理的能力为目标，全面地、系统地讲述了工程项目管理的思想、理论、方法、实务和实例，其中包括建设项目管理、工程监理和施工项目管理，而以施工项目管理为主。围绕施工项目管理，深入讲述了流水施工方法、工程网络计划技术、施工组织总设计、单位工程施工组织设计、施工项目管理实务和施工项目管理收尾等。本书吸收了国内外的工程项目管理科学的传统内容和最新成果，紧密结合我国建筑业、建筑施工企业和工程建设的改革以及项目管理创新实际，着力培养学生的工程项目管理能力。

本书可作为高等院校建筑工程技术、工程造价、建筑工程管理、工程监理、基础工程、地下工程等专业的教材，也可供土木工程类各专业大中专院校学生及各类职业学校学生学习参考和土木工程设计、施工技术人员使用。

图书在版编目(CIP)数据

工程项目管理：项目化教材 / 窦如令主编. 一南京：东南大学出版社，2018. 1

ISBN 978-7-5641-7515-3

Ⅰ. ①工… Ⅱ. ①窦… Ⅲ. ①工程项目管理 Ⅳ. ①F284

中国版本图书馆 CIP 数据核字(2017)第 293331 号

工程项目管理——项目化教材

出版发行 东南大学出版社
出 版 人 江建中
责任编辑 马 伟
社 址 南京市四牌楼 2 号
邮 编 210096
网 址 http://www.seupress.com
经 销 全国各地新华书店
印 刷 虎彩印艺股份有限公司
开 本 787 mm×1092 mm 1/16
印 张 21
字 数 524 千字
版 次 2018 年 1 月第 1 版
印 次 2018 年 1 月第 1 次印刷
书 号 ISBN 978-7-5641-7515-3
定 价 53.00 元

* 本社图书若有印装质量问题，请直接与营销部联系，电话：025-83791830